工业和信息化普通高等教育
"十三五"规划教材立项项目

Finance

21 世纪高等学校
金融学系列教材

金融市场学

Financial Markets

◆ 韩国文 张彻 主编

人民邮电出版社
北京

图书在版编目（CIP）数据

金融市场学 / 韩国文，张彻主编. -- 北京 ：人民
邮电出版社，2019.4（2023.8 重印）
21世纪高等学校金融学系列教材
ISBN 978-7-115-47699-9

Ⅰ. ①金… Ⅱ. ①韩… ②张… Ⅲ. ①金融市场－经
济理论－高等学校－教材 Ⅳ. ①F830.9

中国版本图书馆CIP数据核字(2018)第001074号

内 容 提 要

金融是一国的核心竞争力，金融市场在我国的发展和大国崛起中至关重要。本书主要围绕金融市场运行机制和运行规律展开论述，包括金融市场基础、利率和金融资产价格、中央银行和货币政策、资本市场与风险机制、衍生市场与风险管理、黄金和外汇市场等，共六篇十三章。

本书提供教学 PPT、习题及答案、模拟试卷等配套资料，用书老师可通过人邮教育社区（http://www. ryjiaoyu.com）或编辑QQ（602983359）索取。

本书适合作为普通高校经济管理相关专业学生学习"金融市场学"课程的教材，也可以作为其他各专业通识课程的教材。

- ◆ 主 编　韩国文　张　彻
  责任编辑　万国清
  责任印制　焦志炜

- ◆ 人民邮电出版社出版发行　　北京市丰台区成寿寺路 11 号
  邮编　100164　电子邮件　315@ptpress.com.cn
  网址　http://www.ptpress.com.cn
  北京七彩京通数码快印有限公司印刷

- ◆ 开本：787×1092　1/16
  印张：18.75　　　　　　　　2019 年 4 月第 1 版
  字数：457 千字　　　　　　2023 年 8 月北京第 3 次印刷

定价：56.00 元

读者服务热线：(010)81055256　印装质量热线：(010)81055316
反盗版热线：(010)81055315
广告经营许可证：京东市监广登字20170147号

前言

金融是现代经济的核心，是一国的重要竞争力。金融市场是整个经济体系的枢纽。金融市场学是研究市场经济条件下金融市场运行机制及其各主体行为规律的科学。在教育部颁发的《全国普通高等学校金融学专业主干课程教学基本要求》中，"金融市场学"是金融学专业的核心主干课程之一。本书全面介绍了金融市场的相关知识，深刻阐述其运行规律，吸收和反映了近年来金融市场的创新、发展和研究成果。

本书在对金融市场基本理论及其最新发展进行介绍的同时，注重结合中国金融市场的实际情况，研究金融市场的运行规律。本书共分六篇十三章。第一篇是金融市场基础，对金融市场的概念、构成要素、类型、特征、功能及其发展趋势进行了介绍，使读者能够在理解和领会金融市场在一国发展中的战略地位和作用的基础上，对金融市场信息效率和金融市场的质量问题进行了分析。第二篇是利率和金融资产价格，阐述和说明了利率的决定基础、单个证券的收益率衡量、利率期限结构、利率预测和货币的时间价值等问题。第三篇是中央银行和货币政策，分析了中央银行、货币政策、货币政策工具、利率和全球化下的货币政策，并分别对货币市场的各个子市场进行了介绍。第四篇是资本市场与风险机制，对我国的股票市场、债券市场和投资基金市场进行了介绍，讨论了金融市场的风险机制。第五篇是衍生市场与风险管理，研究和分析了金融衍生工具的定价及其应用。第六篇介绍了黄金和外汇市场。

本书由武汉大学韩国文教授和内蒙古大学张彻副教授主编。在吸收了武汉大学、复旦大学、吉林大学、西南财经大学、中南财经政法大学、湖南大学、武汉理工大学、华中师范大学、中南民族大学、北京化工大学、山西财经大学、兰州财经大学、东北财经大学、湖北大学、河南财经政法大学、浙江财经大学、贵州财经学院、湖北轻工业大学、湖北经济学院和东湖学院一些教授、专家、青年学者以及银行、证券公司和基金公司等实务界专业人士建议的基础上，制订了本书的大纲。参加本书编写工作的还有王鸾凤（湖北大学）、许晓勇（兰州财经大学）、翟慧颖（燕京理工学院）、陈阳、胡雅萍、黄齐、廖思特、牛思琦和孙钰雯（武汉大学）等。

武汉大学金融系的领导和同事们对本书的编写工作给予了大力支持。作者在编写过程中参考、直接或间接引用了国内学术界、实务界同仁有关金融市场的一些研究成果，在此一并表示衷心的感谢！

为便于读者学习，本书在每章的开始都给出了"学习目标"和"导入案例"，以提醒读者注意本章的精髓，另外，各章还设置了"课堂讨论""想一想"以及"知识点滴"等小模块。

本书提供教学 PPT、习题及答案、模拟试卷等配套资料，用书老师可通过人邮教育社区（http://www.ryjiaoyu.com）或编辑 QQ（602983359）索取。

由于编者的水平和经验有限，书中的纰漏和错误在所难免，恳请同行及读者斧正。

编　者

2018 年 12 月

目录

第一篇　金融市场基础

第一章　金融市场概述

【学习目标】

掌握金融市场的定义；理解金融市场的功能；了解金融市场的构成要素；明了金融市场中各个主体的作用；掌握金融市场的不同分类；理解金融市场的发展趋势。

【导入案例】

2017年5月金融市场运行状况

一、债券市场发行情况

2017年5月，债券市场共发行各类债券2.9万亿元。其中，国债发行2 592亿元，金融债券（包括国开行金融债、政策性银行债、普通金融债、二级资本债、资本补充债和证券公司短期融资券，下同）发行3 382亿元，公司信用类债券发行2 526亿元，信贷资产支持证券发行645亿元，同业存单发行1.2万亿元。银行间债券市场共发行各类债券2.7万亿元。截至2017年5月末，债券市场托管余额为67.1万亿元。其中，国债托管余额为11.7万亿元，地方政府债券托管余额为12万亿元，金融债券托管余额为15.8万亿元，公司信用类债券托管余额为16.3万亿元，信贷资产支持证券托管余额为6 464亿元，同业存单托管余额为7.6万亿元。银行间债券市场托管余额为59.3万亿元。与上年末相比，2017年5月末银行间债券市场公司信用类债券持有者中，存款类金融机构持有债券占比为23.64%，较上年末上升0.32%；非存款类金融机构持有债券占比为7.48%，较上年末下降0.30%；非法人机构投资者和其他类投资者的持有债券占比共为68.88%，较上年末下降0.02%。从银行间债券市场全部债券持有者结构来看，2017年5月末，存款类金融机构、非存款类金融机构、非法人机构投资者与其他类投资者的持有债券占比分别为58.88%、5.74%和35.38%。2017年2月，上海清算所把历史遗留银行理财账户由存款类金融机构调整至银行理财产品，为保持历史可比，对相关数据进行追溯调整。

二、货币市场运行情况

2017年5月，货币市场成交共计54.5万亿元，同比下降14.7%，环比上涨9.9%。其中，质押式回购成交46.8万亿元，同比下降8.5%，环比上涨12.3%；买断式回购成交2.1万亿元，同比下降25.4%，环比上涨19.0%；同业拆借成交5.6万亿元，同比下降43.6%，环比下降8.6%。2017年5月，同业拆借月加权平均利率为2.88%，较上月上行23个基点；质押式回购月加权平均利率为2.92%，较上月上行13个基点。

三、债券市场运行情况

2017年5月，银行间债券市场现券成交7.6万亿元，日均成交3 639.2亿元，同比下降23.1%，环比下降 1.2%。交易所债券市场现券成交 4 789 亿元，日均成交 239.4 亿元，同比上涨 21.4%，环比上涨 8.9%。2017 年 5 月末，银行间债券总指数为 172.02 点，较上月末下跌 0.96 点，跌幅 0.56%。

四、股票市场运行情况

2017 年 5 月末，上证综指收于 3 117.18 点，较上月末下跌 37.48 点，跌幅为 1.19%；深证成指收于 9 864.85 点，较上月末下跌 369.81 点，跌幅为 3.61%。2017 年 5 月，沪市日均交易量为 1 824.01 亿元，环比下降 23.2%；深市日均交易量为 2 253.73 亿元，环比下降 18.3%。

启发思考：

（1）我国的金融市场体系是怎样的？

（2）金融市场的功能是什么？

（3）金融市场是如何构成的？它包括哪些子市场？

（4）金融市场的发展趋势是什么？

第一节　金融市场的概念与功能

现代经济系统中的市场通常分为产品市场、要素市场和金融市场。产品市场是商品和劳务进行交易的场所。要素市场可对土地、劳动力、资本等生产要素进行分配。在金融市场中，资金供求双方借助金融工具引导储蓄向投资转化，金融市场在一国发展中扮演着主导和枢纽的角色。

一、金融市场的概念

金融通常涉及如图 1.1 所示的几个方面。其中公司金融是企业为获得更多的资金或通过投资来扩大经营收益等所进行的经济管理工作。金融市场引导投资者将手中的资金投向需要资金的企业，使企业筹集到经营和发展所需的资金。投资管理是一项针对证券等资产的金融服务，以投资者利益为出发点并实现投资目标。投资者可以是机构，譬如保险公司，也可以是私人投资者。金融市场为投资者提供多种多样的投资机会。金融机构作为金融市场中的交易中介，不但可以促进媒介资金的流动，也会作为直接投资者以及贷款人直接投资或融通资金。

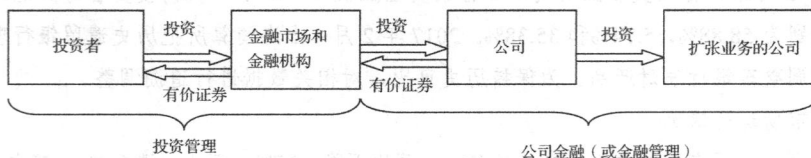

图 1.1　金融市场、投资管理与公司金融

1. 金融市场的具体含义

金融市场有广义和狭义之分。广义的金融市场是指资金供应者和资金需求者双方通过信用工具进行交易而融通资金的市场。也就是说，金融市场是实现货币借贷和资金融通、办理各种票据和进行有价证券交易活动的市场。而狭义的金融市场往往特指证券的发行与买卖的

场所。一般将金融市场理解为以金融资产为交易对象而形成的供求关系及其机制的总和。其具体含义如下。

（1）金融市场是进行金融资产交易的场所。这个市场既可以是有形的，如证券交易所；又可以是无形的，如外汇交易员通过计算机网络构成的看不见的市场进行着资金的调拨。

（2）金融市场交易的对象是金融资产。金融资产表现为各种金融工具或产品，如债券、股票等，代表持有人对实物资产或未来现金流的索取权，对于持有人来说是资产或者财富。交易双方的关系不是简单的买卖关系，而是建立在信用基础上的资金使用权的有偿转让。

（3）金融市场包含金融资产交易过程中所产生的各种运行机制，包括价格机制、发行机制、监督机制等，其中最主要的是价格机制。在金融市场上，最重要的价格机制是利率机制。

2. 金融市场与其他市场的区别

金融市场与其他市场的区别表现在以下几个方面。

（1）交易对象的特殊性。一般商品交易的对象是普通商品或劳务，其本身含有一定的价值和使用价值，而且使用价值各不相同，一经交易就进入消费；金融市场的交易对象是货币资金这种特殊的商品，包括票据、债券、股票等。

（2）交易场所的特殊性。一般商品交易有其固定的场所，以有形市场为主；而金融市场既有有形市场，在更大的范围内又有通过电话、电报、电传、计算机等通信工具进行交易的无形市场。这种公开、广泛的市场体系，可以将供求双方最大限度地结合起来。

（3）交易方式的特殊性。一般商品的交易，遵循等价交换的原则，通过议价、成交付款、交货而使交易结束，双方不再发生其他关系；金融市场的交易是信用、投资关系的建立和转移过程，交易完成之后，信用双方、投融资双方的关系并未结束，还存在本息的偿付和收益分配等行为。可见，金融市场上的交易，其所代表的金融商品的买卖关系虽然已经结束，但其所代表的信用或者投资关系却没有结束。

（4）交易动机的特殊性。一般商品交易的卖者为实现价值，取得货币，买者则为取得使用价值，满足消费的需求；金融市场上的交易，卖者为取得筹资运用的权利，买者则为取得投融资利息、控股等权利，此外，还派生出保值、投机等种种动机。

（5）交易价格的特殊性。普通商品市场上的商品价格是商品价值的货币表现，价格千差万别，围绕商品的价值在供求关系作用下上下波动；金融市场上的交易价格完全由市场供求关系决定，而且这种价格不是货币资金当时本身的价格，而是由借贷资金预期未来产生的现金流决定的。

知识点滴

金融体系、金融市场与金融中介

金融体系（financial system）是一个经济体中资金流动的基本框架，是金融资产、金融中介、金融市场和金融监管系统等各金融要素构成的综合体。金融中介是指在资金融通过程中，在资金供求者之间起媒介或桥梁作用的人或机构。与金融市场的资金转移机制不同，金融中介的运作机理是：它首先购买赤字单位发行的直接证券，然后向盈余单位发行间接证券（indirect securities），成为赤字单位和盈余单位之间名副其实的媒介。金融体系包括几个相互关联的组成部分：①金融部门，包括各种金融机构、市场，它们为经济活动中的非金融部门提供金融服务；②融资模式与公司治理；③监管体制（regulation system）。金融体系不是这些部分的简单相加，而是相互适应与协调。现实中不同国家的金融制度差异较大，存在着不同的金融体系。一是以英、美为代表的市场主导型金融体系，二是以法、德、日为代表的银行主导型金融体系。在美国，银行资产占 GDP 的比重为 53%；美国的股票市值占 GDP 的比重为 82%，大约比德国高 3 倍。美国、英国的金融体制常常被称为"市场主导型"，而德国、法国、日本的则被称为"银行主导型"。

二、金融市场的功能

金融市场最基本的功能是在不确定性环境下，便利资源进行跨时（inter-temporal）和跨地（cross-sectional）的配置。联结储蓄者与投资者的金融体系主要由金融市场和金融中介机构两部分组成。通过金融市场进行的融资属于直接融资，通过金融中介机构进行的融资属于间接融资。与金融中介机构一样，金融市场最基本的功能是充当联结储蓄者与投资者的桥梁，对资本进行时间和空间上的合理配置，即通俗意义上的融资功能。但融资并非金融市场的唯一功能，金融市场还有风险管理、信息生产、公司控制等其他功能。

1. 融通资金功能

融通资金是指将储蓄转化为投资，是金融市场最基本的功能，通过这个功能可以有效地筹集和调剂资金。金融市场是一种多渠道、多形式、自由灵活地筹资与融资的场所。金融市场通过各种金融商品的买卖，为投融资双方提供了各种可供选择的机会，以适应广大公众不同的金融投资和融资需求。在金融市场上，金融工具多种多样，能适应不同资金供应者在利率、期限、方式等方面的要求，具有较强的可选择性。因此，通过金融工具既能使资金增强流动性，调节货币资金余缺，又可增强收益性。对资金需求者来讲，他可以根据生产经营活动状况，季节性、临时性的变化和资金需求量的大小、期限的长短，在金融市场上通过贷款和发行证券等方式去筹措资金；对金融机构来讲，金融市场为金融机构之间的资金融通、交换金融票据或银行同业拆借、调剂金融机构的头寸提供了方便。这样，金融市场不仅起到了广泛动员、筹集调剂资金和分配社会闲散资金的作用，也有利于社会经济的发展。

2. 资源配置功能

在金融市场上，随着金融资产的流动，相应地发生了价值和财富的再分配。金融是物资的先导，随着金融资产的流动，带动了社会物质资源的流动和再分配，将社会资源由低效部门向高效部门转移。金融市场中的供求双方通过竞争决定了金融资产的价格，或者说确定了金融资产要求的收益率。显然，公司获取资金的动力取决于投资者要求的回报率。而公司所发行的金融资产，其回报越丰厚，金融资产的价格也就越高；营运效率越高的公司，其股价也就越坚挺。金融市场的这一特点引导着资金在金融资产间进行分配。金融市场能够将资源从低效率利用的部门转移到高效率利用的部门，从而实现稀缺资源的合理配置和有效利用。

市场信息的变化，金融资产价格的起落，都给人以启示，引导人们放弃一些金融资产而追求另一些金融资产，使资源通过金融市场不断进行新的配置。随着资源的配置，金融市场上的风险也在发生新的配置，风险和收益并存。有的人在转让风险、追求安全的同时，也就转让了收益；而另一些人在承受风险的同时，也就获得了收益。金融市场在实现资金转移功能方面有着其他融资方式不可比拟的优势。

3. 流动性提供功能

金融市场为投资者出售金融资产提供了便利。由于具有这个特点，它对被迫或主动出售金融资产的投资者有很大的吸引力。如果缺乏流动性，投资者将被迫持有债务工具直至其到期或者被迫持有权益工具直至公司自愿或破产清算，那么损失可能非常大。

金融市场所提供的流动性在两个方面体现得尤为突出。第一个方面是为股东提供了"用脚投票"这种监控公司的机制。对于股东来说，有两种监控机制：首先是"用手投票"，即参与公司决策的主动型监控；再者是"用脚投票"，即抛售所持有的股份的被动型监控。在成熟的金融市场上，"用脚投票"的监控机制往往对公司影响巨大。通常情况是：公司股票的大量甩卖会使股价急剧下降，既会影响管理层与股票挂钩的收入，又容易被外部接管。金融市场所提供的流动性第二个方面的表现是加快信息的流通。金融市场配置资金的效率依赖于价格信息的准确性。只有当金融资产的价格如实反映了该公司所有基本面的信息时，金融市场才是有效率的，它对资金的配置也才是有效率的。因此，金融市场的流动性可以使信息尽快地反映到价格中去，提高市场的资金配置效率。

4. 风险分散功能

在市场经济中，经济主体面临各种各样的风险，无论是投资于实业还是投资于金融资产，都可能面临价格风险、通货膨胀风险、利率风险、汇率风险和经营风险等。风险是客观存在的，人们无法消灭风险，但可以利用金融市场分散风险、回避风险。金融市场为它的参与者提供了分散、降低风险的机会，利用组合投资，可以分散投资于单一金融资产所面临的非系统性风险，金融衍生工具也已成为各类经济主体进行风险管理的重要工具。

5. 信息反映功能

金融市场之所以有信息反映功能，是因为金融市场产生于高度发达的市场经济，它是一国整个市场体系的枢纽。首先，金融市场是反映微观经济运行状况的指示器。由于证券买卖大部分都在证券交易所进行，故人们可以随时通过市场了解各种上市证券的交易行情，并据此制定投资决策。在一个有效的市场中，证券价格的涨跌实际上反映着发行企业的经营管理情况和发展前景。一个健全、有序的市场要求上市公司定期或不定期地公布其经营信息和财务状况，以帮助投资者及时、有效地了解及推断该上市公司及其相关企业、行业的发展前景。其次，金融市场交易直接和间接地反映了国家货币供应量的变动。货币是宽松还是紧缩均是通过金融市场实现的，实施货币政策时，金融市场通过出现相应的波动来反映货币宽松或紧缩的程度。金融市场反馈的宏观经济运行方面的信息，有助于政府部门及时制定和调整宏观经济政策。再次，金融市场有大量专业人才长期从事商情研究和分析工作，他们与各类工商企业保持着不间断的直接接触，能及时、充分了解企业的发展动态。而且金融市场有着能广泛而及时地收集和传播信息的通信网络，使人们可以及时了解世界经济的变化情况。

6. 公司控制功能

资金的转移和有效配置通常面临许多风险。其中，如何确保资金使用者能够有效运用资金并到期偿还或给予当初允诺的投资回报，是投资者决策时要考虑的重要问题之一。因此，需要有一套监控和激励机制来确保资金被高效使用。金融市场的信息生产功能主要解决投资决策做出前的信息不对称问题，即逆向选择（adverse selection）；而监控与激励机制则主要解决投资决策做出后的信息不对称问题，即道德风险（moral hazard）。金融市场的监控机制主要包括两类。一类是作为投资者的股东通过"用手投票"和"用脚投票"等方式对公司进行直接干预。"用手投票"的主动型监控是指股东可以参加股东大会，选举董事会成员，或就公司有关经营管理的重大事项进行投票表决，从而对管理层的经营构成直接约束；股东也可以实施"用脚投票"的被动型监控，也就是说，股东大量抛售股票所引发的股价下跌，会影响公司在市场上的再筹资，也会向市场传递该公司经营不善的信号，因此就会给信息驱动交易者提供盈利机会，他们通过外部接管行动或恶意收购等行为直接威胁管理层的生存以及其在职业经理人市场上的声誉。另一类监控机制则是金融市场提供的激励公司管理层的有效机制，即对经理人的报酬采取股票期权制度，从而使职业经理人自身的效用最大化与公司的利润最大化相重合。其具体做法是：职业经理人报酬中的很大份额是股票或股票认购证（warrant）、股票期权（stock option），那么公司未来的绩效就直接与经理人自己的期望收入联系起来。当然，这种激励机制也是以市场的有效性为前提的。如果公司业绩的提高不能在股价中反映出来，那么即使管理层收入与股票挂钩，也不能激发他们改善经营管理的积极性，相反则可能诱使他们的短期投机行为。

7. 宏观调控功能

宏观调控功能是指金融市场作为政府宏观调节机制的重要组成部分，具有宏观控制经济的作用。在现代市场经济中，货币像一条无形的纽带，把众多分散的局部经济运行联系起来，形成社会经济的整体运动。国家对国民经济运行的计划调控，转换成一系列金融政策，通过中央银行传导到金融市场，引起货币流量和流向的变动。货币流量和流向变动产生的一系列金融信号又通过金融市场传导到国民经济的各个部门，引起国民经济的局部变动或整体变动。中央银行正是利用金融市场的宏观调控功能，通过公开市场业务，在金融市场上买卖有价证券，投放或回笼货币，扩张或收缩货币供应量；当流通中的货币量过少时，中央银行会在金融市场上购买有价证券，增加货币供应量，从而使货币供给与需求相适应。中央银行的货币政策对各个金融市场的影响如表 1.1 所示。

表 1.1　中央银行的货币政策对各个金融市场的影响

金融市场类型	受货币政策影响的相关因素	主要的机构参与者
货币市场	目前货币市场工具在二级市场中的价值； 货币市场新发行证券的收益率	商业银行、储蓄机构、货币市场基金、信用社、保险公司、金融公司、养老基金
债券市场	债券二级市场价值； 正在发行债券的收益率	商业银行、储蓄机构、信用社、金融公司、货币市场基金、保险公司、养老基金
股票市场	股票预期收益率，进而影响其市场价值； 公司的收入预期，进而影响其价值	股票共同基金、保险公司、养老基金
抵押贷款市场	住房需求，进而影响住房抵押贷款需求； 住房抵押贷款在二级市场中的价值； 新的住房抵押贷款利率； 住房抵押贷款的溢价	商业银行、储蓄机构、信用社、保险公司、养老基金
外汇市场	货币需求影响货币价值，进而影响货币衍生产品价格	受到汇率风险影响的金融机构

中央银行的货币政策、利率政策和信贷政策，都是国家进行宏观经济调控经常采用的手段。它首先引起金融市场的货币波动，然后传递到商品市场和其他要素市场，最后达到调节

整个国民经济运行的目的。

第二节　金融市场的构成要素

从金融市场的构成要素来看，虽然世界各国金融市场的发展存在很大差异，但所有金融市场都是由金融市场参与者、金融市场工具和金融市场的组织方式构成的。

一、金融市场参与者

金融市场参与者是金融市场主体，主要包括政府部门、工商企业、居民、存款类金融机构、非存款类金融机构和中央银行等。它们参与金融交易的动机，主要有筹措货币资金，对金融资产进行投资、套期保值、套利、投机，或者是金融监管、调控宏观经济。

（一）根据参与交易的动机划分金融市场主体

从参与交易的动机来看，金融市场主体可以划分为筹资者、投资者、套期保值者、套利者及监管者五类。筹资者是金融市场上资金的需求者；投资者是金融市场上资金的供给者，是指为了获取各种收益而购买各种金融工具的主体。按照交易动机、时间长短，广义投资者可以再划分为投资者和投机者两类；套期保值者是利用金融市场来转嫁风险的主体；套利者是利用金融市场来赚取无风险利润的主体；监管者则是对金融市场进行宏观调控和监管的中央银行以及其他各种金融监管机构。

在金融市场的几大主体中，筹资者和投资者是金融市场最早的参与者。二者的区别在于在具体的资金融通过程中它们处于供求关系的不同方面，筹资者处于需求方，而投资者处于供给方。筹资者和投资者的划分必须以具体的金融交易活动为基础，金融市场上的各主体往往既是筹资者又是投资者。筹资者和投资者之间的资金转移是金融市场需要解决的最基本的问题。

投资者、套期保值者和套利者的区别在于其从事的金融活动的性质不同。三者采取的策略、持有的资产结构不同，相应的风险和收益预期也各不相同。金融市场上金融资产的持有者都面临着价格随时发生波动的风险，收益或者损失是不确定的，因此具有投资者的特征。套期保值者采取的策略是在持有某种金融资产的同时对其进行反向的对冲操作，其原理是使自己在某段时间内持有的金融资产净头寸达到零，从而锁定收益，避免价格波动的风险。套利者采取的策略是利用金融市场定价过程中对于均衡价格的短暂的、微小的偏离，迅速购进或者售出价格被低估或者高估的金融资产。套利者的活动能够加快金融市场的调节速度，而金融市场的有效性越强，套利者的活动空间越小。

（二）根据参与交易的部门划分金融市场主体

从参与交易的具体部门来看，金融市场主体可以分为政府部门、中央银行、金融中介、工商企业、居民个人和外国参与者等。各种参与者的特性不同，在金融市场上起到的作用也各不相同。

1. 政府部门

政府部门（包括中央政府、中央政府的代理机构和地方政府）是金融市场上资金的需求者，主要通过发行财政部债券或者地方政府债券来筹集资金，并用于国家基础设施建设，弥补财政预算赤字等；同时，国家财政筹集的大量收入在支出前形成的资金积余又可以使其成为资金的供给者。在国际金融市场上，不同国家的政府部门可以是资金的需求者，也可以是资金的供给者。此外，很多国家的政府机构同时担负着金融市场的调节和监督职能，也是金融市场的监管者。

2. 中央银行

中央银行在金融市场中具有双重角色，它既是金融市场的行为主体，又是金融市场的主要监管者。中央银行在金融市场中担任着最后贷款人的职责，从而成为金融市场的资金供给者。同时，中央银行参与金融市场是以实施国家货币政策、稳定货币、调节经济为目的的。中央银行通过买卖金融市场工具、投放或者回笼货币来调节和控制货币供应量，并会对金融市场上资金的供求以及其他经济主体的行为产生影响。一些国家的中央银行还接受政府委托，代理政府债券的还本付息，以及接受外国中央银行的委托，在金融市场上买卖金融工具，参与金融市场活动。

3. 金融中介

金融中介是金融市场中的特殊参与者，也是专业参与者。从表面上看，金融中介是金融市场中最大的买方和卖方，但实质上金融中介并不是资金的初始供给者和最终需求者，其买卖最终是为了金融市场中其他参与者的买和卖，这就是金融中介的特殊性所在。同时，金融中介又是金融市场中唯一的专业参与者，其专业就是参加金融市场活动，为潜在的和实际的金融交易双方创造交易条件，为买卖双方降低寻找成本，使潜在的金融交易变成现实。因此，金融中介也被称为市场创造者。金融中介可以分为存款类金融中介和非存款类金融中介两大类。

（1）存款类金融中介

存款类金融中介是指通过吸收存款获得可利用的资金，并将资金贷给经济主体中的资金需求者，或者进行投资以获得收益的金融机构。存款类金融中介在金融市场中是十分重要的中介，同时也是套期保值和套利的主体。

① 商业银行。商业银行是存款类金融中介中最重要的一种。早期的商业银行吸收存款，并通过承兑或者贴现的方式提供资金融通服务。现代的商业银行则发展成为金融市场中资金规模雄厚、业务领域广泛的重要的存款类金融中介。现代商业银行全面参与了金融市场中的各种活动，它既是资金的需求者又是资金的供给者，同时还可以通过创造派生存款来扩张或者收缩货币供应量，从而对整个金融市场的供求产生重大的影响。目前，我国的商业银行有中国工商银行、中国农业银行、中国银行、中国建设银行和交通银行这五大国有商业银行，此外还有股份制商业银行、城市商业银行等。

② 储蓄机构。储蓄机构以专门吸收储蓄存款作为资金的来源，资金的运用则主要是发放不动产抵押贷款、投资国债和其他证券。与商业银行相比，储蓄机构的资产业务期限长，抵押贷款比重高。一国政府经常利用储蓄机构实现其特定经济目标，如房地产政策目标等，因此储蓄机构往往能够得到政府的特别扶持。与商业银行一样，储蓄机构在金融市场上既是资

金的供给者，又是资金的需求者。

③信用合作社。信用合作社是指由一些具有共同利益的人组织起来的、具有互助性质的会员组织。其资金来源主要是会员的存款及非会员的存款，资金运用方式则是提供短期贷款、消费信贷、票据贴现及从事证券投资等。信用合作社为金融体系起到了拾遗补阙的作用，在经济生活中广泛动员了社会资金，覆盖了现代金融服务难以覆盖的地区，促进了社会闲散资金的聚集和利用。随着金融行业的不断发展，信用合作社的业务不断拓展，资金来源与运用从以前的以会员为主逐渐向多元化方向发展，并且在金融市场上发挥着越来越大的作用。

（2）非存款类金融中介

非存款类金融中介的资金来源和存款类金融中介不同，它通过发行证券或者以契约性的方式来聚集社会闲散资金，主要有以下几种类型。

①投资银行。投资银行是证券市场上从事证券发行、买卖及相关业务的金融机构，其主要业务是帮助企业发行股票和债券以筹集资金。随着金融市场的发展，投资银行的业务领域不断拓展，涉及证券承销和自营买卖、公司理财、企业并购、咨询服务、基金管理和风险资本管理等各个方面。投资银行既为资金需求者提供筹资服务，又充当投资者买卖证券的经纪人和交易商。目前，投资银行已经成为资本市场上重要的金融中介机构，在一级和二级市场上发挥着重要作用。

②保险公司。保险公司主要分为人寿保险公司和财产及灾害保险公司两大类型。这两种保险公司的主要资金来源都是按照一定标准收取的保险费。人寿保险公司为人们因为意外事故或死亡造成的经济损失提供保障，财产及灾害保险公司为企业及居民的财产意外损失提供保险。人寿保险具有保险金支付的可预测性，因此资金可以投入收益相对较高、期限较长的项目中，如股票等，是金融市场上的资金供给者之一。财产及灾害保险公司针对的保险事故的发生具有不确定性，因此资金运用更注重流动性，主要投资于货币市场上的金融工具和安全性较高的政府债券、高信用等级企业债券等。

③投资基金。投资基金是通过向社会公众出售其股份或者受益凭证来募集资金，并将所获资金分散投资于多样化的证券组合的金融机构。投资基金的当事人有四种：委托人是基金的发起人；受托人是基金管理公司，代理投资者经营基金所募资金；受益人是投资者，即持有基金份额的人；信托人负责基金资产的保管，一般由投资银行、信托公司和商业银行等大型金融机构充当。投资基金按照基金份额的变现方式可以划分为开放式基金和封闭式基金。

④养老基金。养老基金是类似人寿保险公司的一种金融组织，其资金来源是公众为退休后生活所准备的储蓄金，通常由劳资双方共同缴纳，有的只由资方缴纳。养老金的缴纳一般由政府立法规定，资金来源有可靠保障。养老基金由于能够比较精确地估计未来的支付状况，因此其资金运用方式主要是投资于长期公司债券、优质股票及发放长期贷款。养老基金是金融市场上的资金供给者之一。

⑤风险投资公司。风险资本家将资金投资于新的企业，帮助管理队伍将公司发展到可以"上市"的程度，即将股份出售给投资公众。一旦达到这一目标，典型的风险投资公司将售出其在公司的权益，转向下一个新的企业。

⑥信息咨询、资信评估等金融中介。这类机构主要是指资信评估公司及其他以金融信息资讯服务业务为主的金融机构。这类金融机构既为企业和社会提供服务，又为其他金融机构提供服务。

4. 工商企业

工商企业在金融市场的运行中，无论是作为资金的需求者还是资金的供给者，都具有重要的地位。在生产经营过程中，经常会有一些企业出现暂时性的资金盈余，而另一些企业则出现暂时性的资金短缺。此时企业不仅可以通过金融中介机构进行资金余缺的融通，还可以在金融市场上发行或者购买各种金融工具，从而得到所需资金或者实现盈余资金的投资，以实现企业生产经营过程中的不同目的。工商企业还可以通过发行股票或者中长期债券等方式来筹集资金，用于扩大再生产。此外，工商企业为了控制财务风险，也经常在金融市场上进行套期保值等活动。

5. 居民个人

居民个人主要是指金融市场上的资金供给者和金融工具的购买者。居民个人除必要的消费外，为了筹集资金或者留存部分资金以备不时之需，往往会将手中的资金存入银行或者在金融市场上购买股票、债券等金融工具，通过这些金融投资组合，既可以满足居民个人日常的流动性需求，又可以达到保值和增值的目的。居民个人既可以直接购买金融工具进行投资，也可以通过金融中介进行投资，如投入保险、购买共同基金等，最终都是向金融市场提供资金。此外，居民有时也会有资金需求，如用于耐用消费品的购买以及住房、汽车消费等。

6. 外国参与者

外国参与者（foreign participants）包括所有来自国外的参与者（家庭、非金融机构、政府及中央银行）。随着世界各国逐步放开其金融市场，外国参与者参与国内金融市场和国际金融市场的现象将越来越普遍。

金融机构是金融市场中最重要的参与者，表1.2汇总了各金融机构的资金来源和运用情况。

表1.2 各金融机构的资金来源和运用情况

金融机构	主要资金来源	主要资金运用
商业银行	家庭、企业和政府机构存款	购买政府和公司债券；发放贷款
储蓄机构	家庭、企业和政府机构存款	购买政府和公司债券；发放住房抵押贷款；发放贷款
信用社	信用社会员	向信用社会员发放贷款
金融公司	向家庭、企业出售证券	发放贷款
基金公司	向家庭、企业发行基金	购买政府债券、公司债券
货币市场基金	向家庭、企业发行基金	购买政府债券、公司债券
保险公司	保费收入和投资收益	购买政府债券、公司债券
养老基金	雇员、雇主缴纳	购买政府债券、公司债券

想一想

金融市场参与者中哪些机构最为重要，为什么？

二、金融市场工具

金融市场工具是指金融市场主体交易的对象（交易的标的物），是金融市场上资金运行的载体，通常被称为"金融工具"。对于金融工具，可以将其理解为金融工具持有人对发行人的债权或权益，对金融工具的发行人而言是金融负债，对金融工具持有人而言是金融资产，是以价值形态存在的资产。

（一）金融工具的分类

金融工具种类繁多，分类方法也有多种。按照金融工具的性质不同，可以分为债权凭证和所有权凭证。①债权凭证是指发行人依法定程序发行，并约定在一定期限内还本付息的有价证券。债权凭证反映了发行人与持有人之间的债权与债务关系，对还本付息的条件有所约定。②所有权凭证一般指股票，它是股份有限公司发行的，用以证明投资者的股东身分和权益，并据此获得股息红利的有价证券。

按金融工具的市场属性和期限，金融工具可分为货币市场工具、资本市场工具和金融衍生工具。①货币市场工具是指期限在一年以内的金融工具，包括短期政府债券、商业票据、银行承兑汇票、大额可转让定期存单、同业拆借、回购协议等。货币市场工具具有期限短、流动性强、安全性高的特征。②资本市场工具是指期限在一年以上、代表债权和股权关系的金融工具，包括股票、债券等。与货币市场工具相比，资本市场工具期限长，价格波动幅度较大。③金融衍生工具是指建立在基础金融工具之上，价格取决于基础金融工具的派生工具，主要包括金融远期、金融期货、金融期权、金融互换等。表 1.3 中列出了主要的金融工具。

表 1.3　金融工具

货币市场	资本市场
A．货币市场工具	B．资本市场工具
国库券	国债和国库票据
存单	中央政府机构债券
大额可转让定期存单	市政债券
商业票据	公司债券、企业债券
银行承兑汇票	公司中期票据
回购协议	抵押支撑证券
央行票据	C．金融衍生工具
短期融资券	金融远期和金融期货
同业拆借	金融互换和金融期权
货币市场共同基金	

（二）金融工具的特征

虽然金融工具的种类很多，而且各具特点，但它们都具有偿还性、流动性、风险性和收益性的特征。

1．偿还性

金融工具的偿还性是指金融工具的债权人或投资人可以按照金融工具上所记载的应偿还债务的时间，到期收回投资本金。债券一般有明确的还本付息期限，以满足不同筹资者和投资者对融资期限和收益率的不同要求。对于股票，虽然它属于长期投资，但可以通过卖出股票收回投资，仍然具有偿还性。还有一种永久性债务，这种公债发行人同意以后无限期地支付利息，但始终不偿还本金，这是"长期"的一个极端。另一个极端，银行活期存款随时可以兑现，其偿还期实际等于零。

2. 流动性

金融工具的流动性是指金融工具在不受或少受损失的情况下能迅速变现的能力。能随时在市场上出卖而换取现金的金融工具，其流动性强，反之则弱。衡量金融工具流动性强弱的标准，一是金融工具能否及时变现，二是变现过程中价格的损失程度和交易成本的大小。

3. 风险性

风险性是指金融工具的持有人预期收益不能实现，甚至连本金也遭受损失的可能性。风险性是由未来经济状况的不确定性带来的。在现代社会经济条件下，未来的经济变化有些是可预测的，有些是不可预测的，这些经济变化会影响金融工具发行人的经营状况和盈利能力，使金融工具具有预期收益不确定性的风险。金融工具的风险性不仅取决于发行人的资信水平、经营能力和盈利能力，还受宏观经济状况、金融市场完善程度等因素的影响。

4. 收益性

收益性是指金融工具能定期或不定期给持有人带来收益的特性。金融工具收益性的强弱是通过收益率来衡量的，具体指标有名义收益率、实际收益率和平均收益率等。

想一想

金融工具与一般的商品相比有什么不同？

三、金融市场的组织方式

有了交易主体、交易工具及交易媒介，只是有了形成市场的可能，要使金融市场成为现实的市场并正常运转，还需要一定的制度安排——组织方式。金融市场的组织方式就是把交易双方和交易对象通过金融机构这个媒介联系起来，共同确定交易价格，最终实现转让交易对象目的的形式。金融市场的组织方式主要有拍卖方式和柜台方式两种。

1. 拍卖方式

金融市场上的拍卖方式（auction）是指所有的金融交易都采取拍卖的方式成交，买卖双方通过公开竞价来确定买卖的成交价格。目前，公开竞价有两种方式：一种是人工拍卖，即由金融工具的出售方通过呼喊加手势的方式报出要价，购买方之间激烈竞争，报出买价，出价最高的购买方将最终获得所售金融工具；另一种方式是计算机自动撮合，即买卖双方不必直接见面，而是分别将欲买和欲售金融工具的价格输入计算机，由计算机按照时间优先、价格优先的原则自动配对，实现成交。时间优先是指同样的价格先提出的优先成交。价格优先对购买方而言，是指同一时间提出，价格高的优先成交；对出售方而言，是指同一时间提出，价格低的优先成交。金融市场工具的拍卖在交易所内进行。交易所内除了有真正要买卖金融工具的市场参与者之外，还有受人委托代理买卖的经纪人和股票交易商。他们由作为交易所会员的经纪人公司和证券公司派出，这些公司受实际投资者、筹资者、保值者或者投机者的委托，按照委托人的要求以尽可能有利的价格进行交易。这是拍卖方式的一大特点。

拍卖方式可以分为单向拍卖（one-way auction）和双向拍卖（two-way auction）。①单向拍卖方式的交易双方，一方是一个交易群体（trading crowd），而另一方是一个交易单位。后者报出买卖金融工具的出价或要价；前者中的各个交易单位围绕报价展开竞争，竞相抬价以求买进或者竞相压价以求售出。最后，后者将要出售的金融工具卖给出价最高的交易方，或以最低的价格购得要购买的金融工具。②双向拍卖方式的交易双方都是交易群体，交易双方在买卖某种交易工具时，以该种工具上次成交的价格为基础，分别提出各自的出价和要价。买方希望以较低价格买入，卖方希望以较高价格卖出。买方群体中不断有人为买进而提高出价，卖方群体中不断有人为卖出而降低要价，这样双方的报价逐渐接近，到双方群体中最高出价和最低要价相等时便可以成交。

2. 柜台方式

柜台方式（over-the-counter）是指通过作为交易中介的证券公司来买卖金融工具，而不是通过交易所竞价方式确定交易价格。在这种方式中，金融工具的买卖双方分别同证券公司进行交易，或者将出售的金融工具卖给证券公司，或者从证券公司买进欲购买的金融工具。

在以柜台方式组织的金融交易中，买卖价格不通过交易双方直接竞争来确定，而是由证券公司根据市场行情和供求关系自行确定。对于同意交易的某种金融工具，证券公司以双价制（ask and bid system）的方式进行挂牌，即同时报出该工具的买入价格（bid price）和卖出价格（asked price），表示愿意以所报出价格买入或者卖出金融工具。证券公司一旦对某种金融工具报出双价，则在报出新的价格之前，不得拒绝以已经报出的买入或者卖出价格来买卖该种工具。一般证券公司的报价中买入价格低于卖出价格，价差（spread）就是证券公司的主要利润来源。

第三节　金融市场的分类

金融市场是由许多具体子市场组成的庞大的市场体系。根据不同的标准对金融市场进行划分，可以划分出存在差异的许多具体的子市场。

一、货币市场和资本市场

按金融工具的期限不同，可将金融市场分为货币市场和资本市场。

1. 货币市场

货币市场是短期金融资产进行交易的市场，是指以期限在一年或一年以内的金融资产为交易标的的市场。期限在一年以上的金融资产市场则被称为资本市场。债务工具的期限在一年期或一年期以内的，是货币市场的一部分，而一年期以上的就归到了资本市场。

在货币市场上，具有短期闲置资金的人可以将资金借给（即购买货币市场上的金融工具）那些需要短期资金或资金短缺的人（这些人出售货币市场上的金融工具）。货币市场金融工具的期限较短，这意味着它们在二级市场中交易的价格波动通常很小。在美国，货币市场没有固定的场所，其交易是通过电话、电子转账系统和计算机交易系统来完成的。因此，美国的许多货币市场都被人们称作场外交易市场（OTC）。

货币市场主要进行国库券、商业票据、银行承兑汇票、可转让定期存单、回购协议等短期金融工具的买卖，交易量庞大。政府、金融机构、工商企业等是货币市场的主体。货币市场是无形市场，交易量巨大，因此也是批发市场。货币市场又是公开市场，按照市场价格进行交易，具有很强的竞争性。

货币市场的发展，为中央银行有效实施以公开市场操作为主的间接货币调控提供了必要的基础，有力地促进了央行货币调控机制从行政性为主向市场化为主的转换。通过市场形成的银行间市场的回购利率、现券交易利率及同业拆借市场利率，不仅为全社会的金融资源配置提供了越来越重要的基准价格，还为货币当局判断市场资金供求状况提供了一个更为接近真实的参照系。

2. 资本市场

资本市场是指专门融通期限在一年以上的中长期资金的市场。资本市场包括两大部分：银行中长期存贷款市场和有价证券市场。有价证券市场是资本市场最重要的部分。资本市场与货币市场相比，除了期限不同和交易的金融工具各异之外，融资目的、风险程度、收益水平、资金来源等方面也不相同。同时，二者又在很多方面相互联系、相互影响，例如资金相互流动、利率同向变动、资金存量相互影响等。

自 1990 年沪、深两市开办至今，我国的资本市场已经形成了主板、中小板、创业板、三板（含新三板）市场，其他产权交易市场，股权交易市场等多种股票交易平台，初步建立了多层次资本市场。

根据要求权的不同，金融市场还可区分为权益市场及债务市场。前者是指股票市场，股票市场上主要流通的凭证即为公司股票。持有股票的股东，除非公司结束营业，其股权资产只有每年的股息收入，对公司资产不能有立即请求权。债务市场工具投资者按事先规定好的利息率获得收益，如在债券和存单到期时，投资者即可领取约定利息。固定收益类投资指投资于银行定期存款、协议存款、国债、金融债、企业债、可转换债券等固定收益类资产，其形成的市场叫固定收益市场。图 1.2 显示了货币市场、资本市场、权益市场和债务市场之间的关系。

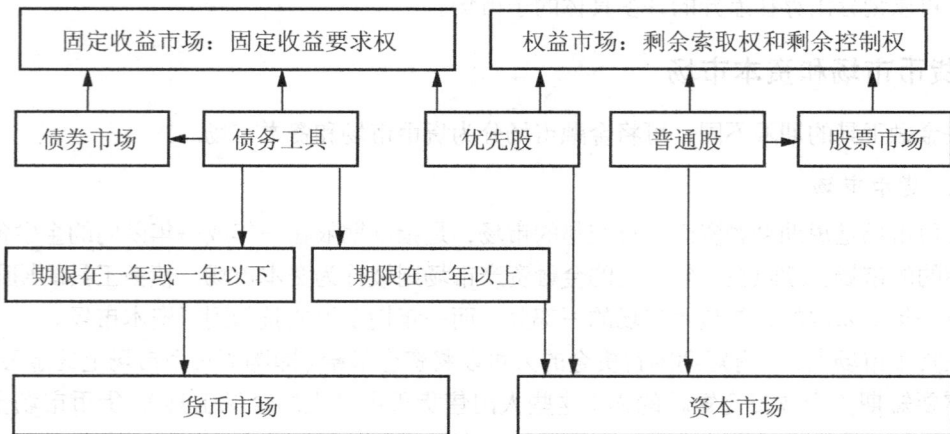

图 1.2　货币市场、资本市场、权益市场和债务市场之间的关系

二、现货市场和衍生品市场

根据金融交易合约性质的不同，可以把金融市场划分为现货市场和衍生品市场。

1. 现货市场

现货市场是指必须在交易协议达成后的若干个交易日内办理交割的金融交易市场。现货交易是金融市场上最普遍的一种交易方式，包括现金交易、固定方式交易及保证金交易。现金交易是指成交日和结算日在同一天的交易；固定方式交易是指成交日和结算日相隔7天以内的交易；保证金交易也叫垫头交易，是指在投资者资金不足但又想获得较多投资收益时，只交付一定比例的现金，其余资金由经纪人贷款垫付买卖金融工具的交易方式。目前，现货市场上主要是固定方式交易。

2. 衍生品市场

衍生品市场（也叫衍生证券市场）是交易衍生证券的场所。衍生证券是一种收益与之前发行的、在资本市场或外汇市场上交易的证券相连的金融证券（如远期合约、即期合约、互换合约或抵押贷款证券）。衍生证券一般是由交易双方所签订的一种协议。协议规定，双方在将来某一时间按事先确定的价格交换一定数量的资产或现金。当基础证券的价值发生变化时，衍生证券的价值也会发生变化。尽管衍生证券已经存在几百年了，但衍生证券市场的发展主要发生在20世纪90年代和21世纪初。

衍生证券市场是金融证券市场中新兴的部分，衍生证券可能是金融证券中风险最大的证券。实际上，2007年美国金融危机发生的一个重要原因就是金融机构发行和持有的表外抵押贷款（衍生）证券。从2006年下半年到2008年，不良贷款，特别是次级住房抵押贷款不断增多，这些贷款主要是那些在2000年左右贷款买房，最后却无力偿还贷款的住房者引起的。由于抵押贷款借贷者的违约行为，金融机构持有这些抵押贷款和衍生证券（以住房抵押贷款为基础），造成巨大的损失。2009年年初，由次级住房抵押贷款和衍生证券的贬值造成的损失高达7 000亿美元，进一步导致一些大的金融机构倒闭或被收购，世界金融和经济系统濒临崩溃。

三、发行市场和流通市场

按金融资产的发行和流通特征划分，可分为发行市场和流通市场。

1. 发行市场

资金需求者将金融资产首次出售给公众时所形成的交易市场称为发行市场或一级市场，也称为初级市场。资金的使用者有建设新项目或扩大再生产的需求，但内部资金（例如留存收益）无法满足这些需求，于是资金使用者便通过外部的初级市场来发行证券，筹集所需要的资金。证券发行者或资金使用者通过向资金的初始供给者（例如家庭）出售新的金融工具以换取资金（货币）。在美国，大多数初级市场的交易都是通过所谓的投资银行这样的金融机构[例如摩根士丹利和美国美林银行等——它们的角色是证券发行公司（资金使用者）与投资者（资金供给者）之间的中介]来完成的。就这类公开发行而言，投资银行应在证券发行方面（例如发行价格和发行数量）向证券发行者（资金使用者）提供建议，还应该设法为资金使用者吸引到证券的初始购买者。在投资银行的帮助下，借助初级市场发行证券，资金的使用者避免了证券发行过程中的风险和做市成本。金融资产的发行有公募和私募两种方式。前者的发行对象是社会公众，后者的发行对象是机构投资者。两者相比，公募涉及的范围大、影响广、成本高、准备的手续复杂、需要的时间长。私募发行又分为包销、代销和自销。包销是由银行等承销机构按照商定的条件把全部证券承接下来并负责向公众销售，包销期满后无论金融资产是否已经全部销售出去，包销机构都要如数付给发行人应得资金。代销是发行人自己承担全部发行风险，代销商如投资银行接受委托收取手续费，销售多少是多少，不必承担任何风险。自销是发行人通过私下洽商的方式直接销售给少数的个人或者团体投资者。

2. 流通市场

流通市场又称二级市场（secondary market），是指金融工具发行后在投资者之间买卖、转让所形成的市场。金融工具借助流通市场而更具有流动性，使社会范围内的资源能够得到充分利用。按照其组织形式，流通市场又可以分为场内交易市场和场外交易市场。前者如证券交易所；后者如柜台交易或者店头交易市场，是在证券交易所之外进行证券买卖的市场，一般针对未上市的证券提供交易服务。二级市场对投资者（资金供给者）和发行证券的公司（资金使用者）均有好处。对投资者而言，二级市场在向他们提供以市场价迅速从事证券交易机会的同时，还使得他们能够买到具有不同风险和收益特征的证券（参见第二章）。公司证券发行者与二级市场上的资金及证券转移没有直接关系。但是，通过跟踪二级市场上自己发行的证券的价格，证券发行者可以获得与自身证券当期市场价格有关的信息，从而可以知道股东之类的投资者对公司价值的判断。这种价格信息使得证券发行者能够对证券发行所获得资金的使用效果进行评判，同时也能对日后以债券或股票形式筹集额外资金后的资金使用效果（及成本）进行判断。

在发达的市场经济体中还存在第三市场和第四市场，它们都是场外市场的一部分。第三市场是原来在证券交易所上市的证券转移到场外进行交易所形成的市场，相对于交易所来说，其交易限制更少、成本更低。第四市场是投资者和证券的出卖者直接交易形成的市场，其形成的主要原因是机构投资者在证券交易中所占的比重越来越大，买卖数额巨大，因此希望避开经纪人直接交易，以降低成本。

四、国内金融市场和国际金融市场

金融市场按其作用的地域范围来划分，又可以分为国内金融市场和国际金融市场。

1. 国内金融市场

国内金融市场是指金融交易的作用范围仅仅限于一国之内的市场，包括全国性的以本币计值的金融市场和一国范围内的地方性金融市场。国内金融市场又可分为两部分：本国证券市场和外国证券市场。居住于本国的发行人发行的证券及其交易的市场称为本国证券市场；外国证券市场是指证券的发行人不居住在本国，但在本国发行和交易证券而形成的市场。外国证券的发行受所在国监管当局法令的限制，如美国的外国证券市场被称为"扬基市场"，日本的外国证券市场被称为"武士市场"，英国的外国证券市场被称为"猛犬市场"，荷兰的外国证券市场被称为"伦勃朗市场"，西班牙的外国证券市场被称为"斗牛士市场"等。

俄罗斯铝业联合公司于上海证券交易所注册发行熊猫债券

2017年2月8日，全球领先的铝生产商俄罗斯铝业联合公司（UC RUSAL，以下简称"俄铝"）宣布，公司已注册发行共100亿元人民币（约15亿美元）的人民币计价债券（熊猫债券，是竟外机构在中国发行的以人民币计价的债券），期限为7年。俄铝是申报发行熊猫债券的首家"一带一路"沿线企业。2016年6月，俄铝获得中国信用评级机构中诚信证券评估有限公司授予的AA+企业信用等级，评级展望为稳定。上海证券交易所（以下简称"上交所"）依规对其挂牌条件进行了确认，并出具了无异议函。为稳步推动债券市场对外开放，上交所依据《公司债券发行与交易管理办法》的有关规定，于2015年11月起开展境外公司发行熊猫债券试点工作。目前，已有普洛斯洛华中国海外控股（香港）有限公司、越秀交通基建有限公司、中国燃气控股有限公司、北控水务集团有限公司等多家境外企业在上交所发行了熊猫债券。

2. 国际金融市场

国际金融市场是金融资产的交易跨越国界进行国际交易的场所。该市场上的证券的显著特点是：它们同时向许多国家的投资者发行，且不受一国法令的制约。国际金融市场有广义和狭义之分。广义的国际金融市场又称传统的国际金融市场，是指开展各种国际金融业务的场所，包括货币市场、资本市场、外汇市场、黄金市场以及衍生品市场等。狭义的国际金融市场是指同市场所在国的国内金融体系相分离，主要由市场所在国的非居民从事境外交易，既不受所使用货币发行国政府法令的管制，又不受市场所在国法令管制的金融市场，又叫离岸金融市场或欧洲市场。离岸金融市场是无形市场，只存在于某一城市或地区，没有一个固定的交易场所，由所在地的金融机构和金融资产的国际性交易形成。其并不只局限于欧洲，由于该类型市场在欧洲产生，因此欧洲市场是其习惯称谓。

世界三大金融市场

我国为什么允许境外机构在我国发行熊猫债券？

第四节　金融市场的发展趋势

随着各国经济的发展和世界经济分工的进一步细化，国际金融市场发生了重大变化，目前呈现出明显的金融自由化、金融全球化、资产证券化、金融工程化和金融互联网化趋势。

一、金融自由化

经济自由主义是一种提倡市场机制，反对人为干涉经济的经济理论体系。它前承魁奈的自然秩序和斯密的"看不见的手"，后接哈耶克的新自由主义和卢卡斯的理性预期，在整个西方世界崛起，在"二战"后的经济繁荣发育过程中发挥了重要作用。金融自由化的趋势是指20世纪70年代中期以来，在西方国家特别是发达国家中出现的一种逐渐放松甚至取消对金融活动的一些管制措施的趋势，进入20世纪90年代以后表现得尤其突出。金融自由化的目的是改革金融制度，阻止政府对金融过度干预，放松对金融机构的限制，以使利率反映资金供求，汇率反映外汇供求，最终实现内外部平衡和经济稳定增长的目的。

金融自由化增强了金融市场的竞争性，提高了世界金融市场的效率，促进了世界银行业的发展。金融自由化对所有的金融市场参与者，无论是借款者还是贷款人，既形成了压力又提供了机会，使他们有可能也有必要降低成本或提高收益。在金融自由化的条件下，金融信息更具公开性，能够更为准确、更为迅速地反映市场的供求状况，亦即资金的稀缺程度，形成更为有效的价格信号体系。尤为重要的是，金融自由化减少了产品间、银行间的资金流动障碍，从而使资源配置更接近最优。金融自由化为金融企业提供了更多的盈利机会。一方面，金融自由化极大地推动了金融资本的形成，为金融企业提供了更广阔的活动空间；另一方面，分业管理制度的逐步解除为金融企业（尤其是商业银行）提供了更灵活的经营手段。

金融自由化推动了世界性的金融一体化，随着各国日益敞开本国金融市场的大门，资本流动的速度不断加快。如果不考虑时区划分，世界性金融市场应当说已经初具雏形。资本流动的自由化使资源配置能够在世界范围内得到改善。

案例 1.1

以色列的金融自由化改革

1985年以前，以色列经济发展严重受政府和犹太人国际组织等公共部门的干预，金融抑制现象十分明显。1985年以后，以色列的金融自由化和市场化改革拉开序幕。

（1）放松对金融机构的控制。①银行私有化。20世纪90年代末，银行开始大规模兼并和私有化。1997—1998年，政府出售工人银行（Bank Hapoalim）、联合东方银行（United Mizrahi Bank Ltd.）、国民银行（Bank Leumi）的股权，2004年将贴现银行（Israel Discount Bank Ltd.）私有化。②完善银行业监管法律和制度。③放开商业银行服务性收费的标准，使商业银行能够更加自由地运作。

（2）利率市场化。以色列利率市场化有三个特点。①存贷利差缩小。政府将利率作为控制通货膨胀的主要手段。随着以色列资本市场的开放，对外借款的机会增加，银行的外汇贷款利率下降到LIBOR利率。②定向贷款比例不断降低。③禁止政府向中央银行借款来弥补赤字。

（3）汇率市场化。汇率市场化经历了一个渐进过程。①实行有管理的浮动汇率制度，逐步扩大波动幅度，减少直至最终取消对汇率的直接干预。以色列汇率制度的演进包括盯住一篮子货币的汇率制度（1986年），围绕中心汇率在一定幅度内自由浮动的"水平汇率制度"（1989年）和中心汇率不固定、限制年累积的"爬行波幅汇率制度"（1991年）。②实现经常项目下的新谢克尔（NIS）可自由兑换。③取消个人外汇投资和交易限制，放宽机构外汇业务限制。④彻底取消外汇管制。

（4）放松对资本市场的管制。①放松养老基金的投资限制。②企业股权融资迅速增长。③取消资本国际流动限制。以色列政府为了促进本国的基础设施建设投资，逐步放开资本市场。

【解析】以色列的金融自由化改革取得了明显成效，在世界经济论坛《2012年金融发展报告》中排名第24位，比2011年上升两位。该报告共涵盖62个国家和地区。以色列在中东和北非地区位列第2，仅次于科威特。以色列在企业管理和金融自由化、金融信息披露和证券市场发展、制度环境、金融准入方面表现较好。以色列有健全的法律法规体系、良好的合同执行机制和充足的资金来源。

二、金融全球化

金融全球化是指因全球范围内金融管制放松和金融业开放加速而使国别资本得以在全球范围内自由流动；是资金、资本或金融服务在全球范围内迅速、大量和自由地流动，最终形成全球统一金融市场、统一货币体系。金融全球化是与金融自由化、金融国际化和金融一体化紧密相关的，金融自由化、金融国际化和金融一体化从不同侧面推动了金融全球化。在经济全球化大潮中，金融领域的跨国活动也以汹涌澎湃之势迅猛发展。金融全球化成为世界经济发展最为关键而敏感的一个环节。金融全球化是经济全球化的内在要求，同时又成为经济全球化的重要动力，将经济全球化推向前所未有的广度和深度。纵观几十年来国际金融发展的历史，金融全球化已成为其最重要、最显著的特征。

金融全球化由多种原因促进和影响。第一，国外市场（例如欧盟）储蓄总额的增加。第二，为了增加投资机会、降低证券组合的投资风险及提高投资收益，国际投资者将目光转向了美国和其他市场。第三，通过互联网，投资者能更加方便和完整地收集到与国外投资和金融市场有关的信息。第四，美国约某些金融机构（例如专业化的共同基金）能够以相对较低的交易成本，向其客户提供在外国证券市场和新兴工业化国家市场投资的机会。第五，欧元不仅对欧洲有重要的影响，同时也对全球金融系统有着显著的影响。即使2009年希腊（一定程度上来说是整个欧洲国家）债务危机引发了对欧元的挑战，欧元仍然是国际交易中最重要的货币之一。第六，太平洋地区国家、中国以及其他新兴国家的经济增长带动本国股票市场的显著增长。最后，许多其他国家金融管制的放松使得国际投资者能够更加容易地进入本国市场，同时允许更多投资者参与本国投资（在2012年前，外国投资者在购买印度股票时面临着严格的限制条件）。由于上述因素的影响，外国证券的投资总额和交易量均呈现出日益增长的势头，美国金融市场与外国金融市场的一体化趋势也因此加快。

现代国际金融危机的爆发和传导与金融全球化的背景有着极为密切的关系。在金融全球化的发展过程中，与其相伴的蔓延效应使金融危机迅速扩散，产生巨大的波及和放大效应，国际金融动荡已成为一种常态。金融全球化是一把"双刃剑"，它对世界各国的利弊兼而有之。在金融全球化程度加深的同时，金融风险日益增大，危险也日益严重。因为在金融全球化中，国际金融危机的破坏性具有很强的传染性和自我增强性。即使本国金融市场基本面的问题尚未严重到发生动荡的程度，也存在由于外部市场冲击导致本国金融体系崩溃的可能。现实的案例如2008年由美国次贷危机引发的全球金融危机、1997—1998年俄罗斯金融危机、1998年东南亚危机等。以2008年发生的全球金融危机为例，美国住房抵押证券化市场对金融机构和资产市场具有全球性的影响，由于各国持有该债券衍生出来的金融产品，结果，美国次贷危机骤然发生，美欧发达国家的金融机构纷纷出现流动性困难和财务危机，濒临破产边缘，连带着影响股价暴跌。这种恐慌迅速地传播到全世界，引起全球股价进一步下挫，各国深受其害，多米诺骨牌效应造成了1929年大萧条之后破坏力最强的全球金融危机的出现。

金融市场的全球一体化为大量资本在各国之间的频繁流动提供了一个自由空间的同时，

也给一些国家埋下了潜在的危机。货币和金融危机的实例已经向我们展示了金融全球化对一国经济和金融造成的毁灭性打击。但全球金融的创新和发展是必然趋势，各国间金融市场的联动性也必然会进一步加强。不能因为金融危机的破坏性而对金融全球化进程有所怀疑，更重要的是我们要认真思考，是由于宏观货币政策的失误、监管的缺失，金融机构治理机制的缺陷，风险管理体系的不足和定价的失败，金融衍生品的过度滥用，还是由于全球货币体系和全球金融体系的内在缺陷导致金融危机的频繁发生呢？

三、资产证券化

资产证券化（asset securitization）是指把流动性较差的金融资产通过商业银行或者投资银行进行集中以及重新组合，之后以这些金融资产作为抵押来发行证券，从而实现相关债权的流动化。其主要特点在于将原来不具有流动性的融资形式变成具有流动性的市场性融资。按照国际上通用的分类标准，资产证券化产品可分为住房抵押贷款证券化产品（MBS）与信贷资产证券化产品（ABS）。

资产证券化起源于 1968 年美国住房抵押贷款的证券化。20 世纪 80 年代后，以住房抵押贷款为标的的政府国民抵押贷款协会（简称吉利美，Ginnie Mae）、联邦国民抵押贷款协会（简称房利美，Fannie Mae）和联邦住宅贷款抵押公司（简称房地美，Freddie Mac）为其提供担保，由于其信用等级等同于美国国债，因此获得投资者认可。之后基于信用卡贷款、汽车贷款、学生贷款等其他类型贷款的资产支持证券（ABS）相继出现。20 世纪 90 年代，美国资产证券化产品进一步发展，信用违约互换（CDS）、担保债务凭证（CDO）等二次证券化的衍生品开始出现，其过度的发展最终导致金融危机的发生。至 2011 年年末，美国债券市场中 MBS 与 ABS 产品大约占市场容量的 28%，较危机前 2007 年 34%的水平明显下降。

资产证券化发展迅速，成为国际金融市场的一个显著特点。目前世界各国的资产证券化均有了不同程度的发展。我国最早的资产证券化雏形可以追溯到 1992 年三亚市开发建设总公司发行的三亚地产投资券。1996 年的珠海公路资产证券化项目则通过在海外设立子公司成立 SPV（特殊目的机构），离岸发行 2 亿美元产品，是我国第一个标准化的资产证券化产品，也是我国企业首次试水海外资产证券化产品发行方式。2005 年后，为资产证券化试点及发展阶段。2005 年，中国人民银行和银监会联合公布《信贷资产证券化试点工作管理办法》，为资产证券化建立了指引。2005 年 8 月，中国联通 CDMA 网络租赁费收益计划（93.6 亿元）成为试点办法公布后首款资产证券化产品。2013 年 3 月，中国证监会正式发布了《证券公司资产证券化业务管理规定》，意味着证券公司资产证券化业务由试点业务转为常规业务。可作证券化的基础资产可以是企业应收款、信贷资产、信托受益权、基础设施收益权等财产权利，商业物业等不动产财产和中国证监会认可的其他财产或财产权利。

~~~ 案例 1.2 ~~~

华侨城欢乐谷门票收入的资产证券化

2012 年 12 月 4 日，华侨城集团有限公司发布公告称，公司设立欢乐谷主题公园入园凭证专项资产管理计划的申请材料于 2012 年 9 月 17 日获证监会正式受理，于 2012 年 10 月 30 日获证监会批复，并于 2012 年 12 月 4 日正式成立。本次专项资产管理计划以自该计划成立之次日起 5 年内特定期间公司及下属两家子公司拥有的欢乐谷主题公园入园凭证为基础资产，合计募集资金 18.5 亿元，设优先级受益凭证和次级受益凭证两种受益凭证。其中优先级受益凭证分为华侨城 1 至华侨城 5 共 5 档，期限分别为 1~5 年，募集资金 17.5 亿元，由具备资格的机构投资者认购；次级受益凭证规模为 1 亿元，由原始权益人之一的华侨城 A 全额认购。募集资金将专项用于欢乐谷主题公园游乐设备和辅助设备维护、修理和更新，欢乐谷主题公园配套设施建设和补充日常运营流动资金。

【解析】公司资产证券化解决了公司的一部分资金需求，同时打开了公司的融资渠道。华侨城作为一家独特的旅游加地产公司，一方面旅游产业受到政策的扶持，另一方面地产受到政策的压制。公司在高速发展中需要资金，但由于房地产调控政策的实施，压制了公司房地产业务的资金周转和盈利能力。在公司以地产加旅游这种商业模式快速扩张阶段，公司的旅游业务前期投资较大，但回收资金周期较长，房地产调控又令公司房地产业务资金回收速度减慢，抑制着公司的发展，令公司在资金周转方面存在一定压力。此次资产证券化的顺利实施，有效解决了公司一部分资金需求，对公司的发展非常有利，也打开了公司的再融资渠道。

资产证券化能够建立连接不同金融市场的通道，将短期存款资金转化为长期资本，从而实现资源和风险的最优配置。从宏观角度来看，资产证券化有助于完善现有融资体制，提高资源利用效率，改善金融结构和化解金融风险。对于中央银行来说，资产证券化不仅有利于疏通货币政策传导渠道，提高货币政策的传导效率，而且可以拓展公开市场操作的工具。但是，资产证券化中的风险表现出复杂性，使得政府和金融监管当局在信贷扩张和货币供应量的估计上面临更多问题，金融调控监管的难度加大。

四、金融工程化

金融工程是指将工程方法引入金融领域，综合采用各种工程技术方法（主要有数学建模、数值计算、网络图解、仿真模拟等）设计、开发新型的金融产品，创造性地解决金融问题。这里的"新型"和"创造性"指的是金融领域中思想的跃进，对已有观念的重新理解与运用，对已有的金融产品进行分解和重新组合。

在过去的 40 年间，金融环境发生了变化，但是如果没有相应的技术进步，金融方面的演变将是不可能的。今天的金融市场日益依赖于信息的全球传播速度、交易商迅速交流的能力及个人计算机和复杂分析软件的出现。金融工程采用图解、数值计算和仿真技术等工程手段来研究问题，金融工程的研究直接而紧密地联系着金融市场的实际。大部分真正有实际意义的金融工程研究，必须有计算机技术的支持。图解法需要计算机制表和作图软件的辅助；数值计算和仿真则需要很强的运算能力，经常用到百万甚至上亿次的计算。没有计算机的高速运算和设计，这些技术将失去意义。通信网络的发展能够实现即时的数据传送，这样在全球范围内进行交易才成为可能。技术的进步使得许多古老的交易思想旧貌换新颜，在新的条件下显示出更大的活力，譬如利用股票现货市场与股指期货之间的价格不均衡性来获利的计算机程序交易，其基本的套利策略是十分陈旧的，这种策略在谷物交易中的应用已经有一个多世纪了，但是将该策略扩展到股票现货与股指期货上则要求复杂的数学建模、高速运算及电子证券交易等条件才能实现。

金融工程化的趋势为人们创造性地解决金融风险提供了空间。金融工程的出现标志着高科技在金融领域内的应用，它大大提高了金融市场的效率。值得注意的是，金融工程是一把双刃剑：1997 年东南亚金融危机中，国际炒家正是利用它来设计精巧的套利和投机策略的，从而直接导致这一地区的金融、经济动荡。但是，在金融市场日益开放的背景下，各国政府和货币当局要保持经济和金融的稳定，也必须求助于这种高科技的手段。

过去几十年金融工程化的发展后果就是创造出了种类繁多的金融衍生工具。当前的国际金融衍生品市场，特别是场外交易市场的规模仍保持着较快的增长速度。在有些国家，场外交易的规模甚至占整个衍生品市场份额的80%以上。随着我国利率市场化程度逐步提高，汇率形成机制逐渐市场化，利率风险和汇率风险加大，市场需要对冲风险的工具。在推出了债券买断式回购、债券远期交易、人民币利率互换、远期外汇交易与人民币和外币互换等产品的基础上，要结合我国的现实情况，依托银行间市场，以现有的交易平台和托管结算平台为基础，抓住机遇大力发展人民币和外汇衍生品市场，谋求场内与场外市场并存、标准产品和非标准产品功能互补的多层次、有竞争有合作的中国金融衍生品市场格局。

五、金融互联网化

广义的金融互联网化包括互联网金融和传统金融互联网化，也可以说是从这两个方向不断推进、深化、竞争和融合的。金融互联网化的蓬勃发展有其深刻的原因：互联网改变了金融的效率，提升了金融服务的质量，无论是投资方还是融资方的效益都得到了提升。从2015年开始，中国传统金融业逐步进入一个加速向互联网模式转型运营的阶段：①传统金融与新兴互联网技术结合，其实例如网上银行等，传统金融与新兴互联网技术的结合主要是对原有的传统的金融业务进行信息化升级。②传统金融业务通过互联网技术进行创新化发展。其实例如余额宝等，其是通过日益发达的互联网技术实现的创新金融业务，有别于传统的金融业务。③涌现提供服务的机构或平台。基金网、供应链金融等机构或平台主要是为传统的金融业务以及新兴的互联网金融业务提供服务。在传统金融业务互联网化这一业务模式中，依靠较为发达的互联网技术，传统金融业务进行了升级甚至重构，对以往存在缺陷的服务模式进行完善优化，加强对风险模块的管理，从而给金融服务提供了更可靠的保障。传统金融业务互联网化使得金融业务更加完善。传统银行积极进行互联网化模式探索，互联网保险双向渗透趋势加强，传统证券业加快向互联网金融战略方向演进，互联网基金、互联网信托和互联网消费金融不断进行创新发展。

首先，互联网提高了资金配置效率，缩短了资金融通链条，降低了信息不对称性，从而使得融资双方可以快速匹配；其次，互联网降低了资金配置成本，减少了传统金融中介、市场中的物理网点和人工服务，降低了传统金融机构在客户营销、信息收集及处理、交易促成、风险管理等过程中的成本；最后，也正是因为互联网降低了金融成本，具有不受时空限制的特点，所以资金配置范围扩大，大大拓展了金融的交易可能性集合。互联网大数据为金融行业做出了贡献，在完善征信系统、挖掘客户、优化服务、提高运营效率、产品创新等方面都起着举足轻重的作用。传统金融在融合了互联网平等、透明、开放、扁平等特点之后，其普惠特点愈发明显。传统金融机构由于成本和内部管理机制的限制，对"长尾客户"的重视度不够。互联网使得金融机构可以以较低成本接触这些"长尾客户"，获知他们的需求并提供个性化的金融服务，这大大拓展了传统金融市场的服务范围。在金融互联网化进程中，越来越多的人将有机会享受到金融服务，这有助于促进社会公平、缩小收入差距、增加社会福利。

互联网金融是一种新型的金融业态，可以借助日益发达的互联网技术及移动通信技术来开展资金的融通、支付及信息中介等业务。中国互联网金融发展迅猛，对传统金融行业产生了很大的冲击，但同时也给中国金融市场带来了新鲜的血液。互联网金融会对人类金融模式产生颠覆性的影响。在互联网技术的帮助下，现在的支付更加便捷，市场信息不对称程度得到了很大的改善，交易成本降低，这些变化使得金融市场更加充分有效。另外，互联网金融使得金融更加平民化、民主化。互联网金融产品的价格优势和低门槛特征，加上互联网的信息传播优势，使得提前消费的观念逐渐深入人心。互联网金融平台对客户需求的精准把握也可以更有效地激发消费者的消费热情，增加消费需求，促进经济发展。

互联网金融在中国市场上的发展成果主要表现为以下功能、业务等的诞生：第三方支付、互联网信用业务、互联网虚拟货币。

（1）第三方支付。第三方支付是伴随互联网的发展而产生的，是互联网金融中最具有核心竞争力的功能，是在智能化的移动终端的协助下，以第三方支付、移动支付为基础的新型支付清算体系。第三方支付极大促进了支付体系和互联网的融合，目前已经成为中国金融体系的重要组成部分。在中国的第三方支付体系中，最主要的业务模式有两种，分别是网关支付模式和账户支付模式。①网关支付模式。网关支付模式也称独立第三方支付模式，比如快钱、易宝等的支付模式，实际上是对中国传统支付模式的一种替代，将网关支付平台的前端与客户相连，后端连接银行或客户，为他们提供统一的接口，以方便他们在网上完成支付过程。②账户支付模式。账户支付模式也称综合第三方支付模式，比如支付宝、财付通等的支付模式，最为重要的是它可以实现传统账户中的资金多样化。账户支付模式以自身的电子商务平台为基础，在实现了支付功能的同时也实现了担保功能。

（2）互联网信用业务。互联网信用业务也就是网络融资，是指以互联网为平台而进行的融资活动，可以使得资金需求者和资金供给者在互联网上完成资金融通，包括网络贷款、基于 P2P 平台的借贷、众筹等网络融资形式，可分为网络债券融资和网络股权融资。网络债券融资可以给资金供给方和资金需求方提供基于网络信任机制的直接信用交易服务，也可以借助网络，利用自身的数据优势，直接介入信贷市场。

（3）互联网虚拟货币。互联网虚拟货币主要用于互联网金融投资，也可以作为新式货币直接在生活中使用，具有向真实货币转变的可能性，比如比特币，耐特币，美国的 eBay、Facebook、Google 等提供的互联网虚拟货币。

互联网金融是中国金融市场上新兴的非常有影响力的金融模式，近些年来取得了非常迅猛的发展，给中国金融市场带来了非常大的影响。

互联网为金融行业带来了机遇，但是机遇往往也伴随着风险和挑战。互联网与金融的结合使得互联网金融行业面临的风险更为复杂，不仅具有传统金融的风险，还新增了互联网特有的一些风险。

课堂讨论

我国互联网金融的发展面临着什么问题？其发展前景如何？

第二章 金融市场的信息效率和质量

【学习目标】

了解金融市场信息不对称的含义，掌握有效市场假说的内容、形式及实证方法；理解流动性的含义和影响因素，掌握衡量流动性的指标和模型；了解市场透明度的含义及其与市场绩效的关系；了解不同金融市场信息揭示程度存在差异的原因。

【导入案例】

"郑百文"的破产

郑州百文股份有限公司的前身为郑州市百货文化用品公司，是一个国有百货文化用品批发站。1988年12月，组建成立郑州市百货文化用品股份有限公司，并公开发行400万元股票。1992年7月，更名为郑州百文股份有限公司（下简称"郑百文"）。1996年4月18日，经君安证券有限公司和国泰证券有限公司推荐上市。"郑百文"成为郑州市第一家上市企业和河南省首家商业股票上市公司，曾经在商业王国叱咤风云、红极一时。按照"郑百文"公布的数字，1997年其销售收入达76.73亿元，净利润达8 126万元。"郑百文"因此进入了国内上市企业100强，还被郑州市政府树为全市国有企业改革的一面旗帜。

然而，第二年（1998年），"郑百文"即在中国股市创下每股净亏2.54元的最高纪录，而1997年它还宣称每股盈利0.448元。1999年，"郑百文"一年亏掉9.8亿元，再创沪深股市亏损之最。接着，2000年3月3日，中国信达资产管理公司向郑州市法院提出"郑百文"破产的申请，这是中国证券市场上首例上市公司破产申请，此时中国信达资产管理公司名下ST郑百文所欠债务本息共计21.302 1亿元。

究竟是什么原因使曾经的"绩优股"一落千丈？新华社记者谢登科的《郑百文：假典型巨额亏空的背后》，揭露出"郑百文"在有效资产不足6亿元、亏损超过15亿元、拖欠银行债务高达25亿元的背后是虚假陈述的欺诈行为。该文成为对"郑百文"的虚假陈述行为最早的揭露，由此引发了这座"纸糊大厦"的坍塌。

启发思考：

（1）"郑百文"的破产是由于其对公众关于自身实际经营状况的欺瞒，这表明信息在金融市场中有着怎样的作用？

（2）如何提高金融市场上的信息效率？

第一节 信息不对称与有效市场假说

信息效率（information efficiency）是指金融资产价格对市场信息的反应能力。简单地说，如果金融市场中的资产价格能够完全和准确地反映所有的相关信息，那么该金融市场就被认为具有信息效率，或者说金融市场是有效的。价格反映信息的速度越快、越充分，金融市场的信息效率就越高。金融市场中的信息不对称问题会阻碍信息效率的提高。关于金融市场信息效率最经典、最有影响力的理论首推有效市场假说。

一、金融市场中的信息不对称问题

信息不对称（即在进行交易时，由于一方对另一方的信息掌握不充分而不能够做出准确的决策）是金融市场中的一个重要问题。例如，一个公司的管理者比股东更清楚自己是否诚实，更加了解公司的运营情况。信息不对称的存在导致了逆向选择和道德风险问题。

（一）逆向选择

逆向选择是发生在交易之前的信息不对称问题：那些可能产生信用风险的潜在借款者往往是最积极寻求贷款的人。这样，最有可能导致不利后果的人往往是最希望参与交易的人。例如，冒险者或者骗子可能是最想获得贷款的人，因为他们知道自己很可能无法偿还贷款。逆向选择增加了不良贷款发生的可能性，所以贷款者可能选择不发放任何贷款，即使市场中存在风险较低的贷款机会。

在金融市场上，逆向选择最典型的表现就是那些想与金融机构签订合同的不同客户群所呈现的风险不同。在这种情况下，在合约各方达成一致前存在信息不对称。信息不对称问题会严重改变金融机构为客户提供服务而愿意签订的合同的性质。

例如，银行在提供它们最重要的服务之一——支票账户服务时，就面临着逆向选择问题。对银行来说，设立支票账户的客户有两种基本类型：一种客户持有很高存款余额并且很少签发支票，从而给予银行更多的资金用于投资，而且低水平的账户活动使银行的成本下降；另一种客户持有较低的余额但又签发很多支票，只给予银行很少的资金用于投资，而且繁重的账户活动使银行的成本上升。当一个客户到银行开立一个新的账户时，银行并不知道他属于哪种类型的支票账户使用者，只有客户自己清楚他是哪一种类型的支票账户使用者。

在这种信息不对称的情况下，如果银行对所有支票账户使用者都设定一个价格，那么银行就存在被潜在的最有利可图的客户逆向选择的风险。受欢迎的高余额、低活动水平的客户会因为银行统一收取对他们来说太高的价格而离开，但是这个价格对不受欢迎的低余额、高活动水平的支票账户使用者来说就较低了。所以该银行的支票账户使用者很可能都是低余额、高活动水平的客户。它被市场上的支票账户使用者逆向选择了。

那么银行该如何减轻逆向选择问题呢？目前最常见的方法是设置一个价格表，表上的价格根据每个客户存款余额的多少和签发支票的多少而变动，同时让客户来选择签订哪一个支票账户计划。这种基于客户使用水平和存款余额的一系列价格（而非单一价格）有助于银行保证那些低余额、高活动水平的存款客户支付更高的服务费，而那些低活动水平、高余额的客户支付较低的服务费。客户会根据他拥有的内部信息来有效地选择支票账户计划。而且，客户自己选择的存款计划也向银行展示了他是哪种类型的客户。

因此，一种解决逆向选择问题的方法是通过信号：让拥有特别信息或是内部信息的市场参与者采取行动，以揭示他们独自占有的信息的特性。例如，知道公司处于困境之中的公司内部人员通过卖出公司的股票而给公众发出关于这个问题的信号。如果公众看到内部人员出售股票，他们也可能开始出售，使市场上这家公司股票的价格下降。

（二）道德风险

道德风险是在交易发生之后产生的信息不对称问题：借款者可能会从事那些贷款者不希望从事的活动，因为这些活动可能使贷款无法偿还。例如，一旦借款者获得贷款，他们可能会冒很大的风险（有可能获得高回报，也有很高的违约风险），这是因为他们使用的是别人的钱。道德风险降低了偿还贷款的可能性，贷款者可能因而决定不发放贷款。

道德风险经常发生在买者和卖者或是委托人和代理人达成合同之后。合同的一方可能会为追求自己的私利而以牺牲其他方的利益为代价。道德风险问题通常在合同不完善或是委托方的监管无效时产生。

例如，公司的经理们可能并不会为了公司股东的利益来管理公司，而是为了给自己带来巨额的股息回报，从而将公司的费用提高到远远超过有效地生产和出售公司产品所必需的水平。管理层也可能为了掩盖差的业绩和额外的风险而虚报项目结果，或者在工作中偷懒。结果是管理层（股东的代理方）最大化他们的福利，而股东（委托方）只能得到少于他们股票最优回报的利润。由于通常很难获得公司内部信息或者获取成本很高，故股东（委托方）在很长一段时间内都不知道他们的代理方（公司的管理层）正在产生不必要的费用。在这个例子中，代理方为公司的委托方（股东）带来了道德风险的问题。

消除道德风险的成本往往很高。通常，道德风险的解决办法是通过在委托代理合同中设定恰当的激励，以使代理方更愿意为了委托方的利益而行动。例如，代表公司股东的董事会可以将管理层薪酬与公司的实际表现挂钩，如盈利能力、销售增长率或其他与公司股票价格相关的绩效指标。

想一想

现实中还有哪些逆向选择和道德风险问题？对逆向选择和道德风险还有什么其他的解决方法吗？

二、有效市场假说的内容

在金融经济理论中，关于金融市场信息效率的分析研究，最经典、最有影响力的理论是有效市场假说（efficient market hypothesis，EMH）。20 世纪 60 年代，该理论一经提出就受到广泛关注，并产生了深远影响。肯德尔（Kendall）、萨缪尔森（Samuelson）、斯蒂格利茨（Stiglitz）和詹森（Jenson）等经济学家都为有效市场假说的发展做出了重大贡献。而尤金·法玛（Eugene Fama）则是该理论的集大成者。

有效市场假说是建立在三个逐渐弱化的理论假设基础上的。这三个理论假设是：

（1）理性投资者假设。投资者被认为是完全理性的，因而能够完全理性地对金融资产进行定价。

（2）随机交易假设。即使有一些非理性投资者存在，由于他们的交易行为是随机发生的，他们的交易对资产价格的影响也会相互抵消，可以忽略不计。

（3）理性套利者假设。即使投资者行为非理性且非随机（趋同），非理性交易行为不能互相抵消，他们也会在市场上遭遇理性套利者，套利者低买高卖的套利行为会消除非理性投资者对资产价格的影响。

简而言之，有效市场假说认为市场竞争会使所有的投机套利机会最终消失，因而价格变化必然只反映信息的变化。

有效市场假说表明，所有有关股票、债券和其他金融资产市场价值的信息都将被用来评估这些资产的价值。一个有效的市场不会浪费或漏用信息。按照有效市场假说，货币市场和资本市场不会一直忽视能产生利润的信息。金融市场中拥有大量追求利润最大化的投资者，因此不存在任何未发生的可赚钱的交易（至少不会存在很久），也不会存在资产的系统错误定价。

三、有效市场的形式

根据证券价格对信息反应程度的不同，可将有效市场分为三种形式：弱式有效市场、半强式有效市场和强式有效市场。

（1）弱式有效市场。弱式有效市场所涉及的信息，仅仅是证券以往的价格信息。在弱式有效市场，投资者单纯依靠以往的价格信息不可能持续获得超常收益。换言之，同一证券不同时间的价格变化是不相关的，所以投资者无法根据证券的历史价格预测其未来的价格走势。在弱式有效市场中，包含以往价格的所有信息已经完全反映在当前价格之中，所以利用移动平均线和 K 线图等手段分析历史价格信息的技术分析法是无效的。

（2）半强式有效市场。除了证券以往的价格信息之外，半强式有效市场中包含的信息还包括发行证券的企业的年度报告、季度报告、股息分配方案等在新闻媒体中可以获得的所有信息，即半强式有效市场中的信息囊括了所有的公开信息。在半强式有效市场，所有公开可获得的信息都已经完全反映在当前的价格之中，所以投资者根据这些公开信息无法持续获取超常收益，那么，依靠企业的财务报表等公开信息进行的基础分析也是无效的。

（3）强式有效市场。强式有效市场中的信息既包括所有的公开信息，又包括所有的内幕消息，如企业内部高级管理人员所掌握的内幕消息。在强式有效市场，上述所有的信息都已经完全反映在当前的价格之中，所以，任何人（即便是掌握内幕消息的投资者）也无法持续获取超常收益。

有效市场的三种形式及其所反映信息的相互关系可以用图 2.1 表示。

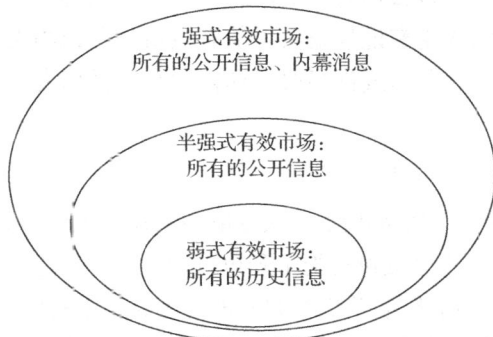

图 2.1　有效市场的三种形式及其与所反映信息的相互关系图

四、有效市场假说的实证

有效市场假说的早期实证对于该假说都是很支持的,但最近几年对实证的深入分析表明,该假说可能并不总是正确的。我们首先来分析一下支持该假说的早期实证,再考察一些对该假说持有怀疑的近期实证。

(一)支持有效市场假说的实证

支持有效市场假说的实证考察了投资分析师和共同基金的表现,股票价格是否能够反映公众可获得的信息,股票价格的随机游走行为,以及所谓的技术分析的成功。

1. 投资分析师和共同基金的表现

有效市场假说的含义之一是当购买一种证券时,不能期望得到一个高于均衡收益率的超常收益率,这就意味着要战胜市场是不可能的。许多研究表明,投资分析师和共同基金不能战胜市场,其中的一个普通实验就是从一组投资分析师或共同基金那里获得股票推荐信息,然后把选出的股票的表现同整个市场表现相比较。有时候,甚至是将投资分析师选择股票的表现与把报纸的金融板块中的股票列在一个投镖靶上,然后随意掷飞镖选出的一组股票的表现进行比较。例如,《华尔街日报》中有个被称为"投资靶"的常规板块,将投资分析师选出的股票与投靶选中的股票的表现进行比较。投资分析师能赢吗?令他们尴尬的是,投靶的结果打败他们的次数与他们打败投靶结果的次数基本相同。甚至进行该比较时只选择那些过去预测股票非常成功的分析师时,这些分析师仍然不能总是击败投靶的结果。

同投资分析师一样,共同基金也不能完全战胜市场。共同基金的表现不仅不会优于平均市场水平,而且根据它们在给定期限内是否有最高或最低的收益将其分为几组时,我们发现,第一个阶段表现好的共同基金在第二个阶段也不能打败市场。

通过研究投资分析师和共同基金的表现,得出的结论是:过去表现好的投资分析师或共同基金并不意味着在未来会表现好。这对投资分析师来说并不是令人高兴的消息,但这确实是有效市场假说所预测到的。该假说认为有些投资分析师是幸运的,而有些是不幸运的。幸运并不意味着一个预测者真的有能力打败市场。

2. 股票价格是否能够反映公众可获得的信息

有效市场假说预计股票价格将会反映所有公众可获得的信息。因此,如果信息已经是公开可获得的,那么公布一个对该公司有利的消息不会提高它的股票价格,因为该消息已经反映在股票价格中了。早期的理论实证也证实了从有效市场假说中得到的这个推测:有利的盈余报告或股票分割(将一股股票分成许多股,通常由高收益引发)报告不会引起股票价格的上升。

3. 股票价格的随机游走行为

随机游走描述了一个变量的变动情况:该变量的未来变化是不能预测的、随机的。这是因为,给定该变量的当前价值,这个变量可能上升也可能下跌。有效市场假说的一个重要含义是:股票价格具有随机游走的特征,即股票价格的未来变化都是无法预测的。有效市场假说的随机游走含义是在新闻中最普遍被提到的,因为它最容易为大众所理解。事实上,当人们提到"股票价格的随机游走理论"时,实际上指的就是有效市场假说。

金融学家曾用两种检验方法来探究该假说，即股票价格是随机游走的。第一种，他们分析股票市场的记录来考察股票价格的变化与过去股票市场的变化是否系统相关，因此可以以过去的股价变动为基础进行预测。第二种，检验不同类型的信息或数据，以考察除了过去的股票价格以外，公众可获得的信息以及内幕消息是否能够用来预测股价的变动。这种检验方法有些过于严格，因为额外的信息（如货币供给增长、政府支出、利率和公司利润等情况）有助于预测股票的收益率。两种检验方法的早期结果都证实了有效市场假说的观点，即股票价格是不可预测的，因此服从随机游走理论。

4. 技术分析

一种非常流行的用来预测股票价格的方法是技术分析，即研究过去的股票价格的数据，找到一种模式，比如一种趋势或者规律性的循环。什么时候购买和卖出股票的规则是以前面出现的那种模式为基础建立的。有效市场假说认为技术分析是浪费时间。要理解为什么会这样，最简单的方法就是利用源于有效市场假说的随机游走结果，即过去的股票价格数据不能用来预测未来股票价格的变化。因此，依赖这种数据进行预测的技术分析不能成功地预测未来股票价格的变化。

有两种类型的检验方法与技术分析的价值直接相关。第一种检验方法执行前面描述的理论分析来评估每个金融分析师和技术分析师的行为。得到的结果与有效市场假说预测的情况相同：技术分析人员并不比其他的金融分析师好；平均来说，他们不能战胜市场，而且过去的成功预测也不能说明未来他们能够战胜市场。第二种检验方法运用技术分析的规则——何时买卖股票，并将其运用于新的数据。那么，这些规则的表现可以通过使用这些规则所获得的利润进行评估。经检验，技术分析并不能战胜整个市场。

（二）反对有效市场假说的实证

尽管许多实证研究对有效市场假说做了肯定（20世纪六七十年代的早期研究对有效市场假说多持肯定态度），但同时也有相当一部分实证研究的结果对有效市场假说提出了质疑。特别是进入20世纪80年代以来，与有效市场假说相矛盾的实证研究不断涌现，发现了许多市场异象。

1. 小公司（规模）效应

一些研究结果显示，在排除风险因素之后，小公司股票的收益率要明显高于大公司股票的收益率。例如，最早进行这一研究的Banz（1981）发现，不论是总收益率还是经风险调整后的收益率，都存在着随着公司规模（根据企业普通股的市值衡量）的增加而减少的趋势。Banz将纽约股票交易所的全部股票根据公司规模的大小分为5组，他发现规模最小的一组普通股的平均收益率比规模最大一组普通股票的平均收益率高19.8%。

与此同时，Reinganum（1981）也发现公司规模最小的普通股的平均收益率要比根据CAPM模型预测的理论收益率高出18%。随后，另外一些学者也进行了类似的研究。他们发现，小公司效应主要发生在每年的一月，特别是一月的头两个星期。因此，这一效应又称为"小公司一月现象效应"。

2. 日历效应

日历效应是指在某些特定时间内进行股票交易可以取得超额收益，收益率的总体高低依赖于交易日的时间、交易周的交易日和一年的月份。证券收益率的日历效应主要包括周末效应（交易周的日效应）和一月效应两种。比如，French（1980）、Gibbons和Hess（1991）的研究显示，股票在星期一的收益率明显为负值，而在星期五的收益率则明显高于一周内的其他交易日。另外，其他一些研究还显示，一年中一月的股票收益率最高，这种在特定交易日或交易期内的收益异常显然与有效市场假说矛盾。

3. 市盈率（P/E）效应和账面/市值比效应

Bansu（1977）指出，市盈率是企业随后业绩的预测指标，即市盈率高的股票随后的收益会下降，市盈率低的股票随后的收益会上升。所以，选择那些市盈率低的股票进行投资，可以明显地获得高额投资收益。Fama和French（1992）的研究则证明了公司的账面价值与市场价值之比是预测未来股价的有力工具。他们发现账面/市值比高的公司股票的平均月收益明显高于账面/市值比低的公司股票。

4. 反转策略

反转策略是指购买价格下跌的股票或卖出价格上涨的股票通常能获得超额收益，这实际上表明了市场的反应过度。De Bondt和Thaler（1985）的研究发现，如果把股票根据其过去5年的投资业绩分成不同的组别，则过去5年表现最差的一组（"失败"组，由最差的35只股票组成）在未来3年的收益率要比表现最好的一组（"胜利"组，由最好的35只股票组成）平均高出25%的累积收益。这种"失败"者重新崛起、"胜利"者走向"失败"的现象提示着人们：应采取"反向"投资策略，即选择那些最近表现不佳的股票，放弃那些近来表现优异的股票可以取得超额的投资收益。而且，这些超额收益并不是一种短期现象，而是经过一个较长时间才会反映出来，被称为"长期异常收益"。进入20世纪90年代，许多实证研究发现了这种"长期异常收益"。

5. 惯性策略

惯性是指股票价格在一个时期内保持一种上涨或者下跌的趋势，表明了市场的反应不足。一些研究显示采取惯性策略也能明显地获得超常收益。Jegadeesh和Titman（1993）发现了中期收益惯性的现象，即过去3～12个月赚钱的股票组合在随后的3～12个月平均来说仍然表现得比过去亏钱的股票好。这样通过买进过去的赢家组合，卖出过去的输家组合，就可以获得超常收益。显然，采取惯性策略可以获得超额收益也是与有效市场假说相悖的。

6. 弗里德曼-萨维奇困惑（Friedman and Savage Puzzle）

在马科维茨的均值方差模型中，投资者将一笔资金投资于由 N 种不同的证券构成的一个组合，每个组合均可以用期望收益率和方差两个指标来度量。其中组合的方差是构成组合的单一证券的方差和单一证券间协方差的函数，它代表投资于这个组合的风险。在马科维茨模型中，投资者均是风险回避型的，其差异仅在于回避程度的不同，也即不同投资者所构造的组合其方差大小不同，而对于一位特定投资者而言，他的风险厌恶程度是确定一致的，不因投资对象的不同而有所不同，最终由方差这一综合指标作为代表。但现实与此并不相符，弗里德曼和萨维奇（Friedman and Savage，1948）研究发现，人们通常同时购买保险与彩票，他们在购买保险时表现出风险厌恶，但在彩票投资上却表现出一种高风险寻求。这说明投资者并不总是回避风险的，而且他们也并未将所有的投资当作一个组合来对待，对不同的资产其表现出来的风险态度是不相同的。

7. 超常易变性

Shiller（1981）等人对收益率易变性（如统计方差）进行了测试。Shiller 从 S&P 类股票在 1871—1979 年的数据中发现，安与有效市场假说一致的未来收入流（股息）贴现值的标准，股票价格变化得太厉害，或者说呈现了"超常易变性"。或者换个角度，认为股票价格是客观的，那么其隐含收益率就变化得太厉害而呈现出"超常易变性"。显然，超常易变性也与有效市场假说不合，它显示股价波动远远超出了可由有关"客观"因素新信息所能解释的范围。

8. 股票市场中的"数字崇拜"

股票市场的"数字崇拜"是指由于现实生活中某些数字的特殊含义对人们选择股票或者买卖报价产生影响的现象。例如在我国"8"的发音接近于"发"会导致人们更愿意选择代码尾数为"8"的股票或者在进行报价时选择"8"作为尾数。Philip Brown 和 Jason Mitchell（2008）对中国股票市场的研究表明，无论是收盘价还是开盘价，"8"出现的概率是"4"出现概率的两倍。对"8"的崇拜抬高了股票的相对价格，出现了"发财代码价格贵"的现象。有研究表明，股票代码尾数为 8 的组合的市盈率在上市首日及随后的 12 个月都超过了股票代码尾数为非 8 的组合，同时股票代码尾数为 6 的组合和股票代码尾数为 9 的组合的市盈率也存在着类似的特征。所有数字中，股票代码尾数为 4 的组合的市盈率是最低的。由此可见，股票市场中"数字崇拜"的现象的确存在。如果交易者是理性的，则在选择股票以及报价时并不会考虑数字特征，而是根据股票的价值进行选择，那么为什么会存在这样的现象呢？

知识点滴

行为金融学

行为金融学对于两大传统假设的挑战为我们研究商业银行公司治理问题提供了一个新的视角：其一，传统金融理论关于人的行为假设。传统金融理论认为人们的决策是建立在理性预期、风险回避、效用最大化以及相机抉择等假设基础之上的。但是大量的心理学研究表明，人们的实际投资决策并非如此。比如，人们总是过分相信自己的判断，人们往往是根据自己对决策结果的盈亏状况的主观判断进行决策的，等等。尤其值得指出的是，研究表明，这种对理性决策的偏离是系统性的，并不能因为统计平均而消除。其二，有效的市场竞争。传统金融理论认为，在市场竞争过程中，理性的投资者总是能抓住每一个由非理性投资者创造的套利机会。因此，能够在市场竞争中幸存下来的只有理性的投资者。但在现实世界中，市场并非像理论描述的那么完美，大量"反常现象"的出现使得传统金融理论无法应对。传统理论为我们找到了一条最优化的道路，告诉人们"该怎么做"，让我们知道"应该发生什么"。可惜，并非每个市场参与者都能完全理性地按照理论中的模型去行动，人的非理性行为在经济系统中发挥着不容忽视的作用。因此，不能再将人的因素仅仅作为假设排斥在外，行为分析应纳入理论分析之中，理论研究应转向"实际发生了什么"，从而指导决策者进行正确的决策。

第二节　金融市场的流动性及其度量

金融市场的质量主要从流动性、透明度、稳定性、安全性、信息效率、交易成本和公平性等方面进行衡量，它是金融市场微观结构理论研究的重要内容，也是金融市场交易机制设计中必须综合考虑的维度。流动性是衡量金融市场质量的最重要因素，流动性的突然消失可能会对金融市场和金融机构造成毁灭性的打击。

一、流动性的含义及其重要性

流动性是影响价格行为的重要因素，是衡量市场效率的主要指标之一。凯恩斯最早对资产的流动性进行了概括。他认为，资产具有流动性是指其在短期内容易变现而不受损失。这个定义可以从两个方面来看：一是资产变现能力，即最终价值的风险；二是市场吸收能力，即变现时不会带来损失。因此，流动性是指投资者根据市场的供给和需求状况，以合理的价格迅速交易的能力。市场流动性越好，进行交易的成本就越低。

Amihud 和 Mendelson（1988）指出："流动性是市场的一切。"现实表明，忽略流动性风险对金融市场和金融机构都可能造成巨大的损失。通常来讲，市场流动性是指投资者在任何时候都能够以较低的交易成本买进或卖出大量证券并且对证券价格产生较小的影响。流动性包括四个维度，即交易的即时性、宽度、深度以及弹性。

（1）即时性（immediacy）。几乎所有的流动性定义都考虑交易的达成是否迅速，交易时间是否及时。

（2）宽度（width）。金融市场的宽度表示交易价格偏离市场有效价格（买卖报价的中间价格）的程度，即一定条件下达成交易所需要的时间成本。市场的宽度体现在股票的买卖价差方面，这在实际的交易过程中体现为交易的成本。

（3）深度（depth）。市场深度反映了交易量对市场价格的影响，或者说，在给定的价格下，能够交易的股票数量反映了该市场的深度。在报价驱动市场中，市场深度一般指在做市商所报出的价格下，愿意买入或者卖出的金融工具数量；在指令驱动市场中，市场深度指在限价委托簿中的买卖委托数量，这些委托数量越多，金融市场就越有深度。

（4）弹性（elasticity）。弹性是指由交易引起的价格波动消失的速度，或者委托单不平衡调整的速度。在有弹性的市场上，对于供求双方的突然变动，市价总能迅速、灵活地调整到保持供求均衡的水平上。金融市场的弹性强调了市场价格机制的机动灵活性。市场弹性越好，价格偏离价值以后返回的速度越快。

流动性的重要性主要表现在以下三个方面：第一，流动性是股市存在的基石。可以说没有流动性，股市的存在就没有意义，股市也不会存在。足够的流动性保证了在较低的交易成本下，投资者可以买卖证券，筹资者可以得到需要的资金，交易能够迅速、有效地进行。第二，股市质量的高低从根本上是由流动性来决定的。一个流动性强的市场，交易成本低，价格受到交易量的冲击小，证券投资的安全性高，投资者对市场有足够的信心，能够充分发挥资源配置的功能。第三，流动性能够为投资者带来价值。

知识点滴

金融市场微观结构理论

金融市场微观结构理论是现代金融学中一个重要的新兴分支。金融市场微观结构理论研究的核心是金融资产交易机制及其价格形成过程和原因，主要内容包括证券交易机制、市场参与者行为和市场质量研究。根据研究方法的不同，金融市场微观结构理论的发展可分为两个阶段：基于存货的研究方法，由此得出的模型统称为存货模型；基于信息的研究方法，由此得出的模型统称为信息模型。该理论主要应用于资产定价、公司财务和福利效应。

二、流动性的影响因素

影响流动性的因素很多，如市场机制、投资者行为、股票组合、公司治理和产品市场势力等都会对流动性产生影响。以下仅从交易机制、市场参与者的行为和资本结构方面进行分析。

（一）交易机制

交易机制可以分为两大类，即指令驱动交易机制和报价驱动交易机制。在报价驱动市场上，做市商给出买卖的双向报价，由交易者选择是买进还是卖出；在指令驱动市场上，来自交易者的委托单根据预先确定的交易规则进行匹配交易，从而为市场提供流动性。

关于不同交易机制的优劣，目前仍然存在很多争议。总体来说，报价驱动市场由于由做市商负责提供流动性，因而具有较高的即时性，流动性也比较稳定；而指令驱动市场能够提供更加有效的价格发现，交易价差更小，流动性的成本较低。一般情况下，股市较少采取单一的交易机制，经常组合应用多种交易机制，例如我国的股票市场采取的交易机制就是集合竞价与连续竞价相结合的方式。

（二）市场参与者的行为

市场参与者的行为对流动性的影响机制可以从两个方面来看。首先，在没有外界冲击的情况下，股市的流动性具有"流动性的自我实现"机制。然而，投资者为了降低自己的流动性成本，会主动进行选择，采取对自己最有利的交易策略，他们在流动性水平较高时进行交易，而在流动性差时则不采取行动。其次，市场参与者的差异性也会影响市场的流动性，这种差异的存在使得投资者的投资组合多样化，因而能够增加市场的流动性。但是，如果投资者的差异性不大，都采用相同的策略或者竞相模仿他人的行为，则可能产生羊群效应，导致单方向大量的委托单无法被执行，从而对股市流动性产生巨大的影响。

投资者参与股票的交易，其动因或是出于流动性的需要（liquidity motivated），或是出于所获信息的驱动（information motivated）。信息驱动的交易者即知情交易者，而基于流动性进行交易的投资者被称为噪声交易者。

由于噪声交易者在与知情交易者进行交易时总会发生亏损，故噪声交易者会承担较大的风险，这样会削弱参与者的积极性，从而影响市场流动性。知情交易者的交易导致内幕消息更快速地反映在价格当中，同时降低了市场的流动性。噪声交易者对流动性也有重要的影响。Black（1986）认为，噪声交易的存在是非常必要的，如果没有噪声交易，很多个股的交易量将非常小，噪声交易为投机者提供了获利的机会。然而噪声交易并不是越多越好，当市场中的噪声交易过多时，股价会产生更大的不确定性，从而增加市场风险。Subrahmanyam（1991）研究表明，噪声交易者的数量会影响知情交易者的风险态度，进而影响流动性，噪声交易者数量的增加使流动性先增大后减小。所以，噪声交易的存在有其必要性，但噪声交易的数量需要被控制在一个合理的范围内，这样才能提高市场流动性。

（三）资本结构

一般认为高负债的公司由于面临还本付息的压力，其管理层能够做出更加正确的决策，从而使公司股票流动性提高。但较高的负债增加了信息不对称性，导致投资者进行投资时更加谨慎，从而使得流动性下降。Anderson 和 Carverhill（2012）认为，公司的价值很大程度上受到长期债务的影响，从而影响到股票的流动性。

案例 2.1

金融危机

从 2007 年 8 月开始的环球金融危机，其巨大的影响力及破坏力一直延续至今。次贷危机的爆发成为本次危机的导火索，投资者失去了对次级证券的信心，纷纷将资金抽出，进而引发大规模的流动性危机，最后成为一场波及全球金融市场的海啸。

从金融行业到实体经济，所有的企业都受到了金融危机的巨大冲击。金融行业内多家大型商业银行、投资银行倒闭，就连一度为华尔街第四大投资公司的雷曼兄弟控股公司，也于 2008 年 9 月 15 日申请破产保护，其旗下 80 家遍布全球的子公司也因此关闭。全美第六大银行——华盛顿互助银行于 2008 年 9 月 26 日申请破产保护，监管部门查封了控股公司的银行资产，并以 19 亿美元的价格将其出售。2008 年全年美国倒闭 25 家银行，2009 年 1 月到 10 月，美国又倒闭 115 家银行。股市则成为投资者的地狱，2008 年 9 月 15 日，道·琼斯指数单日下跌 504.00 点；同月 29 日，美国众议院否决了布什政府提出的 7 000 亿美元救市计划，当日股市收盘时，道·琼斯指数下跌近 800 点，创单日历史最大跌幅。2008 年 10 月 31 日，美国道·琼斯指数收盘于 9 325.010 点，标准普尔 500 收盘于 968.750 点，股市跌回到美国 9 年前的水平。

实体经济也受到了金融危机的巨大冲击。自 2008 年起，随着次贷危机的影响逐渐加深，美国、欧盟等经济体开始出现经济负增长，同时失业率上升。美国 2008 年 10 月份的失业率为 6.5%，到 2009 年 5 月，失业率上升到 9.4%，创历史新高。消费者信心显著下降，全球主要经济体逐步显现通货紧缩压力。英镑大幅贬值，德国奇梦达和加拿大北电网络这样著名的公司也宣告申请破产保护。亚太地区经济也遭受重大影响，日本主要的汽车与电子公司财报总亏损超过 2.6 兆日元，韩元大幅贬值。

启发思考：

（1）试从流动性角度分析这次金融危机的起因。

（2）从这次金融危机中反思应如何进行流动性管理。

三、流动性度量模型与方法

在流动性度量理论发展的过程中，不同学者采用不同的方法对流动性进行衡量。综合来看，流动性可以从即时性、市场宽度、市场深度、弹性角度进行衡量。

（一）从即时性的角度衡量流动性

基于即时性的流动性衡量指标首先假设在 t 时刻，市场中存在一个未被观察到的均衡价值 m_t，服从以下过程：

$$m_t = m_{t-1} + e_t, \quad e_t \sim N\left(0, \tau\psi^2\right) \tag{2.1}$$

其中，ψ^2 是均衡价值每单位时间内方差，τ 是市场出清时间间隔，e_t 是一个不相关的随机项。

将市场出清价格定义为 r_t

$$r_t = m_t + f_t, \quad f_t \sim N\left(0, \frac{\sigma^2}{\omega\tau}\right) \tag{2.2}$$

假设典型的投资者决定在 $t - \frac{1}{2}$ 而不是 t 时刻进行交易，那么他的流动性风险为

$$\mathrm{Var}\left(r_t - m_{t-1/2}\right) = \mathrm{Var}\left[\left(r_t - m_t\right) + \left(m_t - m_{t-1/2}\right)\right] \tag{2.3}$$

将随机项 $e_t = m_t - m_{t-1}$ 看作两个独立随机变量的和，即 $m_t - m_{t-1/2}$ 与 $m_{t-1/2} - m_{t-1}$ 的和。这两项每个都有方差 $\frac{1}{2}\tau\psi^2$。用 ω 表示交易者到达市场的速率，综合以上各式可以得到投资者的流动性风险 V_{p} 为

$$V_{\mathrm{p}} = \frac{\sigma^2}{\omega\tau} + \frac{1}{2}\tau\psi^2 \tag{2.4}$$

式（2.4）这个模型的含义是：σ^2 和 $\tau\psi^2$ 的值越大，流动性风险越高，价格波动越大；ω 值是交易者到达市场的速率，交易机会与流动性风险成反比。市场出清时间 τ 对流动性风险的影响是两方面的：若 τ 较大，市场出清时间长，则可以平缓暂时性的价格波动，从而增强流动性；但市场出清时间长会影响均衡价值的变大，导致流动性减弱。

（二）从市场宽度的角度衡量流动性

市场宽度可以看作交易的成本，交易成本一直以来就是衡量流动性的较为直接的指标。市场宽度一般有四种度量方法：①报价价差（quoted spread）；②实际价差（realized spread）；③有效价差（effective spread）；④定位价差（positioning spread）。

1. 报价价差

报价价差即交易成交前做市商当前报出的买卖价差，其衡量了潜在的订单执行成本。买卖价差有两种衡量方法。

绝对买卖价差 AS（absolute spread），等于卖出报价与买入报价之差的绝对值。公式为

$$\mathrm{AS} = P_{\mathrm{s}} - P_{\mathrm{b}} \tag{2.5}$$

其中，P_{s} 为卖出价格，P_{b} 为买入价格。

相对买卖价差 RS（relative spread），等于绝对买卖价差与买卖报价的平均值的比值。公式为

$$\mathrm{RS} = \frac{\mathrm{AS}}{P_{\mathrm{m}}} = \frac{P_{\mathrm{s}} - P_{\mathrm{b}}}{P_{\mathrm{m}}} \tag{2.6}$$

其中，$P_{\mathrm{m}} = (P_{\mathrm{s}} + P_{\mathrm{b}})/2$ 表示买卖报价的平均值。

【例 2.1】某时某一股票，做市商报出其买入价格为 26 元，卖出价格为 30 元。分别计算绝对买卖价差和相对买卖价差。

【解析】绝对买卖价差 = |30-26| = 4（元）

相对买卖价差 = 4/[(30-26)/2] = 14.29%

2. 实际价差

实际价差 RS（realized spread）即股票价格（P_t）与交易发生以后一段时间的价格（P_{m}）中点之差，它反映了委托单执行后的市场影响成本。衡量实际价差的两种方法如下。

绝对实际价差（ARS）：

$$ARS = |P_t - P_m| \qquad (2.7)$$

相对实际价差（RRS）：

$$RRS = \frac{|P_t - P_m|}{P_m} \qquad (2.8)$$

【例2.2】某一时刻，某股票的市价为32元，交易发生以后一段时间的价差中点为33元，分别计算绝对实际价差与相对实际价差。

【解析】绝对实际价差=|32-33|=1（元）

相对实际价差=1÷33=3.03%

3. 有效价差

有效价差 ES（effective spread）即做市商报价以后实际成交的买价与卖价之间的差额，它衡量的是委托单的实际执行成本。公式为

$$ES = \left| P - \frac{P_b + P_s}{2} \right| \qquad (2.9)$$

其中，P 表示股票现价，P_s 为卖出价格，P_b 为买入价格。

【例2.3】某一时刻，某股票的市价为34元，投资者的买入价格是32元，卖出价格是34元，计算有效价差。

【解析】有效价差=$\left| 34 - \frac{32+34}{2} \right|$=1（元）

4. 定位价差

定位价差 PS（positioning spread）衡量由于逆向选择成本而损失的价差收益，它反映了交易后的价格变化。如果投资者中的某一个群体拥有信息优势，那么平均来看，他们将从交易后的价格变化中获利，因此，他们付出的实际价差应比有效价差低。定位价差的计算公式为

$$PS = RS - ES \qquad (2.10)$$

其中，RS 表示实际价差；ES 表示有效价差。

【例2.4】某一证券的实际价差是1.2元，有效价差是1.6元，那么，它的定位价差是多少？

【解析】定位价差=1.2-1.6=-0.4（元）

买卖价差是通过相对差额衡量流动性的，存在局限性。买卖价差实际上衡量的是交易成本，对交易规模不敏感。做市商的买卖报价通常只适用于小额指令，不能反映大额市价指令可能对价格产生的影响。

5. LOT 交易成本模型

Lesmond、Ogden 和 Trzcinka（1999）从买入和卖出交易成本的角度提出了一个简单的流动性度量指标 LOT。其表达式如下：

$$LOT = \alpha_{j2} - \alpha_{j1} \qquad (2.11)$$

其中，α_{j2} 表示买入成本（百分比）；α_{j1} 表示卖出成本（百分比）。显然，LOT 指标的最终形式非常简单，然而其设计角度却是新颖的。

6. Holden 的价差模型

Holden（2007）根据市场的价格群集（price clustering）现象提出了两个衡量流动性的指标：

Effective Tick 指标和 Holden 价差。Effective Tick 指标就是价差的加权平均值与价格的比值。

Holden 提出的 Effective Tick 指标的表达式如下：

$$\text{Effective Tick} = \frac{\sum_{j=1}^{J} \hat{\gamma}_j s_j}{\overline{P_i}} \tag{2.12}$$

其中，$\hat{\gamma}_j$ 表示 j 期可能出现的价差 s_j 出现的条件概率，$\overline{P_i}$ 表示 i 时间段内的平均价格。

上式中，可能出现的价差加权平均 $\sum_{j=1}^{J} \hat{\gamma}_j s_j$ 即为 Holden 价差：

$$\text{Holden 价差} = \sum_{j=1}^{J} \hat{\gamma}_j s_j \tag{2.13}$$

（三）从市场深度的角度衡量流动性

应用即时性及买卖价差衡量流动性的局限性是非常明显的，两种方法都忽略了交易量对市场流动性的影响，无法反映市场的深度。即时性只是单纯地从交易时间长短的角度来衡量流动性；买卖价差不能衡量在价格不变的情况下市场能够消化多少交易量，并且买卖报价通常只是针对普通投资者的小额委托，对于机构投资人等的大额委托则无能为力。为了弥补以上方法的不足，许多学者将交易量的影响纳入流动性衡量中，例如考虑市场深度、成交深度、成交比率等指标。

1. Kyle 的深度模型

1985 年，Kyle 在《连续竞价与内幕交易》这篇经典的文献中提出了一个经典的市场深度模型。此模型建立在一个具有无限宽度、有限深度，且市场弹性足以使得价格最终趋于真实价格的连续市场中。这种度量市场流动性的方法是用一定比例的噪声交易者交易量与一定比例的内部交易者交易量之比，反映了股票价格对两种交易者交易量的敏感度，从而形成了一种对市场深度的度量。

2. Glostern-Harris 模型

Glostern-Harris 的交易成本模型是 Glostern 和 Harris 在 1988 年发表的《价差的构成要素估计》一文中提出的，这个模型从交易量以及交易的方向两个方面分析其对价格变化的影响。

主要模型公式如下：

$$\Delta P_t = \lambda q_t + \psi (D_t - D_{t-1}) + y_t \tag{2.14}$$

其中，ΔP_t 表示 t 期与 $t-1$ 期价格的变化；q_t 表示 t 期的交易量且带正负号；D_t 表示 t 期的交易方向；y_t 为误差项；λ 与 ψ 是模型回归系数，可用于表示交易成本，其中 ψ 表示固定的总交易成本，λq_t 表示总可变成本，两者的和即为总成本。从公式中我们很容易发现，λ 越大，价格变化受到交易量的影响越大；ψ 越大，则受到交易方向的影响越大。如果股票价格变化受到交易量及交易方向的较大影响，说明市场流动性较差。

3. Hasbrouck 的斜率系数模型

Hasbrouck（2006）提出了一个以回归斜率系数 λ 作为流动性衡量指标的模型。该模型与 Pastor 和 Stambaugh（2003）的切入角度类似，都是研究交易金额对收益的影响。

其具体模型如下：

$$r_n = \lambda S_n + u_n \tag{2.15}$$

此模型采用了 n 个 5 分钟间隔的数据。其中，r_n 表示股票在第 n 个 5 分钟内的收益；S_n

表示第 n 个 5 分钟交易额的带正负号的平方根，即 $S_n = \sum_k \text{Sign}(v_{kn})\sqrt{|v_{kn}|}$，$v_{kn}$ 表示第 k 次交易的交易额；u_n 为误差项。显而易见，λ 与流动性成反比。

（四）从弹性的角度衡量流动性

流动比率指标是从弹性角度来衡量流动性的经典指标。其基本思想是：若小额的交易就能使价格大幅变动，则流动性差；若大额交易仅仅使价格轻微波动，则流动性较好，即"多少交易量引起多少价格变动"。流动比率方法简单易行，是当前广泛采用的流动性衡量方法。

1. 普通流动性比率

普通流动性比率也称阿米维斯特（Amivest）流动性比率，指价格变化一个百分点时需要多少成交量。其公式为

$$L_{\text{Ami}} = \frac{\sum\limits_{t=1}^{n} P_{it}V_{it}}{\sum\limits_{t=1}^{n}|\%\Delta P_{it}|} \tag{2.16}$$

其中，L_{Ami} 表示普通流动性比率，P_{it} 表示 t 日股票 i 的收盘价，V_{it} 表示 t 日股票 i 的交易量，$\sum\limits_{t=1}^{n}|\%\Delta P_{it}|$ 表示一定时间内股票 i 价格变化率绝对值的和。

从普通流动性比率的公式中可以看出，L_{Ami} 值与股票流动性成正比。然而，普通流动性比率的不足之处在于不能反映上市公司的总流通股本，因为一般来说，股本越多的公司交易就越频繁，普通流动性比率就越高。普通流动性比率越高，则交易量对价格的影响就越小，也就是说该股票的流动性越好；反之，普通流动性比率越低，则交易量对价格的影响就越大，该股票的流动性就越差。

【例 2.5】 某股票在 3 天内的收盘价与成交量如表 2.1 所示，那么它的普通流动性比率是多少？

表 2.1　某股票在 3 天内的收盘价与成交量

时间	收盘价	成交量
第一天	5 元	3 手
第二天	6 元	5 手
第三天	10 元	3 手

【解析】 普通流动性比率 $= \dfrac{10\times3+6\times5+5\times3}{\left|(6-5)\times100\div5\right|+\left|(10-6)\times100\div6\right|}\times100\% = 86.54\%$

2. 马丁指数

马丁假定在交易时间内价格变化是平稳分布的，因此，可以用每日价格变化幅度与每日交易量之比衡量流动性，即形成马丁指数。公式为

$$M_t = \frac{\sum\limits_{t=1}^{n}\left(P_{it}-P_{i,t-1}\right)^2}{V_{it}} \tag{2.17}$$

其中，M_t 表示马丁指数，P_{it} 表示 t 日股票 i 的收盘价，V_{it} 表示 t 日股票 i 的交易量。

【例 2.6】 根据【例 2.5】的数据，计算马丁指数。

【解析】 马丁指数 $= \dfrac{(6-5)^2}{5}+\dfrac{(10-6)^2}{3} = 5.53$

马丁认为普通流动性比率与证券市场的总体价格走势正相关，与价格波动负相关。与普通流动性比率相反，马丁指数越大，则流动性越差。其缺点是比率随每日交易情况而变化，要得到一个较稳定的马丁指数，需要求若干个交易日马丁指数的平均值。

3. Hui-Heubel 流动性比率（Hui-Heubel liquidity ratio）

该比率与普通流动性比率类似，是由 Hui 和 Heubel 于 1984 年提出的。该比率使用 5 日内股票每日最高价和最低价衡量价格波动，并根据股票市值进行了调整，其计算公式为

$$L_{HH} = \frac{P_{\max} - P_{\min}}{P_{\min}} \div \frac{V}{S \cdot \overline{P}} \tag{2.18}$$

其中，L_{HH} 代表 Hui-Heubel 流动性比率，$P_{\max}$ 代表 5 日内每日股票最高价中的最高值，$P_{\min}$ 代表 5 日内每日股票最低价中的最低值，V 表示 5 日内的总交易金额，S 表示股票总流通数量，$\overline{P}$ 表示 5 日内股票平均收盘价。

【例 2.7】若已知某股票流通数量为 400 000 股，其 5 日内成交量、最高价、最低价及收盘价如表 2.2 所示，计算 Hui-Heubel 流动性比率。

表 2.2　某股票 5 日内的成交信息

时间	成交量（股）	最高价（元）	最低价（元）	收盘价（元）
第一日	1 000	10	8	8
第二日	4 000	9	7	9
第三日	5 000	11	9	11
第四日	3 000	13	8	12
第五日	3 000	13	11	11

【解析】由表 2.2 可知，5 日内每日股票最高价中的最高值为 13 元，5 日内每日股票最低价中的最低值为 7 元，总交易金额为 168 000 元（1 000×8+4 000×9+5 000×11+3 000×12+3 000×11），5 日内股票平均收盘价为 10.2 元[（8+9+11+12+11）÷5]，则：

$$\text{Hui-Heubel 流动性比率} = \frac{(13-7) \div 7}{168\,000 \div (400\,000 \times 10.2)} = 20.82$$

4. Marsh-Rock 流动性比率

马什（Marsh）和罗克（Rock）认为，除大额交易外，价格变化在很大程度上是独立于交易规模的，因为价格变化与交易规模之间是不成比例的。因此，一般的流动性比率将随平均交易规模的增加而上升。马什和罗克提出，应用特定时间内每笔交易之间价格变化百分比（绝对值）的平均值除以交易笔数来衡量流动性。公式为

$$L_{MR} = \frac{1}{T} \sum_{t=1}^{T_s} |\% \Delta P_{is}| \tag{2.19}$$

其中，L_{MR} 表示 Marsh-Rock 流动性比率，T_s 为股票 s 的交易笔数，$|\% \Delta P_{is}|$ 表示股票 s 第 i 笔交易价格变化百分比的绝对值。

【例 2.8】股票 A 与股票 B 同样是平均每笔交易引起 0.2% 的价格变动，但是 A 股票平均每笔交易金额为 15 000 元，而 B 股票平均每笔交易金额为 10 000 元。根据普通流动性比率和 Marsh-Rock 流动性比率说明股票 A 和股票 B 的流动性。

【解析】根据 Marsh-Rock 流动性比率，股票 A 和股票 B 的流动性是一样的；而根据普通流动性比率，A 股票的流动性比 B 股票的流动性强。

Marsh-Rock 流动性比率把价格变化与交易的绝对笔数联系起来，因此，平均每笔交易的价格变化越大时，流动性就越差。

第三节　市场透明度与信息揭示程度

在证券市场的理论与实践方面，透明度都是非常重要的概念。市场透明度是金融市场微观结构理论的一个重要研究领域。国际证监会组织（IOSCO）在 1998 年发布的《证券监管的目标与原则》中曾提出："证券市场监管应该保证交易的透明度。"各国证券市场也都在确定合理的透明度方面做了大量工作，以提高市场效率、改善投资者福利。

一、市场透明度的含义

2001 年，国际证监会组织在其研究报告中指出，市场透明度是指与目前交易机会及近期已完成交易等相关信息的可得性。信息披露制度是金融市场最基本的制度安排之一，是确保金融市场公开、公平、公正的根本前提。

根据信息揭示时间和交易进程的关系，市场透明度可分为交易前信息透明度和交易后信息透明度。

（1）在交易前信息透明度方面，几乎所有的市场都会通过信息供应商向投资者提供成交量、最佳买卖价格和数量等信息。会员证券商可能无法看到交易对手的身份，但是可以看到整个限价委托簿，并输入委托指令。然而，大宗交易的透明度仍然不够，目前，大宗交易往往私下议价后再以会员转账方式进行，成交前的信息仍然不透明。

（2）在交易后信息透明度方面，一般在交易后，交易系统就会自动揭示交易细节，不光是成交价格、成交数量，有些证券交易所还会将买卖双方的身份立即传给买卖双方。但是，不同证券交易所在交易信息的披露速度上存在较大差异，一些证券交易所会延迟几个小时、延迟至次日甚至延迟到数个交易日后，这种情况主要发生在一些报价驱动市场中。另外，各个证券交易所对大宗交易信息的披露时间也存在着很大的差异。

证券市场交易信息的使用者非常广泛，包括机构投资者、个体投资者、中介机构、监管部门、上市公司及证券交易所等。交易信息的揭示制度需要实现以下功能：一是信息传播，要使市场参与者能够准确而快速地获得证券交易信息；二是维护公平，信息揭示制度有利于监管部门对内幕交易及异常交易行为进行监管；三是提高效率，提高市场的流动性，促进社会资源的有效配置。

二、透明度与市场绩效

1. 透明度与流动性

较高的透明度会使非知情交易者获得较低的交易成本。不同市场机制下透明度对流动性具有不同的影响，竞价市场先天就比报价市场具有更高的透明度，因为前者的市场参与者更加容易得到市场实时信息。在交易指令单信息揭示比较多的市场，做市商可通过所得到的信息推断交易指令单为信息驱动还是流动性驱动，进而让非知情交易者享有较低的交易成本。此外，透明度越高，做市商越能准确地为证券估价，降低逆向选择风险，因此愿意缩小买卖价差，降低了投资者的交易成本，增强了市场流动性。

对交易指令信息的揭示便利了做市商与他人交易，从而促进了买卖价差方面的竞争。透明度高的市场在开盘时的价差大于透明度较低的市场，但随后高透明度市场的价差不断下降，低透明度市场的价差维持不变，价差将逐渐消失。在开盘阶段，相关信息扩散不充分，交易后信息的不透明吸引做市商相互竞争，增强市场的流动性。随着交易的进行，更多的信息得到了扩散，做市商失去了强烈竞争的诱因，流动性也随之减弱。提高交易后信息的透明度将减弱开盘阶段的流动性。

2. 透明度与有效性

高透明度市场导致交易商拥有较少的时间从事头寸管理，因此交易商偏好低透明度市场。在低透明度市场中，由于市场揭示的交易指令单信息含有噪声，因而会减缓价格调整速度，使非交易商的投资者得以通过交易共同分担风险。然而过度不透明的市场将会妨碍非交易商投资者的风险分摊，因为这时市场揭示的信息含有过多的噪声，投资者不敢进场交易，进而无法相互分摊风险。

在高透明度的市场中，所有报价被公开和迅速地揭示，此时做市商的搜寻成本将会降低，其报价调整的积极性也随之降低，从而延迟了价格发现。而在不透明的市场中，报价不被公开揭示，做市商将积极进行报价调整，从而增强了信息有效性。

3. 透明度与交易者福利

高透明度的市场具有较高的信息效率，如果市场设计的目标就是信息效率，那么增强透明度有利于提高市场效率。限价交易指令簿的透明度越高，市价交易指令的盈利和限价交易指令的损失也越大，下限价交易指令者将会减少指令提交数量，使得市场流动性减弱，而波动性则有所增强。

三、主要证券交易所的信息揭示制度

（一）信息揭示制度的现状

当前全球各交易所信息揭示制度的现状和发展趋势可以总结为以下几点：

（1）在开盘前，许多交易所已经采取信息公开措施，利用加权数量方式来计算可能的开盘价，并根据实时的指令提交状况揭示指示性成交价格。但是在指令提交信息方面存在差异，如巴黎证券交易所在开盘前提供最详细的交易指令价量信息，而东京证券交易所则只针对会员提供开盘前的部分交易指令信息。

（2）目前对于有关揭示档数应维持在最佳五档还是全部公开，国际证券市场并没有达成统一认识。但是，限价交易指令信息的公开则是未来的发展趋势。

（3）对于交易信息揭示的对象，部分交易所对会员与一般投资者的信息公开价位档数与各个价位委托数量的公开程度有不同的做法。东京证券交易所对投资者提供最佳五档信息，对会员则提供全部信息。但是随着信息技术的进步以及交易信息收费的降低，一般投资者通过会员间接获取交易信息的渠道越来越通畅。事实上，对于绝大多数交易所而言，一般投资者和会员在获取交易信息的能力上已经没有太大差别。

（4）成交后的信息揭示一般来说是实时的。但部分交易所允许大宗交易的信息披露有所延迟，并且不同交易所的延迟时间有所不同。

（5）关于交易者身份的揭示，绝大多数交易所并不向市场揭示交易指令提交者的情况，部分交易所也只是向有限的交易者揭示提交交易指令的经纪商。至于交易指令的真实提交者，尚未有交易所提供这方面的信息揭示。

（二）信息披露程度不同的原因

各交易所的信息披露程度是存在差异的，具体体现在披露的内容、对象和时效性上。导致差异的因素有以下几种。

1. 认识上的不一致

交易信息的充分公开，对维护市场公平与效率、促进价格发现与资金有效分配、防止市场机能的扭曲及遏止不法交易都有相当大的帮助。然而，一些文献认为提高透明度对市场绩效的影响并不全是正面的。对市场上的知情交易者而言，当他们进行交易时，希望公开的信息越少越好。但在这种情况下，不知情交易者难免会遭受损失。对他们而言，由于其取得信息的能力较差，因而希望信息公开程度越高越好。因此，信息公开对不同投资人的影响是不同的。

就整个市场而言，信息公开也不是绝对有助于增强市场流动性与效率性的。一般而言，透明度过低，投资人不了解其他人的意向及市场交易信息，会影响他们参与交易的积极性。但如果透明度过高，知情交易者就得不到应有利润，他们也就失去了发掘信息的动力。如果投资人花费很多时间及精力去研究公司的投资价值，那么这些信息将形成其交易决策；但如果他的委托状况被其他人知道，他的付出就得不到补偿，势必不会继续发掘信息。因此，当所有投资人都认为股票价格反映了公司的真实价值时，也就没有人再从事信息的收集而全部依赖于市场价格信息。其结果背离了价格发现机能的本质，导致市场流动性与效率性受损。

2. 价格形成方式的影响

在报价驱动的市场上，股市的效率是靠承担风险的做市商的参与才大幅提高的。如果因为透明化而使这些中介者暴露在不当的风险之中，那么其存货风险会增加，市场流动性将会减弱，因而做市商较一般投资人或零售商应得到更多的信息。就报价驱动市场而言，如交易后信息即时公开，做市商接下或吸纳巨额委托单后，竞争对手会利用公开信息在市场中进行干扰，影响做市商的操作，使其遭受损失。时间一长，做市商为避免承担风险，将降低其接受巨额委托的意愿，或是将买卖价差扩大来保护自己，这样市场流动性会趋于恶化。

一般而言，竞价市场较之于做市商市场，先天上可提供较多的交易信息。这是因为，竞价市场中的所有交易都是集中进行的，其信息较易汇总揭示；而在交易分散进行的做市商市场中，其披露的信息较为有限。

3. 交易规模的影响

目前，大多数市场对小额交易的价量是立即公开的，但对大额交易则不一样。这主要源于大额交易的申报者对交易机制的特殊需求。

机构投资人的交易一般不试着买到当天的最低价或卖到最高价，一般也不需要证券商的资金，他们根据基本信息做出交易决策，花费时间长，因此一般也不需要立即下单。他们最青睐且认为最有效的交易模式是集合竞价，或者他们基于交易成本的考虑，倾向于议价成交。此外，他们对匿名下单极其重视，担心信息泄露而造成损失。在实务上，对大额交易来讲，为避免公布信息而造成的抢先委托以及出于对大额交易可能会冲击市场的顾虑，交易所一般以降低透明度的方式来增加市场的效率。

4. 不同使用者的不同需求

交易信息的使用者极其广泛，包括投资机构、散户、做市商、市场监管者、交易所、信息公司、证券商等。各种类型的使用者对信息的种类及时效性的需求是不同的。做市商需要更多的委托的价量信息，以便制定一个更好的价格，但知情交易者却不愿在这样的市场中交易，因为这种市场减少了其信息优势。投资机构对巨额交易信息及谣传需求高；市场监管者及交易所则需要所有即时资讯及交易来源、委托人等信息以作监管之用，因而有的信息不能向市场公开。因此透明度的设计者就要考虑他们之间的互动关系，在所有需求者之间寻求平衡。

5. 交易所信息披露的成本及系统处理效率

市场信息的广泛传播会促进交易量的增加，但发掘出更多且准确的信息需要在系统上、人力上做较大的投资。交易所一般是借收费来补偿提供信息的费用的，不收费会减弱交易所利用先进技术生成与发布信息的动机。此外，如证券在不同交易所上市，还存在"搭便车"的问题。搭便车者不仅有其他交易所，还有其他交易所的市场参与者，他们可利用透明市场的信息进行价格发现，修改报价，部分人会获得竞争性利益，部分人会受到损害（如在较透明市场中进行巨额交易的做市商），进而损害整个市场的效率性与完整性。因此，交易所之间的合作或接受统一的监管技术标准是极其必要的。

再者，某些信息的揭示程度大小，会对系统逻辑程序的处理效率和公平性有潜在危害。如系统对委托人身份加以辨认，可能会促使委托人将交易预做安排，或寻求特定交易对象成交。信息披露越多，系统处理的效率也就越低。

总之，基于不同的传统、文化与法律体系、历史背景的差异以及现实因素的考虑，产生了不同的交易制度与市场结构，也因此产生了交易信息公开程度在认识上与实践上的差异。对交易所而言，确定最佳的市场透明度时必须是在一定的交易制度、市场结构与政策环境下，估量不同市场参与者相互抵触性利益的比重，对市场公平性、流动性、稳定性、有效性、竞争性统一考量，进行取舍与寻求平衡。

第二篇　利率和金融资产价格

第三章　利率的决定基础

【学习目标】

了解信贷资金主要供给者和需求者的构成；了解均衡利率的决定；了解导致信贷资金供求曲线移动的因素；掌握利率随时间推移的变化状况；了解决定利率的具体因素；掌握不同理论对利率期限结构的解释；能熟练利用利率期限结构推导出远期利率以及利用利率来计算现值和终值。

【导入案例】

2015年我国连续5次降息

2015 年 2 月 28 日，中国人民银行宣布自 2015 年 3 月 1 日起下调金融机构人民币贷款和存款基准利率。金融机构一年期贷款基准利率下调 0.25 个百分点至 5.35%，一年期存款基准利率下调 0.25 个百分点至 2.5%，其他各档次存贷款基准利率及个人住房公积金存贷款利率做相应调整。

2015 年 5 月 10 日，中国人民银行宣布自 2015 年 5 月 11 日起金融机构人民币一年期贷款基准利率下调 0.25 个百分点至 5.1%，一年期存款基准利率下调 0.25 个百分点至 2.25%，同时，将金融机构存款利率浮动区间的上限由存款基准利率的 1.3 倍调整为 1.5 倍。

2015 年 6 月 27 日，中国人民银行宣布再次降息 0.25 个百分点。

2015 年 8 月 26 日，中国人民银行再次下调金融机构人民币贷款和存款基准利率，以进一步降低企业融资成本。其中，金融机构一年期贷款基准利率下调 0.25 个百分点至 4.6%，一年期存款基准利率下调 0.25 个百分点至 1.75%，其他各档次贷款及存款基准利率、个人住房公积金存贷款利率做相应调整。同时，放开一年期以上（不含一年期）定期存款的利率浮动上限，活期存款以及一年期以下（含一年期）定期存款的利率浮动上限不变。

2015 年 10 月 24 日，中国人民银行第五次下调金融机构人民币贷款和存款基准利率，以进一步降低社会融资成本。其中，金融机构一年期贷款基准利率下调 0.25 个百分点至 4.35%，一年期存款基准利率下调 0.25 个百分点至 1.5%，其他各档次贷款及存款基准利率、人民银行对金融机构贷款利率做相应调整，个人住房公积金贷款利率保持不变。同时，对商业银行和农村合作金融机构等不再设置存款利率浮动上限，并要求其抓紧完善利率的市场化形成和调控机制，加强央行对利率体系的调控和监督指导，提高货币政策传导效率。

启发思考：

（1）2015 年，中国人民银行为什么要连续 5 次降息？

（2）你认为利率调整主要应考虑哪些因素？

（3）降息政策对我国经济有什么影响？

名义利率（nominal interest rates）是人们在金融市场上实际观察到的利率。各种名义利率会对国内外货币和资本市场上大多数证券交易的价值（或价格）产生直接影响。因此，利率变化会影响家庭、企业和政府机构的决策。本章将说明，名义利率还会对即期汇率和远期汇率之间的关系产生直接影响。

第一节　信贷资金理论

利率在金融工具定价中扮演着重要角色。利率变化会对证券价值产生影响，金融机构和其他公司经理必须明确利率水平的决定因素，以及利率随时间变化的原因。信贷资金理论认为，利率水平由影响信贷资金供求状况的因素决定，这与普通商品和劳务在市场上的价格由供求关系决定是一样的。

一、信贷资金的供给

信贷资金的供给指的是金融市场上资金供给者所提供的资金净额。一般来讲，随着利率的上升，信贷资金供给的数量会增加。信贷资金供求曲线见图 3.1。其他条件不变时，随着利率水平的上升（资金的收益更高），资金的供给会增加。

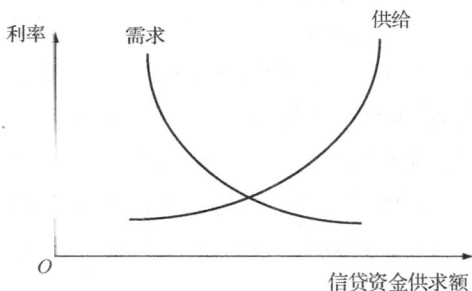

图 3.1　信贷资金供求曲线

家庭（消费者）是信贷资金市场上最大的供给者。当家庭有收入余额或者想对持有的资产组合进行调整时，便会产生资金的供给。在经济高速增长时期，家庭可能会以手中的部分现金来换取盈利资产（即以提供信贷资金的方式换取证券）。随着消费者财富总额的增加，其所提供的信贷资金供给总额一般也会增加。家庭在确定其信贷资金供给额时不仅要考虑一般利率水平和财富总额，还要考虑证券投资的风险。在任意利率水平下，所感受到的证券投资风险越大，家庭计划投资的金额就越少。另外，家庭信贷资金的供给还取决于当前的消费支出需求。比如，就某一家庭而言，近期的教育和医疗支出增加将导致其资金供给额的下降。

企业也可能会在信贷资金市场上充当供给者的角色。就企业而言，高利率也会导致其资金的供给额增多，因为企业手中通常有过剩资金或营运资本，可投资于短期金融资产。除了投资的利率水平之外，金融证券的预期风险和企业将来的投资需求也会影响企业的资金供给总额。

有些政府部门有时也会作为信贷资金供给者出现。有些地方政府会在短期内出现现金收入（比如地方税收）大于其预算支出的情况，这些资金可在动用之前借给金融市场上的资金使用者。

在经济与金融全球化的环境下，越来越多的外国投资者也开始充当信贷资金供给者的角色。当本国金融市场证券的利率高于外国投资者所在国的同类证券利率时，他们就会增加在本国市场中的资金供给。与国内资金供给者一样，外国投资者也会对金融证券的利率水平、自身的财富总额、证券的风险以及未来的支出需求等因素进行评估。此外，当外国投资者所在国金融状况与他国相比发生变化，以及其所在国货币兑换人民币的汇率发生改变时，他们就会改变自己的投资决策。

二、信贷资金的需求

信贷资金的需求指的是资金使用者资金需求的净额。一般而言，信贷资金的需求会随着利率的下降而上升（见图3.1）。其他条件不变，利率降低（借贷资金的成本下降）时，资金的需求会增加。

家庭（尽管是净资金供给者）也会在信贷金融市场上作为需求者出现。家庭对信贷资金的需求表现在他们在购买住房（使用抵押贷款）、耐用消费品（如汽车和家用电器）以及非耐用消费品（如教育和医疗）时的融资需求上。其他的非价格因素和需求（下面将讨论这些内容）也会对任意利率水平下家庭信贷资金的需求产生影响。

企业是信贷资金市场上重要的需求者。企业通常会以发行债券或其他金融工具的方法来筹集用于投资长期（固定）资产（如厂房和设备）及短期营运资金（如存货和应收账款）的资金。当利率水平较高（即信贷资金成本较高）时，企业更愿意使用内部资金（如留存收益），而不是依靠借入资金来投资。除利率之外，非价格因素会直接影响企业对资金的需求。例如与借款有关的合约条件（即下面要讨论的借款协议）越严格，在任意既定的利率水平下，企业愿意借款的数额就越小。此外，可供利用的盈利项目越多，或者总体经济状况越好，企业对信贷资金的需求就越大。

政府在信贷资金市场上也会充当需求者。为了解决业务收入（如税收）和预算支出（如道路修建）之间的暂时失衡，中央和各级地方政府经常会发行债务工具进行融资。与家庭和企业一样，政府对资金的需求也会随着整体经济形势的变化而变化。

随着我国金融市场的不断发展，越来越多的国外资金需求者（家庭、企业和政府）在我国金融市场上筹款，充当信贷市场的需求者。外国借款者的参与目的主要是为了降低自己使用资金的成本。此外，除了利息成本，外国借款者还要考虑信贷资金的非价格条件、本国的经济状况以及人民币与本国货币相较而言的吸引力。

三、均衡利率

信贷资金的总供给是指各个资金供给者（如家庭、企业、政府和外国投资者）所提供的资金总额。同样地，信贷资金的总需求是指各个资金需求部门的资金需求总额。如图3.2所示，资金的总供给与利率正相关，而总需求与利率负相关。只要金融体系中的竞争性因素能够自由发挥作用，对某种金融证券而言，使其资金总供给与总需求相等（Q^*）的利率就构成了该证券的均衡利率（图 3.2 中与 E 点相对应的利率 i^*）。比如，当利率水平高于均衡利率时（如图中的 i^H），金融体系内就会出现信贷资金的过剩。结果，资金供给者就会降低其贷款的利率，从而使得资金需求者能够吸纳过剩的信贷资金。反过来，当利率低于均衡水平时（如图中的 i^L），金融体系中就会出现信贷资金的短缺，一些借款者无法以现行利率获取资金，利率就会上升，从而使得市场上出现更多的资金供给，而一些资金需求者则退出市场。这类竞争将使得资金的供给增加，需求减少，直到资金短缺的现象不复存在。

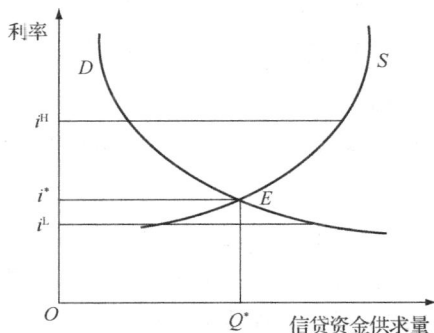

图 3.2　均衡利率的决定

四、导致资金供求曲线移动的因素

当除利率之外其他因素的变化使得任意利率水平下金融证券的供给或需求量发生改变时，供给或需求曲线就会发生移动。无论供给曲线还是需求曲线发生移动，都会导致利率发生变化。

（一）资金供给

我们已经对利率和信贷资金供给之间的正相关关系进行了解释。导致信贷资金供给曲线移动的因素包括资金供给者持有的财富、金融证券的风险、未来的支出需求、货币政策目标以及经济状况。

1. 资金供给者持有的财富

随着金融市场参与者（家庭、企业等）手中持有财富总额的增加，可用于投资的绝对数额也会增加。因此，在任意利率水平下，信贷资金的供给都会增加，即供给曲线会向坐标系的右下方移动。比如，随着改革开放的推进，我国经济高速增长，我国投资者的财富总额也增加了。因此，任意利率水平下，可用于投资（如股票和债券投资）的资金供给也增加了。图 3.3（a）描述了资金供给曲线的移动（供给增加），即从 S 移动到了 S'，供给曲线的移动导致了供求关系的失衡。为了消除金融市场上的这种失衡，均衡利率从 i^* 下降到了 $i^{*'}$，从而使得资金供给者和需求者之间的交易额从 Q^* 增加到了 $Q^{*'}$。

相反，当金融市场参与者手中持有的财富总额下降时，可用于投资的绝对数额就会下降。相应地，任意利率水平下，信贷资金的供给都会下降，即供给曲线会向坐标系的左上方移动。市场参与者持有的财富总额下降所造成的资金供给下降将导致均衡利率水平的上升以及资金均衡交易额的下降。

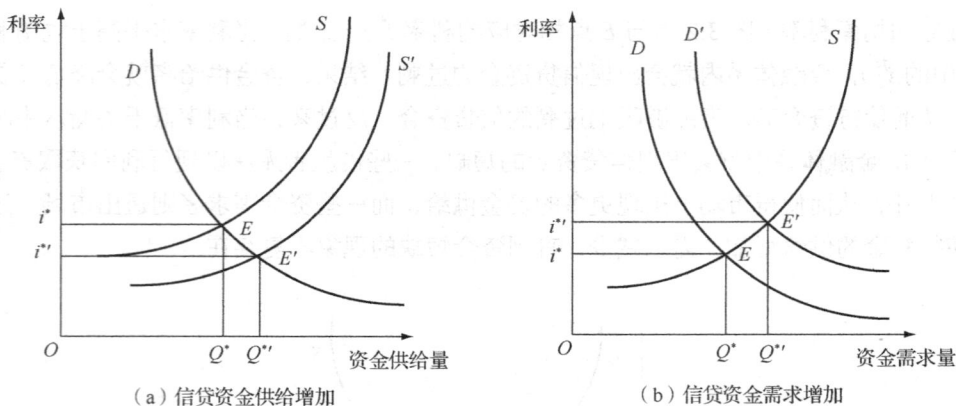

图 3.3　信贷资金供求曲线的移动对利率的影响

2. 金融证券的风险

当某种金融证券的风险（如证券发行者违约的可能性）下降时，它对资金供给者的吸引力就会上升。任意利率水平下，信贷资金的供给都会增加，即供给曲线向坐标系的右下方移动，从图 3.3（a）中的 S 移动到了 S'。当其他情况不变时，金融证券风险下降所导致的资金供给增加将使得均衡利率从 i^* 下降到 $i^{*'}$，均衡交易额从 Q^* 上升到 $Q^{*'}$。

反之，当某种金融证券的风险增加时，它对资金供给者的吸引力就会下降。与此同时，任意利率水平下信贷资金的供给都会下降，即供给曲线向坐标系的左上方移动。当其他情况不变时，金融证券风险上升导致的资金供给下降会使得均衡利率水平上升和均衡交易额下降。

3. 未来的支出需求

当金融市场参与者未来的支出需求减少时，可供投资的绝对数额就会增加。比如，当家中的子女长大搬出去独立生活时，家庭现行支出的需求会下降，（可用于投资的）资金供给就会增加。在任意利率水平下，信贷资金的供给额都会增加，即供给曲线会向坐标系的右下方移动。其他条件不变时，金融市场会以降低均衡利率和增加资金均衡交易额的方式来对这种资金供给增加的情况做出反应。

相反，当金融市场参与者未来的支付需求增加时，用于投资的绝对数额就会下降。任意利率水平下的信贷资金供给均会减少，供给曲线向坐标系的左上方移动。供给曲线的移动使得金融市场失去均衡，从而导致均衡利率的上升和均衡交易额的下降。

4. 货币政策目标

当货币政策目标允许经济扩张时，中国人民银行就会增加金融市场上资金的供给。这样，任意利率水平下信贷资金的供给都会增加，供给曲线向坐标系的右下方移动，均衡利率下降，资金的均衡交易额增加。

反之，当货币政策目标是限制经济增长（从而抑制通货膨胀）时，中国人民银行就会减少金融市场上资金的供给。这样，任意利率水平下信贷资金的供给都会下降，供给曲线向坐标系的左上方移动，均衡利率上升的同时，资金的均衡交易额下降。

5. 经济状况

当本国的基础经济状况（如通货膨胀率、失业率和经济增长率）与他国相比得到改善时，流入本国的资金就会增加。这种情况反映出作为该国代表的政府发生债务违约的风险（国家或主权风险）下降。比如，2008年金融危机的爆发使全球大多数国家的经济状况变得糟糕，相对来说我国的经济状况仍然不错。于是，流入我国金融市场的外国资金增加。这使得我国任意利率水平下的资金供给增加，供给曲线向坐标系的右下方移动。结果，均衡利率下降，资金的均衡交易额上升。

反之，当国外经济状况改善时，本国及外国投资者就会将其资金从本国金融市场撤出而投资国外市场。这样，金融市场口资金的供给就会减少，均衡利率上升，均衡交易额下降。

（二）资金需求

之前已经介绍过，信贷资金的需求与利率水平负相关。导致资金需求曲线移动的因素包括借款购买资产的效用、非价格因素对借款的限制以及经济状况。

1. 借款购买资产的效用

当借款购买资产的效用增加时，市场参与者（家庭、企业等）的借款意愿就会上升，借款的绝对数额也会上升。相应地，任意利率水平下信贷资金的需求都会增加，需求曲线向坐标系的右上方移动。例如，某人工作上的变动使得他要从武汉搬到北京，此人在武汉拥有一套房子。由于要迁往北京，这套房子的效用下降，而北京房子的效用会增加。随着购买新房效用的增加，此人对住房信贷的需求也随之增加。图 3.3（b）描述了需求曲线的这种移动情况，从 D 移动到了 D'。需求曲线的移动导致金融市场失去平衡。当其他条件不变时，由于所购资产效用增加而导致的资金需求增加，使得均衡利率水平从 i^* 上升到了 $i^{*'}$。同时，资金的均衡交易额从 Q^* 增加到了 $Q^{*'}$。

反过来，当借入资金所购资产的效用下降时，市场参与者（家庭、企业等）借款的意愿以及借款的绝对数额均会下降。相应地，任意利率水平下信贷资金的需求均会下降，需求曲线向坐标系的左下方移动。需求曲线的移动使得金融市场失去平衡。其他情况不变时，随着竞争性因素的调整，所购资产的效用下降而导致的资金需求减少，将使得均衡利率以及资金的均衡交易额下降。

2. 非价格因素对借款的限制

当借款者所面临的非价格限制减少时，其借款的意愿以及借款的绝对数额均会增加。此类非价格因素包括交易费用、抵押物以及对资金使用的要求或限制等。这种限制条件的减少使得贷款对资金使用者的吸引力更大。与此同时，任意利率水平下信贷资金的需求均会增加，需求曲线将向坐标系的右上方移动（从 D 移动到 D'）。其他条件不变时，随着竞争性因素的调整，借款限制条件减少所导致的资金需求增加将使均衡利率从 i^* 上升到 $i^{*'}$，资金的均衡交易额从 Q^* 上升到 $Q^{*'}$。

反之，当借款者所面临的非价格限制增加时，其借款的意愿以及借款的绝对数额均会下降。这时，需求曲线将向坐标系的左下方移动，并使均衡利率水平以及资金的均衡交易额均下降。

3. 经济状况

当本地经济进入增长阶段时，市场参与者便愿意大规模地借款。例如，本地区经济增长强劲时，地方政府会更愿意对年久失修的基础设施进行维修和改善。这样，资金需求曲线就会向坐标系的右上方移动。其他条件不变时，经济增长所带来的资金需求增加将导致均衡利率和资金均衡交易额的上升。

反过来，当本地经济出现萧条时，市场参与者就会降低对资金的需求。这样，需求曲线会向坐标系的左下方移动，导致均衡利率和资金均衡交易额的下降。

表 3.1 对本节中所讨论的影响信贷资金供求的因素进行了归纳，同时还列出了在其他情况不变时，这些因素对金融市场信贷资金供求及均衡利率（市场出清利率）的影响。

表 3.1　影响金融市场信贷资金供求状况及均衡利率的因素

A 表：资金供给		
因素	对资金供给的影响	对均衡利率的影响
利率	沿供给曲线移动	正向
资金供给者持有的财富	供给曲线移动	负向
金融证券的风险	供给曲线移动	正向
未来的支出需求	供给曲线移动	正向
货币政策目标	供给曲线移动	负向
经济状况	供给曲线移动	负向
B 表：资金需求		
因素	对资金需求的影响	对均衡利率的影响
利率	沿供给曲线移动	正向
借款购买资产的效用	供给曲线移动	正向
非价格因素对借款的限制	供给曲线移动	负向
经济状况	供给曲线移动	正向

注："正向"指影响因素上升（下降）会导致均衡利率上升（下降），"负向"指影响因素上升（下降）会导致均衡利率下降（上升）。

想一想

信贷资金的供给和需求如何共同决定均衡利率？

第二节　单个证券收益率的决定因素

上一节，我们根据信贷资金供求理论对资金流动进行了解释，分析了（名义）利率是如何决定的。本节对影响金融市场中收益率水平的具体因素进行详细分析。这些因素包括通货膨胀率、实际无风险利率、违约或信用风险、流动性风险、与证券发行所筹资金使用的相关特别条款（或协议）以及证券的到期期限等。

一、通货膨胀率

影响利率的首要因素是一国实际或预期的通货膨胀率。反映商品和劳务一般价格指数的通货膨胀率（IP）是指一组具有代表性的商品和劳务在一定时间内价格上涨的幅度，用百分数表示。实际或预期的通货膨胀率越高，利率水平也就越高。利率和通货膨胀率正相关的原因在于：当通货膨胀率上升时，购买金融资产的投资者必须获得更高的利率，才能补偿因将眼前实际商品和劳务的消费约在未来进行消费所造成的成本增加。换句话讲，通货膨胀率越高，将来购买同样一组商品和劳务的价格越昂贵。通货膨胀率通常是用居民消费价格指数（CPI）或生产价格指数（PPI）来衡量的。比如，按居民消费价格指数计算，t 年到 $t+1$ 年间

的通货膨胀率为

$$通货膨胀率（IP）= \frac{CPI_{t+1} - CPI_t}{CPI_t} \times 100\%$$

二、实际无风险利率

实际无风险利率（real risk-free rate，RFR）指的是无通货膨胀预期时某种无风险证券在持有期（如一年）内的利率。它反映出公众在消费时间上的一种相对偏好：与推迟消费相比，他们更喜欢当前的消费。公众对当前消费的偏好越强烈（即货币的时间价值或时间偏好程度越高），实际无风险利率就越高。

欧文·费雪（Irving Fisher）在 20 世纪初期发现了实际无风险利率（RFR）、预期通货膨胀率[E(IP)]以及名义利率（i）之间的关系。这种关系被称为费雪效应。根据费雪效应的推论，金融市场上人们所观察到的名义无风险利率（如一年期国债利率）必须能使投资者在以下两方面获得补偿：①由于物价上涨所造成的借贷资金（或借款本金）购买力的下降；②放弃眼前消费应获得的预期通胀率以外的溢价（它反映了实际无风险利率）。当投资者购买了付息证券时，通货膨胀的存在会使名义无风险利率高于实际无风险利率。公式为

$$i = RFR + E(IP) + RFR \times E(IP)$$

式中，RFR×E(IP)属于通货膨胀溢价，用于弥补通货膨胀造成的名义无风险利率的购买力下降。

当 RFR 和 E(IP)均较小时，这一项可以忽略不计。因此，费雪效应公式通常写为

$$i = RFR + E(IP) \tag{3.1}$$

式（3.1）是一个近似的等式，它假设实际无风险利率和预期通货膨胀率的值均很小。因此，只有当市场参与者预期的通货膨胀率为 0，即 E(IP)=0 时，名义无风险利率才与实际无风险利率相等。

【例 3.1】计算实际无风险利率。

假设 1 年期国债的平均利率为 4.53%，同期（按居民消费价格指数计算）的通货膨胀率为 3.80%。如果投资者预期未来与现在的通货膨胀率相同，那么，根据费雪效应，实际无风险利率为

$$4.53\% - 3.80\% = 0.73\%$$

如果一年期国债利率为 2.17%，而当年通货膨胀率为 2.98%，这说明实际无风险利率为 −0.81%。

三、违约（或信用）风险

违约风险（default risk）指的是证券发行者不能向证券购买者支付事先承诺的利息和本金所带来的风险。违约风险越大，证券的购买者就会要求更高的利率来对这种风险进行补偿。并非所有的证券都面临着违约风险。例如，国债被人们看成无违约风险的证券，因为它是由我国政府发行的。由于政府有权收税且能够印发钞票，因此其债务违约的风险实际上为零。然而，有些借款者（如公司和个人）所面对的是不确定的现金流量（且无征税权），因此，投资者要根据违约以及收回贷款资金的可能性来向他们收取一笔利率风险溢价。在期限、流动性、税收和其他方面的特征（比如赎回和可转换条款）相同的情况下，某种证券（证券 j）的名义利率与国债名义利率之差，被称为违约或信用风险溢价（DRP$_j$），即：

$$DRP_j = i_{jt} - i_{Tt} \tag{3.2}$$

式中，i_{jt} 表示时间为 t、期限为 j 的非国债证券（证券 j）的利率；i_{Tt} 表示时间为 t、期限为 j 的国债利率。

【例 3.2】计算违约风险溢价。

穆迪（Moody's）和标准普尔（Standard & Poor's）对许多公司债券的违约风险进行了评估和分类。如果 1 年期国债的利率（或收益率）为 2.95%，等级为 Aaa 和 Baa 的公司债券的利率分别为 4.02% 和 5.36%，则等级为 Aaa 和 Baa 的公司债券的平均违约风险溢价分别为：

$$DRP_{Aaa} = 4.02\% - 2.95\% = 1.07\%$$
$$DRP_{Baa} = 5.36\% - 2.95\% = 2.41\%$$

四、流动性风险

具有高度流动性的资产能够以较低的交易成本按预期的价格出售。因此，它能够在短期内按完整的市场价值兑换成现金。证券的利率反映了其相对流动性的大小。资金的流动性越好，其利率越低（其他情况相同时）。如果某种证券缺乏流动性，投资者就会在证券利率之上附加一种流动性风险溢价（LRP），以反映它的相对流动性。具有流动性的资产包括多数政府债券及一些大公司发行的股票和债券。相对而言，小公司发行的证券大多缺乏流动性。

如果投资者希望尽快卖出这些缺乏流动性的证券，他们所得的价格可能比应收的价格低。因此，投资者需要以除其他溢价之外的流动性风险溢价来补偿证券缺乏流动性以及尽快卖掉证券导致的潜在价格折扣。流动性风险溢价也可以被认为是一种"缺乏流动性"的溢价。

当投资者不愿持有长期证券时[因为与短期证券相比，长期证券的价格（现值）对利率的变化更加敏感]，就会出现另一种类型的流动性风险溢价。在这种情况下，证券的期限越长，流动性风险溢价越高。原因在于：证券的期限越长，利率变化后它所面临的价格风险（资本损失）越大。

五、特殊条款或协议

证券发行合约中众多的特殊条款或协议也会对各种证券的利率产生影响。此类特殊条款包括与证券有关的税收条款、转换条款及赎回条款等。

证券发行合约中的税收条款会影响利率。例如，对我国投资者而言，国债所获得的利息收入可以免税。因此，国债持有人所要求的利率将低于相同条件下的应税债券的利率（比如公司债券的利率）。证券的可转换性使持有者能够按事先确定的价格将一种证券转换为同一发行者发行的另一种证券。由于可转换的证券具有转换选择权的好处，因此，与不可转换的证券相比，持有者会要求更低的利率（其他条件相同时）。

总的来说，能给证券持有者带来利益的特殊条款（如免税和可转换条款）会使利率降低，而能给证券发行者带来利益的特殊条款（如赎回条款——在该条款下，证券发行者可以在证券到期前按事先确定的价格赎回证券）会使得证券的利率上升。

六、到期期限

债券的利率与到期期限之间也存在着联系，这种联系常被人们称为利率期限结构（term

structure of interest rates），常用收益率曲线表示。利率期限结构用于比较证券其他特征（如违约风险及流动性风险等）相同时，仅仅由于期限上的差别而导致的利率不同。证券期限变化所导致的应得收益率的差异称为期限溢价（MP）。期限溢价——具有相同特征（期限除外）的长期证券和短期证券应得收益率之差——可能是正数、负数，也可能为零。人们分析最多的是国债的利率期限结构。

国债的收益率曲线呈现出多种形态，图3.4中给出的是三种常见形态。在图3.4（a）中，收益率曲线向上倾斜，收益率随着期限的增加而稳定增加。这是最常见的收益率曲线，从总体上看，其期限溢价都是正的。图3.4（b）中是一条向下倾斜的收益率曲线，它表明收益率随着期限的增加而下降。图3.4（c）展示的是一条水平的收益率曲线，它表明期限对收益率没有任何影响。

值得注意的是，在现实生活中，由于收益率曲线上不同点的交易证券的流动性偏好可能不同，因此，这些收益率曲线除了反映投资者对某种证券期限的偏好外，还反映了其他因素的影响。例如，当投资者偏爱新发行的证券而不愿持有已发行的证券时，新发行的30年期国债的收益率会低于已经发行的20年期国债的收益率。在下一节，我们将对利率期限结构的三种主要理论进行介绍。

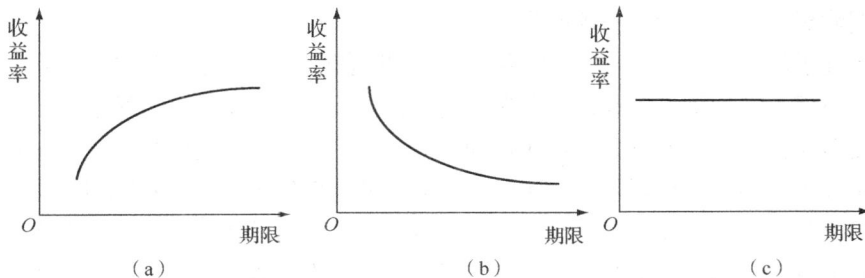

图 3.4　常见的几种国债收益率曲线

将影响市场利率的各种因素综合起来，我们能够通过下面的一般等式来总结与某种（第 j 种）金融证券均衡利率（ i_j^* ）有着函数关系的因素。

$$i_j^*=f(\text{IP}, \text{RFR}, \text{DRP}_j, \text{LRP}_j, \text{SCP}_j, \text{MP}_j) \qquad (3.3)$$

式中，IP 表示通货膨胀溢价，RFR 表示实际无风险利率，DRP_j 表示第 j 种证券的违约风险溢价，LRP_j 表示第 j 种证券的流动性风险溢价，SCP_j 表示第 j 种证券的特殊溢价，MP_j 表示第 j 种证券的期限溢价。

前两种因素（IP 和 RFR）对所有证券的影响是一样的，而其他因素的影响则取决于证券自身的特点。

表 3.2 对单个证券收益率的决定因素进行了总结。

表 3.2　单个证券收益率的决定因素

通货膨胀——一组具有代表性的商品和劳务价格水平的持续上涨。

实际无风险利率——无预期通货膨胀时某种证券的名义无风险利率。

违约风险——证券发行者无力支付利息或本金导致违约的风险。

流动性风险——证券无法在短期内以低交易成本按预期的价格出售的风险。

特殊条款或协议——会对证券持有者产生有利或不利影响的条款（如纳税、转换和赎回），这类条款的影响会在证券的利率中得到反映。

到期期限——证券到期的时间长短。

第三节　利率期限结构

正如之前对利率期限溢价的介绍，某种证券的利率与剩余期限之间的关系（利率期限结构）呈现出几种不同的形态。对各种收益率曲线形态进行解释的理论主要有三种：无偏预期理论、流动性溢价理论和市场分割理论。

一、无偏预期理论

根据利率期限结构的无偏预期理论（unbiased expectations theory，UET），收益率曲线上的任意一点均反映出当前市场对将来短期利率的预期。如图 3.5 所示，无偏预期理论的根据在于，如果投资者的投资期限为 4 年，那么他可以购买一种 4 年期的债券并每年获得债券的收益（$_1R_4$，持有至到期）；他也可以持续购买 4 次一年期的债券——对于这种债券，他只知道一年期的即期利率（$_1R_1$），但会对未来一年期利率做出预期：$E(_2r_1)$、$E(_3r_1)$、$E(_4r_1)$。注意每个利率项有两种下标。例如，$_1R_4$ 中的第一个下标指债券的购买时期，1 代表在第一期购买债券；第二个下标指债券的期限，4 代表所购买的债券 4 年后到期。相似地，$E(_3r_1)$ 表示在第 3 期购买的一年期债券的预期收益率。

当市场处于均衡状态时，4 年期债券持有到期所获收益应该与 4 年内连续购买一年期债券的预期收益相等。如果不相等，则存在套利机会。例如，如果投资者可以在 1 年期债券投资上获得更多收益，那么他就会卖空 4 年期债券，使用这笔资金连续购买 4 次 1 年期债券，并获得 4 年投资期限内的承诺收益。因此，根据无偏预期理论，如果预期将来 1 年期债券的利率会逐步上升，那么，收益率曲线将向右上方倾斜。具体地讲，在这种情况下，现行 4 年期债券的利率或收益率将高于 3 年期债券，而 3 年期债券的收益率又将高于 2 年期债券，等等。同样地，如果今后 1 年期债券的预期利率固定不变，那么，4 年期债券的利率将与 3 年期债券的利率相等——也就是说，在相应的投资期间内，利率的期限结构是一样的。具体来讲，无偏预期理论认为，现行长期利率（$_1R_N$）是现行短期利率（$_1R_1$）和将来预期短期利率 $E(_Nr_1)$ 的几何平均数。反映这一关系的数学表达式为

$$(1+_1R_N)^N = (1+_1R_1)[1+E(_2r_1)]\cdots[1+E(_Nr_1)] \tag{3.4}$$

因此

$$_1R_N = \left\{(1+_1R_1)\left[1+E(_2r_1)\right]\cdots\left[1+E(_Nr_1)\right]\right\}^{1/N} - 1$$

式中，$_1R_N$ 为今天（即第 1 年的第 1 天）购买的 N 年期债券的实际利率；N 为到期期限（$N=1$，2，3，…）；$_1R_1$ 为今天购买的 1 年期债券的实际利率；$E(_ir_1)$ 为从 i 年开始对未来 1 年期利率的预期（从第 2 年开始，即 $i=2$，3，4，…）。

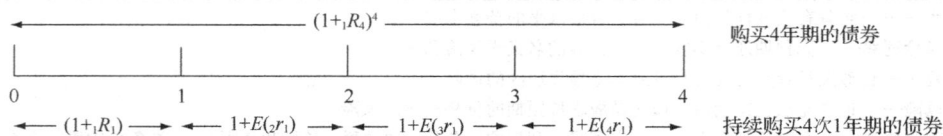

图 3.5　利率期限结构的无偏预期理论

【例 3.3】根据利率期限结构的无偏预期理论构建收益率曲线。

假设现行 1 年期利率（1 年的即期利率）以及随后 3 年内 1 年期国债的预期利率（即第 2 年、第 3 年、第 4 年的预期利率）分别为

$$_1R_1=1.94\%, \quad E(_2r_1)=3.00\%, \quad E(_3r_1)=3.74\%, \quad E(_4r_1)=4.10\%$$

根据无偏预期理论，1~4 年期国债现行（或当天）的利率分别为

$$_1R_1 =1.94\%$$
$$_1R_2 = [(1+0.019\,4)\times(1+0.03)]^{1/2} - 1 = 2.47\%$$
$$_1R_3 = [(1+0.019\,4)\times(1+0.03)\times(1+0.037\,4)]^{1/3} - 1 = 2.89\%$$
$$_1R_4 = [(1+0.019\,4)\times(1+0.03)\times(1+0.037\,4)\times(1+0.041)]^{1/4} - 1 = 3.19\%$$

这样，如图 3.6 所示，收益率曲线将向右上方倾斜。

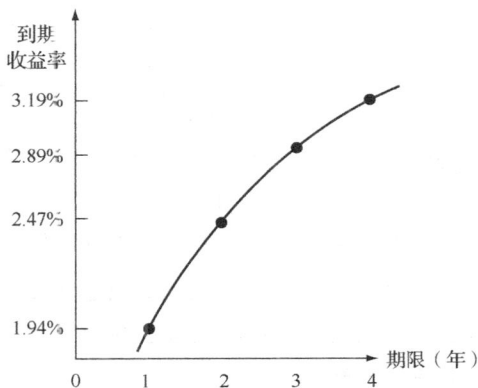

图 3.6　收益率曲线

这种向右上方倾斜的收益率曲线表明市场预测未来一年期（短期）利率会持续上升。

二、流动性溢价理论

无偏预期理论的缺点在于它假设投资者投资短期和长期债券的意愿相等，并且没有额外的报酬（更高的利率）补偿投入长期债券所产生的额外风险。利率期限结构的第二种理论——流动性溢价理论（liquidity premiums theory，LPT）是无偏预期理论的一种扩展。该理论的基本思路是：只有当投资者能够获得一笔用于补偿证券将来价值的不确定性影响的溢价收益时，他们才愿意持有长期证券。溢价随着证券期限的增加而增加。具体来说，在一个不确定的世界里，与长期证券相比，短期证券能提供更多的流动性（它们在二级市场中更为活跃），并且价格风险更低（利率变化给定时，价格波动更小）。投资者更愿意持有期限相对较短的证券，因为在这种情况下，他们将证券转变为现金时面临着较小的资本损失风险（即证券价格下降到初始买入价以下的可能性较小）。所以，必须有一种流动性溢价来吸引投资者购买期限较长的证券，因为其资本损失风险更大。价格风险或流动性风险方面的差异和下列事实直接相关：与短期证券相比，长期证券对市场利率的变化更加敏感。证券期限越长，风险越大，流动性溢价随着期限的增加而增加。

流动性溢价理论认为，长期利率等于现行利率与预期短期利率（与无偏预期理论中相同）与流动性溢价之和（随证券期限的增加而增加）的几何平均数。图 3.7 中对根据无偏预期理论和流动性溢价理论画出的两种不同形状的收益率曲线进行了比较。图 3.7（c）描述了按照

流动性溢价理论，向右上方倾斜的收益率曲线可能反映出的这样一种情况：投资者预期未来短期利率不变，然而由于流动性溢价会随着期限的增加而增加，因此收益率曲线会向右上方倾斜。当然，向右上方倾斜的收益率曲线也可能反映了对未来利率会上升的预期[如图 3.7（a）所示]。图 3.7（b）描述了尽管流动性溢价会随着期限的增加而增加，但是由于投资者预期未来短期利率下降，因此收益率曲线是向右下方倾斜的。

流动性溢价理论可用以下数学式来表达：

$$_1R_N=\{(1+_1R_1)[1+E(_2r_1)+L_2]\cdots[1+E(_Nr_1)+L_N]\}^{1/N}-1+L_t \tag{3.5}$$

式中，L_t 为期限为 t 时的流动性溢价，且 $L_2<L_3<\cdots<L_N$。

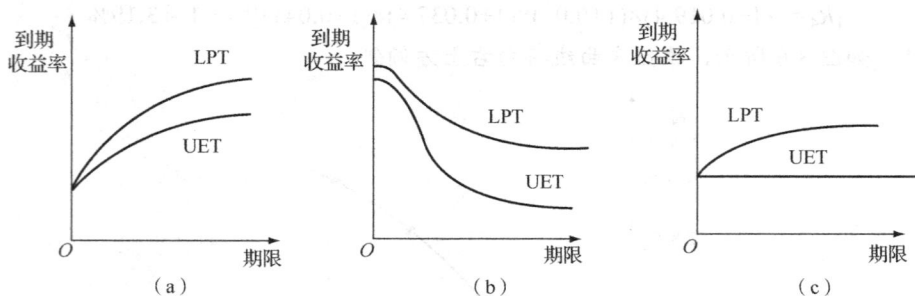

图 3.7　无偏预期理论（UET）和流动性溢价理论（LPT）在收益率曲线上的差别

【例 3.4】根据利率期限结构的流动性溢价理论构建收益率曲线。

假设现行 1 年期利率（1 年即期利率）以及随后 3 年内 1 年期国债的预期利率（即第 2 年、第 3 年、第 4 年的预期利率）分别为

$$_1R_1=1.94\%,\quad E(_2r_1)=3.00\%,\quad E(_3r_1)=3.74\%,\quad E(_4r_1)=4.10\%$$

投资者对长期证券收取流动性溢价：

$$L_2=0.10\%,\quad L_3=0.20\%,\quad L_4=0.30\%$$

根据流动性溢价理论，1～4 年期国债现行（或当天）的利率为

$$_1R_1=1.94\%$$

$$_1R_2=[(1+0.019\ 4)\times(1+0.03+0.001)]^{1/2}-1=2.52\%$$

$$_1R_3=[(1+0.019\ 4)\times(1+0.03+0.001)\times(1+0.037\ 4+0.002)]^{1/3}-1=2.99\%$$

$$_1R_4=[(1+0.019\ 4)\times(1+0.03+0.001)\times(1+0.037\ 4+0.002)\times(1+0.041+0.003)]^{1/4}-1=3.34\%$$

这样，如图 3.8 所示，当前到期收益率曲线将向右上方倾斜。

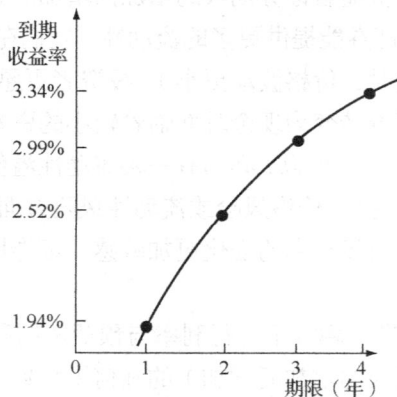

图 3.8　当前到期收益率曲线

比较例 3.3 与本例中的收益率曲线，注意第 2 年的流动性溢价（L_2=0.10%）对 2 年期国债的到期收益率产生了 0.05%的溢价，第 3 年的流动性溢价（L_3=0.20%）对 3 年期国债的到期收益率产生了 0.10%的溢价，第 4 年的流动性溢价（L_4=0.30%）对 4 年期国债的到期收益率产生了 0.15%的溢价。

三、市场分割理论

无偏预期理论和流动性溢价理论的共同缺点是它们假定投资者对不同期限和相关风险没有特定偏好。而市场分割理论（market segmentation theory，MST）认为：个人投资者和金融机构对证券期限有着特殊的偏好，当他们对所持证券的期限不太喜欢时，就会要求更高的利率（期限溢价）。因此，市场分割理论认为，不同期限的证券并非是完全可以相互替代的。相反，个人投资者和金融机构对某种期限的投资的偏爱取决于其所持债务的特性。例如，银行更愿意持有期限相对较短的债券，因为其存款负债大多是短期的；保险公司则更愿意购买长期债券，因为人寿保险合约债务是长期的。由此可知，利率是由某种期限范围内（如短期或长期）特定的供给和需求条件决定的。

市场分割理论认为，没有适当的利率溢价作为补偿，投资者和借款者一般是不愿意从一种期限的证券转向另一种期限证券的。图 3.9 描述了短期和长期证券市场供给曲线的变化是如何使到期收益率曲线的形状发生改变的，其中，S_S 为短期债券供给，S_L 为长期债券供给，D_S 为短期债券需求，D_L 为长期债券需求。从图 3.9 中可以看出，证券的收益率越高（价格越低），对该证券的需求就越大[①]。因此，随着短期市场证券供给的减少以及长期市场证券供给的增加，收益率曲线会变得越来越陡峭。反之，如果短期证券的供给增加，而长期证券的供给减少，收益率曲线会变得更加平坦甚至会向右下方倾斜。

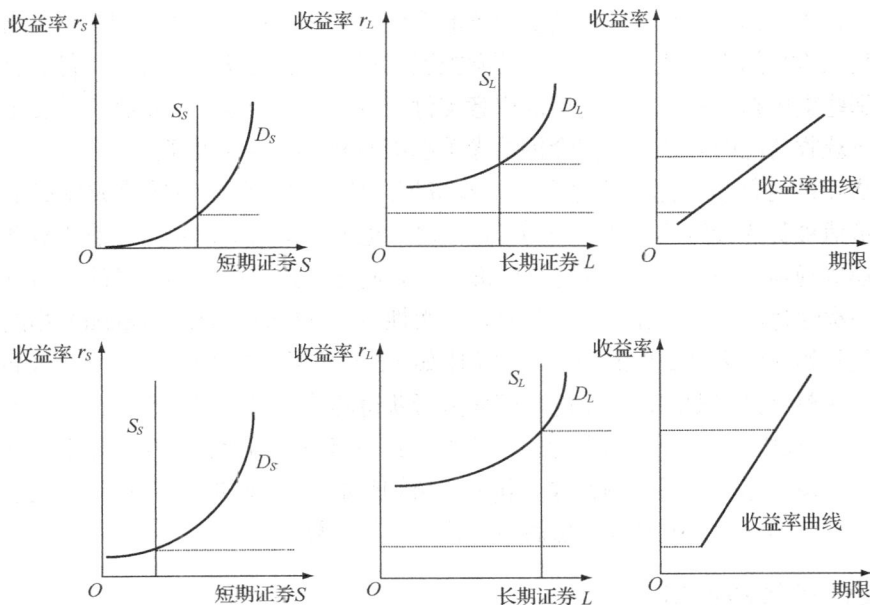

图 3.9　市场分割理论与收益率曲线的斜率

---

① 一般来讲，证券的价格和收益率负相关。因此，当证券的价格下跌（越来越便宜）时，其需求会上升。换句话讲，随着证券收益率的上升，其价格越来越低，需求会增加。

表 3.3 对解释利率期限结构的三种理论进行了总结。

表 3.3　利率期限结构形状的解释

无偏预期理论——在任意时点，收益率曲线反映了市场对未来短期利率的当前预期。根据无偏预期理论，持有 4 年期债券至到期的收益应当等于连续投资 4 份一年期的债券所获得的收益（只要市场处于均衡状态）。

流动性溢价理论——长期利率等于现行和预期短期利率加上流动性风险溢价（随证券期限的增加而增加）的几何平均数。证券期限越长，市场和流动性风险越大。持有长期证券的投资者要求流动性溢价以补偿证券价值的未来不确定性。流动性溢价随期限的增加而增加。

市场分割理论——投资者不认为不同期限的证券是彼此的完美替代。个人投资者和金融机构有偏好的投资期限（习惯），这取决于他们所持负债的特性。因此，利率是由某种期限范围内（如短期和长期债券市场）特定的供给和需求条件所决定的。

第四节　货币的时间价值与利率

货币的时间价值是一个十分重要的概念。利率变化几乎能立即对所有证券的价值产生直接影响——在一个有组织的金融市场上，利率会影响证券出售者所获取的价格以及证券购买者所支付的价格。

一、货币的时间价值

货币的时间价值是一个基本的概念，它指的是这样一个事实：今天得到的 1 元钱要比将来某个时间所得到的 1 元钱更有价值。这是因为，今天得到的 1 元钱可用于投资，其价值会因为利率或投资收益而提高，因此投资者将来得到的要多于 1 元钱。利率或投资收益所反映的事实在于，人们通常喜欢当前的消费而不愿等到将来再消费。那些希望使自己当前的消费水平高于收入水平的人（资金使用者）要向推迟消费（即进行储蓄）的人支付利息以作为一种补偿。那些支出超过收入的人之所以愿意支付利息，是因为他们准备将所借资金用于生产活动，其所获收益比向储蓄者（资金供给者）承诺的利息收益要更高。

使用货币的时间价值这一概念可以将投资期内所获得的现金流转换成投资结束时的价值。这一价值被称为投资的终值（FV）。同样地，也可以使用货币时间价值的概念将未来的现金流转换成现值（PV）。对证券进行估价时，人们通常会使用两种形式的货币时间价值计算方法：一次性付款的计算和年金的计算。一次性付款（lump sum payment）指的是在一定的投资期限开始或结束时支付的一笔现款（比如，5 年后得到的 100 元）。年金（annuity）的支付指的是在整个投资期内以固定的时间间隔所获得的等额现金流（比如，5 年内每年获得 100 元）。在实践中，"年金"的支付间隔往往不到一年——因此，年金实际上所指的是在整个投资期限内按相等的时间间隔收取的固定金额（比如，一年两次或三次等）。我们先讨论一次性付款的货币的时间价值计算，然后再讨论年金的计算。

二、一次性付款的价值

（一）一次性付款的现值

现值函数将未来投资期内所获得的现金流转换成等值的现值——就好比是在当期投资刚开始时收到现金一样，这需要使用当期的市场利率把未来的现金流折算成现在的价值。投资的现值是投资的内在价值或价格。计算这一价值所使用的货币时间价值方程式可以用下面的形式表示出来。

投资期结束时的一笔一次性付款（FV）的现值（PV）为

$$PV = FV_t / (1+r)^t \qquad (3.6)$$

式（3.6）中，PV 为现金流的现值；FV_t 为 t 期收到的现金值；r 为一笔投资在每一期的所得利率（等于名义年利率 i 除以每年的复利期数，例如日、周、月、季、半年）；t 为投资期限内的复利期数（等于投资期限内的年数乘以一年的复利期数）。

【例 3.5】计算一次性付款的现值

假设你有一次证券投资的机会：今天支付一笔固定金额购买一份债券，6 年到期后可获得 10 000 元。如果投资收益按 6% 的合理年利率每年计算一次复利，那么，这笔投资的现值为

$$PV = FV_t / (1+r)^t = 10\,000 / (1+0.06)^6 = 10\,000 \times 0.704\,961 = 7\,049.61（元）$$

如果投资年利率上升为 8%，那么，这笔投资的现值是

$$PV = 10\,000 / (1+0.08)^6 = 10\,000 \times 0.630\,170 = 6\,301.70（元）$$

如果投资年利率上升到 10%，那么，这笔投资的现值是

$$PV = 10\,000 / (1+0.10)^6 = 10\,000 \times 0.564\,474 = 5\,644.74（元）$$

最后，如果按 10% 的年利率每半年而不是一年计算一次复利[①]，那么，这笔投资的现值则为

$$PV = 10\,000 / (1+0.05)^{12} = 10\,000 \times 0.556\,837 = 5\,568.37（元）$$

从例 3.5 中可以看到，证券投资的现值会随着利率的上升而下降。比如，当利率从 6% 上升为 8% 时，证券投资的现值要下降 747.91 元（从 7 049.61 元降为 6 301.70 元）。当利率从 8% 上升为 12% 时，投资的价值要下降 656.96 元（从 6 301.70 元降为 5 644.74 元）。导致上述现象的原因在于，当利率上升时，在投资期末获取一笔固定金额所需的期初投资更少。金融工具（如债券）的价值和利率之间的这种负相关是金融领域中一个最基本的关系。这一关系可以从下列事实中看得很清楚：每当利率大幅上升时，金融资产的价格就会剧烈波动。

同样值得注意的是，当利率上升时，投资的现值以递减的趋势下降。与利率从 8% 上升为 10% 相比，利率从 6% 上升为 8% 所造成的现值下降幅度更大——利率和证券投资现值之间的负相关既不是线性的，也不是等比例的。

最后，从例 3.5 中我们还可以看到，每年计算复利的次数越多，未来收入的现值就越低。按 10% 的年利率，一年计算一次复利现值为 5 644.74 元，半年计算一次复利现值为 5 568.37 元，而如果按照连续复利计算，则现值为 5 488.12 元。

（二）一次性付款的终值

一次性付款终值的计算公式能将投资初期所付出现金流转换成投资期结束时的最终价值（终值）。终值方程式可以按下列方式表达出来。

投资初期所获一次性付款的终值：

---

① 复利计算周期的一种极端情况是在投资期间连续不断地计算复利。在此情况下，现值公式为

$$FV = FV[1 / (1+i / \infty)]^{n\infty} = FV_n(e^{-in})$$

其中 n 是投资期限的年数。这样，在例 3.5 中，如果按 12% 的年利率连续计算复利，6 年后 10 000 元投资收益的现值为

$$PV = 10\,000 \times e^{-0.10 \times 6} = 10\,000 \times 0.548\,812 = 5\,488.12（元）$$

$$FV_n = PV(1+r)^t \tag{3.7}$$

【例3.6】计算一次性付款的终值

假如你以今天 10 000 元的投资换取 6 年之后的一笔固定收益。如果以 6% 的合理年利率每年计算一次复利，那么，这笔投资终值的计算方法如下：

$$FV = PV(1+r)^t = 10\,000(1+0.06)^6 = 10\,000 \times 1.418\,519 = 14\,185.19（元）$$

如果投资的年利率上升到 8%，这笔投资的终值则变为

$$FV = 10\,000(1+0.08)^6 = 10\,000 \times 1.586\,874 = 15\,868.74（元）$$

如果投资的年利率上升到 10%，这笔投资的终值则变为

$$FV = 10\,000(1+0.10)^6 = 10\,000 \times 1.771\,561 = 17\,715.61（元）$$

最后，如果按 10% 的年投资率每半年计算一次复利($r=10\%/2=5\%$，$t=6\times2=12$)，那么，这笔投资的终值将变为

$$FV = 10\,000(1+0.05)^{12} = 10\,000 \times 1.795\,856 = 17\,958.56（元）$$

从例 3.6 中可以看到，一笔投资的终值随着利率水平的上升而增加。当利率从 6% 上升为 8% 时，10 000 元投资 6 年后的终值会增加 1 683.55 元（从 14 185.19 元上升为 15 868.74 元）。当利率从 8% 上升为 10% 时，这笔投资的终值会增加 1 846.87 元（从 15 868.74 元上升为 17 715.61 元）。

从上述计算中还可以看出，随着利率水平的上升，终值增加的趋势是递增的。与利率从 8% 上升为 10% 相比，利率从 6% 上升为 8% 所造成的终值上升幅度更大——利率和证券投资终值之间的正相关既不是线性的，也不是等比例的。随着利率的上升，期初的一笔固定投资到期末时能够累积成一笔更大的收益。与此相反，正如前面所讲的，随着利率的上升，投资的现值会以递减的趋势下降。

最后，随着每年计算复利期数的增加，当期投资的终值也会增加。按 10% 的年利率，一年计算一次复利终值为 17 715.61 元，半年计算一次复利终值为 17 958.56 元，而如果按照复利计算，则终值为 18 221.19（$=10\,000 \times e^{0.10\times6}$）元。

三、年金的价值

（一）年金的现值

计算年金现值的公式将投资期分为若干个相等时期，并将每个时期内最后一天所获取的一系列固定（相等）现金流转换成等值的现值，即转换成投资刚开始时的价值。计算年金现值的公式如下：

未来一系列年金收益（PMT）的现值（PV）

$$PV = PMT \sum_{j=1}^{t} [1/(1+r)]^j \tag{3.8}$$

可以简化为

$$PV = PMT \frac{1 - \dfrac{1}{(1+r)^t}}{r}$$

式（3.8）中，PMT 为整个投资期内定期获得的年金；$\displaystyle\sum_{j=1}^{t}$ 为从 $j=1$ 到 $j=t$ 的所有期限的求和

符号；r 为一笔投资在每一期的所得利率。

【例3.7】计算年金的现值

假如你有如下一笔债券投资的机会：今天投资一笔固定的金额，在将来 6 年内，每年最后一天可获取 10 000 元的收益。如果这笔投资的合理年利率为 6%，那么，这笔投资现值的计算为

$$PV = 10\ 000 \times \frac{1 - \frac{1}{(1-0.06)^6}}{0.06} = 10\ 000 \times 4.917\ 324 = 49\ 173.24 \text{（元）}$$

如果在随后的 6 年中，这笔投资能在每个季度的最后一天给你带来 10 000 元的收益（$r=6\%/4=1.5\%$，$t=6\times4=24$），那么，年金的现值就变为

$$PV = 10\ 000 \times \frac{1 - \frac{1}{(1+0.015)^{24}}}{0.015} = 10\ 000 \times 20.030\ 405 = 200\ 304.05 \text{（元）}$$

如果年金在每季度的第一天支付，那么，每笔 10 000 元年金的投资都会带来一笔额外的利息收益。这样，计算年金现值的公式则为

$$PV = PMT \frac{1 - \frac{1}{(1+r)^t}}{r}(1+r)$$

这笔投资的现值则为

$$PV = 10\ 000 \times \frac{1 - \frac{1}{(1+0.015)^{24}}}{0.015}(1+0.015) = 10\ 000 \times 20.030\ 405 \times 1.015 = 203\ 308.61 \text{（元）}$$

（二）年金的终值

计算年金终值的公式将投资其内相同时间间隔所收取的一系列等值现金流量转换成等值的终值，即投资期结束时的价值。计算年金终值的公式如下：

投资期内年金支付的终值（FV）为[①]

$$FV_t = PMT \sum_{j=0}^{t-1}(1+r)^j \tag{3.9}$$

可以简化为

$$FV_t = PMT \frac{(1+r)^t - 1}{r}$$

【例3.8】计算年金的终值

假如你计划在未来 6 年内每一年的最后一天投资 10 000 元。如果投资的利率为 6%，那么，6 年后这笔投资的终值可以这样计算：

---

① 注意，最后一次年金支付发生在投资期的最后一天，因此这次支付没有利息（其终值利率系数的指数为 0）。相似地，第一次年金支付只获得 5 年利息，因此其终值利率系数的指数为 5。在年金的终值利率系数中，j 范围为 0 到 $t-1$，或在本例中为 5（=6-1）。在例 3.7 中，注意，第一次年金支付获得 1 年的利息，因此，现值利率系数的指数为 1。相似地，最后一次年金支付获得 6 年的利息，现值利率系数的指数为 6。年金的现值利率系数 j 范围为 1-t。

$$FV = 10\,000 \times \frac{(1+0.06)^6 - 1}{0.06} = 10\,000 \times 6.975\,319 = 697\,531.19 \quad (\text{元})$$

如果未来 6 年中你在每季度的最后一天支付 10 000 元的投资($r=6\%/4=1.5\%$，$t=6 \times 4=24$)，那么年金的终值将变为

$$FV = 10\,000 \times \frac{(1+0.015)^{24} - 1}{0.015} = 10\,000 \times 28.633\,521 = 286\,335.21 \quad (\text{元})$$

如果你在每个季度的第一天支付年金，那么，每笔 10 000 元年金的投资都会给你带来额外的利息收益。这样，计算年金终值的公式为

$$FV = PMT \frac{(1+r)^t - 1}{r}(1+r)$$

这时，该笔投资的终值将变为

$$FV = 10\,000 \times \frac{(1+0.015)^{24} - 1}{0.015} \times (1+0.015) = 10\,000 \times 28.633\,521 \times 1.015 = 290\,630.24 \quad (\text{元})$$

想一想

当利率上升时，年金现金流的终值会发生怎样的变化？

第四章 利率、债券定价和股票估值

【学习目标】

了解应得收益率、预期收益率和实际收益率之间的区别；掌握债券和股票价值的计算方法；理解利率变化如何影响债券的价格；了解债券的期限和票面利率如何影响债券价格对利率变化的敏感性；了解久期的定义，掌握到期期限、到期收益率和票面利率如何影响债券的久期，理解久期的经济意义；掌握股票估值的原理和模型。

【导入案例】

利率与中债指数

2014 年，我国货币市场利率整体水平较 2013 年有所下降，上半年货币市场利率震荡下行，下半年较平稳。具体来看，2014 年 Shibor（上海银行间同业拆放利率）隔夜品种的日平均利率较上年下行 54 个基点，至 2.77%；Shibor 7 天品种的日平均利率较上年下行 50 个基点，至 3.58%。银行间回购日平均利率隔夜品种较上年下行 56 个基点，至 2.78%；7 天回购品种日平均利率较上年下行 49 个基点，至 3.63%。

2014 年，国内经济基本面较为疲弱，经济向好预期逐渐降温，在保持流动性总量适度充裕的同时引导市场利率下行，资金面整体稳中趋松，债券市场呈现出明显的"牛市"格局，中债指数持续上涨（中债指数是一个全面反映中国债券市场价格变动趋势的指标，类似于股票市场上的上证股票指数、深证综合股票指数等）。

具体来看，截至 2014 年 12 月 31 日，中债新综合指数（净价）为 99.482 1 点，较 2013 年 12 月末的 94.261 6 点上涨 5.54%；中债新综合指数（财富）为 157.058 6 点，较 2013 年 12 月末的 142.338 3 点上涨了 10.34%，创下 2012 年以来的第二大年度涨幅。

启发思考：

（1）利率变化是如何影响债券价格的？

（2）计算债券价格的具体公式是怎样的？

在了解了利率如何变化以及为什么会变化之后，本章将根据货币时间价值的原理来对具体的金融债券进行定价，会重点关注利率变化时某种债券的价值会如何变动。本章将详细分析金融债券自身的特性（如票面利率和剩余期限）如何对其价格产生影响，并且对债券的久期进行分析。

第一节　各种利率指标

利率这一术语具有多种含义，它的含义取决于分析问题的时间期限以及分析对象是何种债券。本节对各种不同的利率进行定义，这些利率主要用于市场参与者对金融债券进行定价。

一、票面利率

某种债券的票面利率是债券发行者在合约中承诺向债券持有者支付的年现金流（或周期性现金流）。然而，票面利率只是债券持有者总收益（应得收益率、预期收益率或实际收益率）的一个组成部分。正如下面要讲到的，应得收益率、预期收益率或实际收益率中不仅包括息票收益，而且涵盖了债券投资的全部现金流，其中包括债券发行者所支付的全部和部分本金。

二、应得收益率

市场参与者会使用货币时间价值公式来计算投资期内某种债券的公允现值。正如第三章中讨论过的以及本章随后还要介绍的，在这种计算过程中，需要按合理的利率将全部预计现金流（CF_S）进行贴现。计算某种债券公允现值时采用的利率称为应得收益率（required rate of return, r）。这种利率是债券各种风险的函数，是在债券风险（违约风险、流动性风险等）既定的情况下投资者应该获得的利率。所以，应得收益率是计量某种债券事前利率的一个指标。公允现值（PV）可以通过以下公式来计算：

$$PV = \frac{CF_1}{(1+r)^1} + \frac{CF_2}{(1+r)^2} + \frac{CF_3}{(1+r)^3} + \cdots + \frac{CF_n}{(1+r)^n} = \sum_{t=1}^{n} \frac{CF_t}{(1+r)^t}$$

式中，r 为应得收益率，CF_t 为第 t 期的现金流（$t = 1, 2, 3, \cdots, n$），n 为整个投资期内的期数。

计算出现值后，市场参与者就可以将其与金融市场上正在交易的某种债券的当期市场价格（$\overline{P}$）进行比较。如果债券的当期市场价格（$\overline{P}$）低于其公允现值（PV），那么债券目前被低估了，市场参与者将会按现行价格购买更多这种债券。如果债券的当期市场价格高于其公允现值，那么该债券就被高估了，市场参与者将不愿以现行价格买入这种债券。如果某种债券的公允现值等于其当期市场价格，那么我们就认为，在风险一定的情况下，该债券定价合理。此时，PV 与 $\overline{P}$ 相等。

【例4.1】应得收益率的应用。

假设，2年前你花 900 元购买了一份债券，现在该债券售价为 950 元。每年的最后一天，该债券能给你带来 100 元的息票收益（假定最后一次的利息支付是在今天进行）。你准备再将该债券保留 4 年，且预计能够在第 4 年年底以 980 元的价格出售。你估计该债券今后每年的利息收益仍为 100 元。在既定的风险水平下，该债券今后 4 年内的应得收益率（r）为 10.25%。这样，其公允现值为

$$PV = \frac{100}{(1+0.102\,5)^1} + \frac{100}{(1+0.102\,5)^2} + \frac{100}{(1+0.102\,5)^3} + \frac{100+980}{(1+0.102\,5)^4} = 978.58 \text{ （元）}$$

由于其现行售价为 950 元，因此相比于公允现值 978.58 元，该债券的价值目前被低估了。

三、预期收益率

某种债券的预期收益率[expected rate of returns，$E(r)$]，也叫期望收益率，是指市场参与者按当期市场价格（$\overline{P}$）购买债券，获得该债券全部预期的现金流（CF_s）之后出售此债券或者是持有该债券到期时的利率。因此，预期收益率也是计量债券利率的一个事前指标。然而，投资的预期收益率是以当期市场价格而不是以公允现值为基础。正如上面介绍过的，这两者可能相等，也可能不相等。

同样，我们可以用货币时间价值的公式来计算某种债券的预期收益率。这种情况下，债券的当期市场价格应该等于整个投资期内所有预期现金流的现值。预期收益率就是现值计算公式中的一个贴现率，它使得预期现金流的现值正好与该债券的当期市场价格（$\overline{P}$）相等，同时假定所有投资的现金流都能够以同样的预期收益率进行再投资，即

$$\overline{P} = \frac{CF}{[1+E(r)]^1} + \frac{CF_2}{[1+E(r)]^2} + \frac{CF_3}{[(1+E(r)]^3} + \cdots + \frac{CF_n}{[(1+E(r)]^n}$$

式中，$E(r)$ 表示预期收益率，CF_n 为第 n 期的预期现金流，n 表示投资所包含的期数。

一旦计算出某种金融债券的预期收益率 $E(r)$，市场参与者就可以将其与该债券的应得收益率（r）进行比较。如果预期收益率高于应得收益率，那么，该债券预期的现金流将大于补偿该债券投资风险的应得收益。这样，市场参与者将购买更多这种债券。假如预期收益率低于应得收益率，这时该债券的预期现金流要小于补偿该债券投资风险的应得收益，市场参与者将不愿意购入更多这种债券[①]。表 4.1 归纳了预期收益率与应得收益率之间的关系。

表 4.1　应得收益率与预期收益率之间的关系

$E(r) \geqslant r$ 或 $\overline{P} \leqslant PV$	债券的预期现金流大于或等于补偿投资风险的应得收益，因此，应该购买此债券
$E(r) < r$ 或 $\overline{P} > PV$	债券的预期现金流小于补偿投资风险的应得收益，因此，不应该购买此债券

【例 4.2】预期收益率的应用。

参照例 4.1 中提供的数据：假如你在 2 年前花 900 元购买了一份债券，此债券的当期市场价格为 950 元。这样，我们可以计算出此债券未来 4 年的预期收益率

$$950 = \frac{100}{[1+E(r)]^1} + \frac{100}{[1+E(r)]^2} + \frac{100}{[1+E(r)]^3} + \frac{100+980}{[1+E(r)]^4} \Rightarrow E(r) = 11.19\%$$

由于该债券的应得收益率为 10.25%，因此，该债券的预期现金流大于补偿其投资风险的应得收益。

应得收益率可以用来计算某种金融债券的公允现值，而预期收益率是一种贴现率，将其与当期市场价格结合起来可以计算出某种债券的事前收益。只要金融市场具有效率，某种债

---

① 还应注意两者之间关系的隐藏含义：如果 $E(r) > r$，债券的市场价格（$\overline{P}$）就低于其公允现值（PV）；如果 $E(r) < r$，则结论正好相反。

券的当期市场价格将趋于与其公允现值相等。多数时间里两者都是相等的。但是，当某种突发事件使得债券的利率或其他特征发生改变时(比如，未曾预料的利息上升或违约风险下降)，其当期市场价格会暂时偏离公允现值。当投资者确认某种债券被低估（即当期市场价格低于其公允现值）时，该债券的需求会上升，其价格也会随之上涨；反之，当投资者确认债券的价值被高估（即当期市场价格高于其公允现值）时，他们会出售这种债券，从而导致其价格下降。金融债券的价格会随着突发信息的产生而得到调整，以维持其价格与公允现值的等价关系。此类调整的速度被称为市场效率（market efficiency）。

四、实际收益率

应得收益率和预期收益率这样的概念所表达的都是投资之前所预测或要求的收益率。一旦投资完成，市场参与者所关心的是金融债券的实际业绩。金融债券的实际收益率（realized rate of return，$\overline{r}$）是指投资金融债券实际获得的利率。因此，实际收益率是一种历史收益率——它是债券的一种事后利率。

在计算实际收益率（$\overline{r}$）时，所有实际支付或收到的现金流都应该纳入货币时间价值的公式中。实际收益率是一种贴现率，它使得债券的实际购买价（$\overline{P}$）与所获现金流（RCF_1，RCF_2，$\cdots$，RCF_n）的现值相等，即

$$\overline{P} = \frac{\mathrm{RCF}_1}{(1+\overline{r})^1} + \frac{\mathrm{RCF}_2}{(1+\overline{r})^2} + \cdots + \frac{\mathrm{RCF}_n}{(1+\overline{r})^n}$$

式中，RCF_n 为第 n 期实际获得的现金流，$\overline{r}$ 为债券的实际收益率。

如果实际收益率（$\overline{r}$）大于应得收益率（r），市场参与者实际所得要大于补偿债券投资风险所应得的收益。如果实际收益率小于应得收益率，市场参与者的实际所得要小于补偿债券投资风险所应得的收益。

【例 4.3】 实际收益率的应用。

再次以例 4.1 中的债券投资为例，债券的初始购买价为 900 元，当期市场价格为 950 元，则该债券过去两年的实际收益率计算如下

$$900 = \frac{100}{(1+\overline{r})^1} + \frac{100+950}{(1+\overline{r})^2} \Rightarrow \overline{r} = 13.71\%$$

想一想

1. 应得收益率和预期收益率有何区别？
2. 债券的票面利率与实际收益率有何区别？

表 4.2 对本节介绍的各种利率计算指标进行了总结。

表 4.2　利率计算指标

票面利率——某种债务工具的利率，它用来计量债券发行者承诺向债券持有者支付的年现金流
应得收益率——在某种债券风险既定的情况下，投资者应获取的利率。应得收益率用于计算某种债券的公允现值
预期收益率——指投资者按当期市场价格购买某种债券，获得预期收益，且在投资期结束时将债券出售所获得的利率
实际收益率——从一笔金融债券投资中实际获得的利率。实际收益率是一种历史（或事后）的利率

第二节 债券定价

对债券定价要使用货币时间价值的概念。债券的公允现值是以应得收益率（r）为贴现率所计算出的所有预期现金流的现值。预期收益率$[E(r)]$是使债券的当期市场价格与其投资期内所承诺的全部现金流的现值相等时的一种利率。债券承诺的现金流来自于两个方面：（1）债券持有期内的利息或息票收益；（2）债券到期时的一次性付款（面值）。

一、债券价值公式

许多债券都按息票上规定的利率向其持有者支付利息。此类债券称为息票债券（coupon bonds），也可称为附息债券。一般而言，在债券存续期间每年所支付的利息或息票收益都是固定的[1]。因此，实际上固定的利息收益（INT）是债券存续期间定期（一般是每半年）向债券的持有者支付的一笔年金收益。那些不支付息票利息的债券称作零息债券（zero-coupon bonds）。债券到期时，持有者可以按其面值获得一笔一次性付款。

利用货币时间价值的公式，并假定债券发行者按事先的承诺支付半年期利息和本金，那么债券的现值 V_b 可表达为[2]

$$V_b = \frac{\text{INT}/2}{\left(1+r_b/2\right)^1} + \frac{\text{INT}/2}{\left(1+r_b/2\right)^2} + \cdots + \frac{\text{INT}/2}{\left(1+r_b/2\right)^{2T}} + \frac{M}{\left(1+r_b/2\right)^{2T}}$$

$$= \frac{\text{INT}}{2} \sum_{t=1}^{2T} \left(\frac{1}{1+r_b/2}\right)^t + \frac{M}{\left(1+r_b/2\right)^{2T}}$$

$$= \frac{\text{INT}}{2} \frac{1-\dfrac{1}{\left(1+r_b/2\right)^{2T}}}{r_b/2} + M\frac{1}{\left(1+r_b/2\right)^{2T}}$$

式中，V_b 表示债券的现值；M 表示债券的面值；INT 表示债券每年所带来的利息收益；它是债券的面值与息票利率（%）之积；T 表示债券的期限（年）；r_b 表示应得收益率。

【例4.4】息票债券价值的计算

假如你正考虑购买面值为 1 000 元，年票面利率为 12% 的债券，利息每半年支付一次，即上半年和下半年分别可获得 60 元（1 000×0.12/2）的利息收益。此债券的期限为 15 年，在到期前要支付 30（15×2）次。如果该债券的应得收益率 r_b 为 10%（一期折现率为 10%/2＝5%），那么，其市价的计算如下

---

[1] 浮动利率债券所支付的利息随着某种主要利率（如短期国债的利率）的变化而变化，因此，其息票收益是变化的。只有当发行者赚取了足够的利润时，收入信券才支付所承诺的利息。指数（或购买力）债券根据通货膨胀指数的变化来支付利息。因此，这类债券所支付的利息是变化的。

[2] 更一般地，对于支付利息频率超过一年两次的债券

$$V_b = \frac{\text{INT}}{m} \frac{1-\dfrac{1}{\left(1+r_b/m\right)^{mT}}}{r_b/m} + M\frac{1}{\left(1+r_b/m\right)^{mT}}$$

其中 m=每年利息支付的次数。

$$V_b = \frac{1\,000 \times 0.12}{2} \times \frac{1 - \frac{1}{(1+0.10/2)^{2 \times 15}}}{0.10/2} + 1\,000/(1+0.10/2)^{2 \times 15}$$

$$= 60 \times 15.372\,45 + 1\,000 \times 0.231\,38 = 1153.73$$

即投资者购买此债券愿意支付的最高价为 1 153.73 元。

如果该债券的应得收益率为 12%，那么其市价的计算如下

$$V_b = \frac{1\,000 \times 0.12}{2} \times \frac{1 - \frac{1}{(1+0.12/2)^{2 \times 15}}}{0.12/2} + 1\,000/(1+0.12/2)^{2 \times 15}$$

$$= 60 \times 13.764\,83 + 1\,000 \times 0.174\,11 = 1\,000.00$$

即投资者购买此债券愿意支付的最高价为 1 000 元。

如果该债券的应得收益率为 14%，那么其公允市价的计算如下

$$V_b = \frac{1\,000 \times 0.12}{2} \times \frac{1 - \frac{1}{(1+0.14/2)^{2 \times 15}}}{0.14/2} + 1\,000/(1+0.14/2)^{2 \times 15}$$

$$= 60 \times 12.409\,04 + 1\,000 \times 0.131\,37 = 875.91$$

即投资者购买此债券愿意支付的最高价为 875.91 元。

在例 4.4 中我们可以看到，当债券的应得收益率 r_b 为 10%时，其现价为 1 153.73 元，高于其面值 1 000 元。当债券的票面利率高于应得收益率（本例中票面利率和应得收益率分别为 12%和 10%）时，该债券处于溢价（premium）出售状态。溢价产生的原因在于债券的票面利率低于应得收益率。为获取应得收益率，债券持有者会因购买价格和到期所收到的面值之间的差价而受到损失。当债券的应得收益率为 12%时，其现值低于其面值，此时，该债券处于折价（discount）出售状态。折价产生的原因在于债券的票面利率低于应得收益率。为获取应得收益率，债券持有者会因购买价格和到期所收到的面值之间的差价而获得收益。最后，当应得收益率为 10%时，债券的现值与面值相等，该债券处于平价（par）状态。平价产生的原因在于债券的票面利率与应得收益率相等。为获取应得收益率，债券的持有者不会在债券的购买价与债券到期时的面值之间获得任何差价收益或是遭受任何差价损失。表 4.3 对溢价债券、折价债券和平价债券的特点进行了归纳。

表 4.3 对溢价债券、折价债券和平价债券的描述

溢价债券——当债券的票面利率高于其应得收益率时，债券的公允现值大于其面值。
当债券的票面利率高于其到期收益率时，债券的当期市场价格大于其面值。
折价债券——当债券的票面利率低于其应得收益率时，债券的公允现值小于其面值。
当债券的票面利率低于其到期收益率时，债券的当期市场价格小于其面值。
平价债券——当债券的票面利率等于其应得收益率时，债券的公允现值与面值相等。
当债券的票面利率等于其到期收益率时，债券的当期市场价格与其面值相等。

值得指出的是，溢价债券、折价债券和平价债券的称呼并不一定有助于债券持有者做出购买或出售某债券的决定。这些术语仅是根据债券的现值与面值之间的关系而对其做出的一种描述。投资者一般通过比较债券的现值和当期市场价格决定购买或卖出。只有在有效市场中，即债券的价格能够立即根据新的信息做出调整时，债券的公允现值才能与其价格相等。

债券发行人通常使债券票面利率接近发行日的应得收益率，这使新债券的价格接近面值。随着时间的推移，债券的应得收益率可能因为新消息的出现而变化（未来预期通货膨胀或出

现发行者信贷风险的变化）。因此，一只债券可能会成为溢价或折价债券，其价格也可能会在存续期内高于或低于面值。

二、到期收益率的计算

现值公式还可以用来计算预期收益率 $E(r_b)$。当我们假设所有承诺的利息和本金都能够100%地得到实现时，债券的预期收益率常被人们称为到期收益率（yield to maturity, ytm）（即债券持有者按当期市场价格购买债券并将其持有到期时按照事先承诺所获得的全部利息和本金收益）。计算到期收益率时所隐含的一个假设条件是，债券持有者各期所获得的利息收益都能以同样的利率用于再投资——能够按计算出的到期收益率进行再投资。

将债券定价的公式进行改写，即将公式中的 V_b 改为购买债券时的当期市场价格，我们就能够根据下列公式计算出债券的到期收益率（ytm），这里我们以 ytm 代替了 r_b。

$$V_b = \frac{\text{INT}/2}{1+\text{ytm}/2} + \frac{\text{INT}/2}{(1+\text{ytm}/2)^2} + \cdots + \frac{\text{INT}/2}{(1+\text{ytm}/2)^{2T}} + \frac{M}{(1+\text{ytm}/2)^{2T}}$$

$$= \frac{\text{INT}}{2} \frac{1-\dfrac{1}{(1+\text{ytm}/2)^{2T}}}{\text{ytm}/2} + M \frac{1}{(1+\text{ytm}/2)^{2T}}$$

【例 4.5】债券到期收益率的计算

假设你准备购买一种面值为 1 000 元，年票面利率为 10% 的债券。债券的利息每半年支付一次，即每半年可获得 50 元（1 000×0.10/2）的利息。该债券面值为 1 000 元，12 年后到期。如果该债券的当期市场价格为 874.50 元，其到期收益率 ytm 可以这样来计算

$$874.50 = \frac{1\,000 \times 0.10}{2} \times \frac{1-\dfrac{1}{(1+\text{ytm}/2)^{2\times12}}}{\text{ytm}/2} + 1\,000/(1+\text{ytm}/2)^{2\times12}$$

在方程式中求解 ytm，得到此债券的到期收益率（或预期收益率）为 12%[①]。同样，只有当债券的应得收益率 r_b 不高于 12% 时（即到期收益率大于或等于应得收益率），你才愿意购买这种债券。

想一想

1. 零息债券与息票债券的区别是什么？
2. 折价债券、溢价债券和平价债券之间的区别是什么？

三、利率变化对债券价值的影响

影响债券价格的因素包括利率的变化、债券的到期期限以及期限内收到的现金流。下面我们要分析各种因素对债券价格的影响。用于定价公式的利率是债券的应得收益率，因此我们提到的价格是债券的公允现值。不过，如果定价公式使用的利率是债券的预期利率并且价

---

① 债券的到期收益率是一种名义利率。其有效年收益率（Effective Annual Return，EAR）可以这样计算
EAR=(1+ytm/2)²−1=(1+0.12/2)²−1=12.36%

格是当期市场价格，那么所有关系式相同。利率对股票价格的影响与债券相似。

回到前面的例 4.4，从中可以看到，债券现金流的现值会随着利率的上升而下降。具体来讲，当应得收益率从 10%上升到 12%时，债券的公允现值从 1 153.73 元下降到 1 000 元，即下降了 13.32%[（1 153.73−1 000）/1 153.73]。同样地，当应得收益率从 12%上升到 14%时，债券的公允现值从 1 000 元下降为 875.91 元，即下降了 12.41%[（1 000−875.91）/1 000]。这就是第三章中讨论过的一种关系：现值与利率之间存在着负相关的关系。从反映公允现值与应得收益率之间关系的例子中可以看出，当期市场价格与预期收益率之间也存在着负相关的关系：预期收益率上升时其当期市场价格会下降。图 4.1 描述了债券的利率与债券的价值之间的这种反向变动关系。

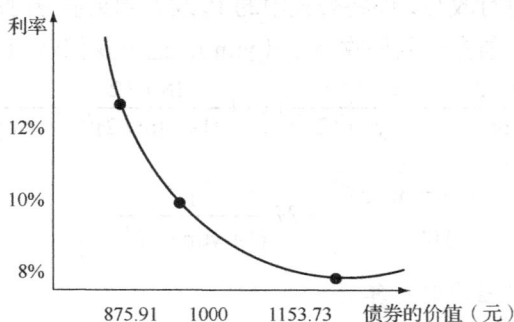

图 4.1　债券利率与债券价值的关系

从前面的例子中还可以看到，债券价值与利率之间的这种反向关系并非是一种线性关系。相反，就一定的利率变化而言，当利率越高时，债券现值的变化幅度（%）越小。当债券的应得收益率从 10%上升到 12%时（上升 2%），债券的公允现值下降 13.32%。然而，另一个2%幅度应得收益率的上升（从 12%上升到 14%）所造成的公允现值下降幅度只有 12.41%。当期市场价格与到期收益率之间也存在着同样的非线性关系。因此，随着利率的上升，债券的现值（和价格）会以递减的速度下降。这种关系可以用图 4.1 来表示。

对所有的投资者而言，利率和债券价值之间的关系都是很重要的。商业银行、储蓄机构和保险公司之类的金融机构也会受到这种关系的影响，因为它们的大多数资产和负债都是以金融债券的形式而存在。当这些债券的应得收益率上升（或下降）时，金融机构资产和债务组合的公允现值可能会不同程度地减少（或增加）。这种变化反过来会对金融机构权益的公允现值（金融机构资产和负债公允现值之差）产生影响。

四、到期期限对债券价值的影响

给定利率的变化，债券的价格敏感性用现值的百分比变化来衡量。如果使用应得收益率衡量利率变化，公允现值则是用于衡量敏感性的价格。而如果使用预期收益率衡量利率变化，当期市场价格就是用于衡量敏感性的价格。就既定的利率变化而言，债券价值变化的百分比越大，其价格敏感性越大。

利率变化后，影响债券价格变化的程度（或债券价格的利率敏感性）的一大重要因素是债券的期限。债券价格的利率敏感性（price sensitivity）是指在利率变化一定的情况下，债券现值变化的百分比。具体而言，债券的期限越长，利率变化导致的债券价格敏感性越大。最后要指出的是，债券的价格敏感性与期限之间并不是线性相关。随着债券剩余期限的增加，其价格敏感性也会增加，但存在递减率。表 4.4 列出了我们在描述两者关系时将使用的一些与债券有关的数值。在表 4.4 中，我们首先列出例 4.4 所分析债券的公允现值。然后，我们使用三种特定到期期限（12 年、15 年和 18 年）的债券计算现值。

表 4.4 债券的到期期限对其公允现值与应得收益率之间关系的影响

应得收益率		10%	12%	14%
12 年到期	公允现值	1 137.99	1 000	885.31
	价格变化	−137.99	−114.69	
	价格变化幅度	−12.31%	−11.47%	
15 年到期	公允现值	1 153.73	1 000	875.91
	价格变化	−153.73	−124.09	
	价格变化幅度	−13.32%	−12.41%	
18 年到期	公允现值	1 165.47	1 000	869.55
	价格变化	−165.47	−130.35	
	价格变化幅度	−14.20%	−13.04%	

注：表中债券的票面利率为 12%（每半年付息一次），面值为 1 000 元。

（一）到期期限与债券价格

表 4.4 列出了票面利率为 12%（每半年计息一次）、面值为 1 000 元的债券到期期限分别为 12 年、15 年和 18 年时的现值。我们分别使用 10%、12% 和 14% 的应得收益率来计算这些债券的公允现值。从中可以看到，对每种应得收益率不同的债券而言，其到期期限越短，其公允现值与面值（1 000 元）越接近。无论债券处于溢价、折价还是平价状态，这种关系都存在。比如，当利率为 10% 时，期限为 12 年、15 年和 18 年债券的现值分别为 1 137.99 元、1 153.73 元和 1 165.47 元。表 4.4 给人的直觉是，在债券即将到期之前，人们只愿意按不高于其面值和剩余（表 4.4 中为半年）息票收益之和的价格购买它，因为这是该项债券唯一可获得的现金流。因此，随着债券的期限越来越短，其时间价值效应会下降。许多人把这种效应称为向票面价值收敛，即随着债券的期限逐步缩减为零，其价格和公允现值会接近于票面价值。

（二）到期期限与债券价格对利率变化的敏感性

利用表 4.4 中所提供的关于债券价格的变化百分比数据，我们可以分析债券到期期限对债券价格的利率敏感性的影响。从所给数据中我们可以看到，债券的到期期限越长，一定利率变化所带来的价格敏感性越大（需要再次指出的是，表 4.4 中所有债券的票面利率均是 12%，面值均为 1 000 元）。比如，当应得收益率从 10% 上升到 12% 时，12 年期债券的公允现值下降了 12.13%[即（1 000−1 137.99）/1 137.99=−0.121 3=−12.13%]。同样幅度为 2% 的应得收益率增加（从 10% 上升到 12%）使得 15 年和 18 年期债券的公允现值分别下降了 13.32% 和 14.20%。当应得收益率从 12% 上升为 14% 时，同样存在着这种变化趋势：债券的期限越长，其公允现值下降的幅度越大。

当我们对债券的预期收益率（或到期收益率）与债券的当期市场价格进行分析时，可以发现它们之间存在着同样的关系，即在利率变化一定的情况下，债券的期限越长，其当期市场价格的变化幅度越大。

我们还可以利用表 4.4 中的数据来分析债券期限的增加与既定利率变化情况下债券价格敏感性增加之间的关系。具体地说，从上面的分析中可以看出，债券的期限效应并非是一种线性关系。比如，应得收益率增加 2%（从 10%上升到 12%）使得 12 年期债券的公允现值下降 12.13%。而同样 2%的增量（从 10%上升到 12%）使得 15 年期债券的公允现值下降了 13.32%。当期限从 12 年上升到 15 年时，价格变化幅度之间的差额为 1.19%（13.32%-12.13%）。当期限再增加 2 年时，价格敏感性会增加 0.88%[-13.32%-（-14.20%）]。尽管在利率变化一定的情况下，价格敏感性会随着期限的增加而增加，但敏感性的增加与期限增加之间也不是线性关系（而是一种递减增加的关系）。这种关系可以用图 4.2 来表示。

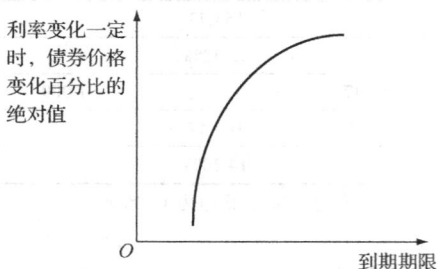

图 4.2　债券的期限对其利率敏感性的影响

想一想

1．债券接近到期日时，其价格会怎样变化？

2．当债券的期限增加时，其价格的利率敏感性会怎样变化？当债券的期限下降时情况又会怎样？

五、票面利率对债券价值的影响

票面利率是影响债券价格利率敏感性的另一个因素。具体来讲，在利率一定的情况下，债券的票面利率越高，其现值越大。同样地，在利率变化一定的情况下，债券的票面利率越高，其价格的变化越小。当我们分析债券的应得收益率与公允现值之间的关系，或者是分析债券的预期收益率与当期市场价格之间的关系时，会发现存在着类似的情况。为了更好地理解此类关系，我们再次以例 4.4 中的债券来进行分析。表 4.5 归纳出了利率变化后债券公允现值和价值变化的情况。

（一）票面利率与债券价格

在表 4.5 中，我们首先列出了例 4.4 中所分析过的各种债券的公允现值。然后，我们对票面利率分别为 10%和 12%的两种债券的现值再次进行了计算。注意在应得收益率相同的情况下，票面利率为 10%的债券的公允现值要低于票面利率为 12%的债券。比如，当应得收益率为 10%时，10%和 12%票面利率的债券的公允现值分别为 1 000 元和 1 153.73 元。

表 4.5 票面利率对债券公允现值与应得收益率之间关系的影响

应得收益率		10%	12%	14%
10%票面利率的债券	公允现值	1 000	862.35	751.82
	价格变化		−137.65	−110.53
	价格变化幅度		−13.77%	−12.82%
12%票面利率的债券	公允现值	1 153.73	1 000	875.91
	价格变化		−153.73	−124.09
	价格变化幅度		−13.32%	−12.41%

注：表中债券每半年付息一次，剩余期限为 12 年，面值为 1 000 元。

（二）票面利率与债券价格对利率变化的敏感性

表 4.5 还反映出了在利率变化一定的情况下，债券票面利率对其价格敏感性的影响。这种关系给人的一种直觉是：债券的票面利率越高（低），以票面利息形式支付给债券所有者的应得收益部分越大（小）。对任何一种债券而言，较短时间内的投资收益越高（低），其价值越高（低），价格的波动性越小（大）。

要了解这一点，我们观察表 4.5 中所反映出的关系：债券的票面利率越高，债券的价格对利率既定变化的敏感性越小。比如，就 10%票面利率的债券而言，2%应得收益率的增加（从 10%上升到 12%）使得该债券的公允现值下降了 13.77%。应得收益率进一步增加 2%（从 12%上升到 14%）造成的公允现值下降幅度比原先要小，为 12.82%。

就 12%票面利率的债券而言，2%应得收益率的增加（从 10%上升到 12%）使得其公允现值下降了 13.32%，而当应得收益率从 12%上升到 14%时，债券公允现值的下降幅度相对较小，为 12.41%。因此，债券的价格敏感性与票面利率之间存在着负相关。债券的票面利率越高，在应得收益率变化一定的情况下其价格的下降幅度越小。

图 4.3 对这种关系进行了描述。与低票面利率的债券相比，高票面利率的债券不太容易受到利率变化的影响。图 4.3 中两条斜率不同的曲线反映了利率与债券现值之间存在的这种关系：高票面利率债券（其价值曲线更平坦）比低票面利率债券的价格敏感性更小。

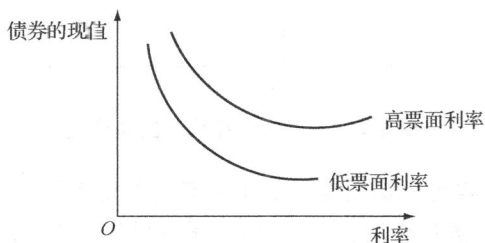

图 4.3 债券的票面利率对其利率敏感性的影响

想一想

利率上升时，票面利率高的还是票面利率低的债券价格变化幅度更大？

表 4.6 将本节介绍的影响债券价格及其价格波动性的三个因素进行了归纳。

表 4.6　影响债券价格及其价格波动性的各种因素

利率——利率变化与债券的现值（价格）变化之间存在着负相关关系。

　　　　当利率上升时，债券的价格会以递减的趋势下降。

到期期限——债券的到期期限越短，其价格与面值之差越小。

　　　　债券的到期期限越长，利率发生一定的改变时其价格的波动越大。

　　　　上述期限效应增加的速度是逐步递减的。

票面利率——在利率变化一定的情况下，债券的票面利率越高，其价格变化越小。

第三节　久期

　　如前面所讨论的，期限、票面利率对债券价格的利率敏感性的影响是复杂的，且在处理多种债券时，做出决定比较困难。久期则提供了一个简单的方法，允许直接计算债券价格的利率敏感性。在利率变化一定的情况下（无论是应得收益率还是到期收益率），债券价格的利率敏感性（即债券公允现值变化的百分比）可以更直接地用久期（或马可勒久期）这一概念来计量。当利率变化较小时，久期能更加准确地表达债券价格对利率变化的敏感性。利率变化的幅度越大，用来衡量债券价格利率敏感性的久期就越不准确。我们首先介绍计算资产或负债久期所需的基本方法，然后对计算出的久期数值的经济意义进行分析，并解释为什么只有当利率变化幅度较小时，作为反映债券价格利率敏感性的久期才是最准确的。

一、久期简介

　　久期这一指标既考虑了资产或负债的到期日，也考虑了与资产或负债相关的所有现金流发生的时间。要了解这一点，我们来看面值为 1 000 元、票面利率为 10%（半年付息一次）、利率（应得收益率或到期收益率）为 12%、一年后到期的一种债券。图 4.4 描述了该债券所承诺的现金流。债券持有者可以在半年和一年后分别从债券发行者那里获得事先承诺的现金流（CF）。

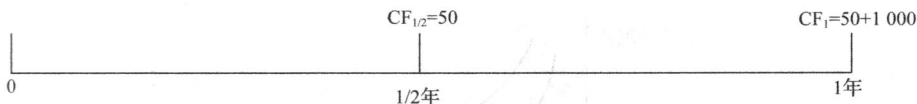

$$\text{CF}_{1/2}=50 \qquad\qquad \text{CF}_1=50+1\,000$$

| 0 | 1/2年 | 1年 |

图 4.4　一年期债券承诺的现金流

　　$\text{CF}_{1/2}$ 是 6 个月之后按事先承诺所支付的（半年的）息票利息 50 元（1 000×10%×1/2）。CF_1 是事先承诺年底要支付的现金流，它等于按承诺支付的下半年的息票利息 50 元加上 1 000 元的面值。为了对这两笔现金流的相对大小进行比较（因为久期计量的是债券的加权平均期限），我们应该将它们换算成同样的计量单位，因为从货币的时间价值来看，投资者年底获得的 1 元的本金或利息的价值要低于 6 个月后所获 1 元本金或利息的价值。假设现行年利率为 12%，我们可以这样计算出两笔现金流（CF）的现值（PV）：

CF$_{1/2}$=50　　　　　　　　　　PV$_{1/2}$=50/1.06=47.17

CF$_1$ =1 050　　　　　　　　　　PV$_1$=1 050/1.06^2=934.50

CF$_{1/2}$+CF$_1$=1 100　　　　　　PV$_{1/2}$+PV$_1$=981.67

从中可以看出，由于半年之后的现金流 $CF_{1/2}$ 更早得到，因此其贴现因子为（1+R/2）（R 为债券现行收益率）。该贴现因子要小于折算年底现金流时采用的贴现因子（1+R/2）^{2}。图 4.5 对此种债券现金流的现值进行了归纳。

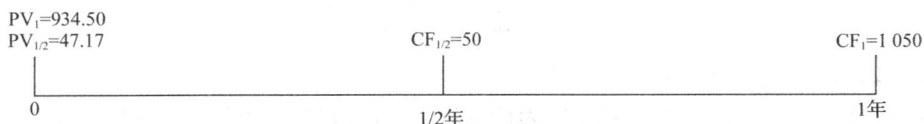

$PV_1=934.50$
$PV_{1/2}=47.17$ $CF_{1/2}=50$ $CF_1=1\,050$

0   1/2年   1年

图 4.5 债券现金流的现值

债券持有者获得半年和一年后的现金流（参见图 4.5）。从直觉上看，久期是零息债券组合的加权平均期限——本例中债券的偿还分别在半年和 1 年后进行。具体来说，久期分析是根据每一时点所获现金流的现值的相对重要性而计算出的一种加权平均期限。以现值为标准，半年（$t=1/2$）和 1 年（$t=1$）后现金流的相对重要性用权重 X 表示，可这样来计算

时间（t）	权重（X）
1/2 年	$X_{1/2}=\dfrac{PV_{1/2}}{PV_{1/2}+PV_1}=\dfrac{47.17}{981.67}=0.038\,8=4.81\%$
1 年	$X_1=\dfrac{PV_1}{PV_{1/2}+PV_1}=\dfrac{934.50}{981.67}=0.961\,2=95.19\%$
	1.0 100%

以现值为标准，债券所有者半年（$t=1/2$）后首次获得的息票收益占该现金流的 4.81%，1 年（$t=1$）后再次获得的息票收益加上面值收益占现金流的 95.19%。根据定义，（现值）现金流的权重之和应该等于 1，即

$$X_{1/2}+X_1=1$$
$$0.048\,1+0.951\,9=1$$

现在，我们可以以现金流的现值为权重计算出该债券的久期（D_L），即加权平均期限

$$D_L=X_{1/2}\times（t_{1/2}）+X_1\times（t_1）$$
$$=0.048\,1\times（1/2）+0.951\,9\times（1）=0.975\,7（年）$$

因此，虽然债券的到期期限为 1 年，但以现金流来衡量的久期或平均期限却只有 0.975 7 年。在此时间之后，投资者才能获得该债券的投资收益。久期比到期期限短的原因在于，以现值来衡量，有 4.81% 的现金流是在年中获得的。

二、久期的计算公式

（一）息票债券的久期

对于收益固定且一年支付一次利息的债券而言，我们可以使用下面的公式来计算久期

$$D=\frac{\sum\limits_{t=1}^{N}\dfrac{CF_t\times t}{(1+r)^t}}{\sum\limits_{t=1}^{N}\dfrac{CF_t}{(1+r)^t}}=\frac{\sum\limits_{t=1}^{N}PV_t\times t}{\sum\limits_{t=1}^{N}PV_t}$$

式中，D 表示久期（年）；t 表示从 1 到 N，是获取债券现金流的期数；N 表示到期期限（年）；CF_t 是第 t 期结束时所获现金流；r 为债券投资的到期收益率（ytm）或当期的应得收益率（r）；PV_t 是第 t 期结束时所获现金流的现值。

对每半年支付一次利息的债券而言，其久期的计算公式为

$$D = \frac{\sum_{t=1/2}^{N} \frac{CF_t \times t}{(1+r/2)^{2t}}}{\sum_{t=1/2}^{N} \frac{CF_t}{(1+r/2)^{2t}}}$$

式中，$t=1/2$，1，$1\frac{1}{2}$，$\cdots$，N。

需要注意的是，久期公式中的分母为债券现金流的现值，而分子为各期现金流的现值与获得该现金流的时间长度之积。为了完全理解这一公式，我们来看下面的例子。

【例4.6】某4年期债券的久期

假设你持有一份票面利率为12%（或每6个月6%）、每半年支付一次利息的债券，该债券的面值为1 000元，4年后到期，到期收益率（r_b）为10%，价格为1 064.63元。债券久期的计算数据列在表4.7中。从计算数据中可以看出，该债券的久期或加权平均期限为3.32年。换句话讲，以货币的时间价值来衡量，1 064.63元的初始投资将在3.32年后收回。

从表4.8中可以看出，如果票面利率下降为8%，债券的久期将上升到3.48年。由于8%的票面利率要低于12%的票面利率，所以收回初始投资所需的时间更长。表4.9计算出了初始票面利率为12%的债券，当到期收益率（贴现率）从10%上升到12%时的久期。此时的久期从3.32年（参见表4.7）下降到了3.29。债券的到期收益率越高，投资者从利息的再投资中所获收益越多，因此，收回初始投资所需要的时间更短。最后要指出的是，随着本例中债券期限缩短为3年（参见表4.10），其久期下降到了2.62年（即债券的期限越短，初始投资的回收越快）。

表4.7　票面利率为12%的4年期债券的久期（半年付息一次，到期收益率为10%）

t	CF_t	$\frac{1}{(1+5\%)^{2t}}$	$\frac{CF_t}{(1+5\%)^{2t}}$	$\frac{CF_t \times t}{(1+5\%)^{2t}}$
1/2	60	0.952 4	57.14	28.57
1	60	0.907 0	54.42	54.42
$1\frac{1}{2}$	60	0.863 8	51.83	77.75
2	60	0.822 7	49.36	98.72
$2\frac{1}{2}$	60	0.783 5	47.01	117.53
3	60	0.746 2	44.77	134.32
$3\frac{1}{2}$	60	0.710 7	42.64	149.24
4	1 060	0.676 8	717.45	2 869.80
			1 064.63	3 530.35

$$D = \frac{3\,530.35}{1\,064.63} = 3.32 \quad (\text{年})$$

表4.8　票面利率为8%的4年期债券的久期（半年付息一次，到期收益率为10%）

t	CF_t	$\frac{1}{(1+5\%)^{2t}}$	$\frac{CF_t}{(1+5\%)^{2t}}$	$\frac{CF_t \times t}{(1+5\%)^{2t}}$
1/2	40	0.952 4	38.10	19.05
1	40	0.907 0	36.28	36.28
$1\frac{1}{2}$	40	0.863 8	34.55	51.83

t	CF_t	$\dfrac{1}{(1+5\%)^{2t}}$	$\dfrac{CF_t}{(1+5\%)^{2t}}$	$\dfrac{CF_t \times t}{(1+5\%)^{2t}}$
2	40	0.822 7	32.91	65.82
$2\frac{1}{2}$	40	0.783 5	31.34	78.35
3	40	0.746 2	29.85	89.55
$3\frac{1}{2}$	40	0.710 7	28.43	99.50
4	1 040	0.676 8	703.91	2 815.65
			935.37	3 256.02

$$D = \frac{3\,256.02}{935.37} = 3.48 \ (\text{年})$$

表 4.9 票面利率为 12% 的 4 年期债券的久期（半年付息一次，到期收益率为 12%）

t	CF_t	$\dfrac{1}{(1+6\%)^{2t}}$	$\dfrac{CF_t}{(1+6\%)^{2t}}$	$\dfrac{CF_t \times t}{(1+6\%)^{2t}}$
1/2	60	0.942 4	56.60	28.30
1	60	0.890 0	53.40	53.40
$1\frac{1}{2}$	60	0.839 6	50.38	75.57
2	60	0.792 1	47.53	95.05
$2\frac{1}{2}$	60	0.747 3	44.84	112.09
3	60	0.705 0	42.30	126.89
$3\frac{1}{2}$	60	0.665 1	39.90	139.66
4	1 060	0.627 4	665.06	2 660.23
			1 000.00	3 291.19

$$D = \frac{3\,291.19}{1\,000.00} = 3.29 \ (\text{年})$$

表 4.10 票面利率为 12% 的 3 年期债券的久期（半年付息一次，到期收益率为 10%）

t	CF_t	$\dfrac{1}{(1+5\%)^{2t}}$	$\dfrac{CF_t}{(1+5\%)^{2t}}$	$\dfrac{CF_t \times t}{(1+5\%)^{2t}}$
1/2	60	0.952 4	57.14	28.57
1	60	0.907 0	54.42	54.42
$1\frac{1}{2}$	60	0.863 8	51.83	77.75
2	60	0.822 7	49.36	98.72
$2\frac{1}{2}$	60	0.783 5	47.01	117.53
3	1 060	0.746 2	790.99	2 372.96
			1050.76	2 749.96

$$D = \frac{2\,749.96}{1\,050.76} = 2.62 \ (\text{年})$$

（二）零息债券的久期

零息债券以低于面值的价格出售，到期时其所有者可以按面值（比如 1 000 元）得到一笔付款。在从债券发行到债券到期这段时间内，此种债券不会带来诸如利息收益之类的现金流。在按复利计算半年期利息的情况下，投资者购买零息债券愿意支付的现行价格为债券到期时所获得的一笔固定（面值）收益（本例中为 1 000 元）的现值：

$$P = 1\,000 / (1 + r_b / 2)^{2T_{zc}}$$

式中，r_b 表示半年的应得收益率或到期收益率；T_{zc} 表示到期期限（年）；P 表示价格。

由于此类债券所获得的唯一现金流是最后到期（时间为 T_{zc}）时的支付款，因此有

$$D_{zc} = T_{zc}$$

即零息债券的久期等于其到期期限。值得注意的是，只有零息债券的久期才等于其到期期限。事实上，对到期之前能获得现金流的任何债券而言，其久期将总是小于其到期期限。

【例4.7】零息债券的久期

假设你持有一份面值为 1 000 元的零息债券。债券 4 年后到期，且现行到期收益率为 10%，每半年计算一次复利。由于该债券不支付利息，因此，久期计算公式中只包括唯一的一项——第 4 年年末所产生的现金流：

t	CF_4	$\dfrac{1}{(1+10\%/2)^{2\times4}}$	$\dfrac{CF_4}{(1+10\%/2)^{2\times4}}$	$\dfrac{CF_4\times4}{(1+10\%/2)^{2\times4}}$
4	1 000	0.676 8	676.8	2 707.2

$$D = 2\,707.2 / 676.8 = 4 \text{（年）}$$

即零息债券的久期与到期期限相等。

三、久期的特征

上面的两个例子反映出了债券的久期与到期期限、到期收益率和票面利率之间相关的几个重要特征。表 4.11 对这些特征进行了归纳。

表 4.11　久期的特征

1. 债券的票面利率或承诺的利息收益越高，其久期越短。
2. 债券的到期收益率越高，其久期越短。
3. 债券的久期随着到期期限的增加以递减的速度增加。

1. 久期和票面利率

通过对表 4.7 和表 4.8 进行比较后可以看出，债券的票面利率越高，其久期越短。原因在于息票收益或所承诺的利息越高，债券投资者获取现金流的时间越短，因此，在计算久期时作为权重使用的现金流的现值越大。当利息支付额越大时，投资者收回初始投资的时间越短。

2. 久期和到期收益率

通过对表 4.7 和表 4.9 进行比较后也可以看出，当到期收益率上升时，久期会下降。因为债券的到期收益率越高，日后所获取的现金流的现值越低。到期收益率越高，对日后现金流的贴现幅度越大，因此，较晚获取的现金流的相对重要性（或权重）就越低。

3. 久期和到期期限

从表 4.7、表 4.10 和表 4.12 的比较中可以看出，债券的久期会随着其到期期限的增加而增加，但增加的速度是递减的。当票面利率为 12% 的债券的到期期限从 4 年减为 3 年时（参见表 4.7 和表 4.10），久期从 3.32 年下降为 2.62 年，下降了 0.70 年。当到期期限再减少 1 年即从 3 年降为 2 年时（参见表 4.10 和表 4.12），久期从 2.62 年下降为 1.84 年，下降幅度为 0.78 年。

另外值得注意的是，某种债券的到期期限越长，其到期期限与久期的差别越大。具体而言，2 年期债券的久期为 1.84 年（比到期期限短 0.16 年），3 年期债券的久期为 2.62 年（比到期期限短 0.38 年），4 年期债券的久期为 3.32 年（比到期期限短 0.68 年）。图 4.6 以票面利率为 12%（半年付息一次）、到期收益率为 10% 的债券为例描述了到期期限与久期之间的关系。

表 4.12　票面利率为 12% 的 2 年期债券的久期（半年付息一次，到期收益率为 10%）

t	CF_t	$\dfrac{1}{(1+5\%)^{2t}}$	$\dfrac{CF_t}{(1+5\%)^{2t}}$	$\dfrac{CF_t \times t}{(1+5\%)^{2t}}$
1/2	60	0.952 4	57.14	28.57
1	60	0.907 0	54.42	54.42
$1\frac{1}{2}$	60	0.863 8	51.83	77.75
2	1 060	0.822 7	872.06	1 744.13
			1 035.46	1 904.87

$$D = \frac{1\,904.87}{1\,035.46} = 1.84 \text{（年）}$$

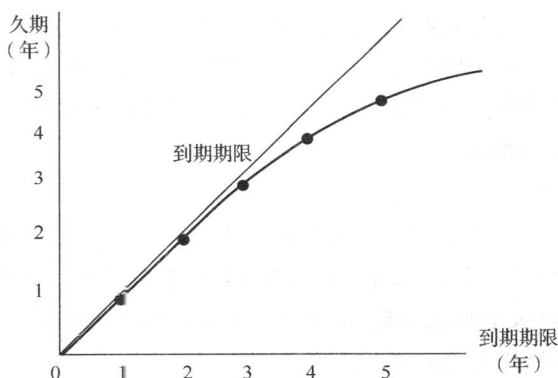

图 4.6　债券到期期限与久期之间的关系

四、久期的经济意义

久期除了可以用来表示债券的平均期限之外，还可以直接用来计算债券价格的利率敏感性或弹性。换言之，久期的数值（D）越大，债券的价格（$\Delta P/P$）对利率（微小）变化或遭受利率变化冲击时 $\Delta r_b/(1+r_b)$ 的敏感性越强。

用公式可表示为

$$\frac{\Delta P}{P} = -D\frac{\Delta r_b}{1+r_b}$$

或

$$\frac{\Delta P}{P} = -D\frac{\Delta r_b}{1+r_b/2}$$

上述公式表明，当利率发生微小变化时，债券的价格会按 D 值的大小成反比例变化。显然，当利率上升（或下降）时，与久期较短的债券相比，久期较长的债券遭受的资本损失（或获得的资本收益）要更大一些。

将久期公式进行整理，把 D 和 $1+r_b$ 两项合并为单一的变量 $D/(1+r_b)$ 后，就得出了那些从事金融市场实际业务的人们所称的修正久期（Modified Duration，MD）。按一年期复利计息的债券而言

$$\frac{\Delta P}{P} = -\text{MD} \times \Delta r_b$$

式中

$$\text{MD} = \frac{D}{1+r_b}$$

就半年计息一次的债券而言

$$\frac{\Delta P}{P} = -\text{MD} \times \Delta r_b$$

式中

$$\text{MD} = \frac{D}{1+r_b/2}$$

这种表达式比马可勒久期能给人更加直观的感觉，因为我们在此直接以利率的变化来与MD 相乘，而不是像一般的久期公式那样，以利率变化的贴现值与 D 相乘。因此，改进的久期公式能更直接地衡量债券价格的弹性。下面，我们要利用久期来计算当利率出现微小变化时，各种不同债券的价格敏感性。

【例 4.8】4 年期债券

假设某种债券的票面利率为 12%（或每 6 个月 6%），年到期收益率（r_b）为 10%，存续期为 4 年。根据表 4.7 中的计算，此债券的久期（D）为 3.32 年。假如到期收益率增加 10 个基本点（千分之一），即从 10% 上升到 10.10%，那么，根据上面所给出的每半年支付一次利息的久期公式，此债券价格变化的百分比为

$$\frac{\Delta P}{P} = 3.32 \times \frac{0.001}{1+0.05} = 0.003\,16 = 0.316\%$$

该债券原来的价格为 1 064.63 元——这是票面利率为 12%、到期年收益率为 10% 的 4 年期债券的价格。然而，通过使用久期模型预测，当债券的到期收益率增加 10 个基本点后，该债券的价格将下降 0.316%，下降额为 3.36 元，从而使价格变为 1 061.27 元[①]。

从表 4.8 中可以看到，就票面年利率为 8%（半年付息一次）的低息债券而言，其久期 D 为 3.48 年。当债券的到期收益率增加 10 个基本点后，该债券的价格变为

$$\frac{\Delta P}{P} = 3.48 \times \frac{0.001}{1+0.05} = 0.003\,31 = 0.331\%$$

债券的价格下降幅度为 0.331%，即从 935.37 元（表 4.8 中的数据）下降到 932.27 元，下降了 3.10 元。从这个例子中我们可以再次看到，当其他条件不变，利率上升一定时，债券的票面利率越高，其久期越短，债券的价格下降幅度（%）越小。

---

① 即本例中 0.316% 的价格下降幅度可以折算为 3.36 元。要计算价格的变化，我们可以把公式变为

$$\Delta P = P(-D)\Delta r_b/(1+r_b/2) = 1\,064.63 \times (-3.32) \times 0.001/1.05 = 3.36 \text{（元）}$$

五、利率大幅变化后的久期

在此需要强调指出的是，只有当利率变化幅度较小即只变化几个基本点（一个基本点等于万分之一）时，久期才能被用来准确地计量出债券的价格敏感性。当利率所带来的冲击较大，比如达到或超出 2% 即 200 基点时（尽管这种大幅度的利率变化比较罕见，但是当发生金融危机或者是中央银行突然改变货币政策时，这种情况仍然会出现），久期对债券价格变化的预测就不太准确了，因此，它对债券价格的利率敏感性的计量也就不准确了。图 4.7 直观地描述了这种情况产生的原因。注意图中所反映出的两种计算方法的差别：一是根据久期比例（D）所计算出的利率变化后债券价格的变化；二是使用第三章（以及本章前面讨论过的）货币时间价值公式所计算出的"实际关系"——利率变化所带来的债券现值的实际变化。

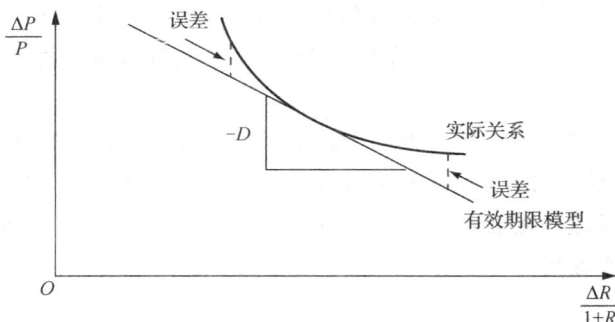

图 4.7　久期估价与债券的实际价格

具体而言，久期的预测结果是，利率变化将导致债券价格成比例地变化，这一比值为 D（债券的久期）。然而，通过使用货币时间价值公式准确地计算债券价格的实际变化，我们发现这样一个事实：当利率有较大幅度的上升时，久期高估了债券价格的下降；当利率有较大幅度的下降时，久期低估了债券价格的上升。因此，当利率变化较大时（无论是上升还是下降），久期不能准确地预测债券的最终价值。此外，久期模型预测利率上升和下降对债券价格的影响是对称的。但从图 4.7 中可以看出，实际上，利率大幅度上升时的资本损失效应要小于利率大幅下降时的资本收益效应。这种结果产生的原因在于，债券的价格与利率之间的关系不是像简单的久期模型预测的那样线性相关，而是凸性相关。从直觉上看，凸性相关产生的原因在于，债券价格对利率变化的敏感性取决于利率变化时的水平（如 6%、8%、12% 等）。具体来讲，利率水平越高，债券价格对利率变化的敏感性越小。

> **想一想**
>
> 1. 资产的久期在何种情况下与其到期期限相等？
> 2. 债券的久期与其价格弹性之间存在着什么关系？

【例 4.9】使用久期和货币时间价值公式计算债券价格的变化

在对利率大幅度变化后所造成的冲击进行分析时，理解凸性相关的影响效果是很重要的。

关于这一点，我们可以以面值为 1 000 元、票面利率为 12%（半年付息一次）、到期收益率为 10% 的 4 年期债券为例。在表 4.7 中，我们可以看到此债券的久期为 3.32 年，且到期收益率为 10% 时的当期价为 1 064.63 元。我们将此时的价格用图 4.8 中的 A 点表示。如果利率从 10% 上升到 12%，久期模型预测债券价格将下降 6.304%，即

$$\frac{\Delta P}{P} = 3.32 \times 0.02 \div 1.05 = 6.304\%$$

即价格从 1 064.63 元下降为 997.30 元（参见图 4.8 中的 B 点）。然而，通过计算到期收益率上升为 12% 后债券价格的实际变化，我们发现债券的实际价值为

$$V_b = \frac{1\,000 \times 0.12}{2} \times \frac{1 - \frac{1}{(1+0.12/2)^{2 \times 4}}}{0.12/2} + 1\,000/(1+0.12/2)^{2 \times 4} = 1\,000$$

此价格就是图 4.8 中的 C 点。正如我们所看到的，价格的实际下降幅度要比久期所预测的下降幅度少 2.70 元。这种情况产生的原因在于，随着到期收益率的上升，价格收益曲线自然呈现出凸性。

相反的计算表明，当到期收益率从 10% 下降到 8% 时，久期模型预测债券的价格会上升 6.304%，从而其预测的价格为 1 131.96 元（参见图 4.8 中的 D 点）。相反，以 8% 的到期收益率对债券的利息和面值进行现值估值得出的结论是该债券的实际价为 1 134.65 元（参见图 4.8 中的 E 点）。这样，久期模型将债券的价格上涨幅度低估了 2.69 元（1 134.65-1 131.96）。

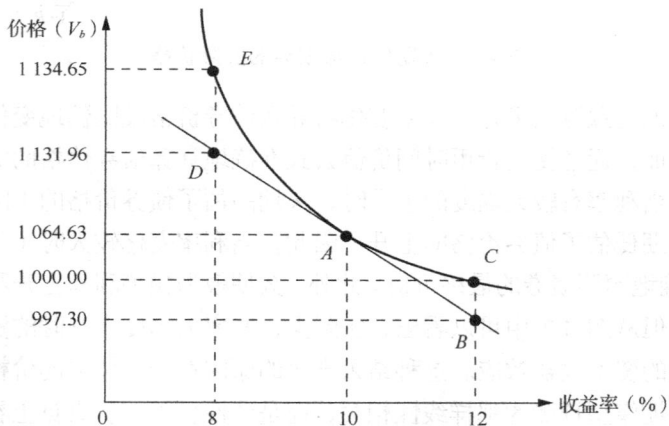

图 4.8　票面利率为 12% 的 4 年期债券的价格收益曲线

对金融机构的经理和储蓄者个人而言，一个重要的问题在于，久期公式所导致的误差是否大得足以引起关注？问题的答案取决于利率变化的幅度以及所持债券组合的规模大小。显然，当债券组合规模较大时，误差也会很大。

注意，凸性是投资者或金融机构经理在资产组合中捕获的一个有益特征。购买在价格利率关系中表现出很大凸性或曲率的债券或资产组合，类似于购买部分利率风险保险。特别是，高凸性意味着对于相同的利率大幅波动变化（例如，增加或减少 2%），利率下降的资本增益效应大于利率上升的资本损失效应。

凸性有如下三个特征。

（1）凸性是有益的。债券或债券组合的凸性越大，投资者或金融机构经理应对利率上升

的保险或利率保护越大，从利率下降中获得的潜在收益也越大。

（2）作为投资准则，凸性减少了久期的误差。利率变化越大，固定收益债券或组合的凸性越大，投资者或金融机构经理在仅使用久期免疫利率冲击暴露时面临的误差越大。

（3）所有固定收益债券都是凸性的。即随着利率变化，债券价格不会遵循固定比率变化。

为了说明第三个特征，我们采用 4 年期、12%票面利率、10%收益率的债券，并考虑两个极端的价格利率方案。如果利率跌至 0，债券价格是多少？如果利率升至非常大例如无限大，债券价格为多少？

当 $r_b=0$ 时，

$$V_b = \frac{60}{(1+0)^1} + \frac{60}{(1+0)^2} + \cdots + \frac{1\,060}{(1+0)^8} = 1\,480 \text{（元）}$$

价格仅简单折现至债券的票面价值和利息价值。由于利率永远不能低于 0，1 400 元是债券的最大可能价格。

当 $r_b = \infty$ 时，

$$V_b = \frac{60}{(1+\infty)^1} + \frac{60}{(1+\infty)^2} + \cdots + \frac{1\,060}{(1+\infty)^8} = 0$$

随着利率趋向无穷大，债券价格逐渐趋向 0，但根据定义，债券价格永远不为负。因此，0 是最小的债券价格。

第四节　股票估值

对于债券来说其未来现金流是已知的，用净现值技术来估计债券的价值是很方便的，由于股票未来现金流的不确定使得利用净现值对股票的定价更加困难。在普通股价值分析中最常见的方法是股息贴现模型和收益率模型。其中股息贴现模型包括零增长模型、不变增长模型和多元增长模型。

一、股票估值的原理

股票估值过程就是以一个合理利率折现这只股票的一系列永久现金流的现值。股票的现金流来自公司在股票生命周期中支付的股息，可以看作是永久的，因为一个公司并没有限定的到期日（因此支付的股息也是如此）。如果投资者决定不再持有某只股票，他可以在一个公平有效的市场中将其卖给其他人，在出售时所收到的价款为剩余（预期）股息的现值之和。股票的股息是公司收益中支付给股东的部分。留存收益一般用于再投资以产生未来收入和公司及其股东的未来股息。因此，从概念上看，用于股票投资的公允现值是其当前和未来股息的现值。股息增长主要是因为公司收益的增长，因此，股息增长率是公司投资收益率和股息占收益比重（而非再投资）的函数。因此，收益增长、股息增长和股票价格通常高度相关。

我们首先定义用于股票估值的变量：

Div_t 表示在 t 年末支付给股东的股息；P_t 表示公司普通股在 t 年末的价格；P_0 表示公司普

通股的现价；r_s 表示用于对股票投资的现金流进行折现的利率。

如上所示，货币的时间价值公式可以从一些不同角度来对股票进行估值。例如，实际收益率（$\bar{r}_s$）是用于估计一只股票的历史表现时现金流的合理利率（折现率）。

【例4.10】股票投资的实际收益率计算

假设你持有某公司的股票并持有了 2 年。2 年前你购买股票的价格为 27 元（P_{-2}）并以 34 元（P_0）卖出。在过去的 2 年，股票在每年的最后一天支付股息（Div）2 元。对该股票投资的实际收益率可以通过以下货币时间价值公式计算

$$P_{-2} = \text{Div} \frac{1 - \dfrac{1}{(1+\bar{r}_s)^2}}{\bar{r}_s} + P_0 / (1+\bar{r}_s)^2$$

将 P_{-2}=27、P_0=34 以及 Div=2 代入上式，解得 $\bar{r}_s$=19.23%，则这笔投资的年实际收益率为 19.23%。

预期收益率 $E(r_s)$，是分析股票未来预期收益的合理利率。预期收益率的计算中，假设了投资者以当期市场价格购买股票，获得所有的承诺支付，并在投资期结束时卖出股票。

【例4.11】股票投资的预期收益率计算

某人在考虑是否购买这样一只股票：他预期在未来 3 年内持有股票；股票的当前市价为 42 元（P_0），预期在 3 年后（P_3）以 57 元的价格卖出股票；而且，在未来 3 年内，每年年末支付股息（Div）2.3 元。他对该股票投资的预期收益率可以通过以下货币时间价值公式计算

$$P_0 = \text{Div} \frac{1 - \dfrac{1}{[1+E(r_s)]^3}}{E(r_s)} + P_3 / [1+E(r_s)]^3$$

将 P_0=42、P_3=57 以及 Div=2.3 代入上式，解得 $E(r_s)$=13.95%，即股票投资的年预期收益率为 13.95%。

最后，应得收益率（r_s）是分析股票投资在股票整个生命期的公允现值的合理利率。股票的公允现值反映了所有相关（但不确定）现金流以应得收益率（r_s）——与投资股票风险相匹配的收益或利率——折现的现值。

现值方法适用于以货币时间价值计算股票在生命期的现金流，计算公式如下

$$P_0 = \frac{\text{Div}_1}{(1+r_s)^1} + \frac{\text{Div}_2}{(1+r_s)^2} + \cdots + \frac{\text{Div}_\infty}{(1+r_s)^\infty}$$

股票的价格或价值等于其未来股息（Div_t）的现值，而未来股息是不确定的。这要求估计未来无限期的股息价值，那么之前的方程在实践中难以用于股票估值和计算 r_s。因此，对股票生命周期中的不确定股息现金流的预期形式常做出以下三个假设：①股票生命周期（无限）中股息的增长率为 0；②股票生命周期（无限）中股息的增长率固定；③股票生命周期（无限）中股息的增长率不固定。

二、股息零增长模型

股息的零增长意味着预期股票股息将永久保持在一个固定的水平。因此，$\text{Div}_0 = \text{Div}_1 =$

$\text{Div}_2 = \cdots = \text{Div}_\infty = \text{Div}$ 。则股票估价公式可以写为

$$P_0 = \frac{\text{Div}_1}{\left(1+r_s\right)^1} + \frac{\text{Div}_2}{\left(1+r_s\right)^2} + \cdots + \frac{\text{Div}_\infty}{\left(1+r_s\right)^\infty} = \text{Div}\sum_{t=1}^{\infty}\left(\frac{1}{1+r_s}\right)^t$$

或[①]

$$P_0 = \text{Div}/r_s$$

这一公式的一般形式为

$$P_t = \text{Div}/r_s$$

发行优先股的公司通常支付投资者固定不变的股息。股息为零增长的股票价值等于（当前）股息除以股票收益率。如果公式采用应得收益率（r_s），则所得价格为公允现值。如果公式采用预期收益率 $E(r_s)$，则所得价格为当期市场价格。此外，公式可变形，给定购买价格 P_0，可求得股票的应得收益率。

$$r_s = \text{Div}/P_0$$

如果公式采用公允现值，所得收益率为应得收益率（r_s）。如果公式采用当期市场价格，所得收益率为预期收益率 $E(r_s)$。我们已经知道，在有效市场上应得收益率等于预期收益率。因此，债券的当期市场价格等于公允现值。

【例4.12】零增长股息的股价计算

一只优先股预期在未来每年支付 6 元的固定股息。股票的应得收益率 r_s 为 10%。则股票的公允现值（或价格）计算如下

$$P_0 = 6/0.10 = 60 \text{ （元）}$$

三、股息固定增长模型

股息固定增长意味着一只股票的股息预期未来每年以一个固定增长率 g 增长。因此，$\text{Div}_1 = \text{Div}_0\left(1+g\right)^1, \text{Div}_2 = \text{Div}_0\left(1+g\right)^2, \cdots, \text{Div}_\infty = \text{Div}_0\left(1+g\right)^\infty$。则股票估值公式可以写为

$$P_0 = \frac{\text{Div}_0\left(1+g\right)^1}{\left(1+r_s\right)^1} + \frac{\text{Div}_0\left(1+g\right)^2}{\left(1+r_s\right)^2} + \cdots + \frac{\text{Div}_0\left(1+g\right)^\infty}{\left(1+r_s\right)^\infty} = \text{Div}_0\sum_{t=1}^{\infty}\left(\frac{1+g}{1+r_s}\right)^t$$

或

$$P_0 = \frac{\text{Div}_0\left(1+g\right)^t}{r_s-g} + \frac{\text{Div}_{t+1}}{r_s-g}$$

这一公式的一般形式为

---

① 在极限中：

$$\sum_{t=1}^{\infty}\left(\frac{1}{1+x}\right)^t = \left(\frac{1}{1+x}\right)^1 + \left(\frac{1}{1+x}\right)^2 + \cdots + \left(\frac{1}{1+x}\right)^\infty = \frac{1}{x}$$

因此

$$\sum_{t=1}^{\infty}\left(\frac{1}{1+r_s}\right)^t = \frac{1}{r_s}$$

$$P_t = \frac{\text{Div}_0 (1+g)^t}{r_s - g} + \frac{\text{Div}_{t+1}}{r_s - g}$$

如果公式采用应得收益率（r_s），则所得价格为公允现值。如果公式采用预期收益率 $E(r_s)$，则所得价格为当期市场价格。此外，公式可变形，给定购买价格 P_0，可求得股票的应得收益率

$$r_s = \frac{\text{Div}_0 (1+g)}{P_0} + g = \frac{\text{Div}_1}{P_0} + g$$

如果公式采用公允现值，所得收益率为应得收益率（r_s），如果公式采用当期市场价格，所得收益率为预期收益率 $E(r_s)$。

【例4.13】股息固定增长模型的股价计算

如果某股票在去年末支付股息 4 元。股息在过去 20 年以每年 2.5% 的固定增长率增长，预计这一固定增长率在未来将持续下去。股票的应得收益率（r_s）为 12%。则股票的公允现值（或价格）计算如下：

$$P_0 = \frac{4 \times (1+0.025)}{0.12 - 0.025} = 43.158 \text{（元）}$$

那么，投资者为这只股票支付的价格不应超过 43.158 元。

【例4.14】固定增长股息的股票预期收益率 $E(r_s)$ 计算

假设某股票在去年末支付股息 3.60 元。股息在过去 15 年以每年 1.65% 的固定增长率增长，预计这一固定增长率在未来将持续下去。股票当前以每股 43 元的价格出售。该股票的预期收益率计算如下：

$$E(r_s) = \frac{3.60(1+0.016\,5)}{43} + 0.016\,5 = 10.16\%$$

四、股息超常增长模型

股票经常在股息增长达到某一固定增长率后经历超常（不固定）的股息增长期。与存在股息零增长或固定增长的股票相同，一个经历超常股息增长的股票价值也等于股票预期未来股息的现值。不同的是，处于超常（不固定）增长期的股息必须单独估计，之后股息固定增长模型就可用于计算股息的现值。

为了计算经历超常或不固定股息增长的股票现值，我们计算两个不同增长期的股息现值。其过程分为以下三步。

第一步：计算超常（不固定）增长期的股息现值；

第二步：使用股息固定增长模型寻找超常（不固定）增长期结束时（股息的固定增长开始）的股票价格，将这一价格折现为现值；

第三步：将两部分的股票价格相加。

【例4.15】股息超常或不固定增长型的股价计算

假设某股票的股息预期在未来 5 年内经历超常态增长，增长率 g_s 为 10%。之后预计股息增长率 g 稳定在 4%。去年，股息支付为 4 元，应得收益率为 15%。那么，该股票的公允现值计算如下：

第一步：计算超常（不固定）增长期的股息现值（如表 4.13 所示）。

表 4.13　超常增长期的股息现值

年	股息 $\left[\text{Div}_0\left(1+g_s\right)^t\right]$	$1/(1+0.15)^t$	现值
1	$4(1+0.1)^1=4.400$	0.869 6	3.826
2	$4(1+0.1)^2=4.850$	0.756 1	3.659
3	$4(1+0.1)^3=5.324$	0.657 5	3.500
4	$4(1+0.1)^4=5.856$	0.571 8	3.349
5	$4(1+0.1)^5=6.442$	0.497 2	3.203
超常增长期股息的现值			17.537

第二步：计算超常（不固定）增长期结束时（股息的固定增长开始）的股息现值。

（1）计算固定增长期开始时的股票价值

$$P_5=\frac{\text{Div}_6}{r_s-g}=\frac{\text{Div}_0\left(1+g_s\right)^5\left(1+g\right)^1}{r_s-g}=\frac{4\left(1+0.1\right)^5\left(1+0.04\right)^1}{0.15-0.04}=60.906\ （元）$$

（2）计算固定增长股息的现值

$$P_0=P_5/\left(1+0.15\right)^5=60.906\times0.497\ 2=30.283\ （元）$$

第三步：该股票的现值=超常增长期间的价值+常态增长期间的价值

$$17.537+30.283=47.820（元）$$

即，该股票的公允现值为 47.820 元。

想一想

1. 股票估值与债券定价的区别是什么？
2. 股息的固定增长与超常增长之间的区别是什么？

第三篇　中央银行和货币政策

第五章　中央银行、货币政策和利率

【学习目标】

　　理解中央银行的性质；掌握中央银行的职能；理解中央银行的组织结构，了解中国人民银行的组织结构；掌握货币政策工具；掌握全球化背景下的货币政策。

【导入案例】

中国人民银行货币政策操作

　　2016年，受美联储加息、外汇占款下降等多种因素的影响，我国银行体系流动性供求波动有所加大，同时，部分市场机构加杠杆、地方政府债集中发行、金融业"营改增"、交易所可转（交）换债券发行冻结资金等也加剧了流动性供求变化的不确定性。结合流动性供求的长期性变化和季节性特点，中国人民银行以7天期逆回购为主搭配其他品种和工具灵活操作，同时进一步完善公开市场操作机制，丰富逆回购期限品种，"削峰填谷"式地熨平内外多种因素对流动性的干扰，推动完善金融业"营改增"相关政策，促进了银行体系流动性的基本稳定和货币市场利率的总体平稳运行。

　　2016年年初，为进一步提高央行流动性管理的精细化程度和操作主动性，中国人民银行建立了公开市场每日操作机制，将操作频率由每周两次提高到每日一次。2017年8月下旬和9月中旬，综合考虑经济运行、流动性形势以及市场"以短博长"现象较为普遍等情况，中国人民银行在公开市场操作中先后增加了14天期和28天期逆回购品种，适当延长了央行资金投放期限，引导金融机构提高负债稳定性，并通过公开市场业务一级交易商传导优化货币市场交易期限结构，对于防范资产负债期限错配和流动性风险发挥了积极作用。

　　2016年，公开市场逆回购中标利率基本保持稳定。2017年2月3日，由央行招标、公开市场业务一级交易商参与投标的7天期、14天期和28天期逆回购中标利率均上行10个基点，分别至2.35%、2.50%和2.65%。此次中标利率上行是市场化招投标的结果，反映了2016年9月以来货币市场利率中枢上行的走势，是在资金供求影响下随行就市的表现。为实现货币政策目标，公开市场操作也有相应的量、价目标，目标的调整和侧重点的变化是为了满足宏观调控的需要，这也意味着公开市场操作的招标规模和中标利率都是可变的。市场已经适应了公开市场操作招标规模的变化，也在逐步适应中标利率的变化，这无疑有利于未来更好地发挥市场供求的决定性作用。2016年，公开市场累计开展逆回购操作24.8万亿元，其中7天期操作17.9万亿元，14天期操作3.9万亿元，28天期操作3万亿元；开展SLO操作累计投放流动性资金2 050亿元。年末公开市场逆回购操作余额为13 150亿元，SLO余额为0。

　　2016年3月，中国人民银行普遍下调金融机构人民币存款准备金率0.5个百分点，以保持银行体系流动性充裕。自 2016 年 7 月起，中国人民银行进一步改革存款准备金考核制度，对金融机构存款准备金的交存基数实施平均考核。这是继 2015 年 9 月将金融机构存款准备金考核由每日达标改为维持期内日均达标后，对存款准备金平均法考核的进一步完善，由此实现了存款准备金交存基数计算和维持期考核的"双平均"。实施"双平均"考核存款准备金，有助于提高金融机构流动性管理的灵活性，增强货币市场运行的稳健性，也有利于改善货币政策传导机制，为货币政策调控框架转型创造条件。

启发思考：

（1）什么是公开市场操作？什么是存款准备金率？

（2）中国人民银行为什么要进行公开市场操作？

（3）中国人民银行还有哪些功能？还能进行哪些操作？

第一节　中央银行概述

中央银行是指在一国金融体系中居于主导地位、负责制定和执行国家的金融政策、调节货币流通与信用活动的特殊金融机构。中央银行作为一个国家金融体系的核心，通常也被称为货币当局，是在银行业发展到一定阶段时才形成的，并随着商品经济、信用制度的发展而不断发展。

一、中央银行制度概述

（一）中央银行的性质

中央银行的性质是指中央银行自身所具有的特殊属性，可以科学地表述为：中央银行是为国家制定和执行货币政策，同时对国民经济进行宏观调控和管理监督的特殊的金融机构。中央银行的性质集中体现在它是一个"特殊的金融机构"上面。具体来说，其特殊性包括地位的特殊性、业务的特殊性和管理的特殊性。

（二）中央银行的职能

中央银行的职能是中央银行性质的具体体现或细化，一般而言，中央银行具有"发行的银行""银行的银行"和"政府的银行"三大基本职能。

1. 发行的银行

中央银行是发行的银行，是指中央银行垄断货币发行，具有货币发行的特权、独占权，是一个国家唯一的货币发行机构。中央银行作为发行的银行，具有以下几个基本职能。

（1）中央银行应根据国民经济发展的客观情况，适时、适度地发行货币，保持货币供给与流通中货币需求的基本一致，为国民经济稳定、持续增长提供一个良好的金融环境。

（2）中央银行应从宏观经济角度控制信用规模，调节货币供给量。

（3）中央银行应根据货币流通需要，适时印刷、铸造或销毁票币，调拨库款，调剂地区间货币分布、货币面额比例，满足流通中货币支取的不同要求。

2. 银行的银行

中央银行是银行的银行，主要是指中央银行仍具有办理"存、放、汇"等项业务的特征，但它是以商业银行和其他金融机构为业务对象的金融机构，且它不仅为商业银行和其他金融机构提供支持、服务，还是商业银行和其他金融机构的管理者。具体履行以下几项职责。

（1）集中保管存款准备金。集中保管存款准备金既保证了商业银行和其他存款机构的支付和清偿能力，从而保障了存款人的资金安全及合法权益，又保障了商业银行等金融机构自身运营的安全。

（2）充当最后贷款人。当商业银行等金融机构发生资金困难且无法从其他银行或金融市场筹措时，通过中央银行融资是解决困难的最终途径。在这种情况下，中央银行就是在充当"最后贷款人"角色。中央银行通常采取两种形式：一是票据再贴现，二是票据再抵押。

（3）主持全国银行间的清算业务。在存款准备金制度建立后，各存款机构都在中央银行设立了存款账户，各金融机构之间的清算通过其在中央银行的存款账户进行，这给中央银行负责全国的资金清算带来了极大便利。

3. 政府的银行

中央银行天然与政府有着特殊密切的关系。中央银行是政府的银行，是指中央银行为政府提供服务，是政府管理一国金融的专门机构。其主要具有以下基本职责。

（1）代理国库。国家财政支出一般不另设国库机构，而是采用如下办法：政府在中央银行设立一个账户，其各项财政收支均在其开立的账户中进行。

（2）对政府融通资金。方式主要有提供贷款与购买政府债券。

（3）制定和实施货币政策。货币政策是政府对经济实行宏观调控的基本政策之一。对于货币政策的制定和实施，世界各国一般通过法律赋予中央银行承担此项职责。中央银行根据经济发展的实际情况，通过实施货币政策，可达到稳定物价、充分就业、经济增长和国际收支平衡等目的。

（4）代表政府参加国际金融活动。政府的对外金融活动，一般授权中央银行作为政府的代表。这些金融活动主要包括参加国际金融组织以及国际性、区域性的各种金融论坛和非正式的协调组织等。

（5）代理政府债券发行。政府财政经常会发生支出大于收入的情况，因而需要通过发行公债扩大公共支出，刺激经济增长。中央银行利用其掌握的业务手段，代理政府债券发行，包括预测发行规模、规定价格幅度、制定竞投标的规则及办理债券到期时的偿付等事宜。

（三）中央银行的组织结构

中央银行的组织结构是中央银行制度的重要内容之一，其组织结构包括权力分配结构、内部职能机构和分支机构等。中央银行行使其职能要在既定的组织结构框架下进行。各国中央银行的组织结构大多由专门的法律或专项规定来确定，法律或规定则是根据本国的经济制度、经济发展水平、金融业总体状况及历史传统等多方面的因素综合考虑制定的，因此各国中央银行的组织结构有所差异。

1. 中央银行的权力分配结构

中央银行的权力分配结构主要是指最高权力分配状况，这通过权力机构的设置和职责分工体现出来。中央银行的最高权力，大致可归并为决策权、执行权和监督权这三方面。决策权、执行权和监督权对于有些国家的中央银行是合二为一的，而有些国家的中央银行则设立不同的机构来分别行使这些权力。

（1）决策权、执行权和监督权相对集中的模式。设立一个机构行使中央银行的最高权力，其权力机构一般是中央银行的理事会。理事会既是各项政策和方针的制定者，又负责这些政策、方针的贯彻实施和监督。英国、美国、菲律宾等国的中央银行即采用这种模式。

📋 **知识点滴**

> 美国联邦储备系统的最高权力机构是联邦储备委员会（也称理事会），它的主要职责是制定和贯彻货币政策，并对银行进行监管。比如，借助于公开市场业务，联邦储备委员会能够确定货币的供给和利率水平。联邦储备委员会还要确定银行的存款准备金要求，并对12家联邦储备银行确定的贴现率进行审批。所有理事（7位）都在联邦公开市场委员会任职。该组织所做出的重要决定会对经济系统中的货币和信贷供给产生影响。

（2）有的中央银行设立相对独立的权力部门，分别行使决策权、执行权与监督权，典型的有日本银行、瑞士银行等。

2. 中央银行内部机构的设置

中央银行内部机构的设置，是指中央银行总行或总部机关的职能划分及分工。为确保中央银行行使其职能，必须设置具体的职能部门进行业务操作。各国中央银行内部职能部门的设置都是根据其承担的任务，按照精干、高效和有力配合协调等原则进行的。这些任务包括货币政策的组织实施、与各类金融机构的业务往来、金融监管等。尽管各国中央银行的内部机构设置数量不等，名称也有差别，但大多包括以下三类部门。

（1）职能部门，这是中央银行内设机构的主体部分，包括办理与金融机构业务往来的部门、货币政策操作部门、负责货币发行的部门、组织清算的部门等。

（2）咨询部门，即为中央银行行使职能提供咨询、调研和分析的部门，包括统计分析部门、研究部门。

（3）后勤部门，即为中央银行有效行使职能提供保障和行政管理服务的部门，包括行政管理部门、服务部门、后勤保障部门。

中央银行内部机构的设置并不是固定不变的，随着中央银行职能和业务量的变化，机构也会随之调整，各部门之间的业务分工也会视工作的方便与否而有所改变。

3. 中央银行分支机构的设置

中央银行的分支机构是中央银行体系的重要组成部分，是中央银行全面行使职能和履行规定职责所必需的组织保证。世界各国的中央银行基本上都设立了自己的分支机构。中央银行分支机构的设置大致有以下三种情况。

（1）按经济区域设置分支机构

这种设置方法是根据经济金融发展状况和中央银行业务量的大小，视实际需要按经济区域或行政区划设立分支机构。分支机构一般设立在该区域内的经济和金融中心。经济区域的划分主要考虑以下因素：①地域关系；②经济、金融联系的密切程度；③历史传统；④业务量。

（2）按行政区划设置分支机构

在这种设置方式下，中央银行的分支机构设置与国家的行政区划相一致，逐级设置分行或支行。分支机构规模的大小与其所在行政区的级别相关，而与业务量关系不大。这种设置方式一般与计划经济体制相适应。

（3）以经济区域为主，兼顾行政区划设置分支机构

采用这种设置方式时，一般按照经济区域设置分行，而分行之下的机构设置则考虑行政区划并尽量与行政区划相一致。日本中央银行分支机构的设置基本上采用的是这种方式。

（四）中国人民银行的组织结构

1. 中国人民银行的权力分配结构

按照《中国人民银行法》，中国人民银行不设立理事会，实行行长负责制，行使最高决策权。另设立货币政策委员会，作为中国人民银行制定货币政策的咨询议事机构。货币政策委员会的职责是，在综合分析宏观经济形势的基础上，依据国家的宏观经济调控目标，讨论货币政策有关事项。货币政策委员会在制定货币政策方面发挥着重要作用，但其性质为咨询议事机构。因此，从权力分配结构来看，中国人民银行属于决策权、执行权、监督权合一并且权力高度集中的中央银行。

2. 中国人民银行内部机构的设置

根据履行职责的需要，中国人民银行总行内设 13 个职能司（厅），包括：办公厅、条法司、货币政策司、银行监管一司、银行监管二司、非银行金融机构监管司、合作金融机构监管司、统计司、会计财务司、支付科技司、国际司、内审司、人事教育司。为保证中国人民银行能科学制定和实施货币政策，有效实行金融监管，中国人民银行总行还设立了研究局、货币金银局、国库局、保卫局、培训中心，作为支持服务体系。

（1）办公厅，组织协调总行机关日常工作，承担有关文件的起草、重要会议的组织、文电处理、秘书事务、信息综合、新闻发布、档案保管、信访、保密等工作。

（2）条法司，起草金融法律法规草案；依法承办金融法律法规的有关解释工作，承担行政复议和行政应诉工作；开展金融法律咨询服务，组织金融法制教育和宣传。

（3）货币政策司，研究、拟定与实施中央银行货币政策和货币政策中介目标；研究提出关于选择和运用各种货币政策工具、保持货币币值稳定的意见和建议并负责实施；研究、拟定和实施信贷政策，促进国民经济和区域经济的协调发展；负责中国人民银行货币政策委员会秘书处的日常工作。

（4）银行监管一司，承办对国有独资商业银行、政策性银行和外资银行的监管工作。依法审核其分支机构的设立、变更、终止及业务范围，拟定业务管理的规章制度，监测资产负债比例、信贷资产质量、业务活动、财务收支等经营管理情况，审查负责人任职资格。

（5）银行监管二司，承办对股份制商业银行和城市商业银行的监管工作。依法审核有关机构的设立、变更、终止及业务范围，拟定业务管理的规章制度，监测资产负债比例、信贷资产质量、业务活动、财务收支等经营管理情况，审查负责人任职资格。

（6）非银行金融机构监管司，承办对全国非银行金融机构（证券、保险除外）的监管工作。依法审核有关机构的设立、变更、终止及业务范围，拟定业务管理的规章制度，监测资产负债比例、资产质量、财务状况、业务活动等经营管理情况，审查负责人任职资格。

（7）合作金融机构监管司，承办对农村和城市合作金融机构的监管工作。指导合作金融机构坚持"自愿入股、民主管理、主要为入股社员服务"的原则，规范合作金融机构的管理；研究并推动合作金融体制改革；拟定合作金融机构资产负债比例管理、信贷资产质量管理、风险管理、利率管理、结算管理等业务管理制度，对其经营风险进行监控，督促其完善内部监督和制约机制；拟定合作金融机构设置条件、业务经营范围、法人代表任职资格等管理办法并组织实施。

（8）统计司，负责经济金融信息的搜集、统计和分析；拟定中国人民银行系统经济、金融统计制度，管理和协调金融系统的统计工作；组织中国人民银行系统的调查统计数据库建设和信息自动化系统建设；向金融系统和国务院综合部门提供金融信息咨询。

（9）会计财务司，拟定金融业统一的会计和结算制度、办法和细则并组织实施；管理中国人民银行财务工作，编制并监督检查中国人民银行财务收支计划，编制资产负债表、损益表等财务会计报表。

（10）支付科技司，负责支付清算、联行结算和账户的管理以及组织现代化支付系统的建设、推广和应用；编制金融科技发展规划，拟定金融科技政策、标准和管理办法。

（11）国际司，承办中国人民银行与国际金融组织，香港及澳门特别行政区、台湾地区金融组织，各国中央银行的官方关系及业务往来的有关工作，负责中国人民银行的外事管理工作。

（12）内审司，监督检查中国人民银行各职能司（局）直属机构、分支机构及其工作人员依法履行公务的情况，特别是执行财务纪律的情况；承办对主要负责人的离任稽核工作，对违法违规人员的处理提出建议。

（13）人事教育司，拟定中国人民银行系统人事、劳动工资的管理制度及办法并组织实施；管理中国人民银行直属院校；组织中国人民银行系统人员考试、测评和智力引进工作，拟定人员培训规划；管理中国人民银行系统机构编制。

（14）研究局，围绕货币政策决策，对经济增长及其运行进行分析与预测，跟踪研究我国产业政策，工业、农业、财税、外贸等部门的经济动态及货币信贷、利率、汇率、金融市场、金融风险等重大政策，并向行领导提出政策建议。

（15）货币金银局，拟定有关货币发行和金银管理的办法，承担人民币管理和反假人民币的工作，安排现钞和辅币的生产、保管、储运、更新、销毁，管理现金的投放、回笼及库款安全，管理全国的金银收购配售库存和国家黄金储备，管理金银开发基金，管理全国黄金市场。

（16）国库局，办理国家金库业务，对下级库实行业务管理；代理国务院财政部门向各金融机构发行、兑付国债和其他政府债券；监督和维护国库资金的安全和完整。

（17）保卫局，负责中国人民银行系统的保卫工作；对金融诈骗、盗窃、抢劫案件进行综合分析，制定防范措施；组织金银、现钞、有价证券的武装押运工作。

（18）培训中心，承担中国人民银行工作人员的各类培训和金融业高级管理人员任职资格培训工作。

3. 中国人民银行分支机构的设置

目前，中国人民银行的分行是按照经济区域设置的，中心支行则是按照行政区划设置的。

中国人民银行总行下设中国人民银行总行营业管理部（北京）和重庆营业管理部，天津、沈阳、上海、南京、济南、武汉、广州、成都、西安 9 个分行，326 个中心支行，1 827 个县（市）支行。中国人民银行的分支机构是总行的派出机构，其主要职责是按照总行的授权，负责本辖区的金融监管。此外，中国人民银行还设立了印制总公司、清算中心、中国外汇交易中心等直属企事业单位及驻外机构。

二、中央银行的资产负债表

（一）中央银行资产负债表的一般构成

各国中央银行的任务和职责基本相同，业务活动趋于同质化，资产负债表的内容也基本相近。在经济全球化的背景下，为了促成金融统计数据的相对统一，国际货币基金组织会定期编制《货币与金融统计手册》等统计规则。各国按照这些统计规则，以相对统一的可比口径定期编制和发布中央银行的资产负债表，通常将其称为"货币当局资产负债表"。《货币与金融统计手册》中，货币当局资产负债表可简化为表 5.1。

表 5.1　简化后的货币当局资产负债表

资产	负债
国外资产	基础货币
对其他存款性公司的债权	定期储备和外币存款
对中央政府的债权	发行债券
对各级政府的债权	进口抵押和限制存款
对非货币金融机构的债权	对外负债
对非金融政府企业的债权	中央政府存款
对特定机构的债权	政府贷款基金
其他资产	资本项目
	其他项目

表 5.1 中各项目的主要内容如下。

1. 资产

（1）国外资产。国外资产主要包括中央银行持有的黄金储备、可自由兑换外汇、地区货币合作基金、不可自由兑换的外汇、国库的国外资产、其他官方的国外资产、在国际货币基金组织中的储备头寸、特别提款权持有额等。

（2）国内资产。国内资产主要分为三部分：一是中央银行对其他存款性公司的债权，主要是指商业银行等存款性公司对中央银行的负债；二是中央银行对中央政府的债权，主要包括中央银行持有的国库券、政府债券、财政短期贷款、对国库的贷款等；三是中央银行对其他部门的债权，主要是指对其他金融公司的债权，同时也包括对非金融公司的债权和对其他部门如特定机构或私人的债权。

2. 负债

（1）基础货币，又称为储备货币。这是货币当局负债中的主要项目，是中央银行用来影响商业银行的清偿手段，主要包括流通中的现金、其他存款性金融公司在中央银行的存款（法定存款准备金和超额准备金等）和纳入广义货币的存款等。

（2）定期储备和外币存款，主要包括各级地方政府、非金融政府企业、非货币金融机构等一个月以上的定期存款和外币存款等。

（3）发行债券，主要包括自有债券、向商业银行和非货币金融机构发行的债券以及向公众销售的货币市场证券等。

（4）进口抵押和限制存款，主要包括本币、外币、双边信用证的进口抵押金以及反周期波动的特别存款等。

（5）中央政府存款，主要包括国库持有的货币、活期存款、定期及外币存款等。

（二）中国人民银行的资产负债表

中国人民银行自 1994 年起，按照国际货币基金组织编制的《货币与金融统计手册》规定的基本格式，编制中国货币当局资产负债表并定期向社会公布。2000 年以来，中国人民银行又按照国际货币基金组织公布的新的货币金融统计方法对其不断进行修订。表5.2 所示为 2016 年年底中国人民银行编制的资产负债表。

表 5.2　2016 年年底中国人民银行编制的资产负债表　　　　　单位：亿元人民币

项目	金额	项目	金额
国外资产	229 795.77	储备货币	308 979.61
外汇	219 425.26	货币发行	74 884.44
货币黄金	2 541.50	其他存款性公司存款	234 095.17
其他国外资产	7 829.01	不计入储备货币的金融性公司存款	6 485.03
对政府债权	15 274.09	非金融公司存款	0
其中：中央政府	15 274.09	发行债券	500.00
对其他存款性公司债权	34 739.02	国外负债	3 195.07
对其他金融性公司债权	6 324.41	政府存款	25 062.70
对非金融性部门债权	81.03	自有资本	219.75
其他资产	7 497.26	其他负债	-730.58
总资产	**343 711.59**	**总负债**	**343 711.59**

表 5.3 与表 5.4 反映的是中国人民银行资产负债表中的主要项目在 2011—2016 年的变化趋势。通过观察与简要分析表 5.2～表 5.4，我们可以看出国外资产在中国人民银行资产中的占比居首位，而外汇又在国外资产中占比最大。其他存款性公司存款（准备金）是我国中央银行最主要的负债，通货在负债中比例很低，货币发行增速远远不如信贷增速。在本章后面的课程中，我们将学习通过中央银行资产负债表的项目来分析货币政策的执行与反馈。

想一想

近年来，我国外汇储备为什么出现了先上升后下降的趋势？

表 5.3　　中国人民银行主要资产项目变化　　　　　　　　　　单位：亿元人民币

时间 项目	2011.12.31	2012.12.31	2013.12.31	2014.12.31	2015.12.31	2016.12.31
外汇	232 388.73	236 669.93	264 270.04	270 681.33	248 537.58	219 425.20
货币黄金	669.84	669.84	669.84	669.84	2 329.535 7	2 541.49
对政府债权	15 399.73	15 313.69	15 312.73	15 312.73	15 312.733	15 274.09
对其他存款性公司债权	10 247.54	16 701.08	13 147.9	24 985.27	26 626.362	84 739.02
对其他金融性公司债权	10 643.97	10 038.62	8 907.36	7 848.81	6 656.593 1	6 324.41

表 5.4　　中国人民银行主要负债项目变化　　　　　　　　　　单位：亿元人民币

时间 项目	2011.12.31	2012.12.31	2013.12.31	2014.12.31	2015.12.31	2016.12.31
货币发行	55 850.07	60 645.97	64 980.93	67 151.28	69 885.95	74 884.44
其他存款性公司存款	168 791.68	191 699.2	206 042.17	226 941.74	206 491.55	234 095.17
发行债券	23 336.66	13 880	7 762	6 522	6 572	500
政府存款	22 733.66	20 753.27	28 610.60	31 275.33	27 179.03	25 062.70

（三）中央银行资产负债表主要项目间的关系

一般资产负债表资产方的主要项目有国外资产、对金融机构债权和对政府债权，负债方的主要项目有基础货币、非基础货币负债和自有资本。根据会计原理，资产与负债必然相等，可以从两方面对资产负债表的主要项目进行分析。

1. 资产和负债的基本关系

在中央银行的资产负债表中，由于自有资本也是其资金运用的来源之一，因此将其列入负债方。但实际上，自有资本不是真正的负债，其作用也不同于一般负债，因此如果把自有资本从负债中分离出来，资产和负债的基本关系可以用以下三个等式表示：

$$资产＝负债＋自有资本 \qquad (5.1)$$

$$负债＝资产－自有资本 \qquad (5.2)$$

$$自有资本＝资产－负债 \qquad (5.3)$$

上述三个等式表明了中央银行未清偿的负债总额、资本总额、资产总额之间基本的等式关系，与中央银行的货币发行和货币供应变化有重要关系。有两点需要注意：一是中央银行的资产业务对负债业务以及由此引起的货币供应变化有决定性作用；二是中央银行增加自有资本而相应扩大的资产业务，不会导致货币发行量的增加。

2. 资产、负债各主要项目之间的对应关系

分析中央银行资产负债表可以得出，资产方和负债方主要项目之间存在着一定的对应关系。这种对应关系大致可以概括为以下三种。

（1）对金融机构债权和对金融机构负债的关系

对金融机构的债权包括对商业银行和非货币金融机构的再贴现和各种贷款、回购等，对金融机构的负债包括商业银行和非货币金融机构在中央银行中的法定准备金、超额准备金等存款。这反映了中央银行对金融系统的资金来源与运用的对应关系，也是一国信贷收支的一

部分。当中央银行对金融机构的债权与负债总额相等时，不影响资产负债表内的其他项目；当债权总额大于负债总额时，若其他对应项目不变，则其差额部分通常用货币发行来弥补。由于中央银行对金融机构的债权比负债更具有主动性和可控性，因此，中央银行对金融机构的资产业务对于货币供应具有决定性作用。

（2）对政府的债权和政府存款的关系

对政府的债权包括对政府的贷款和持有的政府债券总额，政府存款则是各级财政在中央银行账户上预算收入与支出的差额。这两个项目属于财政收支的范畴，反映了中央银行对政府资金来源与运用的对应关系。当这两个项目的总额相等时，对货币供应影响不大；在其他项目不变的情况下，因财政赤字过大而增加的中央银行对政府的债权大于政府存款时，会出现财政性的货币发行。

（3）国外资产和其他存款、自有资本的关系

当上述两种对应关系不变时，中央银行在增加国外资产的同时相应增加债券发行，一般不会引起中央银行货币发行量的变化；反之，则将导致货币发行量的增减。因此，中央银行国外资产业务是有限的，对货币供应有重要影响。

> **课堂讨论**
>
> 各国中央银行在实际操作中是否会严格按照项目之间的对应关系进行业务操作？试举例说明。

第二节　货币政策工具

中央银行可以运用存款准备金、再贴现政策、公开市场操作、基准利率、中央银行再贷款、信贷政策和汇率政策等多种货币政策工具来调节货币供求，以实现宏观经济调控目标。其中，存款准备金、再贴现政策及公开市场操作是中央银行最有效、最常用的货币政策工具，被称为货币政策"三大法宝"。

一、公开市场操作

（一）公开市场操作的含义

所谓"公开市场"，是指各类有价证券自由议价、公开交易的市场。公开市场操作（open market operation）是指中央银行在金融市场上公开买进或卖出二级市场债券，用以调节、控制信用和货币供给量的一种政策手段。中央银行的公开市场操作实质上就是基础货币和债券之间的互换关系，它通过改变银行体系的准备金总量来控制基础货币的投放量，基础货币的变化基本等于银行准备金的变化。

中央银行通过公开市场操作来控制基础货币的最终目的是影响社会的货币供给量。当金融市场上资金短缺时，中央银行通过公开市场操作买进有价证券，相当于中央银行向社会投入了一笔基础货币，这会引起信用扩张及货币供给量的增加。相反，当金融市场上货币过多时，

中央银行通过公开市场操作卖出有价证券，以达到回笼基础货币、收缩信贷规模、减少货币供给量的目的。

中央银行实施公开市场操作的依据是银行系统存在一定量的存款准备金，而存款准备金的数量决定着银行吸储和放贷的能力，因此公开市场操作可以通过银行系统准备金的增减变化对货币供给发挥作用。公开市场操作作为一种主要的货币政策工具，在促进各国经济平稳运行和世界经济平稳发展中发挥着重要作用。

（二）公开市场操作的作用

1. 调控存款准备金和货币供给量

中央银行在金融市场上买卖有价证券，可直接增加或减少银行等存款货币机构的超额储备水平，从而影响存款货币银行的贷款规模和货币供给总量。

2. 影响利率水平和利率期限结构

中央银行在公开市场上买卖证券，能够直接引起证券价格和证券市场利率的变化。同时，中央银行通过吞吐基础货币进而影响货币供给的变化，可影响市场利率。另外，中央银行通过买卖不同期限的证券，可以改变市场对不同期限证券的需求，使利率期限结构发生变化。

3. 与再贴现政策配合使用，可以提高货币政策效果

当中央银行提高再贴现率时，如果商业银行持有超额准备金而不依赖中央银行贷款，紧缩性货币政策就难以奏效。若此时中央银行以公开市场操作相配合，在公开市场上卖出证券，则商业银行的储备必然减少，紧缩性货币政策的目标就会得以实现。

4. 降低货币流通量的波动幅度

理论上，货币供给量决定了货币流通量，但是有时货币供给量的决定是被动的。例如，政府财政收入和支出存在季节性的高峰和低谷，在税收高峰期买入债券，增加市场资金，在财政支出高峰期卖出债券，回笼资金，便可以达到调节金融市场的目的。

案例 5.1

中新网（2017 年 2 月 15 日） 为维护银行体系流动性的基本稳定，结合近期中期借贷便利（medium-term lending facility，MLF）到期情况，央行对 22 家金融机构开展 MLF 操作共 3 935 亿元，其中 6 个月期 1 500 亿元、1 年期 2 435 亿元，中标利率与上期持平，分别为 2.95%、3.1%。这是央行今年第三次开展 MLF 操作，之前两次分别发生在 1 月 13 日和 1 月 24 日。

央行公开市场昨天还进行了 500 亿元 7 天期逆回购操作、200 亿元 14 天期逆回购操作、500 亿元 28 天期逆回购操作，利率均与上期持平。昨日，公开市场实现资金净回笼 1 400 亿元。2017 年 2 月 4 日至 2017 年 2 月 10 日，央行连续六天暂停公开市场逆回购操作。央行的解释均是：随着现金逐渐回笼，目前银行体系流动性总量处于较高水平。为保持银行体系流动性的基本稳定，暂不开展公开市场逆回购操作。

从本周情况来看，公开市场共有 9 000 亿元逆回购到期，1 515 亿元 MLF 在周三到期，约 6 300 亿元 TLF 则将于周五左右集中到期。这些到期资金规模达 1.68 万亿元，是月内资金到期最多的一周。巨额资金到期也在货币市场上得到了反映。昨日，SHIBOR 利率全线上涨，隔夜利率报 2.265 8%，上涨

0.48 个基点；7 天利率报 2.627 0%，上涨 0.62 个基点；3 个月利率报 4.239 4%，上涨 2.46 个基点。

去年央行共展开了 17 次 MLF 操作，与逆回购一起构成了变相降准的模式。这种模式成为去年央行调控流动性的主要手段，保证了流动性处于合理充裕状态。分析人士指出，今年货币政策更加强调要保持稳健中性，要综合运用多种货币政策工具，调节好流动性闸门，保持流动性基本稳定。今年央行将在倚重变相降准的模式来调节市场流动性的同时，增加价格型工具的使用频度。今年春节前后的货币市场利率上调即是这一思路的体现。

启发思考：

（1）什么是 MLF？什么是逆回购？

（2）中央银行 MLF 操作的目的是什么？

（3）中央银行还可应用哪些工具进行公开市场操作？

知识点滴

常备借贷便利

常备借贷便利（standing lending facility，SLF），是全球大多数中央银行都设立了的货币政策工具，但名称各异，美联储的贴现窗口（discount window）、欧洲央行的边际贷款便利（marginal lending facility）、英格兰银行的操作性常备便利（operational standing facility）、日本银行的补充贷款便利（complementary lending facility）、加拿大央行的常备流动性便利（standing liquidity facility）等均指的是常备借贷便利。其主要作用是提升货币调控效果，有效防范银行体系流动性风险，增强对货币市场利率的调控效力。

2015 年 11 月 20 日，中国人民银行为加快建设适应市场需求的利率形成和调控机制，探索常备借贷便利利率发挥利率走廊上限的作用，下调分支行常备借贷便利利率。

（三）公开市场操作的优点与局限性

1. 公开市场操作的优点

（1）中央银行完全拥有公开市场操作的主动权，操作规模大小完全受中央银行自己控制，而不像再贴现贷款规模那样不完全受中央银行控制。

（2）公开市场业务可以灵活、精巧地开展，采用较小的规模，可较为准确地达到政策目标，不会对经济产生过于猛烈的冲击。

（3）可以进行经常性、连续性的公开市场操作，且可迅速操作。当中央银行决定要改变银行储备和基础货币规模时，只要向公开市场交易商发出购买或出售的指令，交易便可很快执行。它是中央银行进行日常调节的较为理想的工具。

2. 公开市场操作的局限性

（1）公开市场操作较为细微，缺乏政策意图的告示作用，对公众预期的引导作用比较弱，且各种市场因素的变动可能会削弱公开市场操作的影响力。

（2）需要以较为发达的有价证券市场为前提。市场发育程度不够、交易工具太少等都将制约公开市场操作的效果。

二、再贴现政策

（一）再贴现政策的含义

再贴现政策（rediscount policy）是指中央银行通过调整再贴现率，影响商业银行等存款机构获得再贴现贷款和持有超额准备金的成本，从而达到增加或减少货币供给量、实现货币政策目标的一种政策措施。再贴现政策一般包括两方面内容：一是再贴现率的调整；二是中央银行调整申请再贴现金融机构的资格。

中央银行根据市场资金供求状况和货币政策目标的要求对再贴现率进行调整。再贴现率高于市场利率表明再贴现率是惩罚利率，中央银行并不鼓励商业银行此时向中央银行申请贴现贷款，故通过提高再贴现的成本制约商业银行的信贷能力。反之，则是鼓励利率。中央银行还会根据再贴现票据的信用等级，对再贴现实行差别利率。

中央银行对申请再贴现票据的种类、资格和再贴现贷款的范围都有限制。例如，大部分国家规定能够从中央银行获得再贴现贷款的主体是商业银行等存款货币银行。我国对此的规定是在中国人民银行开设存款账户的商业银行、政策性银行及其分支机构，非银行金融机构必须另外报请中国人民银行总行批准。

（二）再贴现政策的作用

1. 再贴现政策影响商业银行的融资决策

再贴现率的升降会影响商业银行等存款机构的准备金和资金成本，从而影响它们的贷款量和货币供给量。当再贴现率升高时，商业银行等存款机构从中央银行贴现窗口借款的成本上升，因而将减少其贴现贷款，准备金相应缩减。准备金缩减后，商业银行只能收缩对客户的贷款和投资规模，从而缩减了市场上的货币供给量。

2. 再贴现政策具有影响和调整信贷结构的效果

利用再贴现政策，中央银行不仅能够影响货币供给总量，而且还可以调整信贷结构，使之与产业政策相适应。

3. 再贴现政策具有一定的告示效用

再贴现率的升降可以产生货币政策变动方向和力度的告示作用，从而影响公众预期。当再贴现率提高时，中央银行将实行较为紧缩的货币政策；反之，中央银行将实行较为宽松的货币政策。

4. 防止金融恐慌

再贴现政策是中央银行作为最后贷款人而发挥作用的主要形式之一。在发生金融恐慌，银行面临挤兑危机且无法从其他渠道获得资金支持时，首选的解救办法就是中央银行通过再贴现工具的操作迅速向危机银行提供资金支持，从而可发挥中央银行最后贷款人的作用，防止金融危机的发生和蔓延。

（三）再贴现政策的优点与局限性

1. 再贴现政策的优点

（1）具有间接性和渐进性的特点，不像法定存款准备金政策那么猛烈，从而降低了经济运行大起大落的风险。

（2）在市场经济程度较高的国家，中央银行对再贴现率的控制和调整能在很大程度上通过市场机制作用影响其他利率，强化其政策效果。

（3）其是保证金融市场稳健运行的安全阀。当个别商业银行面临准备金不足的局面时，可通过货币市场融入资金。当整个金融系统面临流动性不足的局面时，中央银行的再贴现窗口就充当了金融市场稳健运行的安全阀。

2. 再贴现政策的局限性

（1）从控制货币供给量角度看，再贴现政策并不是一种有效的政策工具。首先，在再贴现政策实施过程中，中央银行处于被动地位，商业银行等金融机构是否愿意申请再贴现或者申请多少，最终由金融机构自己决定。其次，再贴现率的升降有一定幅度，因此在经济繁荣或经济萧条时期，再贴现政策效果弱，从而削弱了中央银行控制货币供给量的能力。最后，再贴现率作为官定利率，通常与市场利率存在利差。随着市场利率的变动，利差会剧烈波动，客观上会导致贷款规模乃至货币供给量出现非预期的巨大波动。

（2）从对利率的影响来看，调整再贴现率通常不能改变利率期限结构，只能影响利率水平。中央银行的再贴现率能够支配市场利率必须满足两个假定条件：一是中央银行能随时准备按其规定的再贴现率自由地提供贷款，以此来调整对商业银行的放款量；二是商业银行为了尽可能增加利润，愿意从中央银行贷款。然而，这与实际情况往往并不能完全契合。

三、存款准备金

（一）法定存款准备金比率

存款准备金政策是指中央银行对商业银行等存款机构的存款规定了一个法定存款准备金比率，强制性地要求商业银行等存款机构按规定比率上缴存款准备金。中央银行通过调整法定存款准备金比率可以增加或减少商业银行的超额准备金，以收缩或扩张信用，实现货币政策目标。商业银行在中央银行的存款准备金是中央银行的负债，包括法定准备金和超额准备金两部分。

为了确保商业银行在遇到突然大量提取银行存款情况时能有相当强的清偿能力，各国的中央银行都会要求商业银行缴纳一定的法定存款准备金。所谓法定存款准备金，是指商业银行按照法律规定必须存放在中央银行的自身吸收存款的一个最低限度的准备金。法定存款准备金的比例通常是由中央银行确定的，被称为法定存款准备金比率。存款准备金政策为中央银行提供了一种控制货币总量的手段。法定存款准备金比率高，商业银行需要缴纳的存款比例就高，投入流通领域的货币数量就会减少。

所谓超额准备金，就是指超过法定准备金的准备金。超额准备金与存款总额的比例是超额准备金率。金融机构为适应资金运营的需要，保证存款支付和资金清算时有随时可调用的资金，按规定在中央银行开设存款账户，存入一定数量的准备金用于支付款项。这个存款账户和法定存款准备金使用同一个存款账户。超额准备金和超额准备金率的高低由商业银行根据具体情况自行确定。但一般而言，保持适度的超额准备金率，能保证银行体系拥有正常的支付能力。商业银行在经营中必须随时保持一定比例的现金和流动性强的资产，以应付客户提款。

（二）存款准备金政策的作用

1. 保证商业银行资金的流动性

各个商业银行从保证自身资金流动性的角度出发，都会自觉地保持一定的现金准备，以应对储户的提取以及日常风险。但如果没有强制性的存款准备金制度，商业银行可能会在高额回报的诱惑下过量贷出资金，这不仅加大了自身资产的风险，还会使银行流动性受到影响。

2. 增强中央银行资金运用能力

存款准备金上缴到中央银行并由其保管，使中央银行在客观上掌握了国内一部分信贷资金，可以用来履行其银行职能，办理银行同业之间的清算，并利用集中的资金开展再贷款和再贴现业务，以平衡不同地区不同银行间的资金余缺。

3. 调节货币供给量

根据货币供给量公式 $M_s = k \times B$，货币供给量的改变取决于货币乘数（k）与基础货币（B）的变化。存款准备金政策主要从两个方面调节货币供给量：一是通过直接影响商业银行超额准备金持有量，调节商业银行信用创造能力，间接调控货币供给量；二是通过改变货币乘数，使货币供给量成倍扩张或收缩。中央银行可根据经济的繁荣和衰退、市场流动性松紧的程度来调整法定存款准备金比率，以达到调节经济运行的目的。

（三）存款准备金政策的优点与局限性

1. 存款准备金政策的优点

（1）法定存款准备金比率的调节有非常强的告示效应。中央银行调整法定存款准备金比率是一项重大的金融举措，须向社会公众和金融机构公布，并立即影响商业银行的超额准备金。因此，调整法定存款准备金比率实际上是中央银行一种态度鲜明的告示。

（2）法定存款准备金比率的调整对货币供给量的影响显著。由于法定存款准备金比率的调整会通过货币乘数对货币供应量产生倍增或倍减的作用，因此其政策效果比较明显。

2. 法定存款准备金政策的局限性

（1）对经济的影响太大。由于整个银行存款规模巨大，法定存款准备金比率的轻微变动将会带来存款准备金量的巨大变动，对经济运行产生强烈冲击。

（2）调整法定存款准备金比率须通过的法定程序较多，时间较长，灵活性不足，不能作为中央银行日常的货币政策调节工具。

（3）法定存款准备金比率的提高，可能会使超额准备金率较低的银行立即陷入流动性困境，中央银行可能会被迫通过公开市场业务或再贴现窗口向急需流动性资金的银行提供流动性资金支持。

> 补充阅读
> 我国存款准备金制度
> 尚存的问题

第三节 中国人民银行、货币供给和利率

本节首先介绍货币政策相关经济变量组成的有机体系，然后分析扩张性货币政策与紧

缩性货币政策对各经济变量的影响，并将重点介绍货币政策的中介目标所包含的两个指标——货币供应量与利率，最后对我国目前的货币政策进行介绍。

一、货币政策相关经济变量

与货币政策相关的各经济变量按相互间的关系主要分为三个层次，即目标变量、中介变量及工具变量。货币政策的目标变量也就是货币政策的最终目标，包括物价稳定、经济增长、充分就业、国际收支平衡和金融稳定；货币政策中介变量的指标主要有利率与货币供给量等；货币政策的工具变量是中央银行通过货币政策工具操作能够有效、准确操控的经济变量，如存款准备金、基础货币、中央银行利率、同业拆借市场利率、回购协议市场利率、票据市场贴现率等。这三个层次的经济变量有机组成了货币政策目标体系。中央银行、货币政策工具与这些变量间的关系可以用图 5.1 来具体表示。

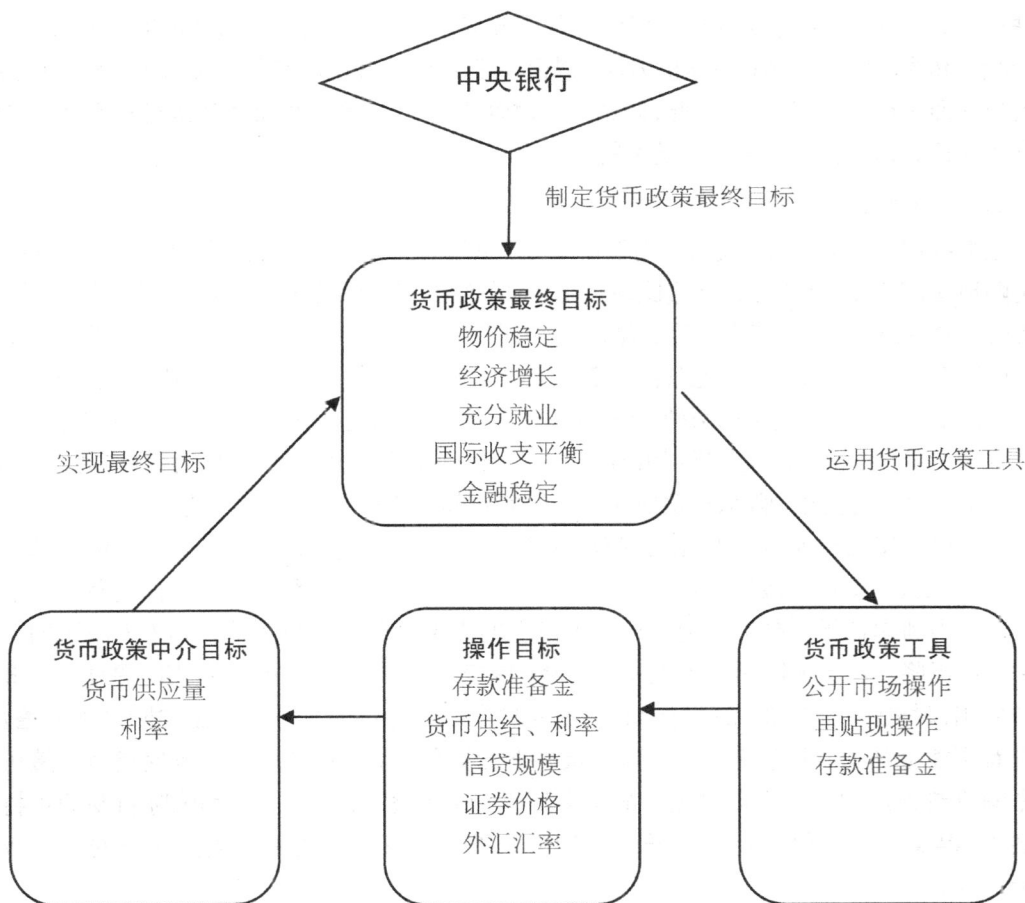

图 5.1　货币政策相关经济变量体系

二、货币政策工具对各经济变量的影响

货币政策可以分为扩张性货币政策和紧缩性货币政策两种基本类型。我们将在这两种货币政策下分别探讨货币政策工具对各经济变量的影响，最后加以总结比较，详见表 5.5。

表 5.5　扩张性货币政策与紧缩性货币政策比较

变量名称	扩张性货币政策	紧缩性货币政策
法定存款准备金比率	↓	↑
信贷规模	↑	↓
货币供给	↑	↓
利率	↓	↑
证券价格	↑	↓
外汇汇率	↓	↑

扩张性货币政策也称宽松的货币政策，是指政府通过增加货币供给、降低利率，进而刺激私人投资和总需求增加的方法，来达到刺激经济增长、增加国民收入、实现充分就业的目的而实行的经济政策。因此，与扩张性财政政策一样，扩张性货币政策通常也是在 GDP 出现负缺口，失业增加的时候采用的。紧缩性货币政策是指政府通过减少货币供给，提高利率，进而减少私人投资、抑制总需求的方法，来达到抑制经济过快增长和通货膨胀，稳定价格水平的目的而实行的经济政策。因此，同紧缩性财政政策一样，紧缩性货币政策通常也是在 GDP 出现正缺口、通货膨胀严重的时候采用。

1. 扩张性货币政策

上面我们介绍了中国人民银行用于增加货币供给的三种货币政策工具：公开购买债券，降低再贴现率，降低法定存款准备金比率。在其他条件不变的情况下，当中国人民银行公开购买债券时，商业银行的存款准备金就会增加；当中国人民银行降低再贴现率时，一般会造成经济系统中利率水平的下降；当其他条件不变，法定存款准备金比率下降时，商业银行的准备金会上升。使用三种政策工具中的两种（公开市场操作和调整法定存款准备金比率）所带来的存款准备金增加会导致银行存款和货币供给的增加。银行存款和货币供给增加的直接结果是利率的下降和证券价格的上升。降低再贴现率时，利率下降所带来的影响则更为直接。

利率的下降会鼓励人们从银行借款。在能够廉价获取资金的情况下，各经济主体会增加支出。家庭、企业和政府更愿意在固定资产（如房屋、工厂和设备）方面进行投资。最后，当本国利率低于国外利率时，外汇市场上的人民币对其他货币的价值（人民币的外汇汇率）会下降。随着人民币汇率的下降，我国的产品与其他国家的产品相比更便宜，最终会导致出口增加。所有市场参与者的支出增加会导致经济的扩张，刺激实际产出的增加，而且有可能会使通货膨胀率上升。理想状态下，中国人民银行实施的扩张性货币政策可在不影响价格稳定的前提下促进经济的实际扩张（经济增长、充分就业和国际贸易的可持续发展）。事实上，物价稳定（较低的通货膨胀率）也可被看成中国人民银行的主要政策目标。

2. 紧缩性货币政策

前面我们还介绍了中国人民银行所使用的三种紧缩性货币政策工具：在公开市场上出售债券，提高再贴现率，提高法定存款准备金比率。其他条件不变，当中国人民银行在公开市场上出售债券时，商业银行的存款准备金会下降；当中国人民银行提高再贴现率时，公开市场上的利率一般会上升，从而使得贷款更加昂贵；当中国人民银行提高法定存款准备金比率时会造成所有商业银行超额准备金减少，从而会限制其提供新的贷款的能力。

在上述三种情况下，利率都会趋于上涨。更高的利率不利于信贷规模的扩大和借贷活动的增加。当资金的借贷变得昂贵时，经济活动的参与者会削减支出。此时，家庭、企业和政府都不愿意在固定资产方面进行投资，家庭会减少耐用消费品的购买，地方政府会削减经费支出。最后，当本国利率高于国外利率时，人民币的外汇价值（汇率）将有升值预期。随着人民币汇率的上升，中国的产品会比国外产品昂贵。最终，中国的出口会下降。

三、货币供给与利率

货币政策中介目标是货币政策体系的重要组成部分，合适的货币政策中介目标对保持国民经济持续稳定增长具有重要意义。从实践上看，货币政策中介目标可以分为数量型和价格型两类。数量型以货币供给量为代表，如我国的 M_2；价格型以利率为代表，如美国的联邦基金利率。我国目前还没有完全实现利率市场化，货币政策中介目标的选择在今后一段时期内还得依靠货币量指标，因此我们将重点介绍货币供给的相关知识，同时也对我国利率市场化历程以及我国利率市场的最新进展、最新研究进行介绍。

（一）货币供给与货币供给量

货币供给是指一定时期内一国银行系统向经济中投入、创造、扩张（或收缩）货币的行为，是经济主体把所创造的货币投入流通的过程。货币供给量则是指一国各经济主体持有的、由银行系统供应的债务总量，通常是指一国经济中的货币存量，由货币性资产组成。需要注意的是，货币供给量是在公众手中流通的货币资产，银行系统拥有但不参与流通的货币是不能够计入货币供给量的。

货币供给量可分为名义货币供给量和实际货币供给量。前者是指在一定时点上不考虑物价因素影响的货币存量，后者是指剔除物价因素之后在一定时点上的货币存量。我们通常所说的货币供给量一般是指名义货币供给量。虽然货币供给量和货币供给是有区别的，货币供给是一种行为或过程，而货币供给量是指货币的存量，但在不影响理解的前提下人们常常把货币供给量简单地称为货币供给。

货币供给量是指流通领域中各经济单位（银行系统以外的个人、家庭、企业和机关团体等）持有的货币存量。现实生活中的货币都出自银行，财政部门、企业单位、机关团体及个人等只是货币的运用者。货币只由银行体系发行和创造，又不断回归银行体系，所以银行体系是整个货币流通的中心环节。近代银行作为信用媒介机构和信用创造机构的统一体，其本质特征在于信用创造方面，即银行可以在相当广泛的范围内通过增加自身的负债来增加货币供给量，继而影响社会各种资源的配置、再生产诸环节的协调、各种经济杠杆的作用发挥以及币值本身的稳定。

（二）货币供给层次的划分

1. 国外货币供给层次的划分

在货币供给量的构成方面，大多数经济学家主张以流动性为标准划分货币供给层次，从而形成了 M_0、M_1、M_2、M_3 等层次。层次越低，货币的流动性越强。这种分类方法已为大多数西方国家的政府所接受，各国中央银行都用多层次或多口径的方法来计算和定期公布货币供给量。由于各国金融工具和金融法规间存在差异，故广义货币供给量的指标不尽相同。综合各国的情况，货币供给量大致划分如下：

$$M_1=流通中的现金（M_0）+支票存款（以及转账信用卡存款）$$

$$M_2=M_1+定期存款（包括储蓄存款）$$

$$M_3=M_2+其他短期流动资产（如国库券、银行承兑汇票、商业票据等）$$

当然，各国的货币供给层次划分在此基础上又各有不同。例如，美国联邦储备系统（美国的中央银行）公布的四个层次的货币供给量指标具体包括：

$$M_1=M_0+旅行支票+活期存款+其他支票存款（如可转让支付命令账户）$$

M_0为流通中的现金，是第一层次的货币供给，流动性最强。

$$M_2=M_1+储蓄存款（含货币市场存款账户）+小额（10万美元以下）定期存款（含零售回购协议）+零售货币市场共同基金余额（最低初始投资在5万美元以下）+调整项$$

$$M_3=M_2+大额（10万美元以上）定期存款+机构持有的货币市场共同基金余额（最低初始投资在5万美元以上）+所有存款机构发行的回购负债（隔夜的和定期的）+欧洲美元（隔夜的和定期的）+调整项$$

$$L=M_3+其他短期流动资产（如储蓄债券、商业票据、银行承兑票据、短期政府债券等）$$

2. 我国货币供给层次的划分

中国人民银行于1994年第三季度正式确定并开始按季度公布货币供给量指标，具体的划分方式为：

$$M_0=流通中的现金$$

$$M_1=M_0+企业活期存款+机关团体、部队存款+农村存款+个人持有的信用卡类存款$$

$$M_2=M_1+城乡居民储蓄存款+企业存款中具有定期性质的存款+信托类存款+其他存款$$

$$M_3=M_2+金融债券+商业票据等$$

其中，M_1为狭义货币供给量，M_2为广义货币供给量，M_2-M_1是准货币，M_3是根据金融工具的不断创新而设置的货币层次。

由于我国处于市场化发展和形成阶段，根据市场和社会的现实情况，我国在2001年7月对1994年制定的货币供给层次划分标准做了修订。根据修订后的统计口径，我国目前的货币供给层次如下。

① 第一层次M_0：流通中的现金；

② 第二层次即狭义货币M_1：M_0+可开支票进行支付的单位活期存款；

③ 第三层次即广义货币M_2：M_1+居民储蓄存款+单位定期存款+单位其他存款+证券公司客户保证金。

最新修订的口径将证券公司客户保证金计入广义货币M_2，是因为证券公司客户保证金主要来自居民储蓄和企业存款。认购新股时，大量的居民活期储蓄和企业活期存款转化为客户保证金；新股发行结束后，未中签资金又会大量流回上述存款账户。将客户保证金计入M_2，有利于准确监测货币供给量。与发达国家相比，我国的现金在交易中所占比重较大，对现金单独进行监测和管理具有重要意义。

3. 我国货币供给量变化情况

表5.6所示为2007—2016年我国货币供给量变化情况。

表 5.6　我国货币供给量变化情况（2007—2016）

年份	M_0 期末余额（亿元）	M_1 期末余额（亿元）	M_2 期末余额（亿元）
2007	30 334.32	152 519.17	403 401.30
2008	34 218.96	166 217.13	475 166.60
2009	38 246.97	221 445.81	610 224.52
2010	44 628.17	266 621.54	725 851.79
2011	50 748.47	289 846.59	851 591.81
2012	54 700.00	308 700.00	974 200.00
2013	58 574.44	337 291.05	1 106 524.98
2014	60 259.52	348 056.40	1 228 374.80
2015	63 216.57	400 953.44	1 392 278.10
2016	68 303.86	486 557.23	1 550 066.66

知识点滴

中国的"货币消失之谜"

　　1990—2016 年的 26 年时间里，中国的 M_2 增速最高的是 1993 年，为 37.31%。此后是逐渐下滑的，到了 2016 年，M_2 的增速达到 11.3%。1990 年，M_2 余额是 1.53 万亿元；到了 2016 年，M_2 余额达到 155.01 万亿元。26 年间，M_2 上涨了整整 100 倍。26 年时间里，中国 M_2 增速没有跌到过个位数。1990 年，GDP 总额是 1.9 万亿元，增速是 3.8%；到了 2016 年，GDP 总额是 74.4 万亿元，增速是 6.7%。26 年间，GDP 总量增加了 39 倍。很明显，GDP 的增速还不到 M_2 增速的一半。十多年前，中国货币增速远远大于 GDP 增速的现象就在学界引发了讨论。比如，2007 年的 GDP 增速是 9.6%，当年 M_2 的增速则是 16.7%，货币增速近乎经济增速的两倍。如果我们说一切经济交易和生产都要以货币为媒介，那么货币就是经济的镜像，两者是相互对应的，但是在中国却长期存在货币和经济不对应的现象。另外，尽管长期存在货币增速远远大于经济增速的现象，却没有出现消费物价的通胀，这也是非常奇怪的。这在世界经济体中颇为罕见，在学界也争论不休，至今没有定论。这个议题被称大中国的"货币消失之谜"。

（三）中央银行与基础货币

1. 基础货币的定义

　　基础货币，也称为货币基数（monetary base）、强力货币、初始货币，因其具有使货币供应总量成倍放大或收缩的能力，故又被称为高能货币（high-powered money）。根据国际货币基金组织编制的《货币与金融统计手册》（2000 年版）中的定义，基础货币包括中央银行为广义货币和信贷扩张提供支持的各种负债，主要指银行持有的货币（库存现金）和银行外的货币（流通中的现金），以及银行与非银行机构在货币当局的存款。

　　基础货币通常是指流通中的现金和商业银行在中央银行的存款准备金之和。如果用 B 代表基础货币，用 C 代表流通中的现金，用 R 代表商业银行在中央银行的存款准备金，则其关

系可表示为 $B=C+R$。

流通中的现金的发行权由中央银行垄断，其发行程序、管理技术等均由中央银行掌握。流通中的现金是中央银行的负债。

从基础货币的构成看，流通中的现金和商业银行在中央银行的存款准备金都是中央银行的负债，中央银行对这两部分具有直接的控制能力。中央银行可以通过调整法定存款准备金比率，强制改变商业银行的存款准备金结构，影响其信贷能力，也可以通过改变再贴现率、再贷款条件等来改变商业银行的存款准备金数量，还可以通过公开市场操作，买进或卖出有价证券和外汇来改变商业银行的存款准备金数量。从这个意义上说，中央银行控制的基础货币是商业银行借以创造存款货币的源泉。

2. 中央银行对基础货币的影响

中央银行提供基础货币是整个货币供给过程的最初环节，它首先影响的是商业银行的存款准备金。虽然基础货币并不是最终的货币供给，但是它决定着流通中的现金，影响着商业银行运用存款准备金进行存款创造的活动，只有通过基础货币才能完成最终的货币供给。货币供给的全过程，就是中央银行供应基础货币，基础货币形成商业银行的原始存款，商业银行在原始存款的基础上创造派生存款（现金漏损的部分形成流通中的现金），最终形成货币供给总量的过程。

（1）中央银行对商业银行等金融机构的债权、债务对基础货币的影响

中央银行对金融机构的债权、债务变动，是影响基础货币量变动的主要因素。中央银行采取货币政策调控，会引起商业银行等金融机构债权的变动。中央银行对金融机构的债权增加，则基础货币量增加；相反，则基础货币量减少。一般来说，中央银行的债权增加，意味着中央银行对商业银行再贴现或再贷款资产增加，同时也说明通过商业银行注入流通领域的基础货币量增加，这必然会引起商业银行超额准备金增加，使货币供给量得以多倍扩张。所谓再贴现，就是指商业银行将其客户贴现的票据再向中央银行贴现。这时中央银行取得对商业银行的债权，同时将货币贷给商业银行，基础货币就会增加。相反，如果中央银行对金融机构的债权减少，就会使基础货币减少。

（2）中央银行对政府的债权净额对基础货币的影响

所谓中央银行对政府的债权净额，是指中央银行对政府的债权和债务之差。中央银行对政府的债权净额有时是被动变化的，有时又是主动变化的。

中央银行对政府债权净额的被动变化主要是指财政收支本身的变化。财政是政府部门对国民收入进行再分配的重要工具，其收支活动与货币供应之间有着密切关系。财政的各项收入和支出都是以货币形式进行的，而且都是与银行存款账户直接相联系的。一般而言，财政金库都是由中央银行代理的，中央银行按规定的程序办理财政收入的上缴和支出的下拨，政府在中央银行的财政金库对于中央银行而言是负债。当财政收入增加时，中央银行对政府的负债增加（货币资产也同时增加），对政府的债权净额下降，此时流通在外的基础货币会下降；而当政府的财政支出增加时，中央银行对政府的负债减少（货币资产也同时减少），对政府的债权净额上升，此时流通在外的基础货币会增加。

中央银行对政府债权净额的主动变化主要是指为弥补政府的财政赤字而引起的债权净额变动。财政赤字是指财政支出大于财政收入而形成的差额，由于会计核算中用红字处理，所

以称为财政赤字，它反映着一国政府的收支状况。财政赤字是财政收支未能实现平衡的一种表现。理论上，财政收支平衡（就是财政收支相抵或略有节余）是财政的最佳状况。但是，在现实中，国家经常需要用大量的财富来解决一些预算以外的问题，会出现入不敷出的局面。这是财政赤字不可避免的一个原因。财政赤字的弥补除了可采取增收节支的根本措施外，其途径主要有三条：一是向社会公众融资；二是向商业银行融资；三是向中央银行融资。由于中央银行代理国库，代理财政资金，故当出现财政赤字时，政府有时也会直接向中央银行融通资金。通常中央银行通过两种渠道向政府提供资金：一是直接认购政府债券；二是贷款给财政，以弥补财政赤字。但无论采用哪种渠道，都意味着中央银行对政府的债权净额增加，此时中央银行会通过财政部门把基础货币注入到流通领域，基础货币会增加。

（3）中央银行对国外的资产和负债对基础货币的影响

国外净资产规模的大小会直接影响基础货币。国外净资产由外汇、黄金占款和中央银行在国际金融机构中的净资产构成。其中，外汇、黄金占款是中央银行用基础货币收购来的。从中央银行资产负债表上看，基础货币是中央银行的负债，国外净资产是中央银行的资产。一般来说，中央银行资产增加得越多，基础货币就增加得越多。换句话说，中央银行的国外净资产增加，意味着中央银行投放的基础货币增加，从而使货币供给量增加。一般而言，如果一个国家实行的是浮动汇率制度，则中央银行不会把稳定汇率作为政策目标，通过该项资产业务投放的基础货币有较大的主动权；而如果一个国家实行固定汇率制度，则中央银行就会因为要维持汇率的稳定而被动进入外汇市场进行干预，这样外汇市场的供求状况将会对中央银行的外汇占款有很大影响，造成通过该渠道投放的基础货币具有相当强的被动性。举例来说，一国的中央银行在本国市场上通过购买外币债券来增加基础货币的投放，但这也会导致对外币需求的增加，如果该国实行的是固定汇率制度，则为了稳定汇率，中央银行不得不抛售外币资产收回本币，基础货币又将减少。因此，如果中央银行不把稳定汇率作为政策目标，则当中央银行持有的国外资产增加时，基础货币量增加；相反，基础货币量减少。

（4）其他项目（净额）对基础货币的影响

其他项目（净额）主要是指固定资产的增减变化以及中央银行在资金清算过程中应收应付款的增减变化，它们都会对基础货币量产生影响。

中央银行对上述各类因素的控制能力是不同的：中央银行对国外的资产和负债是很难加以直接控制的；中央银行对政府的债权净额也没有完全的支配能力，对这部分基础货币量的增减变化，中央银行只能借助其他的政策措施进行间接控制；中央银行对商业银行的资产和负债及由此决定的基础货币具有更强、更直接的控制力。

（四）利率与利率市场化

利率即利息率，是相对数。利息率，就其表现形式来说，是指一定时期内利息额同借贷资本总额的比率，反映单位货币在单位时间内的利息水平。

1. 利率的分类

利率按照确定方式的不同，分为官方利率、公定利率和市场利率。官方利率又称法定利率，是指由政府金融管理部门或者中央银行确定的利率。在不同国家，该利率的内容不完全相同。公定利率是指由金融机构或银行业协会按照协商办法确定的利率。这种利率标准只适用于参加该协会的金融机构，利率标准通常介于官方利率和市场利率之间。市场利率是指根据市场资金借贷关系紧张程度所确定的利率。

官方利率往往在利率体系中发挥主导性作用。基准利率是官方利率的一种，在整个金融市场上和整个利率体系中处于关键地位，起决定性作用，是金融市场上具有普遍参照作用的利率，其他利率水平或金融资产价格均可根据基准利率水平来确定。基准利率是利率市场化的重要前提之一。在利率市场化条件下，融资者衡量融资成本，投资者计算投资收益，以及管理层对宏观经济进行调控，客观上都要求有一个得到普遍公认的基准利率水平作为参考。可以说，基准利率是利率市场化机制形成的核心。

本书中的利率，指的是官方利率中的基准利率，且是名义利率，没有把通货膨胀率剔除掉。在我国，以中国人民银行对国家专业银行和其他金融机构规定的存贷款利率为基准利率；在一些西方国家，一般以中央银行的再贴现利率为基准利率；英国是把伦敦银行间同业拆借利率作为基准利率；美国的联邦基准利率是指同业拆借市场的利率，其最主要的是隔夜拆借利率。

2. 利率市场化

利率市场化是指由资金供求决定利率水平，即市场主体在中央银行制定的基准利率的基础上，根据市场资金供求状况自主决定利率。其包括利率决定、利率传导、利率结构和利率管理的市场化。实际上，它就是将利率的决策权交给金融机构，由金融机构根据自身资金状况和对金融市场动向的判断来自主调节利率水平，最终形成以中央银行基准利率为基础，以货币市场利率为中介，由市场供求状况确定金融机构存贷款利率的市场利率体系和利率形成机制。

3. 推进利率市场化的必要性

从各国经济发展经验看，利率管制往往会造成实际负利率，导致资金利用效率低下，从而抑制经济增长。资金价格受到行政性压低后，一方面，金融体系吸收国内储蓄的能力被削弱，造成了资金供给不足；另一方面，过低的利率会刺激企业对资金产生过度需求，从而造成资金需求远远大于资金供给的局面。在这种情况下，容易形成资金分配的固化，弱势的中小企业很难获得资金，被排除在金融体系之外。改革就是要减少人为因素对金融的影响，充分发挥金融市场在资金分配上的功能，消除金融抑制，以促进国民经济的发展。美国自1980年开始利率市场化改革，于1986年废除了对存款利率进行管制的Q规则。利率市场化大大推动了美国金融体系的建设，降低了金融成本，提高了市场效率，促进了经济增长。

从成立到1995年，中国人民银行对利率实行集中统一管理，金融部门不得自定利率；中国人民银行是国家管理利率的唯一机关，其他单位不得制定与国家利率政策和有关规定相抵触的利率政策或具体办法。1996年，中国人民银行启动利率市场化改革。2003年2月，中国人民银行在《2002年中国货币政策执行报告》中公布了我国利率市场化改革的总体思路：先外币，后本币；先贷款，后存款；先长期、大额，后短期、小额。其把我国利率市场化改革的目标确定为逐步建立由市场供求状况决定金融机构存、贷款利率水平的利率形成机制，中国人民银行通过运用货币政策工具调控和引导市场利率，使市场机制在金融资源配置中发挥主导作用。我国的利率市场化进程实质上分为货币市场的利率市场化、资本市场的利率市场化和金融机构存贷款的利率市场化进程。

4. 我国利率市场化的内容

（1）同业拆借利率或者短期国债利率将成为市场利率的基本指针。目前，银行间同业拆借市场基本放开，Shibor 作为货币市场定价基准已经确立。从微观层面上说，市场利率比官方利率档次更多，结构更为复杂。市场利率是根据市场上交易量大的一种或者几种被普遍接受的金融交易产品确定的。同业拆借利率或者短期国债利率是市场上交易量最大、信息披露最充分，从而也是最具代表性的市场利率，它们将是制定其他利率的标准和依据。

补充阅读
上海银行间同业拆放
利率（Shibor）

（2）金融交易主体拥有利率决定权。金融活动是资金盈余部门与资金赤字部门之间的资金融通过程。金融交易主体有权就其交易的资金规模、期限、价格等进行商讨后决定，也有可能是资金供求双方在不同客户或服务提供者之间进行博弈进而确定利率。

（3）利率的数量结构、期限结构和风险结构由市场选择。同其他商品一样，金融产品也存在批发和零售间的价格区别。与普通商品不同的是，资金交易的价格应该存在期限差别和风险差别。利率当局既无必要也不可能对利率的数量结构、期限结构和风险结构进行精确的预测和计算。相反，金融机构交易双方应该有权就某一项资金交易的数量、期限、风险及其利率水平达成协议，从而使整个金融市场形成一个具有代表性的利率数量结构、利率期限结构和风险结构。

（4）中国人民银行享有间接影响利率的权力。利率市场化并不排除政府的金融控制，政府有权对其进行宏观调控。但在利率市场化条件下，政府对金融调控仅运用间接的手段。例如，政府通过调整基准利率来影响商业银行成本，进而改变利率市场水平。在金融宏观调控机制局部失灵时，政府也可对金融机构特别是商业银行以适当方式进行不同程度的指导，但这种手段不宜多用，以免干扰利率市场化的正常运行。

课堂讨论

为什么要进行利率市场化改革？

第四节　经济全球化下的货币政策

经济全球化将各国的贸易生产和金融活动紧密地联系在一起，客观上要求各国的货币政策由各自为政走向国际协调。2008 年全球金融危机爆发后，货币政策的国际协调有了新发展，通过同步降息、货币互换、G20 峰会等形式实现了特定时期和特定形势下多国货币政策的密切合作。在后金融危机时代，货币政策的国际协调应以多种方式进行，相关国际组织在货币政策的国际协调中应进一步发挥作用，而经济联系紧密和经济总量较大国家之间的货币政策的国际协调更为重要。

一、国际货币体系与国际货币政策协调

（一）国际货币体系的含义

国际货币体系（International Currency System）就是各国政府为适应国际贸易与国际支付的需要，对货币在国际范围内发挥世界货币职能所确定的原则、采取的措施和建立的组织形式的总称。

（二）国际货币体系的主要内容

一般而言，国际货币体系的目标在于保障国际贸易和世界经济的稳定发展，使各国资源在世界范围内达到帕累托最优。但在实际中，国际货币体系往往受发达的大国影响较多而更多地体现大国的利益，发展中国家的利益往往得不到保障。国际货币体系的主要内容包括以下三个方面。

（1）汇率制度及其管理，即各国货币比价的确定与整理、各国货币的兑换性及国际结算的原则等；

（2）国际储备及其管理，即国际储蓄资产的确定与管理；

（3）国际收支调节机制，即调节国际收支失衡的原则、措施和方法等。

（三）国际货币体系发展的特点

纵观国际货币体系的历史发展过程，推动国际货币体系发展的根本动力有两个：一是清偿力，二是稳定性。以这两个标准来衡量，牙买加体系在稳定性上存在一定的问题。在这样的背景下，各国为追求汇率制度的稳定性付出了一定的努力，从而使得当前国际货币体系的发展呈现出一些新特点。

1. 区域货币全球化

区域货币全球化是在目标区域内实行固定汇率制度，或者实行单一货币，而对目标区域外则实行浮动汇率制。例如，欧盟在西欧将汇率目标区理论付诸了实践。

2. 国际间的货币政策协调得到了发展

在世界经济全球化发展的大背景下，金融全球化也得到了发展，各国间的货币政策必然相互影响。为了避免这种相互影响对国际货币体系造成不良的冲击，国际间的货币政策协调得到了空前的发展。国际间的货币政策协调在当前的世界经济发展中频繁发生，并且对世界经济和金融的发展起着越来越重要的作用。

（四）国际货币政策协调

随着经济全球化的深入发展，国家之间经济相互依赖和货币政策国际协调问题得到越来越多的关注和研究。所谓国际货币政策协调，是指各国中央银行在承认世界经济相互依存的前提下，就货币政策框架内的有关内容在国家之间展开的磋商与合作；或采取一致的政策取向、或联合采取干预市场的政策行动，以减缓各种突发事件和危机所形成的冲击，维持和促进各国经济的稳定增长。

（五）中国参加国际货币政策协调的现实意义

从短期来看，中国参与国际货币政策协调至少可以减少货币政策冲突，增强抵御危机能

力，提高国际经济地位和减少国际贸易摩擦，特别是减少货币政策冲突可以在一定程度上改善中国当前的内外失衡状况。从长期来看，中国参加国际货币政策协调可以增加社会福利。

1. 减少货币政策冲突

在后金融危机时代，中国货币政策与美国货币政策的冲突尤为突出。自 2010 年以来，中国一直面临着控制物价过快上涨以应对通货膨胀的艰巨任务，中国采取了加息、上调人民币存款准备金率及发行央票等紧缩性货币政策，但与此同时，美国采取量化宽松的货币政策。显然，美国的降息政策和中国的加息政策势必会扩大两国间的利差，导致国际游资趁机流入中国金融市场，这不仅会削弱中国紧缩性货币政策的效果，甚至还可能助推通货膨胀预期。因此，着眼于中美两国经济的长期健康发展，中美两国货币当局有必要加强货币政策协调。

2. 增强危机抵御能力

中国参与国际货币政策协调，可以从两方面增强自身的危机抵御能力。一方面，中国人民银行可以借此机会与其他国家交流看法，向那些在危机管理上已经积累起成功经验的国家学习和借鉴，以提高今后自身的危机管理能力。就 2008 年金融危机的爆发来说，美联储为应对金融危机积累了很多经验，例如调整利率、灵活运用公开市场操作与再贴现等。另一方面，中国参与国际货币政策协调，在必要时可以获得协调成员国流动性支持，这点对于深陷金融危机中的国家而言尤为重要。

3. 减少国际贸易摩擦

中国在国际贸易规模不断扩大的同时，与欧美等发达国家的贸易摩擦也在与日俱增，主要集中在一些受中国贸易保护的机电等国际竞争力低下的行业和出口结构与竞争策略缺乏合理性的行业。由于中国早已是世界贸易组织中的一员，那么就应当遵守国际贸易规则，这样上述贸易摩擦就只能通过非贸易协调的方式予以解决，主要是依赖于国际货币政策协调，这样可以更好地利用利率和信贷等杠杆促使中国对外贸易产品结构进行调整，进而减少与贸易伙伴国之间潜在的贸易摩擦。

二、经济下行压力下中国货币政策的困局与挑战

（一）"杠杆率硬着陆"阻塞货币政策传导

2007 年之后，中国全社会杠杆率出现快速提升。由于中国金融市场是以间接融资为主，无论是地方政府还是各类企业，相当部分债务均源于银行贷款。随着宏观经济减速以及偿还压力增加，银行系统的坏账率和潜在系统风险性都存在上升趋势。沉重的债务负担不仅迟滞了中国经济复苏的脚步，而且银行系统的安全问题还影响到全球投资者对中国经济的预期，因此会导致金融市场出现波动。从货币政策角度看，"杠杆率硬着陆"的模式往往会破坏货币传导渠道，导致货币政策传导阻滞。

> 补充阅读
> 中国经济发展新常态

知识点滴

两种降杠杆的方法

降低杠杆率有两种途径。第一种途径是削减企业债务余额，也就是"杠杆率硬着陆"方式。

这种方式虽然直接，但在金融市场与实体经济中都可能引发"债务—通缩"的恶性循环。第二种途径是增加企业净资产，亦即"杠杆率软着陆"方式。相对于前一种方式，软着陆可能更能实现在去杠杆的同时保持金融市场和宏观经济的稳定。在金融市场上，"杠杆率硬着陆"的最新案例是2015年6月中国股市的暴跌。随着对违规配资的严查，股价下跌引发了强制平仓和股价进一步下跌的恶性循环。

（二）常规政策工具在经济下行状态下的有效性被削弱

单纯盯住产出缺口和通货膨胀缺口的货币政策既无法全面反映中国的宏观经济现状，也无法引领货币政策及时调整。中国经济进入"新常态"本身就意味着经济增长模式和增长趋势可能发生变化，在这种结构调整的过程中，测算潜在产出本身就是非常具有挑战性的工作，而且在之前金融危机的过程中，通货膨胀盯住制的货币政策表现出了很多问题。目前，中国货币政策仍然是以货币数量作为中间目标。货币供给是由中央银行和以商业银行为核心的金融市场共同完成的。在经济下行压力下，由于风险上升时出于资产安全考虑，商业银行会出现惜贷现象，加之监管机构通常逆周期地加强金融监管，往往导致经济下行时期信贷供给和货币供给增速下降。此外在中国，货币流通速度通常会在低通胀时期发生周期性下降，会进一步削弱货币数量供给的效果。

（三）货币政策面临的内外失衡

资本加速流动加剧了货币政策内部目标和外部目标的冲突。2015年3月，外汇占款存量开始出现持续负增长，截至2017年1月底，中国外汇储备已跌破3万亿美元。资本短期内的快速外流无疑会对人民币汇率造成冲击，进而影响到金融市场稳定和宏观经济复苏。从稳定资本流动和汇率的角度看，提高利率是正当的选择；然而从稳定宏观经济的角度看，经济下行时货币政策应该选择降息。内部目标和外部目标之间的冲突显然增加了制定货币政策的难度。

知识点滴

米德冲突

在很多情况下，单独使用支出调整政策或支出转换政策追求内、外部均衡，将会导致一国内部均衡与外部均衡之间的冲突。这一冲突就是著名的米德冲突。詹姆斯·米德认为，根据凯恩斯主义的需求理论，实现国际收支调节使之均衡的政策，由于在固定汇率制度下贬值和升值都受到极大限制，因而主要采用开支变更政策。在国际收支逆差与通货膨胀并存时，减少总需求可以使二者均衡；在国际收支顺差与就业不足并存时，扩大总需求可以使二者冲突。但是，当既有国际收支顺差又存在通货膨胀，或既有国际收支逆差又存在严重失业问题时，就会发生内部均衡与外部均衡之间的冲突，使开支变更政策陷入左右为难的困境。

（四）金融市场安全掣肘货币政策实施

历次金融危机的教训表明，货币政策正常发挥作用的前提是具备健康的金融体系。金融危机期间的货币政策可以形象地形容为一场金融稳定保卫战。目前金融市场安全影响货币政策实施的表现主要体现在以下几个方面：第一，金融风险全面加剧，威胁金融市场安全。随着 2011 年"城投债"到 2015 年"天威债"违约，中国债务风险开始全面蔓延。金融市场作为货币政策传导机制的重要组成部分，其安全性直接决定货币供给渠道是否通畅。第二，"影子银行"等创新在加剧金融风险的同时也削弱了货币政策的效果。正常情况下，"影子银行"在某种程度上是目前国有垄断银行体系的一个较好补充。但"影子银行"规避了存款准备金率、存贷款利率以及存贷比等监管和限制，使得这一体系抗风险能力较弱，一旦出现大面积的资金链断裂，其结果将更具蔓延性和恐慌性，将沉重打击实体经济。第三，分业监管模式导致货币当局只能被动适应金融市场变化。2015 年 6 月开始的股市暴跌，场外配资虚拟化正是关键因素之一。在泡沫破灭的整个过程中，监管缺位和金融市场制度建设滞后放大了金融市场波动。

三、货币政策改革

第一，央行对我国货币政策的调控框架应做出重大调整：放弃 M_2 增速目标，转而采用上海银行间隔夜拆借利率或隔夜回购利率作为货币政策的中介目标。在利率市场化改革完成之前，可保留现有存贷款基准利率及其调控机制，但在利率市场化改革完成之后，存贷款基准利率及其调控机制即可废止。

与此同时，央行应对国内升降息制度进行重新设计。首先，将上海银行间市场隔夜拆借利率或隔夜回购利率确立为我国的市场基准利率。其次，将升降息操作由过去围绕存贷款基准利率进行调整转为围绕隔夜拆借利率或隔夜回购利率进行调整。为便于市场形成稳定的预期，建议央行在两次升降息操作的间隔期，借助公开市场操作等调控工具，将隔夜拆借利率或隔夜回购利率稳定在前次升降息操作设定的目标值水平线上。

第二，考虑到 CPI 指数并不适合作为评判我国通胀水平的监测指标，管理层应着手构建新的更适合我国国情的通胀指标。可考虑采用"扣除食品和燃料后的全社会消费零售品+典型服务业"作为价格采样对象，编制新的通胀指数。原有 CPI 指数可作为反映低收入阶层生活成本变化的民生指数继续保留在新的通胀指数推出之前，建议管理层在评判通胀形势的同时参考 GDP 平减指数、CPI 指数以及 PPI 指数等多项价格指标，综合做出判断。

第三，应对当前货币政策的总基调做出适当调整：由目前稳健的货币政策调整为中性偏松的货币政策。在操作层面，通过定期下调存款准备金率，并配合以公开市场操作，将上海银行间市场隔夜拆借利率拉低并稳定在 1%附近，直至工业品出厂价格（PPI）由负转正为止。从经济数据来看，当前我国经济存在的最大问题是名义总需求不足，实际总供给过剩，经济处于较为严重的通货紧缩状态。在市场经济条件下，名义总需求不足等价于实体经济中用于商品和服务购买的货币供给量不足，其结果必然导致产能全面过剩。

第四，在放松货币的同时更应关注流动性陷阱（企业惜借，银行惜贷）问题而非大水漫灌问题。在市场经济条件下，央行实施货币扩张政策并非开着飞机撒钞票，货币扩张的实质是通过压低利率来诱导企业和居民增加负债。因此，在一个成熟的市场经济体，货币扩张通常是一件非常困难的事，尤其是在经济萧条时期，货币扩张很容易遭遇所谓流动性陷阱，即央行开闸却放不出水。我国过去之所以在货币扩张中很容易遭遇大水漫灌，而非流动性陷阱，主要是因为我国在经济转型期还存在大量软预算约束企业——在 1998 年之前主要是那些未经改制的国有企业，2008—2009 年则是当时大量涌现的地方融资平台。因此，只要管理层在信贷方面管控好以融资软预算约束为特征的地方融资平台，放松货币就不会出现类似 2008—

2009 年那样的大水漫灌现象。为防止经济在萧条时期遭遇流动性陷阱，管理层在放松货币的同时，还应制定更为积极的财政支出政策与之相配合。

第五，货币政策和财政政策的主要任务应分别是总量调控和结构调控。货币政策的主要任务应是总量调控，即在保持物价总水平基本稳定的前提下，通过调控经济需求侧的货币供给量（名义总需求），使经济供给侧的现有产出潜能（增长潜能）得到最大限度的释放。财政政策的主要任务应是结构调控，即在保持财政收支基本平衡的前提下，通过调控和影响各类价格机制，使经济结构尽可能得到优化。在这里，经济结构优化的目标实际包含两方面的内容：一是最大化经济的潜在产出或潜在增速，二是最小化因经济增长而引致的各类社会成本（包括环境污染在内的各种负的外部性溢出）。经济结构优化从本质上讲就是在提升经济增长潜能和降低经济增长的社会成本之间寻求某种平衡。总量扩张并不会导致经济结构的恶化，理由很简单，决定经济结构优劣的核心要素是价格体系（各类定价机制的总和）而非名义总量。因此，总量调控和结构调控之间并不存在矛盾。就当前形势而言，如果二者相互配合，则至少可同时实现以下三项政策目标：防止经济在货币（名义总需求）扩张过程中遭遇流动性陷阱；有效提升名义总需求和产能利用率，推动实体经济上行；通过合理安排财政的支出结构，实现经济结构的进一步优化。

补充阅读

中国人民银行 2017 年货币政策展望

第六章　货币市场

【学习目标】

了解货币市场的定义、特点与构成；理解货币市场各子市场的基本原理、交易机制与实际运作；掌握货币市场各子市场的风险与收益特征；了解和掌握我国货币市场的发展情况。

【导入案例】

银行宽松、非银缺钱，中国货币市场冰火两重天

（据 2017 年 3 月 31 日新浪网报道） 从 2017 年 3 月 26 日起中国人民银行连续五日暂停向市场注入资金，在此期间，银行间和交易所回购利率却显现南辕北辙的走势。分析人士认为，这是由于财政持续支出，银行系统资金面较为宽松，但在宏观审慎评估体系（MPA）考核压力之下，银行融出资金的意愿降低，导致非银机构涌向交易所"借钱"，从而推高了交易所回购利率。

2017 年 3 月 29 日，中国人民银行公告称，随着月末时点临近，财政支出力度进一步加大，对冲央行逆回购到期后银行体系流动性总量处于较高水平，2017 年 3 月 30 日不开展公开市场操作。这是央行连续第五日暂停公开市场逆回购操作，结合当日 400 亿元逆回购到期，意味着单日净回笼 400 亿元。从上周五开始计算，五日里央行累计净回笼资金 2 900 亿元。周四早盘，中国银行间市场 7 天期质押式回购利率开盘报 2.450 0%，下跌 38.74 个基点。但同时，交易所短期国债回购利率却急速上涨。上交所国债隔夜回购利率 GC001 盘中最高冲到 32%，创 2016 年 12 月 27 日以来新高。银行间和交易所冰火两重天，显示出流动性分布的不均衡。

在这之后，市场普遍认为此次"银行宽松、非银缺钱"事件，主要受计息规则和交易机制等因素影响，交易所回购利率不宜地简单与银行间回购利率相比较。具体来说，在交易所市场周四进行 1 天回购融资，周五为首期结算日，下周一为到期结算日，因而回购资金实际占用天数为 3 天，但交易所回购利息按照回购名义天数 1 天计算。市场参与者通过回购利率自发调整，从而出现明显的"周四"效应。本次加上清明假期，资金要到下周三才回到逆回购方账户上，因此资金占用天数为 5 天。目前银行体系流动性总量适中，但在宏观审慎评估体系（Macro Prudential Assessment，MPA）考核压力下，银行向非银供给资金的意愿明显下降，导致非银在银行间融资困难，因此这类机构更愿意转移至交易所融资。而银行体系能够回到总量适中的水平，则主要是因为近期财政支出的集中释放。

有分析机构指出，待季末时点过云之后，一旦资金面出现显著宽松，央行也必将再次抽水流动性以维持资金面紧平衡。在金融去杠杆的大背景下，自 2017 年 1 月底以来，央行已三次提高政策利率。加之此次 MPA 考核首次被纳入表外理财，导致市场情绪相较以往更为紧张。

启发思考：

（1）货币市场有何重要作用？

（2）除了回购市场，货币市场还包含哪些子市场？

（3）在正常情况下，央行回笼市场资金，银行间市场回购利率是涨还是跌？

（4）我国货币市场有什么新发展？

第一节　货币市场概述

货币市场（money market）是指期限在一年以内、以短期金融工具为媒介进行资金融通和借贷的市场，是一年期以内的短期融资工具交易所形成的供求关系及其运行机制的总和。货币市场是典型的以机构投资者为主体的市场，主要包括同业拆借市场、国库券市场、回购市场、票据市场、大额可转让定期存单市场等。

一、货币市场的特征

货币市场能够在短时间内以较低的交易成本迅速将大量资金从供给者手中转移到使用者手中。一般来说，与持有现金相比，货币市场工具能够带来较高的利息收益，且兼具很高的流动性与相对较低的违约风险。货币市场的主要特征有以下几点。

1. 货币市场工具一般以较大面值出售

货币市场是一个批发市场，货币工具一般面值较大。在美国，通常一级市场的货币工具发行面值都在 10 万美元以上，二级市场的交易量通常在 100 万美元以上。货币市场交易成本较低，是一个典型的批发市场。因此，这样巨额的交易使得个人投资者无法直接参与其中，只能通过货币市场、基金市场间接参与。

2. 货币市场工具都是短期的，且平均质量高，风险较小

货币市场参与者的目的是调节短期的资金余缺，所以在货币市场交易的货币工具期限都较短，利率风险小；并且融资方主要是政府和相关机构、大金融机构、声誉卓著的大公司，它们的信誉很高，违约风险小；一般二级市场的流动性都很高、变现能力强，具有货币性质，质量高的票据可以当作二级准备金，所以市场风险小。

3. 中央银行直接参与货币市场

货币市场作为金融体系的中心机制，是中央银行同商业银行及其他金融机构的资金连接渠道，国家利用货币政策工具调节和控制货币供应量，影响国内利率水平。

二、货币市场的参与者

货币市场是一个开放的市场，但能够在货币市场上进行筹资的参与者仅限于财政部、政府其他机构、各银行和非银行金融机构以及少数大公司。但与此相对应，任何拥有闲置资金的个人和机构都可以进入货币市场购买货币市场工具。具体而言，货币市场的参与主体主要有以下几类。

1. 各类金融机构

各类金融机构包括商业银行和其他非金融机构，其中商业银行是货币市场的最主要参与

者，商业银行积极参与银行同业拆借、发行大额可转让定期存单、买卖国库券和其他短期政府债券来保持资金头寸，筹集可直接用于发放贷款的资金，进行短期投资，构建和调整自己的资产组合。其他金融机构可能作为资金需求者或资金供给者，也可能作为货币市场的中介参与货币市场的发行和交易，为市场创造流动性，实现货币市场的功能。

2. 机构投资者

机构投资者包括保险公司与货币市场共同基金，这类机构投资者参与货币市场的目的是为了实现短期资产的保值增值，是自己的投资在期限、风险和收益等方面的合理组合。

3. 各类企业

各行业有短期资金的需求者与供给者，短期资金需求者主要通过货币市场募集短期营运资金，解决暂时性资金周转困难，实现企业平稳运行。有些企业拥有一定暂时闲置的资金，他们在短期内属于资金盈余方，可以用这笔资金购买货币市场工具，实现资金保值增值的目的。

4. 政府部门

这里的政府部门主要是指财政部。财政部是货币市场上唯一纯粹以卖方身份进入的参与者。财政部只是货币市场上的初级交易参与者，它为了满足短期资金需求（包括偿还到期的国库券）而发行国库券。财政部根据近期所需资金的金额、市场利率水平的高低、应付到期国库券的金额，以及财政政策和货币政策搭配等因素，决定国库券的发行规模。在有些国家，除了财政部以外，地方政府和政府金融机构也发行大量的短期债券，这些短期债券在很多方面与国库券相似。

5. 中央银行

中央银行是货币市场中一个身份特殊的参与者，它主要是通过公开市场业务操作来参与货币市场。中央银行参与货币市场不是为了筹措资金或进行投资谋取利润，也不是为了给货币市场工具创造二级市场，而是为了根据国家的宏观货币政策控制和调节货币供应量。中央银行一般情况下都掌控着大量的资金和可以出售的货币市场工具，包括国库券、政府短期债券和高质量的银行承兑汇票。当央行认为需要调整货币供应量时，就买进或卖出这些货币市场工具，使商业银行的资产结构发生变化，进而放松或收紧银根。

6. 个人投资者

货币市场是投资主体高度机构化的市场，家庭和个人很少能直接参与，但个人投资者可以通过货币市场基金来间接参与。

三、货币市场的功能

货币市场产生和发展的初始动力是为了保持资金的流动性，借助于各种短期资金融通工具将资金需求者和资金供应者联系起来。但这只是货币市场的表面作用，若将货币市场置于金融市场与市场经济的大环境中可以发现，货币市场的功能远不止于此。

1. 短期资金融通功能

市场经济中的各种经济主体，可以客观地被分为资金盈余方和资金不足方，从期限上可分为一年期以上的长期性资金余缺和一年期以内的短期性资金余缺两大类，相对于长期投资性资金需求来说，短期性、临时性资金需求是微观经济主体最基本的，也是最经常的资金需求，因为短期的资金不足是由于日常经济行为的频繁性所造成的，是必然的、经常的。有别于资本市场为中长期资金的供需提供服务，货币市场则为季节性、临时性资金的融通提供了途径。因此，短期资金融通功能是货币市场的一项基本功能。

2. 政策传导功能

货币市场另一项重要的功能便是传导货币政策。中央银行实施货币政策主要是通过再贴现政策、法定存款准备金政策、公开市场业务等的运用来影响市场利率和调节货币供应量以实现宏观经济调控目标的。在这个过程中货币市场发挥了基础性、传导性的作用。

（1）中央银行在银行同业拆借市场通过对同业拆借利率和商业银行超额准备金的影响执行货币政策。同业拆借活动涉及范围广、交易量大、交易频繁，同业拆借利率成为确定其他市场利率的基础利率。中央银行通过货币政策工具的操作，首先传导影响同业拆借利率，继而影响整个市场利率体系，从而达到调节货币供应量和调节宏观经济的目的。发达的同业拆借市场会促使商业银行的超额准备金维持在一个稳定的水平，这显然给中央银行控制货币供应量提供了良好条件。

（2）票据市场为中央银行执行货币政策提供了重要载体。再贴现政策必须在票据市场中实施。一般情况下，中央银行提高再贴现率，会起到收缩票据市场的作用；反之则会扩展票据市场的作用。同时，中央银行通过票据市场信息的反馈，适时调整再贴现率，通过货币政策中介目标的变动，实现货币政策的最终目标。

3. 资产管理功能

货币市场的资产管理功能主要是指通过其业务活动的开展，促使微观经济主体加强自身管理，提高经营水平和盈利能力。同业拆借市场、证券回购市场等有利于商业银行业务经营水平的提高和利润最大化目标的实现。商业银行在货币市场上融通短期资金的主要渠道便是同业拆借和证券回购，充分发达的市场可以适时有度地调节商业银行准备金的盈余和亏缺，使商业银行不需要为了应付提取或兑现而保有大量的超额准备金，从而可以充分运用各种资产。票据市场有利于企业加强经营管理，提高自身信用水平。只有信誉良好、经营业绩良好的主体才有资格签发票据并在发行、承兑、贴现各环节得到市场和社会的认可和接受，不同信用等级的主体所签发和承兑的票据在权利和义务关系上有明显的区别，如利率高低、抵押或质押的金额的大小等。所以试图在票据市场上获得短期资金来源的企业必须是信誉优良的企业。

4. 促进资本市场尤其是证券市场发展的功能

货币市场和资本市场是金融市场的核心组成部分，前者是后者规范运作和发展的基础。首先，发达的货币市场为资本市场提供了稳定充裕的资金来源。从资金供给角度看，资金盈余方提供的资金层次是由短期到长期、由临时性到投资性的，因此货币市场在资金供给者和资本市场之间搭建了一个桥梁，对资本市场的参与者来说的必不可少的短期资金可以从货币市场得到满足，而从资本市场退出的资金也能在货币市场继续盈利。其次，货币市场的良性发展减少了由于资金供求变化对社会造成的冲击。从长期资本市场退出的资金有了去处，短期游资对市场的冲击力大减，投机活动受到了最大可能的抑制。因此，货币市场的健全发展能使金融市场上的资金得到合理配置。

四、我国货币市场发展历程

改革开放以来，我国客观上采取了"先资本市场，后货币市场"的发展思路，这一方面是由于对货币市场功能认识上的不足。另一方面，发展金融市场的动因不是从完善金融市场以至经济和金融的可持续发展出发，而是从救急出发。改革开放以来，制约我国经济发展的最主要的因素是资金问题，尤其是长期资金问题，而由于通过资本市场所筹集的正是长期资金和永久性资金，恰恰能够解决这一问题，因此，资本市场成为金融市场发展的重点，而货币市场的发展则明显滞后。具体来说，从时间顺序上看，我国从 1981 年发行国库券（5 年期）到 20 世纪 80 年代末发行股票，并于 1990 年和 1991 年先后成立了上海、深圳两大证券交易所，到现在为止，已经历了 30 余年的时间，资本市场发展已相对成熟，而最早发展的货币市场子市场——同业拆借市场到 1986 年才有了比较明显的发展，其他子市场的发展则更加滞后。从年交易规模看，拆借市场以万亿计、票据市场以千亿计，资本市场则以千万亿计。从发展状况来看，股票市场、国债市场发展虽有所起伏，但总体上呈平稳发展并不断提高的态势，而拆借市场则三起三落，自 1999 年起才规范发展起来。

由于货币市场在发展上的严重滞后，客观上造成了整个金融市场的"瘸腿"现象，破坏了货币市场和资本市场的协调发展，阻碍了金融市场的完善并弱化了其对社会主义市场经济的推动作用。自 20 世纪 90 年代起，我国货币市场开始迅速发展，目前货币市场已成为连接中国各金融市场的纽带，货币市场利率已成为各类金融产品的基础利率以及中央银行市场操作的重要政策目标。我国的货币市场已经拥有了同业拆借市场、回购市场、票据市场、短期融资券市场和货币市场基金市场等子市场，形成了一个完整的体系。

第二节 同业拆借市场

同业拆借市场（inter-bank market）是指金融机构之间以货币借贷方式进行资金融通活动的市场。具体而言，是指银行与银行之间，或银行与非银行金融机构之间进行一年或一年以内资金融通的市场。同业拆借市场交易量大，能敏感地反映资金供求关系和货币政策意图，影响货币市场利率，是货币市场体系的重要组成部分。

一、同业拆借市场的形成和发展

同业拆借市场最早出现于美国，其形成的根本原因在于法定存款准备金制度的实施。按照美国 1913 年通过的"联邦储备法"的规定，加入联邦储备银行的会员银行，必须按存款数额的一定比率向联邦储备银行缴纳法定存款准备金。而由于清算业务活动和日常收付数额的变化，总会出现有的银行存款准备金多余、有的银行存款准备金不足的情况。存款准备金多余的银行需要把多余部分加以运用，以获得利息收入；而存款准备金不足的银行又必须设法借入资金以弥补存款准备金缺口，否则就会因延缴或少缴存款准备金而受到央行的经济处罚。在这种情况下，存款准备金多余和不足的银行在客观上需要互相调剂。于是，1921 年在美国纽约形成了以调剂联邦储备银行会员银行的准备金头寸为内容的联邦基金市场。

在经历了 20 世纪 30 年代的第一次资本主义经济危机之后，西方各国普遍强化了中央银行的作用，相继引入法定存款准备金制度作为控制商业银行信用规模的手段，与此相适应，同业拆借市场也得到了较快发展。在经历了长时间的运行与发展过程之后，当今西方国家的同业拆借市场，较之形成之时，无论在交易内容开放程度方面还是在融资规模等方面，都发生了深刻变化。拆借交易不仅发生在银行之间，还扩展到银行与其他金融机构之间。从拆借目的看，已不仅限于补足存款准备和轧平票据交换头寸，金融机构如在经营过程中出现暂时的、临时性的资金短缺，也可进行拆借。更重要的是同业拆借已成为银行实施资产负债管理的有效工具。由于同业拆借的期限较短、风险较小，许多银行都把短期闲置资金投放于该市场，以利于及时调整资产负债结构，保持资产的流动性。特别是那些市场份额有限、承受经营风险能力脆弱的中小银行，更是把同业拆借市场作为短期资金经常性运用的场所，力图通过这种做法提高资产质量，降低经营风险，增加利息收入。

银行间借贷系统的主要风险之一是借方银行对于所收到的资金（通常为数百万美元）并不需要提供抵押。美联储有能力通过公开市场操作来影响银行间利率和引入新的资本以鼓励同业拆借，但各方银行很少对同业拆借进行仔细审查。2008—2009 年的金融危机对同业拆借产生了前所未有和持久性的压力，并暴露了银行关于联邦基金的高杠杆问题。金融危机使整个金融系统对流动性资产产生了巨大的需求。银行更偏向持有流动性资产，因为它们自己的需求可能会增加，而非将多余资金用于同业拆借。银行同样更多地关注借方银行的风险，贷款意愿减少（即使利率非常高），因为对银行体系的信心水平大跌。银行间贷款从 2009 年 9 月（雷曼兄弟宣布破产的那个月）49 400 万美元的顶峰跌为 2010 年 5 月的 15 400 万美元。由于无法在银行间市场获得贷款，美国的各种银行转向美联储寻找贷款，美联储答应了它们的请求。在金融危机最严重的时候，美联储突然宣布其会降低联邦基金目标利率至 0～0.25%（利率直至 2013 年仍保持在历史性低水平，直到 2013 年 5 月美联储宣布可能在年末加息）。终于，美联储这一增加流动性和担保银行债务的前所未有的举动消除了银行间市场的压力。然而，金融危机使金融机构清醒地认识到低成本的借款需求不是总能实现的。

二、我国同业拆借市场的特点

1. 融资期限较短

同业拆借市场最初多为一日或几日的资金临时调剂，是为了解决头寸临时不足或头寸临时多余所进行的资金融通。我国同业拆借期限最短为 1 天，最长为 1 年。我国同业拆借交易共有 1 天、7 天、14 天、21 天、1 个月、2 个月、3 个月、4 个月、6 个月、9 个月、1 年共11 个品种。

2. 具有严格的市场准入条件

对进入市场的主体即进行资金融通的双方都有严格的限制，交易主体是经中国人民银行批准，具有独立法人资格的商业银行及其授权分行、农村信用合作联社、城市信用社、财务公司和证券公司等有关金融机构，以及经中国人民银行认可经营人民币业务的外资金融机构。

3. 交易额较大

同业拆借市场交易额大，2016 年，银行间市场同业拆借累计成交达 95.91 万亿元。表 6.1

所示为 2017 年 1 月我国同业拆借市场的交易情况，合计成交额达 6 万多亿元。同业拆借一般不需要担保或抵押，完全是一种信用资金借贷式交易。双方都以自己的信用担保，都严格遵守交易协议。

表 6.1　2017 年 1 月我国同业拆借市场成交情况

品种	加权利率（%）	成交笔数（笔）	成交金额（亿元）
IBO001	2.217 4	5 508	50 192.18
IBO007	2.712 1	1 051	6 981.91
IBO014	3.148 5	302	1 813.98
IBO021	3.310 4	95	587.71
IBO1M	3.693 8	105	687.10
IBO2M	4.217 5	111	427.50
IBO3M	4.225 8	91	198.73
IBO4M	4.257 1	11	34.29
IBO6M	4.549 6	19	51.35
IBO9M	4.250 0	1	1.00
IBO1Y	4.666 0	20	90.20
合计	2.260 7	7 314	61 065.94

4. 利率由供求双方议定

同业拆借市场上的利率可由双方协商，讨价还价，最后议价成交。同业拆借市场上的利率是一种市场利率，或者说是市场化程度最高的利率，能够充分、灵敏地反映市场资金供求的状况及变化。

三、同业拆借市场的作用

同业拆借市场是各类金融机构之间进行短期资金拆借活动所形成的市场。同业拆借市场是货币市场的主要组成部分，备受金融机构及货币当局的重视。

1. 有利于金融机构实现三性相统一的经营目标

金融机构经营中需要维持安全性、流动性和盈利性的平衡。持有较高比例的现金、同业存款、在中央银行的超额储备存款及短期高质量证券资产，虽然可以提高流动性水平，最大限度地满足客户提款及支付的要求，但同时也会丧失资金增值的机会，导致利润总额的减少。要在保持足够的流动性以满足支付需求的同时获得最大限度的利润，除了加强资产负债管理，实现最优的资产期限和种类组合外，还需要有包括同业拆借市场在内的可供进行短期资金融通的市场。一旦出现事先未预料到的临时流动性需求，金融机构可在不必出售那些高盈利性资产的情况下，很容易地通过同业拆借市场从其他金融机构借入短期资金来获得流动性。这样，既避免了因流动性不足而可能导致的危机，也不会减少预期的资产收益。

2. 形成基准利率

形成基准利率这一作用对整个经济活动和宏观调控具有特殊的意义。同业拆借市场的参与者主要是各金融机构，市场最活跃，交易量最大。这些特性决定了拆息率具有非同凡响的意义。同业拆借按日计息，拆息率每天甚至每时每刻都不同，它的高低灵敏地反映着货币市场资金的供求状况。在整个利率体系中，基准利率是在多种利率并存的条件下起决定性作用的利率。当它变动时，其他利率也相应发生变化。了解这种关键性利率水平的变动趋势，也就了解了全部利率体系的变化趋势。一般利率通常参照基准利率而定，例如，伦敦银行同业拆借利率，即 LIBOR（London Interbank Offered Rate）是指伦敦银行同业之间的短期资金借贷利率，现在已经作为国际金融市场中大多数浮动利率。

四、我国同业拆借市场

我国同业拆借市场正式建立于 1984 年，我国同业拆借市场从无到有，从混乱无序到规范发展，经历跌宕起伏，发展历经波澜。中国人民银行在 2007 年 7 月 9 日发布了《同业拆借管理办法》，并于同年 8 月 6 日起实施。这是我国同业拆借市场建立以来首次颁布全国规范同业拆借市场管理规则的规章，也是同业拆借管理最重要的政策调整，它为同业拆借市场的发展树立了新的里程碑。在此之后，中国人民银行在加强透明度管理、加强事后监督检查等市场化管理措施的同时，逐步实现了管理手段的市场化转型，以开放的政策促进同业拆借市场健康发展。目前我国同业拆借市场迅速发展，主要体现在以下几个方面。

1. 成交量不断增长

从成交规模来看，银行间同业拆借市场的市场容量明显扩大，融资能力得到了加强；同业拆借市场交易更活跃，市场效率得到了有效提高。图 6.1 反映了我国同业拆借市场 2000—2016 年拆借额（亿元）和增长（%）情况。其中柱状图反映的是我国同业拆借额，折线图反映的是我国同业拆借额增长率。2016 年市场成交量 95.78 万亿元，较上年增长 49.38%。

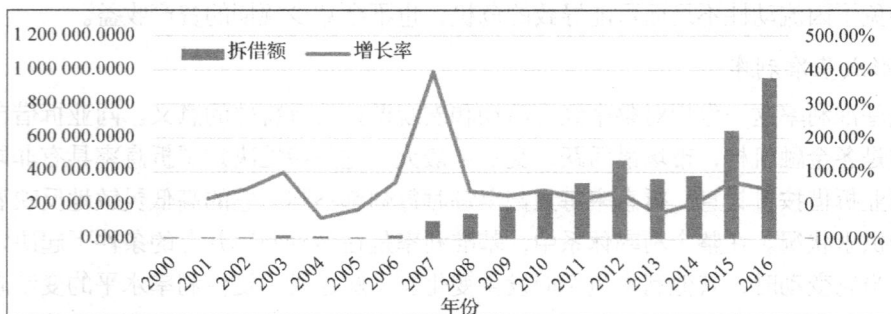

图 6.1　2000—2016 年同业拆借市场交易情况

2. 同业拆借利率趋于稳定

在经历了 2007 年以来的多次快起快落之后，同业拆借利率近年来趋于稳定，且利率曲线重心整体下移，融资成本下降。这表明了同业拆借利率的健康发展，对于宏观调控政策、资本市场变化、社会公众预期等因素均能合理、有效地予以反映。图 6.2 反映了 2015 年 3 月到 2017 年 3 月我国同业拆借利率的走势。

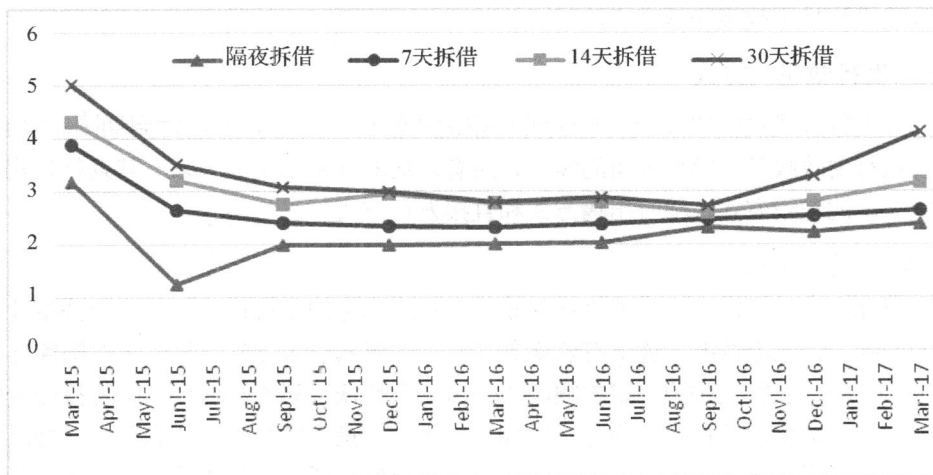

图 6.2　同业拆借利率均价走势（%）

3. 市场成员更加多元化

从市场成员构成来看，更趋于多元化。其中财务公司、信托公司和证券公司等非金融机构成员 354 家，占总成员的 20.44%。更有民营银行、境外人民币清算银行参与到同业拆借市场之中，这类其他金融机构共有 104 家，占总成员的 6%。其余传统的金融机构中包括商业银行、政策性银行、农村信用合作社等占 73.56%。截至 2016 年年底，我国同业拆借市场参与主体共有 1 732 家，市场成员逐步向多层次化和多元化发展，成员之间的互补性增强。

第三节　国库券市场

国库券是财政部发行的到期偿还本息的期限在 1 年以内的融资工具。国库券市场即国库券发行与流通所形成的市场。

一、国库券的发行

（一）发行价格的确定

国库券一般采用贴现方法发行，即发行时以低于票面金额发行，到期按面额兑付或以票面金额减去贴现利息作为发行价格，到期再按票面金额足值偿付，发售价格与票面金额的差额为国库券的利息。按贴现方法发行国库券的价格的计算公式为

发行价格=面值×（1-贴现率×偿还天数/360）

（二）发行目的

国库券的发行主要有两个目的。一是满足政府部门短期资金周转的需要。政府收支也会有季节性的变动，每一年度的预算即使平衡，期间也可能会有一段时间的资金短缺，需要筹措短期资金用以周转。这时，可以通过发行国库券以保证临时性的资金需要。二是为中央银行的公开市场业务提供可操作的工具。国库券是中央银行进行公开市场操作的最佳品种，是连接财政政策和货币政策的契合点。

（三）发行数量及方式

国库券发行数量主要取决于政府近期内所需要支出的款项数额，应付到期国库券的数额，以及政府执行财政政策、货币政策的需要，还有市场的利率水平等因素。其发行方式有公开招标方式、承购包销方式、随时出售方式和直接发行方式。

1. 公开招标方式

公开招标方式是指财政部（或代理财政部发行国库券的中央银行）向公众公布计划发行国库券的期限、数额等情况，邀请有资格参加投标的机构前来竞标，投资者对国库券的价格或利率进行竞标，发行人按照一定的顺序（价格从高到低，利率从低到高）将投资者的竞标进行排列和选择，直到发行额满为止。投标分为两种：竞争性投标与非竞争性投标。竞争性投标是由竞标者报出认购国库券的价格和数量，按出价高低顺序依次购买。它分为单一价格招标方式（即"荷兰式"）或多种价格招标方式（即"美国式"）。这种方式，由于竞争性投标者竞标过高要冒认购价过高的风险，竞价过低又要冒认购不到的风险，从而可以约束投标者进行合理报价。非竞争性投标就是由投资者报出认购国库券的数量，按照最高价和最低价的平均数购买。参与者一般是个人或其他投资者，他们不会冒因报价太低而丧失购买机会的风险，也不会因报价太高而冒高成本认购的风险。

2. 承购包销方式

承购包销方式是指财政部或代理财政部发行国库券的中央银行与一组由金融机构和政府证券交易商组成的承销团签订承购合同，在确定各自权利和义务的基础上，商定双方满意的价格，承销团按照这一价格认购国库券后，再将其出售给二级市场的投资者。

3. 随时出售方式

随时出售方式也叫连续发行方式，是指发行人预先确定发行条件，而由代理机构或销售网点根据市场情况的变化，随时改变发行条件的一种发行方式。这种发行方式的主要特点是发售期限不定，发行条件灵活，但发售期限过长，不利于在较短的时间内完成国库券的发行计划。

4. 直接发行方式

直接发行方式主要是指单方面确定国库券发行条件，再通过各种渠道（如银行、证券公司的柜台）等向投资者直接出售国库券的方式。这种方式发行国库券时间长、成本高、效率低，市场化程度也很低。因此，只有少数国家用这种方式向个人投资者发行非上市流通国库券。

二、国库券的流通市场

在国库券的流通市场上，买卖的是已发行而尚未到期的国库券，它的转让交易多在场外或柜台市场进行，主要采用委托及自营交易的方式。委托交易，也叫代理买卖，是指债券买卖双方委托各自的经纪人代理进行买卖。债券经纪人根据客户的委托代理买卖债券，从代理买卖中收取一定的佣金。在场所交易中，代理或委托买卖债券的主要程序是：首先，客户向证券公司询价和报价。当客户要买进或卖出某种债券时，即与经纪商联系，经纪商立即用电话向其他证券公司询问该种债券的买入价和卖出价，并尽快通知客户，由客户提供买入或卖出价格，发出买入或卖出的委托指令。然后由作为代理商的证券公司用电话与有关的证券公司磋商，议定最好的买价或卖价，并按此价格成交，交易即告完成。最后，作为代理商的证券公司按规定向客户收取合理的佣金。自营买卖，即交易商先用自己的资金买入债券，然后再以略高于买入时的价格卖出，以从中赚取价差。

在国库券的二级市场交易中，"即将发行市场"（when-issue market）比较典型。这是一个国库券的远期市场，在国库券发行公布后投标前，政府债券交易商与客户签订出售国库券的远期合约，到国库券的投标日再进行交割。这实际上是政府债券交易商将自己中标所买进的国库券再按照有关合约的规定交给其他市场投资者。这种交易方式使政府债券交易商在投标前就掌握了能够出售的国库券数量，使其在投资时可以做到有的放矢。

在国库券流通市场上，由于国库券风险性较低，流动性和收益高，市场活跃、交易量大，因此商业银行把投资国库券作为调整其资产流动性的重要手段。其他金融机构、企业和个人也把它作为很好的投资对象。中央银行为了调节货币供应量、实现货币政策目标，也在公开市场业务中买卖国库券，构成了国库券二级市场的重要组成部分。

三、国库券收益

国库券的收益率一般以银行贴现收益率（bank discount yield）表示，其计算方法为

$$Y_{BD} = \frac{D}{F} \times \frac{360}{t} \times 100\% \qquad (6.1)$$

其中，Y_{BD} 表示银行贴现收益率；D 表示贴现额，即面值与债券购买价格间的差额；F 表示票面价格；t 表示距到期日的天数。

例如：一张面额为 10 000 美元，售价为 9 818 美元，到期期限为 182 天的国库券，其贴现收益率为

$$\frac{10\,000 - 9\,818}{10\,000} \times \frac{360}{182} \times 100\% = 3.6\%$$

若我们已知某国库券的银行贴现收益率，则可以计算出其相应的价格（P），计算方法为

$$P = F \times \left(1 - Y_{BD} \times \frac{t}{360}\right) \qquad (6.2)$$

银行贴现基础上的收益报价对于衡量国库券的持有收益并没有多大的意义，这是因为，首先这种方法是建立在投资面值而不是实际投资额的基础上的。其次，它的计算基础为 360 天而不是 365 天，这使得国库券的收益很难与中期和长期国债的收益相比。许多交易商的报价单和一些报告服务提供了其他两种收益衡量方法，一种是真实收益率（effective annual rate of return，EAR）。真实收益率是指所有资金在实际投资期所赚的利息以相同收益率再投资时，原有投资资金在一年内的增长率，它考虑了复利因素。其计算方法为

$$EAR = \left(1 + \frac{D}{P}\right)^{365/t} - 1 \qquad (6.3)$$

其中，EAR 表示真实收益率；D 表示贴现额，即面值与债券购买价格间的差额；P 表示债券购买价格；t 表示距到期日的天数。

在上例中，该国库券的真实年收益率为

$$\left(1 + \frac{10\,000 - 9\,818}{9\,818}\right)^{365/182} - 1 = 3.75\%$$

由此可见，银行贴现收益率低于国库券的真实收益率。

另一种方法是债券等值收益率（bond equivalent yield），也称为货币市场等价收益率，计算方法为

$$Y_{BE} = \frac{D}{P} \times \frac{365}{t} \times 100\% \qquad (6.4)$$

其中，Y_{BE} 表示债券等值收益率；D 表示贴现额，即面值与债券购买价格间的差额；P 表示债券购买价格；t 表示距到期日的天数。

上述国库券的债券等值收益率为

$$\frac{10\,000 - 9\,818}{9\,818} \times \frac{365}{182} \times 100\% = 3.72\%$$

可见，债券等值收益率低于真实收益率，但高于银行贴现收益率。

第四节　票据市场

票据一般是指由出票人签发，无条件约定自己或要求他人支付一定金额，可流通转让的有价证券，持有人具有一定权利的凭证。在我国，票据即汇票、支票及本票的统称。

一、票据的特点和类别

（一）票据的特点

1. 票据是一种完全有价证券

有价证券分为完全有价证券和不完全有价证券。完全有价证券的证券本身和该证券拥有的权利在任何情况下都不可分离；而不完全有价证券的证券本身和该证券拥有的权利可以剥离。票据的权利随票据的设立而设立，随票据的转让而转让。只有在权利行使之后，票据体现的债权债务关系才宣告结束。显然，票据是一种典型的完全有价证券。

2. 票据是一种设权证券

设权证券是指证券权利的发生必须以制成票据为前提。票据所代表的财产权利，即一定金额的给付请求权，完全由票据的制成而产生。也就是说，票据的制成并非是用来证明已经存在的权利，而是创立一种新的权利。票据一旦制成，票据关系人的权利义务关系随之确立。

3. 票据是一种无因证券

无因证券是指证券上的权利只由证券上的文义确定。持有人在行使权利时无须负证明责

任。票据的持票人只要持有票据，就能享受票据拥有的权利，而不必说明票据取得及票据行为发生的原因。票据债务人也不能以票据所有权发生变化为由拒绝履行其因票据行为而负担的付款义务。

4. 票据是一种要式证券

要式证券是指证券的制成必须遵照法律规定。票据的制成和记载事项必须严格依据法律规定进行，而且票据的签发、转让、承兑、付款、追索等行为的程序和方式都必须依法进行。

5. 票据是一种流通证券

票据权利可以通过一定的方式转让，一般包括背书或交付。票据债权债务关系的转让不需要依照民法中有关债权转让的规定进行，这使得票据具有高度的流通性。

6. 票据是一种文义证券

文义证券是指票据上的所有权利义务关系均以票据上的文字记载为准，不受任何外来因素的干扰。票据在流通过程中，若发现文字内容有误，也不得用票据以外的证据方法予以变更或补充。

7. 票据是一种返还证券

票据权利人实现了自己的权利，收回了票据金额之后，应将票据归还给付款人。而在其他债权中，债务人履行债务后，即使债权人不同时交还有关债权证书，也可以用其他的凭证如收据来证明债务的履行。

知识点滴

央行票据

央行票据即中央银行票据，是中央银行为调节商业银行超额准备金而向商业银行发行的短期债务凭证，其实质是中央银行债券，之所以叫"中央银行票据"，是为了突出其短期性特点（从已发行的央行票据来看，期限最短的3个月，最长的也只有3年）。但央行票据与金融市场各发债主体发行的债券具有根本的区别：各发债主体发行的债券是一种筹集资金的手段，其目的是为了筹集资金，即增加可用资金；而中央银行发行的央行票据是中央银行调节基础货币的一项货币政策工具，目的是减少商业银行可贷资金量。商业银行在支付认购央行票据的款项后，其直接结果就是可贷资金量的减少。

（二）票据的分类

1. 汇票

汇票是由出票人签发的，委托付款人在见票时或者在指定的日期无条件向持票人或收款人支付确定金额的票据。汇票的基本当事人有出票人（即签发票据的人）、付款人（即债务人）和受款人（即持票人）。按出票人不同，汇票分为银行汇票和商业汇票。银行汇票是由银行签发，交由汇款人寄给外地受款人，凭此向指定银行兑取款项的汇款凭证。商业汇票是由企业签发的，要求付款人于一定时间内无条件支付一定金额给收款人的信用凭证。

2. 本票

本票又称期票，是由债务人（出票人）签发的，承诺自己在见票时无条件支付一定金额给收款人或持票人的承诺书或保证书，其特征是以出票人自己为付款人。基本当事人有出票人（付款人）和受款人。按出票人的不同，本票可以分为银行本票（银行签发）和商业本票（企业签发）。按是否注明持票人姓名，本票可分为记名本票和不记名本票（不注明持票人或受款人的名称）。按付款期限可以分为即期本票（见票即付）和远期本票（到期付款）。

3. 支票

支票是指银行活期存款人向银行签发的，通知银行在其存款额度内或约定的透支额度内，无条件地即期支付一定款项给指定人或持票人的书面凭证。支票区别于其他票据的最主要的特征在于：支票是即期票据；支票的付款人有资格限制，通常只能是商业银行。支票主要有以下几种。

（1）记名支票。指在支票上收款人一栏注明收款人名称，取款时需由收款人签名方可支取。

（2）不记名支票。不写明收款人或以"来人"抬头，凭票付款。

（3）画线支票。是指在支票正面画两道平行线的支票，表示只能转入收款人存款账户，不能付现。

（4）保付支票。由开户银行在支票上盖章，注明"保付"字样，保证到期付款，付款银行对支票保付后，即将票款从出票人的账户转入专户，以备付款。

（5）旅行支票。由银行或旅行社签发，由旅行者购买以供其在外地使用的定额支票。

二、商业票据市场

商业票据是大公司为了筹措资金，以贴现方式出售给投资者的一种短期无担保承诺的凭证。商业票据一般没有担保，仅以信用作保证，因此能够发行商业票据的一般都是规模巨大、信誉卓著的大公司。商业票据市场即是信誉卓著的大公司所发行的商业票据交易的市场。

（一）商业票据的形成和发展

商业票据是货币市场上历史最悠久的工具，产生于 18 世纪，最初的商业票据的发展和运用几乎都集中在美国，发行者主要是纺织品工厂、铁路、烟草公司等非金融性企业。20 世纪 60 年代后，工商界普遍认为发行商业票据向金融市场筹款要比向银行借款手续简便，发行利率较低，也不受银行干预，因此商业票据发行量急剧增长。

20 世纪 70 年代，集中于伦敦的欧洲商业票据市场也开始形成，商业票据市场不断扩大。20 世纪 80 年代日本大藏省也批准日本公司在国内发行商业票据。此外还有欧洲商业票据，是指在货币发行国以外发行的以该国货币标值的商业票据。在美国所有的货币市场工具中，商业票据的规模最大（以美元表示的市场价值来衡量），2013 年的市场规模为 1 万亿美元。商业票据发行规模如此巨大的原因在于，信用等级较高的企业一般会通过发行商业票据来筹借低利率的资金，而不是（通过贷款）直接从银行借钱。尽管 1965—1990 年商业贷款是银行资产负债表上的主要资产，但商业贷款的重要性从 1990 年已开始下降。这一趋势反映了商业票据市场的增长。

（二）商业票据市场的要素

商业票据市场由发行者、投资者、面额及期限、销售渠道、信用评估、发行商业票据的非利息成本构成。

1. 发行者

商业票据的发行量视经济及市场状况的变化而变化。一般来说，高利率时期发行量较少，资金来源稳定时期、市场利率较低时，发行量较多。从西方一些国家的情况来看，商业票据的发行者主要是金融公司、非金融公司（如大企业、公用事业单位）及银行控股公司。实际上，真正能在商业票据市场上大量发行票据筹措巨额资金者为数不多。只有实力雄厚、信誉卓著，经过评级被称作主要公司的一些企业才能具有经常大量发行商业票据用以筹集资金的条件。

2. 投资者

商业票据的主要投资者是商业银行、非金融公司、保险公司、养老金、互助基金会、地方政府和投资公司等，通常个人投资者很少。这主要是因为商业票据面值较大或购买单位（通常 10 万美元以上为一购买单位）较大，个人无力购买。近年来商业票据的最小面值已经降低，个人投资开始活跃。

商业银行往往是商业票据的大投资者，但商业银行自己持有的商业票据很少。商业银行购买商业票据是基于两方面的需要：一是商业银行经常作为推销代理人为它们的信托部门或它们的顾客代理购买商业票据；二是商业银行自己持有商业票据主要作为流动资产的二级准备，在头寸不够时抛出票据补进头寸，或者通过买进卖出票据按不同的投资或产业分散风险。非金融公司也是商业票据的重要投资者，包括生产制造业、矿业批发或零售公司等。这些非金融公司在生产或经营中经常存在季节性临时性的资金头寸盈余，而有些国家规定商业银行对公司活期存款不支付利息或只支付微息，为避免资金收益损失，这些非金融公司通常将其投资于商业票据。

3. 面额及期限

在美国商业票据市场上，虽然有的商业票据的发行面额只有 2.5 万美元或 5 万美元，但大多数商业票据的发行面额都在 10 万美元以上。二级市场上商业票据的最低交易规模为 10 万美元。

商业票据的期限较短，一般不超过 270 天。市场上未到期的商业票据平均期限在 30 天以内，大多数商业票据的期限在 20～40 天。

4. 销售渠道

商业票据的销售渠道主要有两个，一是发行者通过自己的销售力量直接出售，二是通过商业票据交易商间接销售。发行者究竟通过何种渠道销售，主要取决于发行者使用这两种渠道的成本的高低。一般地，非金融性公司主要通过商业票据交易中接商销售，因为它们的短期信用需求通常具有季节性及临时性，建立永久性的商业票据销售队伍不划算。规模非常大的公司则通过自己的下属金融公司直接销售，在这样的大公司中，其未到期的商业票据一般在数亿美元以上。

由于商业票据的期限非常短，购买者一般都计划持有到期。而且商业票据是高度异质性的票据，不同经济单位发行的商业票据在期限、面额和利率等方面各有不同，其交易难以活跃，因此导致商业票据的二级市场不活跃。

5. 信用评估

未经评级的商业票据发行较困难，特别是那些资信不为投资者广泛了解的发行者的商业票据是没有市场的。美国对商业票据进行评级的机构主要有穆迪投资服务公司、标准普尔公司和惠誉投资公司。商业票据的发行人至少要获得其中的一个评级，大部分会获得两个。商业票据的评级和其他证券的评级一样，也分为投资级和非投资级。美国证券交易委员会认可两种合格的商业票据：一级票据和二级票据。一般而言，要想成为一级票据，必须有两家评级机构对所发行的票据给予"1"的评级；成为二级票据则必须有一家给予"1"的评级，至少还有一家或两家的评级为"2"。二级票据为中等票据，货币市场基金对其投资会受到限制。

6. 发行商业票据的非利息成本

商业票据发行的非利息成本有：①信用额度支持的费用。一般以补偿余额的方式支付，即发行者必须在银行账户中保留一定金额的无息资金。有时则按信用额度的0.375%～0.75%一次性支付。后一种方法较受商业票据的发行者欢迎；②代理费用。主要是商业银行代理发行及偿付的费用；③信用评估费用。是发行者支付给信用评级机构的报酬。

（三）商业票据的发行程序

1. 直接发行

商业票据直接发行的程序为：①商业票据评级；②发行人公告发行商业票据的数量、价格、期限等；③投资者与发行人洽谈买卖条件，包括数量、票据期限等；④投资者买入票据，卖出票据者收进资金。

2. 通过交易商发行

商业票据通过交易商发行主要借助于三种形式：①助销发行。即商业票据交易商与发行公司事先商妥发行事项，再参照市场情况议定承销期限，全部由该交易商代办门市零售或通信销售，承销期满未售完部分全部由交易商按约定价格承销；②代销发行。即商业票据交易商与发行公司议定承销期限，依照发行公司指定的价格，由交易商代办门市零售或通信销售，承销期满未售完部分退回发行公司；③招标发行。即交易商以受托办理招标方式推销。代发行公司公开标售，未能售出部分，由发行公司自行处理。招标的商业票据通常不定底价，开标时按标价之高低依次得标，直到标售的票据售完为止。加入指定底价时，由已得标者所出标价高于底价的才算得标，否则，交易商必须根据市场情况建议发行公司修正底价，才能顺利筹到短期资金。

（四）商业票据的发行成本

1. 贴现率

确定贴现率一般根据交易商协会提供的参考利率上下浮动一个百分点。交易商的参考利率是一个加权平均利率。交易商每日都按统一规定的期限分类，向协会报告当日利率，协会把这些利率加权平均后得出的利率即为参考利率。

2. 承销费

根据金额大小及时间长短计付承销费。

3. 签证费

为证明商业票据所记载事项三确，通常由有权威的中介机构予以签证。一般按签证金额收费，规定最低起点。

4. 保证费

金融机构为发行商业票据提供信用证，要收保证费。收费标准通常按商业票据保证金的年利率计付，发行量大、资信良好的公司可酌减。

（五）商业票据的收益

商业票据以低于面值 F 的价格 P_0 出售的，所得到的收益是面值和买价的差值。其贴现 i_{cp} 收益率的计算是以 360 天为基础的，计算公式如下：

$$i_{cp} = \frac{P_f - P_0}{F} \times \frac{360}{t} \times 100\% \tag{6.5}$$

转化为等值收益率 y_{cp} 为

$$y_{cp} = \frac{F - P_0}{P_0} \times \frac{365}{t} \times 100\% \tag{6.6}$$

【例 6.1】假设一投资者以 955 000 元人民币的价格购买了一份期限为 182 天、面值为 100 万元人民币的商业票据，计算其贴现收益率和等值收益率。

【解析】该商业银行的贴现收益率计算如下：

$$i_{cp} = \frac{1\,000\,000 - 955\,000}{1\,000\,000} \times \frac{360}{182} \times 100\% = 8.9\%$$

折算成债券等值贴现收益率为

$$y_{cp} = \frac{1\,000\,000 - 955\,000}{955\,000} \times \frac{365}{182} \times 100\% = 9.945\%$$

三、银行承兑汇票市场

在商品交易活动中，售货人为了向购货人索取货款而签发的汇票，经付款人在票面上写上承诺到期付款的"承兑"字样并签章后，就成为承兑汇票。承兑即是承兑人对收款人的一种无条件支付票款的保证。由实力雄厚、信誉卓著的企业承诺到期付款的汇票称为商业承兑汇票；由银行承诺到期付款的汇票称为银行承兑汇票。由于银行承担最后的付款责任，实际上是银行将其信用出借给了企业，因而要收取一定的手续费。这里银行是第一责任人，出票人则只负二手责任。由于市场经济所必需的信用体系在我国尚未完全建立，商业承兑汇票目前使用范围并不广泛，我们在经济生活中大量使用的是银行承兑汇票。

> 想一想
>
> 银行承兑汇票与商业票据的联系与区别是什么？

（一）银行承兑汇票的产生

银行承兑汇票是为了方便商业交易活动而创造出来的一种信用工具，尤其在国际贸易中使用较多。在跨国贸易中，进口商和出口商对彼此的信誉都缺乏了解，进口商担心货款支付后不能收到货，或出口商不能按时保量地发货；出口商又担心进口商不能如约付款。在不了解对方信誉的情况下，国际贸易就难以进行。银行承兑汇票的出现解决了这一问题。银行承兑汇票一般是国际上信誉很好的大商业银行承兑的，所以信誉很高，即使在交易双方互不了解的情况下，通过这种方式也能避免风险。贸易双方就不必费时费力地去调查对方的信誉。

下面我们通过一个例子来说明银行承兑汇票的原理。假设 2017 年 3 月 22 日中国出口商向美国出口一批纺织品，双方约定 90 天付款，并使用信用证交易。达成协议后，美国进口商首先要求花旗银行开出一张不可撤销的信用证，作为向中国出口商付款的保证，寄往中国出口商的通知行。通知行收到信用证后交与出口商，此时，出口商就可以发货了。出口商将货物装船后，就要开出以进口商开证行为付款人的远期汇票，汇票面值是出口纺织品的价值，连同发货单据一起寄往美国开证行，要求承兑。美国开证行检查票据无误后，将在票据上盖上"承兑"字样，并交与中国出口商的通知行，这样银行承兑汇票就产生了。通知行把以美国开证行为付款人的银行承兑汇票交与出口商，出口商可以向通知行贴现，这样可以提前收回账款。通知行可以持有到期，向美国开证行兑现；也可向票据经营商转让。图 6.3 展示了银行承兑汇票产生的过程。

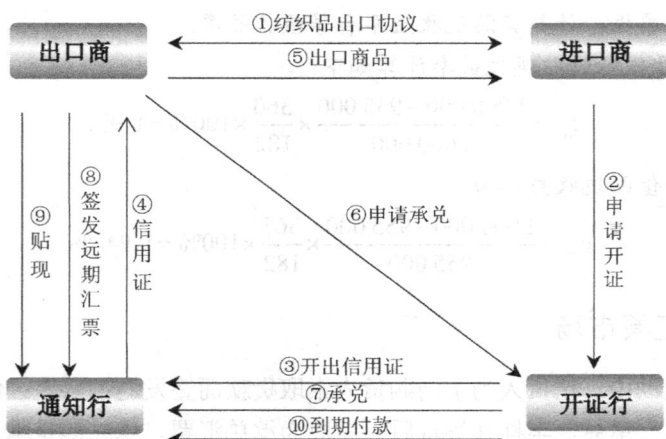

图 6.3　银行承兑汇票原理

银行承兑汇票不仅在国际贸易中使用，也在国内贸易中使用，不过国际贸易创造的银行承兑汇票占绝大部分。银行承兑汇票最常见的期限有 30 天、60 天和 90 天几种，也有期限为 180 天和 270 天的。银行承兑汇票违约风险较小，但是有利率风险。

（二）银行承兑汇票的交易

银行承兑汇票是一种可以转让的金融工具，出口商取得银行承兑汇票后，可向通知行贴现，取得现金。银行在取得银行承兑汇票后可以自己持有当作投资，也可在二级市场上出售。出售渠道有两种：利用自己的销售渠道直接销售给投资者；利用票据交易商卖给投资者。银行也可将银行票据向中央银行再贴现。银行承兑汇票的转让流程如下。

1. 背书

背书是持票人将票据权利转让给他人的票据行为。背书时背书人要在汇票背面或贴附于汇票背面的粘单上签章，以承担保证后手所持汇票承兑和付款的责任，并证明前手签章的真实性和背书的连续性，以证明票据权利的正当。如果被背书人向付款人要求付款时遭到拒绝，有权向背书人追索要款，因此，汇票背书人越多，责任人就越多，持票人的权利就越有保障。

2. 贴现

贴现是指汇票持有人以未到期的票据向银行换取现金，并贴付自贴现日至汇票到期日的利息的一种票据行为。从性质上看，贴现是银行以现款买入未到期票据上的债权，等票据到期再获得买入票据日至票据到期日这一段时间的利息。因此，对银行来讲，实质上是一种票据买卖行为，同任何金融工具的买卖性质一样。在银行承兑汇票市场上将承兑汇票贴现，国外的做法是持票人可以在任何银行（包括在承兑银行）贴现。

3. 转贴现

贴进承兑汇票的银行，如果资金并不短缺，一般都会将贴进的汇票持有至汇票到期日收回资金。如果在汇票到期日之前需用资金，则银行可将其贴进的汇票进行转贴现，获得资金。所谓转贴现是办理贴现的银行将其贴进的未到期票据再向其他银行或贴现机构进行贴现的票据转让行为，是金融机构之间相互融通资金的一种形式。在西方发达国家的票据市场上，转贴现行为非常普遍，银行和市场上其他投资者往往利用银行承兑汇票进行多次转贴现，以保证资金运用的灵活性和良好的收益性。

4. 再贴现

再贴现是指商业银行或其他金融机构将贴现所获得的未到期汇票向中央银行再次贴现的票据转让行为。一般情况下，再贴现是最终贴现，票据经过再贴现即退出流通过程。再贴现是中央银行对商业银行和其他金融机构融通资金的一种形式，也是中央银行调节市场银根松紧的重要手段。

（三）银行承兑汇票的作用

与其他货币市场金融工具相比较，银行承兑汇票某些方面的特点非常具有吸引力，深受进口商、借款人、银行和投资人的欢迎。

1. 从借款人角度来看

一方面，和传统银行贷款的利息成本及非利息成本之和相比，借款人通过银行承兑汇票融资成本较低。要求银行承兑汇票的企业实际上就是借款者，它要支付一定的手续费给银行，当它向银行贴现后，又取得现款，故其融资成本为贴息和手续费之和。而传统的银行贷款，除必须按贷款利率支付贷款利息外，银行一般还要求借款者保持一定的补偿性余额，这部分存款既非企业正常周转所需资金，又没有存款利息，构成了企业非利息成本。

另一方面，借款者运用银行承兑汇票筹资要比发行商业票据有利。一般来说，只有规模大、信誉好的企业才能在商业票据市场上发行商业票据进行融资，而大多数没有规模和信誉优势的企业则很难以这种方式进行融资，但它们却可以利用银行承兑汇票来解决暂时的资金困难。即使是少数能发行商业票据的企业，其总筹资成本为发行费用和手续费加上商业票据利息成本，也要较运用银行承兑汇票融资成本高。

2. 从银行角度来看

首先，银行运用承兑汇票可以增加收益。银行通过创造银行承兑汇票，一般无须动用自已的资金就可以赚取手续费，尽管银行有时也用自己的资金贴进承兑汇票，但由于银行承兑汇票具有庞大的二级市场，变现容易，因此银行承兑汇票不仅不会影响银行的资产流动性，而且还提供了传统的银行贷款所无法提供的多样化的投资组合。其次，银行运用其承兑汇票可以增加其信用能力。各国银行法基本上都规定了银行对单个客户提供信用的最高额度，但银行通过创造、贴现或出售符合中央银行要求的银行承兑汇票，对单个客户的信用一般可在原有的基础上增加10%左右。最后，银行法不要求出售合格的银行承兑汇票所取得的资金缴纳准备金。这样，在信用紧缩时期，流向银行的资金减少，而这一措施将刺激银行出售银行承兑汇票，引导资金从非银行部门流向银行部门。

3. 从投资者的角度来看

从投资者的角度来看银行承兑汇票也符合其收益、安全和流动性的需求。汇票的投资收益要高于国库券，与货币市场的其他信用工具的收益不相上下。票据的承兑银行负有不可撤销的一手责任，汇票的背书人负有二手责任，转手的次数越多，责任人越多，银行承兑汇票的安全性就越高。此外，质量好的银行承兑汇票投资者很多，流动性很强，可以随时转让。

第五节　证券回购市场

证券回购市场是指通过证券回购进行短期资金融通交易的市场。证券回购（repurchase）是指债券持有人在卖出一笔债券的同时，与买方签订协议，约定以一定期限和价格买回同一笔债券的融资活动。证券回购业务实际上是一种短期抵押贷款，其抵押品是交易的债券。证券回购市场是短期的金融商品交易市场，与同业拆借市场、票据市场一起构成货币市场的基本组成部分。

一、证券回购协议的交易机制

（一）交易原理

许多企业都在资金使用之前通过回购协议的形式把资金投入货币市场，以获取少量的报酬，企业会以自己的闲置资金从银行购买国债，而银行则同意在将来以较高的价格将国债买回。大多数回购协议发生在银行之间，作为同业拆借资金的抵押品。如前文所述，银行通过彼此之间的同业拆借进行银行保证金的交易，但是这种纯粹的信用交易可能面临到期资金无法偿还的危险，因此拆出行可能要求拆入行提供一些优质资产作为融资抵押品。这样拆入行在融进资金时可卖出国债等有价证券，在偿还资金时可赎回国债等有价证券。

证券回购协议可以在交易双方之间直接进行，也可通过经纪商和交易商间接完成。下面通过一个例子来说明证券回购协议交易过程。假设2017年3月24日招商银行和交通银行之间进行了一笔价值1 000万元、期限是31天的回购协议。回购协议的买方是招商银行，它从交通银行买入1 000万元的国债。同时协议规定2017年4月24日，交通银行买回国债。协议一旦达成，招商银行就会要求央行通过电子转账系统将1 000万元的超额准备金转到交通银行的准备金账户上；现在所发誓的国债一般都是记账式国债，交通银行就可以通知央行把自己账户价值 1 000 万元的国债划到招商银行国债账户上。到期日，交通银行通知央行把 1 000 万元连带应付的利息划转到招商银行的准备金账户上；而证券回购协议买方招商银行通知央行从自己国债账户转 1 000 万元的国债到交通银行的准备金账户上，这样这笔交易就结束了。当然招商银行在持有这 1 000 万元的国债期间，可以将它投放到债券市场上交易，或用作其他抵押的形式进行融资，在该回购协议之前买回即可，在此期间可以赚得少许收益。

（二）证券回购协议的期限

证券回购的期限一般为短期。按照到期日的性质，证券回购可以分为约定期间的回购和无固定到期日的回购。约定期间的回购，必须在约定日期进行证券的回购，大多数回购都属于这种类型，约定的时间有 1 天、7 天、14 天、21 天、1 个月、2 个月、3 个月或 6 个月。在无固定到期日的回购交易中，交易双方都无须预先通知对方即可结束回购协议，这种方式可以避免不断更新回购协议的手续，只要双方合作有利可图，该回购交易就会自动持续下去。证券回购交易的标的物主要有国库券、政府债券、其他有担保债券、大额可转让定期存单、商业票据等。

（三）证券回购协议和逆回购协议

由于所有的回购协议交易双方都是相互对应的，因此一项交易既可称为回购协议，也可称为逆回购协议，逆回购协议是指证券交易的卖方在购入证券时承诺在协议到期日卖给对方的协议。一项既定的交易从证券买方的角度来看是回购协议，而从证券卖方的角度来看则为逆回购协议。

（四）证券回购交易的主体和目的

规范化的证券回购市场应分为三个组成部分。

一是中央银行公开市场操作的证券回购。它是中央银行实施货币政策的重要工具之一，是开展公开市场业务的主要方式。中央银行与商业银行或证券交易商办理证券回购，其目的就在于：

（1）满足商业银行或证券交易商对流动性即"头寸"资金的需要，或者说是中央银行向商业银行或证券交易商提供再融资的手段，进而达到调节市场货币供应量的目标。

（2）为货币市场确定一个较为合理的利率。

二是同业拆借市场操作的证券回购，即商业银行、城市合作银行、农村合作银行、金融信托投资公司之间开展的证券回购交易。它是同业拆借市场拆借短期资金的一种方式，即通过证券回购交易调剂商业银行、城市合作银行、农村合作信用社、金融信托投资公司之间的头寸余缺。

三是证券交易场所（指证券交易所、期货交易所、证券交易中心和 STAQ 系统等）操作的证券回购，它是证券商、企事业法人、非银行金融机构和非居民的海外投资家进行套期保值和融通短期资金的一种手段。

二、证券回购协议的收益和风险

证券回购市场属于无形市场，大多数交易由资金供求双方之间直接以电讯方式进行。在证券回购市场中，回购利率和风险是交易双方十分关注的因素。在回购交易中，约定的回购价格与售出价格之间的差额反映了借款者的利息支出，它取决于回购利率的水平。证券回购价格、售出价格和回购利率之间有如下关系：

$$RP=PR+I$$
$$I=PP×RR×T/360$$
$$RR=\frac{RP-PP}{PP}×\frac{360}{T}×100\%$$

式中，RP为证券回购价格，PP为证券售出价格，I为应付利息，RR为交易双方协议确定的回购利率，T为证券回购的期限。

一般回购利率由交易双方协议确定，回购利率的确定取决于多种因素，一般遵循的原则有：①证券卖出者的信用越高，证券的流动性越强，回购利率越低；②一般回购期限越短，回购利率越低；③如果采用实物交割的方式，回购利率会较低，而采用其他交割方式，回购利率就会相对高些；④证券回购实际上是一种用较高信用的证券特别是政府证券作抵押的借款方式，因而回购利率常常低于银行担保贷款利率、同业拆借利率等货币市场的其他利率水平。

在期限相同时，回购协议利率与货币市场其他利率的关系如图6.4所示。

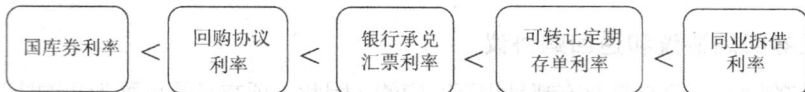

国库券利率 < 回购协议利率 < 银行承兑汇票利率 < 可转让定期存单利率 < 同业拆借利率

图6.4　回购协议利率与货币市场其他利率的关系

尽管证券回购是一种高质量的抵押借款，但是交易双方当事人也会面临一定的风险，包括信用风险和清算风险。信用风险是指交易双方不履行回购协议中的买回或卖回义务，从而使双方遭受损失的可能性。这有两种情况：一是到约定期限后证券卖方没有再购回证券，则买方只有保留这些抵押品，若市场利率上升，证券价格会下降，买方就会遭受损失；二是市场利率下降，证券价格上升，买方不履行按约定价格卖回给买方的义务，则证券卖方会遭受损失。在实际业务中，一般是通过设置保证金和根据抵押品市值调整回购价格或保证金的做法来减少信用风险。为降低交易费用和节省时间，一般在期限较短的回购交易中，证券的交付很少采用实物交割的方式，而是采取账户划转的方式，并以证券保管凭单代替实物证券，这就带来了清算风险。为避免清算风险，许多国家要求第三方金融机构对证券统一进行保管，保管凭单必须以真实足额证券为依据，以防同一笔债券被用于多次回购协议。

三、我国的证券回购市场

我国证券回购市场从20世纪80年代末90年代初开始发展，大体上经历了场内市场和场外市场两个阶段，目前已经成为货币市场的重要组成部分，无论在交易量还是市场主体方面都远远超过同业拆借市场。

（一）发展概况

1. 以场内市场为主的阶段（1991—1997年）

我国证券回购协议业务开始于1991年7月的全国证券交易自动报价系统（STAQ系统），随后以武汉证券交易中心为代表的各证券交易公司纷纷推出证券回购协议业务。1993年以上海为试点的银行间及证券中介机构间的国债回购协议业务兴起。1994年证券回购市场交易量激增到 3 000 亿元。然而，以武汉为中心的 STAQ 系统缺乏全国统一的国债托管和清算系统，出现了严重的卖空和金融欺诈现象，1995 年开始，交易主体全部转入证券交易所内市场，债券交证券交易所托管。但由于场内交易的风险控制机制尚未建立，交易所的国债也相继出现了风险事件，如"3·27"国债风波。在此背景下，国家决定对武汉、天津证券交易中心和 STAQ 系统证券回购市场进行整顿。

2. 以场外市场为主的阶段（1997 年至今）

1997 年，央行发布了各商业银行停止在证券交易所证券回购及现券交易的通知，要求商业银行全部退出上交所和深交所。各商业银行可通过银行同业拆借中心提供的交易系统进行证券回购交易。1997 年以来，银行间证券回购市场在规范中发展，交易规模不断扩大，品种不断增多。目前我国已有交易品种有 R001、R007、R014、R021、R1M、R2M、R3M 等。我国银行间证券回购协议可以分为质押式和买断式。其中买断式证券回购协议是我国货币市场的创新，它为货币市场参与者提供了一种新的投融资模式，并且提供了融资融券功能。

近年来，银行间证券回购市场的发展规模可以参见表 6.2。可以看到证券回购的交易量持续增长，在 2014—2015 年银行间市场的质押式证券回购成交额增长率甚至高达 90%。2016 年，我国证券回购累计成交 500.13 万亿元，同比增长 19.03%。

表 6.2　银行间证券回购市场证券回购成交情况　　　　　　　　　　　单位：亿元

年份	质押式证券回购交易额	买断式证券回购交易额
2008	582 376.61	17 576.99
2009	699 711.21	26 018.88
2010	917 646.62	30 282.86
2011	1 092 429.38	29 047.78
2012	1 426 486.18	49 469.32
2013	1 528 560.64	60 705.24
2014	2 038 066.27	97 474.21
2015	3 867 098.24	182 193.78
2016	4 777 086.34	224 241.48

（二）我国证券回购市场存在的问题

虽然我国的证券回购市场有了很大的发展，但是与发达国家相比，还存在一定缺陷。首先，目前银行间市场的证券回购交易的目的主要限于金融机构的头寸调节。而在其他发达国家的市场上，证券回购具有多种用途。其次，目前参与银行间证券回购的交易成员仅仅限于金融机构。实际上，证券回购适合于作为金融机构与非银行间证券回购交易主体的交易。因此，通过扩大银行间证券回购交易主体的范围，特别是允许非金融机构参与证券回购交易，将大大扩大货币市场的范围，促进货币市场的活跃程度，从而提高货币政策的传导效果。

第六节　短期融资券市场

为了改善我国融资偏重于间妾融资的情况，增加企业直接融资工具，鼓励有竞争力的企业直接进入资本市场融资，降低融资成本，中国人民银行于 2005 年 5 月推出了短期融资券业务。该业务推出以来，短期融资券市场呈现出蓬勃发展的良好势头，形成了企业、金融机构、中介服务机构多方共赢的势头。

一、短期融资券的运作机制

1. 短期融资券的定义

短期融资券是由在中华人民共和国境内具有法人资格的非金融企业，依照《短期融资券办法》规定的条件和程序，以融资为目的，直接向银行间货币市场投资者发行，并约定在一定期限内还本付息的有价证券。

短期融资券实际上是一种融资性商业票据，属于货币市场工具，期限较短，在一年以内，它是我国企业直接融资的重要手段。其优点是市场化定价，发行成本低，无须担保、抵押，实行余额管理，可持续滚动发行。

2. 短期融资券市场产生的背景

《2004年中国货币政策执行报告》披露的数据反映，当时在我国企业的融资结构中，银行存款所占比重为82.9%，国债为10.8%，股票融资为5.2%，企业债券为1.1%。债券融资尤其是企业融资比例明显偏小。企业的长期融资渠道不畅，资金难以通过发行企业债券的形式以低成本得到满足，对银行融资的依赖导致金融风险过度集中在银行，不利于正在进行的银行业深化改革，不利于为债券市场全流通后的发展提供强有力的支持。在此情况下，中国人民银行于2005年5月23日发布了《短期融资券管理办法》，同年5月26日，华能国际等6家企业成功发行了第一批企业短期融资券。

3. 我国短期融资券市场运作机制

《短期融资券管理办法》规定了短期融资券管理的基本原则、监管框架、一级市场和二级市场的核心规范、信息披露的基本要求、主要监管措施等内容。主要有以下几点。

（1）中国人民银行依法对短期融资券的发行和交易进行监督和管理，弱化行政干预，力图把风险识别和风险承担交给投资者，把信息揭露交给专业评级机构和中介服务机构。发行短期融资券报中央银行备案。

（2）短期融资券的发行只对银行间债券市场机构发行，不对社会公众发行，上市和交易均无须再行审批。

（3）短期融资券的发行规模实行余额管理，期限上实行上限管理，滚动发行，只要融资券余额不超过企业净资产的40%，企业就可自行选择发行规模、日期和价格；发行利率不受管制，采用市场化定价机制，明确放开融资券发行利率，由企业和承销商确定，无须事前完成定价并上报批准。

（4）发行人应该及时做好信息披露，央行严格对发行人的信息披露进行监管，建立包括发行信息披露、后续信息披露、重大事项临时公布等在内的整套信息披露制度，使投资者能够及时、快捷地获取发行人的相关信息。

（5）短期融资券发行实行无纸化集中登记托管，这样，短期融资券手续则更加便捷高效，便于商业银行同业之间的交易和划转。

二、短期融资券的优势和作用

短期融资券为我国企业融资难的问题提供了一个解决思路，同时丰富了货币市场的交易工具，丰富了商业银行的业务，同时完善了货币传导机制。我们分别从企业、银行和政府监管等几方面来分析。

1. 从发行短期融资券企业的角度分析

短期融资券作为一种市场化的创新型融资工具，具有如下优势。

（1）筹资成本反映市场供求，效率损失较低。一般情况下，短期融资券市场的融资成本比从银行贷款的融资成本低约 2%。对目前竞争激烈的企业来讲，能否获得市场化定价的资金支持已经成为企业能否生存和发展的关键。

（2）融资方式便利，发行审批便捷。利用短期融资券，企业可以根据自身的资产规模、财务状况以及面临的市场环境，自主地选择发行规模和期限，并与承销商协商发行利率，这些举措能最大化地满足企业的筹资需求。同时，短期资产发行采取备案制，一般报央行 30 天后即可顺利发行，为企业融资节省了时间，提高了效率。

（3）短期融资券实行余额管理制度，这就意味着企业可以将短期融资券的发行融入到整个企业的长期经营策略中去，使短期融资券的发行成为整个企业运营的一个关键组成部分。企业这种市场化的资金运营和管理理念的建立，将为我国企业的国际化发展创造良好的条件。

2. 从商业银行的角度分析

短期融资券的发行促进了我国商业银行经营业务向国际先进银行所注重的市场化的中间业务转变。

（1）短期融资券将银行的短期流动性贷款这一表内业务分离出来，从而减少了银行的风险资产，降低了银行的信用风险，并促进了中间业务的发展，使得我国银行业不断向符合现代银行的经营理念方向转型。

（2）面对新巴塞尔协议的各种降低风险资产的手段，我国商业银行应该积极借鉴国际经验，充分利用短期融资券等为代表的市场化金融工具，将商业银行表外资产业务积极地应用到我国银行的管理中去，实现我国银行业资产质量的整体改善。

3. 从央行宏观调控政策的角度分析

短期融资券可以为央行的货币政策提供更加灵活的市场和中间目标。

（1）短期融资券的发展为我国中央银行运用金融工具调控经济提供了良好的平台。在引进短期融资券后，我国金融市场对利率等因素的反应更加灵敏，央行的货币政策对市场的作用时滞更短，效用更强。

（2）短期融资券将推动短期利率市场化进程，使得货币市场的利率更加灵敏地反映资金的供求，更适合作为货币政策的中间目标，完善了我国货币市场传导机制。

第七节　货币市场基金

货币市场基金（money market fund）又称货币市场共同基金，是指专门投资于货币市场工具这一类低风险短期债券的一种投资基金。它的投资对象包括国库券、商业票据、银行定期存单、银行承兑汇票、政府短期债券等短期有价证券。货币市场基金只有一种分红方式——

红利转投资。货币市场基金每份单位始终保持在 1 元，超过 1 元后的收益会按时自动转化为基金份额，拥有多少基金份额即拥有多少资产。其他开放式基金是份额固定不变、单位净值累加的，投资者只能依靠基金每年的分红来实现收益。

一、货币市场基金的产生

货币市场基金产生的动因之一是规避"Q 条例"对美国商业银行存款利率上限的管制。20 世纪 70 年代初美国对商业银行与储蓄银行提供的大部分存款利率均进行管制，而货币市场工具则是浮动利率，但许多中小投资者无法进入货币市场（因有最低交易额规定），货币市场共同基金利用这一事实，也表明追求利润的企业家能够发现设计不严密的政府法规的漏洞。货币市场共同基金的迅速发展是市场利率超过银行和其他存款机构管制利率的结果。同时货币市场共同基金能迅速发展并且能保持活力的原因还在于管制较少，货币市场共同基金没有法定的利率上限，而且对提前取款也没有罚款。结果引起美国市场上的资金大规模从银行存款流向货币市场基金，引起了美国货币市场基金发展的第一波热潮，货币市场基金规模从1977 年的不足 40 亿美元激增到 1982 年的 2 400 多亿美元，资产总额迅速超过当时市场上的股票和债券基金，成为美国市场上的第一大基金品种。在一定程度上可以说是货币市场基金拯救了美国的共同基金行业。

2003 年 12 月底，我国出现了第一只货币市场基金——华安现金富利货币。随着货币市场基金的发展，不少基金公司将货币市场基金分为 A 级、B 级，以针对不同的客户提供服务。货币市场基金 A 级面向普通客户，申购额度较低，通常起点为 1 000 元；货币市场基金 B 级面向资金量大的客户和机构客户，申购门槛不等，一般在百万元以上。从设立主体来看，我国最初的货币市场基金主要是由基金公司设立的。2005 年，金融监管当局允许商业银行设立基金管理公司。2006 年初，交银货币、工银货币、建信货币三只货币基金的设立发行意味着我国商业银行正式进入基金领域，是我国商业银行尝试混业经营的又一新举措。

二、货币市场基金的特点

货币市场基金均为开放式基金，基金份额可以随时申购和赎回。货币市场基金是一种特殊类型的共同基金，它与一般的投资基金相比，除了具有分散投资、专业理财等特点之外，还具有以下特点。

1. 流动性强

货币市场基金是一种开放式基金，没有固定的到期日，流动性几乎接近商业银行的活期存款，客户可以随时注资或提取资金，而且通常没有提款处罚。

2. 安全性高、收益稳定

货币市场基金主要投资于期限较短的货币市场工具，相当部分具有准现金的性质，流动性非常高，而且货币市场基金的投资组合一般高度分散，变现能力强，所以尽管货币市场基金不对投资人承诺本金安全，但其安全性并不输于银行存款。与股票型和债券型投资基金相比，货币市场基金的收益比较稳定。

3. 支付功能强

货币市场基金账户具有灵活的支付功能，在美国，货币市场基金如同支票账户。投资者可以对基金资产签发支票，从而使自己既享受活期存款的支付便利，又享受了相对较高的利息收入。但是由于信用制度等多方面的原因，我国当前的货币市场基金的这一功能还没有得到很好的体现。

4. 低费用

与其他大部分基金种类不同，货币市场基金是非收费基金。这意味着它没有销售佣金，管理费用也较低，所以货币市场基金的成本会低于其他类基金。因此与其他基金种类相比，在成本费用方面，货币市场基金具有较大的吸引力。

货币市场基金与股票型基金、债券型基金的比较见表 6.3。

表 6.3　货币市场基金与股票型基金、债券型基金比较

投资品种	安全性	收益性	投资成本	流动性
货币市场基金	本金相对安全	收益稳定，免征利息税	低（免赎回费用，管理费低）	$T+1$ 划出
股票型基金	风险高	收益不稳定，受证券市场影响	高（有申购赎回费，管理费高）	$T+7$ 划出
债券型基金	本金有可能损失	收益不稳定，受债券市场影响	高（有申购赎回费，管理费高）	$T+7$ 划出

三、我国发展货币市场基金的意义

货币市场基金的推出对我国金融业带来了重大影响，主要表现在以下几方面。

1. 可减轻商业银行资金难以运行的压力

目前，大量资金积压在商业银行，同时商业银行存款利息负担过重，贷款风险过大。发展货币市场基金可以有效地分流商业银行资金，减轻商业银行的资金压力。

2. 促进货币市场发展

推出货币市场基金，将给货币市场增加流动性，丰富货币市场的资金供给，拓展新的参与主体。货币市场基金不断地买卖货币市场工具，在赚取利差的同时，也活跃了二级市场交易。

3. 促进货币政策的有效传导及利率市场化进程

由于公开市场操作是宏观调控下主要的货币政策工具，因而货币市场基金所持有的短期政府债券就成了央行吞吐基础货币的重要渠道。同时，投资于货币市场基金的投资者会对利率的波动更加敏感，因而提高了利率信号的调节能力，从而可以加快利率市场化进程。

4. 促进商业银行业务创新，提高市场效率

由于货币市场基金具有收益高、流动性强、风险低的特征，它必将会夺走商业银行大批的存款客户。在竞争的压力下，商业银行就会产生创新的动力，创造出新的金融工具，在创新的同时也会提高金融市场效率。

第四篇　资本市场与风险机制

第七章　资本市场

【学习目标】

理解股票的定义、分类以及股东的权利；了解我国的股票市场；理解股票市场的发行程序、发行方式和证券交易所的各项制度；理解股票指数的计算；理解国债的定义、分类以及发行方式和流通；了解公司债券的分类及债券特殊规定和信用评级；了解基金的定义、分类及特点；理解不同基金的投资策略；会计算基金的各项费用和收益。

【导入案例】

多层次资本市场形成与发展的重大意义

资本市场是企业融资的重要渠道，也是社会主义市场经济进行社会资源优化配置的重要平台。资本市场能否充分发挥优化资源配置的作用，不但取决于资本市场的制度性建设，更取决于资本市场多层次体系的完备。

1990 年底上海和深圳证券交易所的建立和 A 股的发行，让我国资本市场实现了从无到有的实质性突破发展，并从此不断地通过资本市场产品创新推出新的品种和交易市场。2003 年，我国政府针对层次单一的大中型企业主板市场首次提出建立多层次资本市场体系，2004 年，我国推出了中小板，2009 年推出了创业板，经过不断探索，国家多层次资本市场体系已初具规模，股票市场日益壮大，中小企业股份转让系统"新三板"服务范围已扩展至全国。同时债券市场期货及衍生品市场蓬勃发展，产品日益丰富，规模不断扩大。可见多层次资本市场建设不仅有力支持了经济社会的发展，而且还为建立现代企业制度、构建现代金融体系、推动多种所有制经济共同发展做出了重要贡献。

资本市场的存在价值和功效取决于资本市场的效率，资本市场的效率从根本上讲是资本市场在完成储蓄转化为投资这一对经济发展具有根本意义的功能时所体现出来的效能。从资本供给者和需求者的多样化来看，资本市场必定要通过市场细分提供多样的投资品种来最大限度、高效率地实现供求平衡才能体现其效率和功能，要达到这样的目的，建立多层次资本市场体系也就成为必然。

资本市场的发展，涉及经济社会的方方面面，也与投资者的利益息息相关。多层次资本市场的发展不仅是时代的必然，更具有深远的重大意义。健全多层次资本市场体系，是发挥市场配置资源决定性作用的必然要求，是推动经济转型升级和可持续发展的有力引擎，也是维护社会公平正义、促进社会和谐、增进人民福祉的重要手段。

启发思考：

（1）资本市场的定义是什么？

（2）资本市场和货币市场有哪些区别与联系？

（3）资本市场主要包括哪些子市场？

第一节 股票市场

股票市场也称为权益市场，是股票发行和流通的场所。股票的交易都是通过股票市场来实现的。一般地，股票市场可以分为一级市场和二级市场，一级市场也称为股票发行市场，二级市场也称为股票交易市场。

一、股票市场概述

（一）股票的概念

股票至今已有 400 多年的历史，它伴随着股份公司的出现而出现。随着企业经营规模的扩大与资本需求的不足，要求由一种方式来让公司获得大量的资本金，于是产生了以股份公司形态出现的、股东共同出资经营的企业组织。股票是股份证书的简称，是股份公司为筹集资金而发行给股东作为持股凭证并借以取得股息和红利的一种有价证券。每股股票都代表股东对企业拥有一个基本单位的所有权。股票是股份公司资本的构成部分，可以转让、买卖或作价抵押，是资金市场的主要长期信用工具。

股票的主要作用有：①股票是一种出资证明，当一个自然人或法人向股份有限公司参股投资时，便可获得股票作为出资的凭证；②股票的持有者凭借股票来证明自己的股东身份，参加股份公司的股东大会，对股份公司的经营发表意见；③股票持有者凭借股票参加股份发行企业的利润分配，也就是通常所说的分红，以此获得一定的经济利益。股票市场使得资金能够从投资者（资金盈余者）向发行股票的公司转移，反过来，作为对持有公司股权的股东的回报，公司定期向投资者发放红利作为资金占用和风险补偿。另外，股东通过股票的转手可以得到股价上涨带来的资本利得。在 $t-1$ 期到 t 期股东的股票投资收益率 R_t 可表达为

$$R_t = \frac{P_t - P_{t-1}}{P_{t-1}} + \frac{D_t}{P_{t-1}} \tag{7.1}$$

式中，P_t 为时间为 t 时的股票价格；D_t 为从 $t-1$ 到 t 这段时间内支付的股息。

【例 7.1】假设你去年买了一股上柴动力股票。你最初的购买价为 50 元（P_{t-1}），而后来的出售价为 53 元（P_t），在当年年底，该股票获得了 5 元的股息收益，你投资这只股票的收益率是多少？

【解析】根据公式计算，该股票的投资收益率为

$$R_t = \frac{53 - 50}{50} + \frac{5}{50} = 6\% + 10\% = 16\%$$

（二）股票市场

世界上最早的股份有限公司制度诞生于 1602 年在荷兰成立的东印度公司。股份有限公司

这种企业组织形态出现以后，很快为资本主义国家广泛利用，成为资本主义国家企业组织的重要形式之一。在1611年，东印度公司的股东们在阿姆斯特丹股票交易所就进行着股票交易，并且后来又有了专门的经纪人撮合交易。阿姆斯特丹股票交易所形成了世界上第一个股票市场。目前，股份有限公司已经成为最基本的企业组织形式之一，股票已经成为大企业筹资的重要渠道和方式，也是投资者投资的基本选择方式。股票市场（包括股票的发行和交易市场）与债券市场成为资本市场的基本内容。

股票市场是上市公司筹集资金的主要途径之一。随着商品经济的发展，企业的规模越来越大，就需要大量的长期资本。而如果单靠企业自身的资本化积累，是很难满足生产发展需求的，所以必须从外部筹集资金。因此，发行股票来筹集资本就成为发展壮大企业的一种重要途径，而股票交易在整个证券交易中占有相当重要的地位。

（三）我国股票市场概况

自1990年上海和深圳证券交易所分别设立以来，我国资本市场在探索中前进，在改革中创新，可以说在一定意义上走完了成熟市场200多年走过的路程。2016年年底，中国股票总市值全球排名第二，仅次于美国。截至2016年12月底，沪深两市上市公司达到3 052家，总市值为50.76万亿元，全年累计成交金额126.39万亿元。覆盖股权和债权的多层次资本市场已经初步形成。沪深市场主板、中小板、创业板上市公司分别为1 636家、848家和568家，在区域性股权转让市场和产权交易市场挂牌的企业有数千家；众多行业龙头和一大批大型企业发行上市，上市公司在国民经济中的代表性日益增强。具有初始资本市场形态的股权基金、产业投资基金这些年也得到迅速发展，据估计，现在各类创投资金超过1万亿元。表7.1反映了我国自2008年以来股市飞速发展的状况。

表7.1　2008—2016年我国股市发展的总体情况

年份	公司总数（家）	总股本（亿股）	流通股本（亿股）	总市值（亿元）	累计成交额（亿元）
2008	1 604	18 851.85	6 939.75	121 366.53	260 722.85
2009	1 700	20 567.56	14 180.07	243 938.89	524 866.06
2010	2 063	26 984.97	19 441.85	265 422.35	535 961.83
2011	2 342	29 745.46	22 500.05	214 757.87	414 396.64
2012	2 494	31 833.99	24 777.88	230 357.18	309 273.68
2013	2 489	33 822.35	29 996.99	239 076.92	459 830.19
2014	2 613	36 794.92	32 289.66	372 546.93	733 595.76
2015	2 827	43 015.27	37 043.59	531 303.99	2 530 071.65
2016	3 052	48 750.53	41 135.79	507 686.25	1 263 913.81

二、股票的分类及各种股票的特点

根据不同的标准可以将股票进行不同的分类。

（一）优先股和普通股

根据股东拥有的求偿次序和控制权的不同，可以将股票分为普通股和优先股。我们将依次介绍普通股和优先股的特点。

1. 普通股的概念及特征

普通股是在优先股要求权得到满足之后才参与公司利润和资产分配的股票，它代表着最终的剩余求偿权，其股息收益上不封顶，下不保底，每一阶段的红利数额也是不确定的。每个股东拥有的股票份额代表着该股东占有公司的所有权份额。通常，每一股普通股代表在公司年度股东大会上拥有一份表决权。同时，它也代表着其持有者对公司利润的一份要求权。因此普通股股东拥有的权利有以下几种。

（1）剩余求偿权

当公司宣布破产进入清算阶段，公司的资产清偿顺序依次是：应付工资清偿、偿还公司债务清偿、应付税款、公司优先股清偿、普通股资本清偿。而当公司被迫破产时，往往是资不抵债，债务人都极有可能遭受损失，普通股股东也往往是血本无归。因此普通股的这种剩余求偿权使得它成为一种风险很大的投资资产。

（2）有限责任

相对于无限责任公司的股东而言，普通股的一个重要特征是它具有有限责任。从法律上讲，有限责任意味着当公司价值低于其债务价值时，普通股的损失只局限于其投入公司的初始资本，股东的其他财产不会因为公司的破产而受到影响，公司债权人无权对股东的其他财产进行追究。相反，对于非有限责任公司而言，当公司资不抵债时，股东应该以全部资产来偿还公司债务。此时，股东负有无限责任。

（3）投票权

现代公司制度的一个重要特点是采取所有权和经营权分离，公司股东拥有企业所有权，股东通过股东大会选出董事会，再由董事会选择公司的经营管理层，间接控制公司的业务活动。虽然股东无权干涉公司的日常经营决策，但是有对公司重大事务的决策权，例如公司重大战略的制定和变更、公司章程的变更、更换公司高级管理层、企业兼并和重组等重大事宜，股东以此来维护自身利益。

（4）优先认股权

公司发行新股时，普通股股东有权按持股比例优先认购新股，这样做是为了保障股东在公司中的地位和权益。由于新股票的发行价一般低于股票的市场价值，因此优先认股权是一种有价证券，相当于一种期权。公司通常采用配股方式向股东提供优先认股权，股东可以购买新股，卖出优先认股权，也可以放弃优先认股权。

2. 普通股的分类

普通股的价格受公司的经营状况、经济政治环境、心理因素、供求关系等诸多因素的影响，其波动没有范围限制，暴涨暴跌现象屡见不鲜。因此，普通股的投资风险较大，其预期收益率高。而根据其风险特征，普通股又可分成以下几类。

（1）蓝筹股。蓝筹股是指具有稳定的盈余记录，能定期分派较优厚的股息，被公认为业绩优良的公司的普通股票，又称为"绩优股"。我国的股市发展较晚，但是也涌现出了一批蓝筹股。我国的蓝筹股有长江电力、中国石化、中国联通、鞍钢新轧、粤高速、民生银行等。

（2）成长股。成长股是指这样一些公司所发行的股票：它们的销售额和利润额持续增长，而且其速度快于整个国家和本行业的增长。这些公司通常有宏图伟略，注重科研，留有大量利润作为再投资以促进其扩张。它的股利发放较低，但是预期资本利得较高。

（3）收益股。收益股也称收入股、高息股，是能够支付较高收益的股票，股票发行公司生意稳定，扩展机会不大，所以其净利润会转化为较高的收益用以发放股利。收益股的特点是稳定性较好，其股价暴涨暴跌相对于低息股而言要小，此外，尽管其市场价格较高，但上涨的幅度及潜力仍然较大。这类股票适于中长期投资者。

（4）周期股。周期股有两种情况：一是指股票发行公司的经营状况易受整个经济周期的变化而波动，如建筑、水泥、钢材、汽车等行业；二是指股票发行公司本身的经营状况有周期变动的特征，如冰箱、饮料、服装等行业。繁荣时期，周期股的效益可观；萧条时期，周期股的收益降低。反映到股票的价格方面，其波动幅度则较大。

（5）防守股。防守股是指在经济条件恶化时，股息和红利要高于其他股票平均收益的股票，此类股票的发行公司大多是经营公用事业及生活必需品的行业，例如水、电、交通、食品、医药等，其发行的股票也称"公用股"或"基础股"。与周期股相反，其经营比较稳定，不受经济周期变动的影响，因而能持续地提供稳定股利。一般而言，防守股风险较小，收益较为稳定，适于以投资为主要目的而不是以获得短期价差为主要目的的投资者，即适用于长期投资。

（6）投机股。投机股是指那些易被投机者操纵而使价格暴涨暴跌的股票，即那些价格很不稳定或公司前景很不确定的普通股。这主要是那些雄心很大，具有很大开发性或冒险性的公司的股票。

3. 优先股

优先股是指在剩余求偿权方面较普通股优先的股票，这种优先性表现在分得固定股息并且在普通股之前收取股息。但是，优先股在剩余控制权方面则劣于普通股，优先股股东通常是没有投票权的，只是在某些特殊情况下才具有临时投票权，例如，当公司发生财务困难而无法在规定时间内支付优先股股息时，优先股股东就具有投票权而且一直延续到支付股息为止。

由于优先股股息通常是固定的，因此优先股的价格与公司的经营状况的关系不如普通股密切，而主要取决于市场利息率，其风险小于普通股，预期收益率也低于普通股。但是有些优先股是可以参加分红的，根据是否可以参加分红可将优先股分为参与优先股和非参与优先股。当公司盈利非常高时，参与优先股就能分得一部分红利。根据优先股股利能否递延到下一期，可将优先股分为积累优先股和非积累优先股。当公司某一年度无力发放优先股股利时，非积累优先股股利就不能顺延到以后的各期；而积累优先股股息在将来公司盈余时再补齐。

（二）面值股和无面值股

按股票是否有面值金额加以划分，可分为有面值股与无面值股。

有面值股票是指在股票票面上记载一定金额（股票面值）的股票。此类股票的票面金额计算方法是资本余额除以股份数，一般地，有面值股票的股息是用其票面金额的百分比来表示的。

无面值股票是指在股票票面上不记载股票面额，只注明它在公司总股本中所占的比例的股票。无面值股票没有票面价值，其价值反映在股票发行公司的账面上。

（三）我国股票的特殊分类

按照我国目前特殊的国情，对我国股票还可有一些特殊的分类，在此进行简要介绍。

1. 国有股、法人股、个人股及社会公众股

国有股是指有权代表国家投资的部门或机构以国有资产向公司投资形成的股份，包括以

公司现有国有资产折算成的股份。由于我国大部分股份制企业都是由原国有大中型企业改制而来的，因此，国有股在公司股权中占有较大的比重。通过改制，多种经济成分可以并存于同一企业，国家则通过控股方式，用较少的资金控制更多的资源，巩固了公有制的主体地位。

法人股是指企业法人或具有法人资格的事业单位和社会团体以其依法可经营的资产向公司非流通股权部分投资所形成的股份。根据法人股认购的对象，可将法人股进一步分为境内发起法人股、外资法人股和募集法人股三种。

社会公众股是指我国境内个人和机构，以其合法财产向公司可上市流通股权部分投资所形成的股份。我国投资者通过 2 亿多股东账户在股票市场买卖的股票都是社会公众股。除少量公司职工股、内部职工股及转配股上市流通受一定限制外，绝大部分的社会公众股都可以上市流通交易。

2．A 股、B 股、H 股与 N 股

按照股票的发行与交易范围，我国的股票可分为 A 股、B 股、H 股与 N 股。

补充阅读
我国的股权分置改革

A 股是指股份有限公司经过特定程序发行的以人民币标明面值、由中国公民买卖的记名普通股。

B 股是指在中国境内股份有限公司经过特定程序发行的以人民币标明面值、以外汇进行买卖，在境内证券交易所上市交易，由境外居民与法人购买的股票。现在这种限制已经没有了。

H 股和 N 股是中国企业（公司）在内地注册，分别在中国香港和纽约上市的港元股和美元股。

三、股价指数的计算

股票价格指数（indexes）简称股票指数或股指，通常被投资者视为市场的"风向标"。那么，股指是怎样编制和计算出来的呢？

计算股票指数，要考虑四个因素：①样本股票必须具有典型性、普遍性。为此，选择样本时应综合考虑其行业分布、市场影响力、股票等级、适当数量等因素；②计算方法应具有高度的适应性，能对不断变化的股市行情做出相应的调整或修正，使股票指数或平均数有较好的敏感性；③要有科学的计算依据和手段。计算依据的口径必须统一，一般均以收盘价为计算依据，但随着计算频率的增加，有的以每小时价格甚至更短的时间价格计算；④基期应有较好的均衡性和代表性。

（一）简单算术股票指数

计算简单算术股票指数的方法有两种，分别是相对法和综合法。

相对法又称平均法，就是先计算各样本股票指数，再加总求出的算术平均数。其计算公式为

$$股票指数 = \frac{1}{n}\sum_{i=1}^{n}\frac{P_1^i}{P_0^i} \tag{7.2}$$

其中，P_0^i 表示第 i 种股票的基期价格，P_1^i 表示第 i 种股票的报告期价格，n 为样本数。英国的《经济学家》普通股价格指数就是采用这种方法计算出来的。

综合法是先将样本股票的基期和报告期价格分别加总，然后相比求出股票指数，即

$$股票指数 = \frac{\sum_{i=1}^{n} P_1^i}{\sum_{i=1}^{n} P_0^i} \qquad (7.3)$$

（二）加权股票指数

加权股票指数是根据各期样本股票的相对重要性予以加权，其权重可以是成交股数、总股本等。按时间划分，权数可以是基期权数，也可以是报告期权数。以基期成交股数（或总股本）为权数的指数称为拉斯拜尔指数，其计算公式为

$$拉斯拜尔指数 = \frac{\sum P_1^i Q_0^i}{\sum P_0^i Q_0^i} \qquad (7.4)$$

以报告期成交股数（或总股本）为权数的指数称为派许指数，其计算公式为

$$派许指数 = \frac{\sum P_1^i Q_1^i}{\sum P_0^i Q_1^i} \qquad (7.5)$$

其中，P_0^i 和 P_1^i 分别表示基期和报告期的股价，Q_0^i 和 Q_1^i 分别表示基期和报告期的成交股数（或总股本）。拉斯拜尔指数偏重基期成交股数（或总股本），而派许指数则偏重报告期的成交股数（或总股本）。目前，世界上大多数股票指数都是派许指数，只有德国法兰克福证券交易所的股票指数为拉斯拜尔指数。

（三）世界上几种著名的股指

道·琼斯股票指数是世界上历史最为悠久的股票指数，它的全称为股票价格平均指数。它是在 1884 年由道·琼斯公司的创始人查理斯·道开始编制的。现在的道·琼斯股票价格平均指数是以 1928 年 10 月 1 日为基期因为这一天收盘时的道·琼斯股票价格平均数恰好为 100，所以就将其定为基准日。而以后股票价格同基期相比计算出的百分数，就成为各期的股票价格指数。道·琼斯股票价格平均指数最初的计算方法是用简单算术平均法求得，当遇到股票的除权除息时，股票指数将发生不连续的现象。1928 年后，道·琼斯股票价格平均指数就改用新的计算方法，即在计点的股票除权或除息时采用连接技术，以保证股票指数的连续性，从而使股票指数得到了完善，并逐渐推广到全世界。

标准·普尔股票价格指数是美国最大的证券研究机构即标准·普尔公司编制的股票价格指数，在美国也很有影响。该公司于 1923 年开始编制发布股票价格指数。几十年来，虽然有股票更迭，但始终保持为 500 种。标准·普尔公司股票价格指数以 1941 年至 1943 年抽样股票的平均市价为基期，以上市股票数为权数，按基期进行加权计算，其基点数为 10。以目前的股票市场价格乘以股票市场上发行的股票数量为分子，用基期的股票市场价格乘以基期股票数为分母，相除之数再乘以 10 就是标准普尔股票价格指数。

纽约证券交易所股票价格指数是由纽约证券交易所编制的股票价格指数。它起自 1966 年 6 月，先是普通股股票价格指数，后来改为混合指数，包括了在纽约证券交易所上市的 1 500 家公司的 1 570 种股票。纽约股票价格指数是以 1965 年 12 月 31 日确定的 50 点为基数，采用的是综合指数形式。

日经道·琼斯股价指数（日经平均股价指数）是由日本经济新闻社编制并公布的反映日

本股票市场价格变动的股票价格平均指数。该指数从 1950 年 9 月开始编制。按计算对象的采样数目不同，该指数分为两种，一种是日经 225 指数，其所选样本均为在东京证券交易所第一市场上市的股票；另一种是日经 500 指数。

《金融时报》股票价格指数，全称是"伦敦《金融时报》工商业普通股股票价格指数"，是由英国《金融时报》发布的。该股票价格指数包括了在英国工商业中挑选出来的具有代表性的 30 家公开挂牌的普通股股票。它以 1935 年 7 月 1 日作为基期，其基点为 100 点。该股票价格指数以能够及时显示伦敦股票市场情况而闻名于世。

（四）我国的股价指数

由上海证券交易所（以下简称"上交所"）编制并发布的上证指数系列，包括上证 180 指数、上证 50 指数、上证综合指数、A 股指数、B 股指数、分类指数、债券指数、基金指数等。这些指数从总体和各个不同侧面反映了上交所上市证券品种价格的变动情况，可以反映不同行业的景气状况及其价格整体变动状况，从而给投资者提供不同的投资组合分析参照系。其中，最早发布的上证综合指数，是以上交所挂牌上市的全部股票为计算范围、以发行量为权数的加权综合股价指数。这一指数自 1991 年 7 月 15 日起开始实时发布，基日定为 1990 年 12 月 19 日，基日指数定为 100 点。

综合反映深圳证券交易所（以下简称"深交所"）全部 A 股和 B 股上市股票股价走势的深证综合指数，也是以发行量为权数的加权综合股价指数。这一指数以 1991 年 4 月 3 日为基日，基日指数定为 100 点。目前通常被用来描述深圳股市走势的深证成分股指数，是从深交所上市的所有股票中抽取具有市场代表性的 40 家上市公司的股票作为计算对象，并以流通股为权数计算得出的加权股价指数，综合反映深交所上市 A、B 股的股价走势。这一指数取 1994 年 7 月 20 日为基日，基日指数定为 100 点。成分股指数于 1995 年 1 月 23 日开始试发布，1995 年 5 月 5 日正式启用。

2005 年 4 月 8 日，我国股市诞生了首个跨市场指数沪深 300 指数。这一指数是在上海和深圳证券市场中选取 300 只 A 股作为样本编制而成，以 2004 年 12 月 31 日为基日，基日指数定为 100 点。

补充阅读
股价指数的联动性

上证、深证指数系列均采用派许加权综合价格指数公式，并进行"实时逐笔"计算。具体做法是：在每一交易日集合竞价结束后，用集合竞价产生的股票开盘价（无成交者取前一天收盘价）计算开盘指数，以后每有一笔新的成交，就重新计算一次指数，直至收盘，实时对外发布。

第二节　债券市场

债券由于现金流相对稳定，又被称为固定收益证券。债券种类繁多，家族庞大，发行规模巨大。债券市场在整个金融体系中占有重要地位。

一、债券市场概述

债券是投资者向政府、公司或金融机构提供资金的债权债务合同，该合同载明发行者在指定日期支付利息并在到期日偿还本金的承诺。其要素包括期限、面值与利息、税前支付利息、求偿等级（seniority）、限制性条款、抵押与担保及选择权（如赎回与转换条款）。债券和股票是资本市场的两种主要的金融工具，但是各有特点。

（1）股票一般是永久性的，因而是无需偿还的；而债券是有期限的，到期日必须偿还本金，且每半年或一年支付一次利息，因而对于公司来说，若发行过多的债券就可能资不抵债而破产，而公司发行越多的股票，其破产的可能性就越小。

（2）股东从公司税后利润中分享股利，而且股票本身增值或贬值的可能性较大；债券持有者则从公司税前利润中得到固定利息收入，而且债券面值本身增值或贬值的可能性不大。

（3）在求偿等级上，股东的排列次序在债权人之后，当公司由于经营不善等原因破产时，债权人有优先取得公司财产的权利，其次是优先股股东，最后才是普通股股东。但通常，破产意味着债权人要蒙受损失，因为剩余资产不足以清偿所有债务，这时债权人实际上成了剩余索取者。尽管如此，债权人无权追究股东个人资产。同时，债券按索取权的排列次序也区分为不同等级，高级（senior）债券是指具有优先索取权的债券，而低级或次级（subordinated）债券是指索取权排名于一般债权人之后的债券，一旦公司破产清算，先偿还高级债券，然后才偿还次级债券。

（4）限制性条款涉及控制权问题，债权人一般没有投票权，但他可能要求对大的投资决策有一定的发言权，这主要表现在债务合同常常包括限制经理及股东职责的条款，如在公司进行重大的资产调整时要征求大债权人的意见；另一方面，在公司破产的情况下，剩余控制权将由股东转移到债权人手中，债权人有权决定是清算公司还是重组公司。

（5）权益资本是一种风险资本，不涉及抵押担保问题；而债务资本可要求以某一或某些特定资产作为保证偿还的抵押，以提供超出发行人通常信用地位之外的担保，这实际上降低了债务人无法按期还本付息的风险，即违约风险（default risk）或称信用风险（credit risk）。

（6）在选择权方面，股票主要表现为可转换优先股和可赎回优先股，而债券则更为普遍。一方面多数公司在公开发行债券时都附有赎回（redemption 或 call）条款，在某一预定条件下，由公司决定是否按预定价格（一般比债券面值高）提前从债券持有者手中购回债券。另一方面，许多债券附有可转换性（convertible），这些可转换债券在到期日或到期日之前的某一期限内可以按预先确定的比例（称为转换比率）或预先确定的价格（转换价格）转换成股票。

债券市场是发行和买卖债券的场所，是金融市场的一个重要组成部分。它有助于将个人、公司和政府部门的闲置资金转移给那些需要进行长期债券业务融资的公司和政府部门。

二、政府债券市场

政府债券是指中央政府、政府机构和地方政府发行的债券，它以政府的信誉作为保证，因而通常无需抵押品，其风险在各种投资工具中是最低的。根据发行债券的主体不同，可以将政府债券分为国债、市政债券和政府机构债券。

（一）国债

国债是各国中央政府以债务人的身份发行的，以国家信誉为担保的债券，在资本市场上，指的是政府发行的中长期债券。通常国际上的中期国债是指期限在 1～10 年的国债；长期国债指期限在 10～30 年的国债。通常国债的最小面值是 1 000 元。中央政府发行国债的目的是为了平衡财务赤字、作为国家货币政策的工具和用于经济建设，尤其是用于公共基础建设。

与短期国债一样，中长期国债通常以国家的财政收入为保证，一般没有违约风险，故而又被称为"金边债券"。因而中长期国债的到期收益率相对要低一些。然而购买国债并非没有风险，由于国债的期限较长，当利率变化时，它们的价格波动幅度要大于货币市场上证券的价格变动幅度。另外，一些以前发行的中长期国债流动性可能低于新发行的国债，这样可能会产生流动性的风险。

国债可以按照不同的标准进行多种方式分类。从国债形式来看，我国现阶段发行的国债可以分为凭证式国债、无记名国债和记账式国债。凭证式国债是一种国家储蓄债，可记名挂失，不能上市，从购买之日起计息。无记名国债是一种实物国债，不记名，不挂失，可上市。记账式国债是以记账的形式记录国债，通过证券交易所的交易系统发行和交易，可记名，可挂失，是一种无纸化国债。

1. 国债的一级市场

国际上国债发行通常采用拍卖的方式。国债招标根据不同的标准可以划分为不同的类型。按照招标过程是否公开划分，可以分为封闭招标和公开招标两种。相对而言，在封闭招标中，投标者之间进行勾结以操纵招标结果的可能性较小。从各国的实践来看，用于国债发行的招标也大多采取封闭招标的形式。

国债招标最主要的方式，按照中标者认购价格的确定方式划分，可分为荷兰式招标和美国式招标。这两种招标方式有两个方面的区别，现以利率招标为例分别说明如下。

① 利率确定方式不同。荷兰式招标方式下，先将所有投标人所报的利率标位由低到高排列，与此同时将各个投标额相加。当投标总额达到预定发行额时，此时对应的最高利率标位即为当期国债的票面利率；在美国式招标方式下，同样是将所有投标人所报的利率标位由低到高排列并将各个投标额相加直至投标总额达到预定发行额，所不同的是，美国式招标将所有中标标位加权平均的结果作为当期国债的票面利率，其中每个标位的权重是该标位上认购额度占发行总量的比例。

② 各中标人的实际收益率不同。荷兰式招标中，所有中标人的实际收益率都等于中标利率，也就是都等于当期国债的票面利率；而在美国式招标中，各中标人的实际收益率为他自己投标时的实报标位。

与国际上普遍实行的投标方式不同，我国财政部于 2004 年推出了国债混合式招标方式。在该方式下，当标的为利率时，全场加权平均中标利率即为当前国债的票面利率。投标利率低于或等于票面利率的标位，按票面利率承销当期国债；投标利率高于或等于票面 10% 以内的标位，按各自中标利率承销当期国债；投标利率高于票面 10% 以上的标位，全部落标。当标的为价格时，以投标数量为权重计算全场加权平均中标价格。投标价格高于或等于全场加权平均价格的标位，按加权平均投标价位承销当期国债；投标价格低于全场加权平均投标价格 10% 的标位，按各中标价格承销当期国债；投标价格低于全场加权平均投标价格 10% 以下的标位，全部落标。总之，在国债混合式国债招标方式下，基本承销额按全场加权平均中标利率或价格承销。

补充阅读
财政部公告
（2017 年第 58 号）

我国国债的发行除了采用混合式招标的方式以外，还先后使用过其他三种发行形式：直接发行、代销及包销。这些方法和一般的证券发行方式一样，不再赘述。不过我国 20 世纪 80 年代所使用的直接发行是一种摊派的方式。

2. 国债的二级市场

国债的二级市场也就是国债的流通市场。投资者在购买了国债后可以随时变现、交易；国债也可以作为回购交易的标的，有利于机构资金的周转；国债同时也是政府实现宏观调控进行市场操作的工具。所以国债的二级市场对资本市场来说同样重要。

国债的二级市场有两种类型：一种是场外交易；另一种是在证券交易所交易。场外交易也叫柜台交易，是国债在证券交易所以外的交易。美国的国债有一个庞大的二级市场，柜台交易遍及各地。参加场外交易的为金融机构国债经纪人和交易商。场外交易主要是通过电话、电传等通信网络以及网上撮合来完成。证券交易所交易是国债在证券交易所挂牌公开交易。国债在证券交易所交易采用公开竞价的方式进行。在这种交易中，采用的是价格优先和时间优先的原则。

我国的情况比较特殊，由于银证分业，因此还存在一个交易额巨大的银行间交易市场。银行间建仓采用一对一询价、逐笔协议成交的方式进行，交易结果报中央国债登记结算有限公司和全国银行间同业拆借中心，资金清算由双方直接划往指定账户，国债由中央国债登记有限公司转托管。

（二）市政债券

在多数国家，地方政府都可以发行债券。市政债券是由地方政府或地方政府部门发行的，其目的是为了弥补暂时性的业务收入和支出的不平衡，或者是为了筹集资金进行长期投资，比如建学校、公用设施和运输系统等。以美国为例，市政债券对家庭投资者有很大的吸引力，因为市政债券的收益可以免缴个人所得税，而且在多数情况下，还可以免缴州和地方税，而国债利息只能免缴州和地方税，这使得州和地方政府利息成本较低。

市政债券包括两类：普通债务债券和收入债券。普通债务债券以发行者的财政收入作为偿债担保。收入债券的发行者是为了特定的投资项目进行投资，以投资的收益作为债务偿本付息的保证。如果投资失败，地方政府也不能用税收收入来偿债。因此收入债券在市政债券中的违约风险相对较高。市政债券的发行和公司债券的发行大致相同，公开发行可以采用包销、代销的方式，也可采用私募的发行方式。市政债券的二级市场非常冷清，与国债市场相比流动性较低，其主要原因是发行者的信息不够公开。

我国地方政府债务融资由来已久，但规范发行地方政府债券，是经过多年实践积累和经验总结才逐渐成形的。2009 年至今，我国地方政府债券发行大致经历了三个阶段：一是"代发代还"阶段，由于当时地方政府债券的发行渠道尚未建立，2009 年和 2010 年，地方政府债券全部由财政部"代发代还"；二是"自发代还"试点阶段，2011—2013 年，国务院先后批准上海、江苏等 6 个省市在限额内实施地方政府债券"自发代还"；三是"自发自还"试点阶段，2014 年，国务院批准浙江、上海等 10 个省市试点实施地方政府债券"自发自还"。

随着 2014 年《中华人民共和国预算法》的修订及《国务院关于加强地方政府性债务管理的意见》的出台，我国地方政府债券市场发展进入法治化建设的新阶段。《中华人民共和国预算法》的修订，初步解决了地方政府融资"怎么借""怎么管"和"怎么还"的问题，为发债融资提供了法律支持。《国务院关于加强地方政府性债务管理的意见》则进一步明确了从 2015 年开始，地方政府只能通过发行债券融资，并对地方政府债券品种、债务规模、风险预警机制及相应的配套制度做出了原则性安排。

（三）政府机构债券

在美国、日本等不少国家，一些政府机构也可发行债券。这些债券的收支偿付均不列入政府预算，而是由发行单位自行负责。有权发行债券的政府机构有两种：一种是政府部门机构和直属企事业单位，如美国住房和城市发展部下属的政府国民抵押贷款协会（GNMA）；另一种是虽然由政府主办却属于私营的机构，如联邦国民抵押贷款协会（FNMA）和联邦家庭贷款抵押有限公司（FHLMC）。这些政府有关机构或资助企业具有某些社会功能，它们通过发行债券的经济部门增加信贷资金以及降低融资成本，其债券最终由中央政府作后盾，因而信誉也很高。

课堂讨论

我国地方政府机构债券有什么特点？

三、公司债券

公司债券是指公司所发行的全部中长期债券。债券合约是一项规定了持有者权利和发行者义务的法律合同。该合约要求不管公司业绩如何都应优先偿还其固定收益，否则将在相应破产法的裁决下寻求解决，因而其风险小于股票，但高于政府债券。

（一）公司债券的分类

公司债券的种类很多，通常可分为以下几类。

1. 按抵押担保状况分类

（1）信用债券（debenture bonds），是完全凭公司信誉，不提供任何抵押品而发行的债券。其持有者的求偿权排名于有抵押债权人对抵押物的求偿权之后，对未抵押的公司资产有一般求偿权，即和其他债权人排名相同，发行这种债券的公司必须有较好的声誉，一般只有大公司才能发行，而且期限较短，利率较高。

（2）次级信用债券（subordinated debentures），也是无担保债券，且其权益排在抵押债券和普通债券后面，发行公司破产时，只有抵押债券和信用债券偿还完毕后才能清偿次级信用债券。因此次级信用债券是一种风险最大的债券，它要求的收益率通常也高于其他债券。由于其信用级别在投资级以下，依次附属债券也被称为高收益债券或垃圾债券。

（3）抵押债券（mortgage bonds），是以土地、房屋、设备等不动产为抵押品而发行的一种公司债。如果公司不能按期还本付息，债权人有权处理抵押品以资抵偿。在以同一不动产为抵押品多次发行债券时，应按发行顺序分为第一抵押债券和第二抵押债券，前者对抵押品有第一留置权，首先得到清偿；后者只有第二留置权，只能待前者清偿后，用抵押品的剩余款偿还本息。由于抵押债券有发行公司的具体资产作为保证，因此其投资风险要低于无担保债券，同时，抵押债券的收益率要低于无担保债券。设备信托债券就是以项目投资所购买的设备作为抵押品的债券。

（4）担保信托债券（collateral trust bonds），是以公司持有的各种动产或有价证券为抵押品而发行的公司债券，也称流动抵押公司债。用作抵押品的有价证券必须交由受托人保管，但公司仍保留股票表决及接受股息的权利。

2. 按利率分类

（1）固定利率债券（fixed-rate bonds），是指事先确定利率，每半年或一年付息一次，或一次还本付息的公司债券。这种公司债券最为常见。

（2）浮动利率债券（floating rate bonds），是在某一基础利率（例如同期限的政府债券收益率、优惠利率、LIBOR 等）之上增加一个固定的溢价，如 100 个基点即 1%，以防止未来市场利率变动可能造成的价值损失。对某些中小型公司或经营状况不太稳定的大公司来说，发行固定利率债券有困难或成本过高时，可考虑选择发行浮动利率债券。

（3）通胀指数化债券（inflation-indexed bonds），是指债券本金和利息的到期支付根据既定的通胀指数变化情况调整的债券。这种债券发行时通常先确定一个实际票面利率，而到期利息除按票面确定的利率标准支付外还要再加上按债券条款规定期间的通货膨胀率，本金的到期支付一般也根据债券存续期间通胀率调整后支付。通胀指数化债券的持有人收到的利息等于宣布的利息加上通货膨胀率升水。

（4）零息债券（zero-coupon bonds），即以低于面值的贴现方式发行，到期按面值兑现，不再另付利息的债券。它与国库券相似，可以省去利息再投资的麻烦，但这种债券价格对利率变动极为敏感。

3. 按内含选择权分类

（1）可赎回债券（callable bonds）。很多公司债券在发行时都包含了赎回条款（call provision），允许发行者按照某一固定的价格将债券从市场买回，这一赎回价格通常高于债券面值，一般是面值加上一年的利息收入。赎回价和面值之间的差额被称为赎回溢价。公司设立赎回条款是为了在市场利率低于票面利率时赎回旧债，并以较低的成本发行新债来筹集资金。这样往往对投资者不利，因此很多国家为了保护投资者的利益都设立了延期赎回条款。该条款规定债券的赎回权一般只能在发行十年后才能生效。因为可赎回条款对投资者不利，所以这种债券的收益率比同条件下其他债券高一些。

（2）偿还基金债券（sinking fund bonds），是要求发行公司每年从盈利中提存一定比例存入信托基金，定期偿还本金，即从债券持有人手中购回一定量的债券。由于偿债基金条款降低了债券的到期违约可能性，因此对投资者有利，它的收益率要低于相同条件下没有偿债基金的债券。

（3）可转换债券（convertible bonds），是指发行人按法定程序发行的，赋予债券投资者在发行后的特定时间内，按照自身的意愿选择是否按照约定的转化价将债券转换为股票的权利的一种债券。转换性条款使其所有者可以分享公司股票升值。可转换条款实质上是提供给投资者的一种期权。一张债券可转换为股票的份额称为转换率。

（4）可赎回债券给予发行者在赎回期内选择是否赎回债券的选择权。而可卖回债券把这种选择权赋予投资者，如果债券的利率超过当前的市场收益率，持有者将选择持有；如果债券的价格低于市场利率，持有者就会选择把债券卖回给发行公司，再选择高收益率的投资工具。

（5）带认股权的债券或认股权证（stock warrants）。与可转换债券一样，附带认股权的债券使其持有者有机会在固定日期之前以事先确定的价格购买股票。所不同的是，当债券持有人决定购买股票时，只需交换认股权证，无须返还债券。当股票的市场价格比认股权证上规定的价格高时，债券的持有者就会行使认股权证。此外，债券的持有者可以在保留基础债券所有权的同时不行使认股权证，而是将它卖出。

4. 按照企业性质分类

金融债券是银行等金融机构为筹集信贷资金而发行的债券。非金融机构债券是由非金融性公司发行的债券。在西方国家，由于金融机构大多属于股份公司组织，故金融债券可纳入公司债券的范围。发行金融债券，表面看来同银行吸收存款一样，但由于债券有明确的期限规定，不能提前兑现，所以筹集的资金要比存款稳定得多。更重要的是，金融机构可以根据经营管理的需要，主动选择在适当时机发行必要数量的债券以吸引低利率资金，故金融债券的发行通常被看作是银行资产负债管理的重要手段。而且，由于银行的资信度比一般公司要高，所以金融债券的信用风险也较公司债券低。在我国以企业作为发债主体，发行债券由不同的政府主管部门批准，公司债券与企业债券的区别如表 7.2 所示。

表 7.2　公司债券与企业债券的区别

比较项目	公司债券	企业债券
发行主体差别	由股份有限公司或有限责任公司发行的债券	由中央政府部门所属机构、国有独资企业或国有控股企业发行的债券
发债资金用途差别	主要用途包括固定资产投资、技术更新改造、改善公司资金来源结构、调整公司资产结构、降低公司财务成本、支持公司并购和资产重组等	主要限制在固定资产投资和技术革新改造方面，并与政府部门的审批项目直接相关
发债额度差别	最低大致为 1 200 万元和 2 400 万元	发债数额不低于 10 亿元
管制程序差别	公司债券监管机构往往要求公司要有严格的债券信用评级和发债主体的信息披露机制，特别重视发债后的市场监管工作	发行由国家发改委和国务院审批，要求银行予以担保；一旦债券发行，审批部门则不再对发债主体的信息披露和市场行为进行监管
市场功能差别	是各类公司获得中长期债务性资金的一种主要方式	受到行政机制的严格控制，每年的发行额远低于国债、央行票据和金融债券，也明显低于股票的融资额

（二）公司债券的一级市场

公司债券的一级市场是公司债券发行的市场。债券的发行与股票类似，不同之处主要有发行债券契约和债券评级两个方面。同时，由于债券是有期限的，因而其一级市场多了一个偿还环节。

1. 债券契约

债券契约是指债券发行者与投资者之间的协议，包括发行的基本条款以及为维护持有者的利益而对发行者设置的一系列限制。这些限制包括担保品、偿债基金、股息政策和借贷的一系列规定。

（1）偿债基金

一次还本是债券偿还的主要形式。在债券到期时，一次性偿还带来的偿债高峰会给公司的流动性带来困难。偿债基金是指公司按债券持有人要求，定期将按发行额一定比例的资金提取出来存入信托公司，并由信托公司进行投资理财，所获盈利作为基金积累。偿债基金可以两种方式运作：公司可以在公开市场上回购一部分流通在外的债券。公司可以以一个与偿债基金条款有关的特别价购买部分债券；公司具有选择是否以偿债基金价格进行回购的权利。为了在债券持有者之间公平分配偿债基金，被购债券的选择按照数字序列随机产生。

从表面上看，偿债基金主要是通过提供偿债准备金来保障债权人权益的，但它实际上更可能会伤害投资者。主要是因为当利率下降时债券价格上涨，公司更可能按照偿债基金的规定低于市场价格回购债券，股东将受益，而债券持有人将受损。

（2）次级债券

决定公司安全性之一的因素是发行公司全部的未清偿债务的数额。投资者购买了一家公司债券以后，若公司以后又发行更多的债券，则持有者债务违约的可能性将增加。即债券的质量将随着后续债券的发行而降低。为了防止发行者额外发行债券，次级条款的规定限制了发行者额外债务的数量。原始债务清偿优先，后续债务要清偿原始债务。

（3）红利限制

一些公司在临近破产时，会以超额股利等形式将公司的财产进行转移。为了防止这种行为的发生，契约条款限制了公司支付红利的数额。一个典型的规定是，如果公司有史以来的红利支付超过了累计留存收益与股票销售收入之和，就不得继续向股东支付红利。

（4）担保品

某些债券的发行以特定的资产作为发债担保。当公司违约时，公司债券持有者可以得到公司的部分资产。担保品的种类有公司财产和有价证券。如果担保品是公司的财产，该债券被称为抵押债券；如果担保品是有价证券形式，该债券被称为担保信托债券；如果担保品是设备，则该债券被称为设备契约债券。

由于有特殊担保品的支持，抵押债券通常被称为最安全的公司债券。通常的信用债券并不提供担保品，它们是无担保债券。

债券发行还规定了其他条款：公司同意将其营运资本维持在某一最低水平；公司必须按规定向债权人提供财务报表。

2. 债券评级

穆迪、标准普尔公司是两家最著名的评级公司。债券等级取决于：①公司违约的可能性；②公司违约时，贷款合同所能提供给债权人的保护。债券等级的评定则主要是依据公司提供的财务报表进行的。有关债券等级的分类如表 7.3 所示。

表 7.3　债券评级表

债券等级				
类别	高等级	较高级	投机级	低级
标准普尔	AAA　AA	A　BBB	BB　B	CCC　CC　C
穆迪	Aaa　Aa	A　Baa	Ba　B	Caa　Ca　C

穆迪	标准普尔	
Aaa	AAA	是债券等级中最高的级别。这类债券具有极强的本息偿付能力
Aa	AA	有较强的本息偿付能力，它同最高等级债券一起构成债券的最高级别
A	A	本息偿付能力强，但是它比较容易随经济状况而发生不利的变动
Baa	BBB	具有足够的偿债能力，比起高等级债券，不利的经济状况或环境变化更能削弱该级别债券的本息偿付能力。这类债券属于中级债券

债券等级							
类别	高等级		较高级		投机级		低级	

类别	高等级		较高级		投机级		低级	
标准普尔	AAA	AA	A	BBB	BB	B	CCC CC C	
穆迪	Aaa	Aa	A	Baa	Ba	B	Caa Ca C	

穆迪	标准普尔	
Ba	BB	一般认为该等级债券具有显著的投机性，保障条件属于中等
B	B	具有投机性，缺乏投资性，未来的本息缺乏适当的保障
Caa	CCC	Caa（CCC）和 Ca（CC）这两个等级的债券投机度高。尽管这类债券可能具有某种特质和保护型特点，然而它们却带有更大的不确定性或更有可能经历不利的情况，利息可能停付
Ca	CC	
C	C	无力清偿债务的债券。该种债券无法按时支付本息

注释：有时，穆迪和标准普尔会调整债券等级。标准普尔使用加、减号：A+代表 A 级别中最高级别，A-代表 A 级别中最低级，穆迪采用的是 1、2 或 3，其中 1 代表最高级别。

中国自身发展需要一个安全的国际信用环境，履行世界经济发展职责需要中国为国际信用体系安全做出应有的贡献。通过国际评级实践活动，向世界提供更客观真实的评级资讯，推动建立一个超主权利益的国际信用评级体系是中国评级机构参与国际评级的最主要目标。成为评级机构需要经过国家批准。国内有五个由政府各部门核发的全牌照的资信评级机构，分别为大公国际资讯评估有限公司、中诚信国际信用评级责任有限责任公司、联合信用评级有限公司、东方金诚国际信用评级有限公司和上海新世纪资信评估投资服务有限公司。

3. 债券的偿还

债券的偿还一般可分为定期偿还和任意偿还两种方式。

（1）定期偿还。定期偿还是指在经过一定宽限期后，每过半年或 1 年偿还一定金额的本金，到期时还清余额。它一般适用于发行数量巨大、偿还期限长的债券，但国债和金融债券一般不使用该方法。

定期偿还具体有两种方法，一是以抽签方式确定并按票面价格偿还；二是从二级市场上以市场价格购回债券。为增加债券信用和吸引力，有的公司还建立了偿还基金用于债券的定期偿还。

（2）任意偿还。任意偿还是指在债券发行一段时间（称为保护期）以后，发行人可以任意偿还债券的一部分或全部，具体操作可根据早赎或以新偿旧条款进行偿还，也可在二级市场上买回予以注销。

投资银行往往是具体的债权偿还方式的设计者和操作者，在债券偿还过程中，投资银行有时也为发行者代理本金发还。

四、我国的债券市场

（一）总体发行规模

我国的债券市场从 1981 年恢复发行国债开始至今，经历了曲折的历程。1996 年年末建立债券中央托管机构后，我国的债券市场进入了快速发展阶段。目前，我国的债券市场形成了包括银行间市场、交易所市场和商业银行柜台市场三个子市场在内的统一、分层的市场体系。

2016 年，我国债券市场累计发行人民币债券 36.1 万亿元，截至 2016 年年末，债券市场债券托管量达 63.7 万亿元，其中，银行间市场债券托管量为 56.3 万亿元。2016 年，财政部通过银行间债券市场发行债券 8.98 万亿元（包括地方政府债券 6.04 万亿元）；国家开发银行、中国进出口银行、中国农业发展银行在银行间债券市场发行债券 3.4 万亿元，政府支持机构发行债券 2 250 亿元；商业银行等金融机构发行金融债券 1.3 万亿元，信贷资产支持证券发行 3 838.1 亿元，同业存单发行 13 万亿元；资产支持证券试点范围进一步扩大，五家金融机构先后获准在银行间市场发行资产支持证券，总计 3 651.39 亿元。公司信用类债券呈加速发展态势，全年共发行公司信用类债券 8.23 万亿元，同比增加 16.5%。

目前，银行间债券市场的债券发行机构包括财政部、政策性银行、铁道部、商业银行、非银行金融机构、国际开发机构和非金融企业等各类市场参与主体，债券种类日趋多样化。近年来银行间债券市场主要债券品种发行量变化情况如图 7.1 所示。

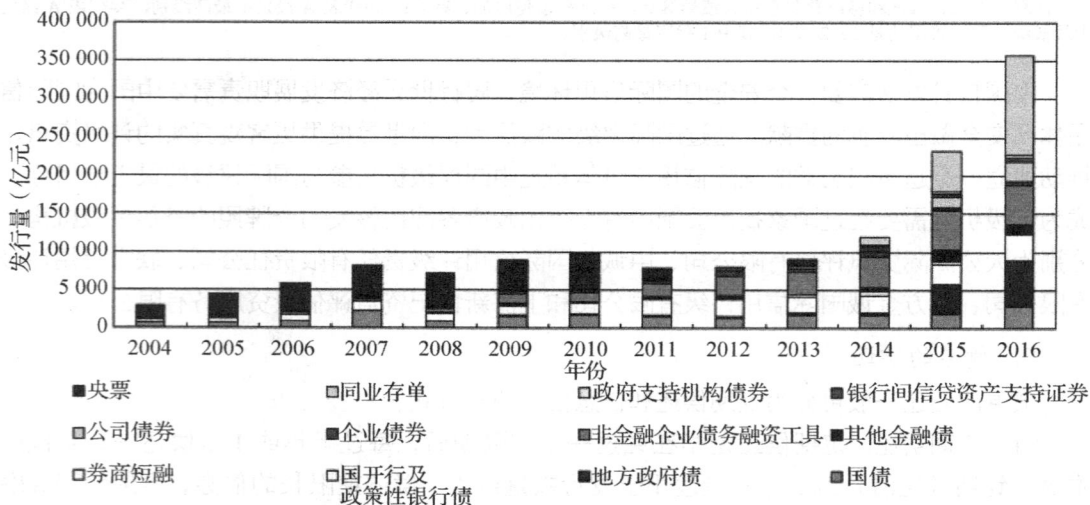

图 7.1　近年来银行间债券市场主要债券品种发行量变化情况

（二）市场格局

从交易场所来看，我国的债券市场可以分为场外交易市场和场内交易市场。其中，场外交易市场主要指银行间债券市场和商业银行柜台交易市场，场内交易市场指交易所债券交易市场（包括上海证券交易所和深圳证券交易所）。从托管量和交易量来看，银行间债券市场是我国债券市场的主体，在我国债券市场中发挥着主导作用。

从托管结构来看，我国债券市场的主体（约占债市存量的 90%）实现了集中统一托管体系。由中央结算公司作为我国债券市场的总托管人，直接托管银行间债券市场参与者的大部分债券资产，而由中国证券登记结算有限公司（简称"中证登"）作为分托管人托管交易所债券市场参与者的债券资产，由四大国有商业银行作为二级托管人托管柜台市场参与者的债券资产。此外尚有部分债券未纳入上述中央托管体系，上海清算所和中证登分别为银行间债券市场和交易所市场直接托管一部分债券（约占债市存量的 10%）。2016 年，银行间市场累计成交 824.2 万亿元，同比增加 34.2%。其中同业拆借累计成交 95.9 万亿元，同比增加 49.4%；债券回购累计成交 568.3 万亿元，同比增加 31.4%；现券成交 127 万亿元，日均成交 5 063 亿元，同比增加 44.1%。近年来银行间市场成交量变

化情况如图 7.2 所示。

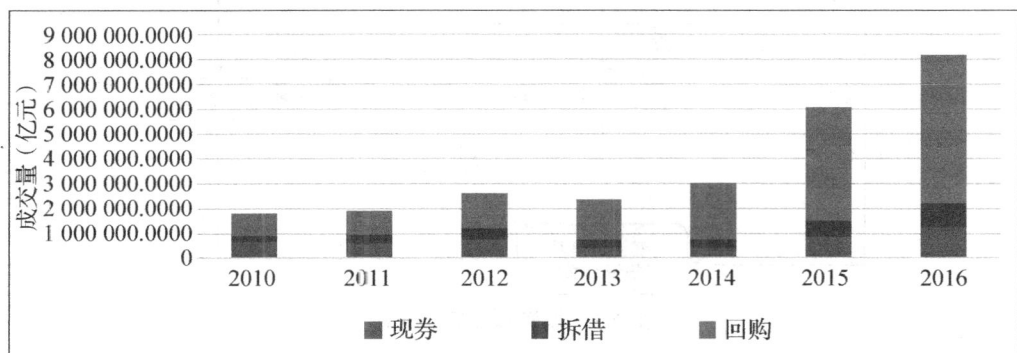

图 7.2 近年来银行间市场成交量变化情况

第三节 投资基金市场

投资基金是资本市场的一个新形态，它本质上是股票、债券及其他证券投资的机构化，它不仅能克服个人分散投资的种种不足，而且也成为了个人投资者分散投资风险的最佳选择，从而极大推动了资本市场的发展。

一、投资基金的定义和形式

（一）投资基金的定义和运作

1. 投资基金的定义

通俗地讲，投资基金就是汇集众多分散投资者的资金，再由投资专家（如基金管理人）按一定的投资策略对其统一进行投资管理，为众多投资者谋利的一种投资工具。投资基金集合大众资金，共同分享投资利润，分担风险，是一种利益共享、风险共担的集合投资方式。

而证券投资基金是指通过发售基金份额募集资金形成独立的基金财产，由基金管理人管理、基金托管人托管，以资产组合的方式进行证券投资。基金份额的持有人对基金享有资产所有权、收益分配权、剩余财产处置权和其他相关权利，并承担相应义务。

2. 投资基金的运作流程

基金是一种集合式投资方式，是投资的机构化，由专业投资人才经营，并把基金投资所获收益分配给基金持有人。它的运作流程如下：

（1）基金发起人通过基金发行把投资者的资金汇集起来。

（2）将该基金委托给投资专家——基金管理人投资运作。其中，①投资者、基金管理人、基金托管人通过签订基金契约，确立投资者出资（并享有收益、承担风险），基金管理人受托负责理财，基金托管人负责保管资金的信托关系；②基金管理人与基金托管人（主要是银行）通过托管协议确立双方的责权；③基金管理人经过专业理财，将投资收益分与投资者。

在我国，基金托管人必须由合格的商业银行担任，基金管理人必须由依法设立的公司或者合伙人担任。基金的运作流程可以通过图 7.3 更好地理解。

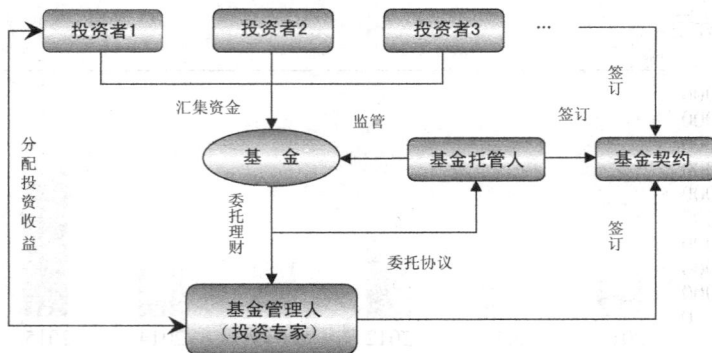

图 7.3　投资基金运作流程

3．基金的形式

在不同的国家基金有不同的形式，在美国，主要的基金形式是公司型开放式基金，被称为"共同基金"；在英国及中国香港地区，主要的基金形式是契约型开放式基金，被称为"单位投资信托"；在日本，主要的基金形式也是契约型开放式基金，被称为"证券投资信托"。

（二）基金的特点和功能

1．集合理财，专业管理

基金将众多投资者的资金集中起来，委托基金管理人进行共同投资，表现出一种集合理财的特点。通过汇集众多投资者的资金，积少成多，有利于发挥资金的规模优势，降低投资成本。基金由基金管理人进行投资管理和运作。基金管理人一般拥有大量的专业投资研究人员和强大的信息网络，能够更好地对证券市场进行全方位的动态跟踪与分析。

2．组合投资，分散风险

为降低投资风险，基金通常以组合投资的方式进行投资运作，"组合投资、分散风险"是基金的一大特色。中小投资者由于资金量小，一般无法通过购买不同的股票分散投资风险。基金通常会购买几十种甚至上百种股票，投资者购买基金就相当于用很少的资金购买了一篮子股票，某些股票下跌造成的损失可以用其他股票上涨的盈利来弥补，因此可以充分享受到组合投资、分散风险的好处。

3．利益共享，风险共担

基金投资者是基金的所有者。基金投资者共担风险，共享收益。基金投资收益在扣除由基金承担的费用后的盈余全部归基金投资者所有，并依据各投资者所持有的基金份额比例进行分配。为基金提供服务的基金托管人、基金管理人只能按规定收取一定的托管费和管理费，并不参与基金收益的分配。

4．严格监管，信息透明

为切实保护投资者的利益，增强投资者对投资基金的信心，中国证监会对基金业实行了比较严格的监管，对各种有损投资者利益的行为进行严厉的打击，并强制基金进行较为充分的信息披露。

5．独立托管，保障安全

基金管理人负责基金的投资操作，本身并不经手基金财产的保管。基金财产的保管由独立于基金管理人的基金托管人负责。这种相互制约、相互监督的制衡机制对投资者的利益提供了重要的保护。

二、基金的分类

根据不同的分类标准，可以将基金分为不同的种类。

（一）按基金的组织形式和法律地位分类

按基金的组织形式和法律地位不同，证券投资基金可分为公司型基金和契约型基金两种。

1. 公司型基金

公司型基金（corporate type fund）依公司法成立，通过发行基金股份将集中起来的资金投资于各种有价证券。公司型基金在组织形式上与股份有限公司类似，基金公司资产为投资者（股东）所有，由股东选举董事会，由董事会选聘基金管理人，基金管理人负责管理基金业务。

公司型基金的设立要在工商管理部门和证券交易委员会注册，同时还要在股票发行的交易所在地登记。

2. 契约型基金

契约型基金（contractual type funds），也称为信托型投资基金，它是依据信托契约通过发行受益凭证而组建的投资基金。该类基金一般由基金管理人、基金托管人及投资者三方当事人订立信托契约。基金管理人可以作为基金的发起人，通过发行受益凭证将资金筹集起来组成信托财产，并依据信托契约，由基金托管人负责保管信托财产，具体办理证券、现金管理及有关的代理业务等；投资者也是受益凭证的持有人，通过购买受益凭证参与基金投资，享有投资收益。基金发行的受益凭证表明投资者对投资基金所享有的权益。

（二）按基金清偿的方式分类

按基金清偿的方式来分类，基金可以分为封闭式基金和开放式基金。

1. 封闭式基金

封闭式基金是指基金的发起人在设立基金时，事先确定发行总额，当筹集到这个总额的80%以上时，基金即宣告成立，并进行封闭。在封闭期内不再接受新的投资，投资者不能要求退回资金，基金也不能增加新的份额。尽管在封闭期内不允许投资者退回资金，但是基金可以在市场上流通。投资者可以通过市场交易套现。

我国封闭式基金单位的流通方式采取在证券交易所挂牌上市交易的办法，投资者买卖基金单位，都必须通过证券商在二级市场上进行竞价交易。

2. 开放式基金

开放式基金是指基金发行总额不固定，基金单位总数随时增减，投资者可以按基金的报价在基金管理人确定的营业场所申购或者赎回基金单位的一种基金。开放式基金可根据投资者的需求追加发行，也可按投资者的要求赎回。对投资者来说，既可以要求发行机构按基金的现期净资产值扣除手续费后赎回基金，也可再买入基金，增持基金单位份额。

我国开放式基金单位的交易采取在基金管理公司直销网点或代销网点（主要是银行营业

网点）通过申购与赎回的办法进行，投资者申购与赎回都要通过这些网点的柜台、电话或网站进行。

由表 7.4 可以看出封闭式基金与开放式基金的主要区别。

表 7.4　封闭式基金与开放式基金的区别

项目	封闭式基金	开放式基金
交易场所	深、沪证券交易所	基金管理公司或代销机构网点（主要指银行等网点）
基金存续期限	有固定的期限	没有固定的期限
基金规模	固定额度，一般不能再增加发行	没有规模限制（但有最低的规模限制）
赎回限制	在期限内不能直接赎回基金，需通过上市交易套现	可以随时提出购买或赎回申请
交易方式	上市交易	基金管理公司或代销机构网点（主要指银行等网点）
价格决定因素	交易价格主要由市场供求关系决定	价格依据基金的资产净值而定
分红方式	现金分红	现金分红、再投资分红
费用	交易手续费：成交金额的 2.5‰	申购费：不超过申购金额的 5% 赎回费：不超过赎回金额的 3%
投资策略	封闭式基金不可赎回，无须提取准备金，能够充分运用资金进行长期投资，取得长期经营绩效	必须保留一部分现金或流动性强的资产，以便应付投资者随时赎回，进行长期投资会受到一定限制。随时面临赎回压力，须更注重流动性等风险管理，要求基金管理人具有更高的投资管理水平
信息披露	基金单位资产净值每周至少公告一次	基金单位资产净值每个开放日进行公告

（三）按投资目标分类

根据投资目标的不同，基金可分为收入型基金、成长型基金和平衡型基金。

1. 收入型基金

收入型基金（income funds）是以获取最大的当期收入为目标的投资基金，其特点是损失本金的风险小，但长期成长的潜力也相应较小，适合较保守的投资者。收入型基金又可分为固定收入型基金（fixed-income）和权益收入型基金（equity-income）两种。前者主要投资于债券和优先股股票，后者则主要投资于普通股股票。

2. 成长型基金

成长型基金（growth funds）是以追求资本的长期增值为目标的投资基金，其特点是风险较大，可以获取的收益也较大，适合能承受高风险的投资者。成长型基金又可分为三种：一是积极成长型基金，这类基金通常投资于有高成长潜力的股票或其他证券；二是新兴成长型基金，这类基金通常投资于新行业中有成长潜力的小公司或有高成长潜力行业（如高科技）中的小公司股票；三是成长收入基金，这类基金兼顾收入，通常投资于成长潜力大、红利也较丰厚的股票。

3. 平衡型基金

平衡型基金（balanced funds）是以净资产的稳定、可观的收入及适度的成长为目标的投资基金，其特点是具有双重投资目标，谋求收入和成长的平衡，故风险适中，成长潜力也不是很大。

（四）按投资对象分类

根据投资对象的不同可以将基金分为股票基金、债券基金、货币市场基金、混合基金、期货基金、期权基金、认股权证基金、房地产基金、贵金属基金、基金中的基金及对冲基金与套利基金。根据定义就可以明白，以哪种证券为投资标的即为什么基金。下面只介绍对冲基金和套利基金。

对冲基金（hedge funds），又称为套期保值基金，是指在金融市场上进行套期保值交易，利用现货市场和衍生市场对冲的基金。这种基金能最大限度地避免和降低风险，因而也称为避险基金。套利基金（arbitrage fund）是指在不同金融市场上利用其价格差异低买高卖进行套利的基金，也属低风险稳回报基金。

三、投资基金的投资成本和收益

（一）基金费用

投资者在选择基金时不仅要考虑基金宣布的投资策略和基金过去的业绩，而且还应该考虑基金的管理费用和其他费用。各国的基金费率水平有一定的差异，但费用的种类却大致相同，基金费用是基金在运作过程中产生的费用支出，部分费用构成了基金管理人、托管人、销售机构以及其他当事人的收入来源。基金费用可分为显现费用和隐含费用两类。显现费用是指投资者交易时自行额外负担的成本，包括销售手续费、赎回手续费等；隐含费用则是指由基金持有者共同分担、反映于基金净值上的成本，包括基金管理费、银行托管费及其他费用。

1. 显现费用

销售手续费即投资者买入基金时向基金销售机构支付的手续费，目前，国内基金的销售手续费为申购金额的 1%～2%，海外基金申购手续费为 1.5%～3%。销售手续费又分为认购费用和申购费用，在基金发行期的销售手续费为认购费用，发行期结束后的日常销售费用为申购费用。一般而言，基金公司为吸引投资者在基金发行时购买基金，认购费率比申购费率要低一些。

赎回手续费主要是指支付在赎回时的操作费用，一般的赎回费率为赎回金额的 0.5%左右。为鼓励投资者长期持有基金，一些基金公司推出赎回费随持有基金的时间增加而递减的收费方式，即持有基金的时间越长，赎回时需支付的赎回费越少，持有基金的时间长到一定程度，赎回时就可免收赎回费。据相关基金法规规定，25%的赎回费是要计入基金资产的，以补偿没有赎回的投资者可能受到的损失。

2. 隐含费用

隐含费用包括基金管理费、银行托管费和其他费用，采取自动扣除的方式收费。基金公司根据基金规模大小及公开说明书所定的比率，收取管理基金的报酬。目前，国内的年管理费率一般在 0.3%～1.5%，视投资目标和管理的难易程度不同而有所区别。一般来说，收益和风险较高的品种，管理难度也较大，如股票型基金，管理费较高；而收益和风险较低的品种，如货币市场基金，管理费较低。管理费无须投资者另外支付，而是自动在每日基金净值中扣除。

基金管理秉承"投资与托管分离"的原则，托管机构负责基金资产的保管、交割等工作，同时还有监督基金公司的职能，所以需要付给银行等托管机构托管费。一般来说，国内年托管费为基金资产净值的 0.25%左右。托管费一般从基金资产中自动扣除，不需要投资者另外支付。

其他费用包括上市公告、披露信息费用、法律顾问费、验资服务费、业绩报酬等。

（二）基金的收益

投资者购买基金份额的收益反映了基金资产组合的三种收益：基础资产组合的资本利得和红利；当基金份额高于资产的初始购买价格时，所产生的资本利得；基金已有基础资产的升值使得份额增值。为了反映资产升值的情况，基金经理们每天都要对基金资产价值进行调整。我们用基金净资产价值（NAV）来表示基金资产价值。这一价值反映了投资者当天出售基金所得到的价格，或投资者当天买进该基金份额所支付的价格。计算公式为

$$NAV = \frac{\text{基金所管理资产的市场价值总额}}{\text{共同基金现有的股份数}}$$

【例 7.2】假设某基金持有招商银行 5 000 股，江淮汽车 4 000 股，宇通客车 8 000 股。这三种股票现在的交易价格分别是 13.75 元、3.09 元及 9.90 元。该基金现已向投资者发售了 15 000 份。计算其净资产价值。

【解析】该基金今天的净资产价值计算如下：

$$NAV = \frac{\text{资产市场价值总额}}{\text{共同基金现有的股份数}}$$

$$= （13.75×5\ 000+3.09×4\ 000+9.90×8\ 000）/15\ 000$$

$$= 10.687（元）$$

开放式基金在市场上的份额每天都会随着股份的买入和卖出而变动。因此，股份的需求决定了市场的股份数额。让我们看一下开放式基金净资产价值的计算。

仍然以该基金为例，假设今天又有投资者以 10.687 元/份买入该基金的份额 3 000 份，这意味着该基金的经理人可以用 32 061（10.687×3 000）元买入股票。按照今天的股价，买入宇通客车 3 238（32 061/9.90）股，现在的基金组合是招商银行 5 000 股、江淮汽车 4 000 股和宇通客车 11 238 股。假设明天这三种股票价格分别是 14.55 元、3.2 元、10.3 元，则明天的基金净资产价值为

$$NAV = （14.55×5\ 000+3.2×4\ 000+10.3×11\ 238）/18\ 000=11.183（元）$$

四、基金的发行和流通

（一）基金的发行方式

证券投资基金的发行也称为基金的募集，它是指基金发起人在其设立或扩募基金的申请

获得国家主管部门批准之后，向投资者推销基金单位、募集资金的行为。其发行方式就是指基金募集资金的具体办法。

在国外，常见的基金发行方式有四种：①直接销售发行，是指基金不通过任何专门的销售部门而直接销售给投资者的销售方式；②包销方式，是指基金由经纪人按基金的资产净值买入，然后再以公开销售价格转卖给投资人，从中赚取买卖价差的销售方式；③销售集团方式，是指由包销人牵头组成几个销售集团，基金由各销售集团的经纪人代销，包销人支付给每个经纪人一定的销售费用的销售方式；④计划公司方式，是指在基金销售过程中，由一公司在基金销售集团和投资人之间充当中间销售人，以使基金能以分期付款的方式销售出去的方式。

在我国，证券投资基金的发行方式主要有两种：网上发行方式和网下发行方式。

网上发行方式是指将所发行的基金单位通过与证券交易所的交易系统联网的全国各地的证券营业部，向广大的社会公众发售基金单位的发行方式。它主要是封闭式基金的发行方式。网下发行方式是指将所要发行的基金通过分布在一定地区的银行或证券营业网点，向社会公众发售基金单位的发行方式。它主要是开放式基金的发行方式。

购买首次发行的基金称为认购，以后的基金买卖称为申购和赎回。开放型基金申购和赎回的手续十分简便，申购时投资者只须将有关申请表格填妥，连同款项交给基金销售机构，基金销售机构在收到申请表格及款项后交给基金托管人核收，经复核无误后，基金托管人便在持有人名册上增加投资者的记录，并出具所持有单位的收据给投资者，投资者便正式成为基金的持有人。投资者在出售基金单位时，只须填写赎回申请，按指定程序向基金销售机构发出赎回申请，经基金托管人核准及注销有关记录后，便将赎回款支付给投资者。

知识点滴

公募基金和私募基金

（二）基金流通方式

基金的交易是在基金成立之后进行的买卖活动。封闭式基金一般是在证券交易所申请挂牌上市的。由于封闭式基金的封闭性，即买入的封闭基金是不能卖回给发起人的，投资者若想将手中的基金出手，只能通过和证券交易所的交易主机进行撮合转让给其他投资者；若想买入，也要通过证券交易所从其他投资者手中买进。开放式基金一般不在证券交易所挂牌上市交易，而是通过指定的销售网点进行申购或赎回。开放式基金的开放性对于投资者来说，就是可以随时从基金发起人和基金管理公司申购或赎回基金。

第八章 风险机制

【学习目标】

了解风险的定义，理解金融风险的含义、分类及特征；掌握单个资产和资产组合的期望收益率和方差的计算；了解风险偏好类型，理解无差异曲线和效用函数；理解资产配置和风险资产选择理论，掌握资产配置线、有效集、最优资产组合的原理，掌握最优资产组合的计算方法；理解市场组合、资本市场线、证券市场线原理，掌握资本资产定价公式；理解单因素模型和多因素模型的原理，了解套利的种类，掌握套利定价理论和套利定价线，了解 APT 模型和 CAPM 模型的联系。

【导入案例】

不要将鸡蛋放在同一个篮子里

（据金牛理财网 2013 年 3 月 12 日报道）受益于不断刷出历史高位的美股市场，跟踪美股的 QDII 基金近来表现亮眼。大成标普 500 等权重指数基金成立于 2011 年 3 月，是国内首只反映美国证券市场整体走势的基金。其主要投资于标准普尔公司编制的股票价格指数——标普 500 等权重指数的成分股、备选成分股以及标普 500 等权重指数相关的公募基金、上市交易型基金、结构性产品等指数基金，希望通过指数化投资最大限度地分享美国经济长期增长带来的稳定收益。

那么，美国经济未来是否能够如目前表现的那样，持续稳定地复苏呢？有机构认为，可以从两个方面来看。首先看近期利好美股的因素，如强劲的私人经济增长（包括显著复苏的房地产市场、持续增长的个人消费、劳动力市场的逐步改善）等。从历史情况来看，美国经济在进入增长期之后，都会保持数年的持续增长。受益于经济的稳定增长，其股市也会出现持续上涨的慢牛行情。

当然，也有些不利因素。比如美国政府债务上限的问题、美国未来的财政支出减少问题等也会给美股带来一定的制约。但是综合来看，美国是以私人经济为绝对主体的国家，强劲的私人经济增长会带来非常显著的经济增长，因此即使政府部分地削减开支会对 GDP 产生小幅的影响，总体而言，美国宏观经济应依然会保持稳定增长。市场上涨的驱动力是经济复苏和企业盈利的增加，大成标普 500 权重指数基金等跟踪美股的基金也将受益于市场的上涨。

国际资产配置是降低投资风险的一种很重要的选择。国际资产配置当然不一定是必须投资美股，但是从历史表现来看，代表美国整体市场走势的标普 500 指数与国内市场相关性是非常低的，这将对投资者分散投资组合风险更为有利。与此相关的较好佐证是，2012 年 A 股市场整体表现较弱，而 QDII 基金，尤其是跟踪美股主要指数的基金却保持了较好的正收益。

相较而言，大成标普 500 等权重指数基金所跟踪的指数给予每一成分股相同权重，避免市值加权指数中成分股价格越高、市值越大，权重就越高，保证了中小市值股票的占比。而实证表明，在较长时间里，小市值股票收益一般大于大市值股票收益。另外，该指数定期调整成分股权重，调低前期涨幅较大的股票权重，调高前期涨幅较小的股票权重，相当于被动实现对成分股的高抛低吸。

启发思考：

（1）结合案例分析为什么国际资产配置能够降低风险。

（2）什么是市场组合？在均衡时，市场组合和最优风险资产组合有什么关系？

（3）大成标普 500 等权重指数基金能不能近似看成反映美国证券市场整体走势的基金？

第一节　金融风险的定义和种类

金融市场的风险机制是风险通过影响金融市场的参与者利益而影响其行为的过程，是金融市场藉以发挥功能的重要机制。

一、金融风险的定义

金融风险是指经济主体在资金的融通和经营过程中，由于金融市场中各种经济变量发生不确定的变化，使经济主体的实际收益与期望收益发生一定偏差，从而有蒙受损失或获利的可能性。风险既有可能带来损失，也有可能带来收益。前者称为风险损失，后者称为风险收益。风险产生的根源是不确定性（uncertainty）。所谓不确定性是指事物的未来发展或变化有多种可能状态，而人们无法事先准确地预知将会是何种状态。

知识点滴

风险与不确定性

在许多文献中，人们都把风险等同于不确定性。事实上，风险和不确定性是有严格区别的两个概念。对于一个微观经济主体来说，风险更强调它的预期收入遭受损失的可能性，而不确定性则是预知或控制某种不愉快事件发生的不可能性。从统计学角度来看，不确定性表现为随机事件，它的出现一般具有偶发性、突然性等特点。而风险通常与收益相伴而生。不确定性包含如下三方面的含义：①风险是否发生的不确定性；②风险何时发生的不确定性；③风险发生程度及造成损失大小的不确定性。

二、金融风险的种类

按分类标准的不同，金融风险可分为不同的类别。其中，金融风险有两种主要的分类方法：①根据诱发风险的原因，可以将金融风险分为市场风险（market risk）、信用风险（credit risk）、流动性风险（liquidity risk）、操作风险（operational risk）和法律风险（legal risk）；②根据金融风险能否被分散，又可分为系统性风险（systematic risk）和非系统性风险（unsystematic risk）。

（一）按诱发金融风险的原因分类

1. 市场风险

所谓市场风险是指因股市行情、利率、汇率等的变动而导致价值遭受未预料到的潜在损失的风险。根据引发市场风险的市场因素不同，市场风险可分为股市风险、利率风险、汇率风险和购买力风险等。

股市风险是指由于证券市场的价格波动给投资者带来损益的可能性。股票市场受到企业经营状况、宏观经济环境、投资者心理等诸多因素的影响，其变动方向很难准确预料，容易给投资者带来损失。

利率风险（interest rate risk）是指各种利率水平的不确定性变动给投资者所带来的风险。如今很多国家都已实行了利率的市场化，这就导致利率水平容易受到本国资金供求状况、国际金融市场资金供求状况、货币政策、经济活动水平、市场主体心理预期以及其他国家或地区利率水平等多种因素的影响。

汇率风险（foreign exchange risk）是指经济实体或个人在从事国际经济、贸易、金融等活动中，以外币计价的资产或负债因外汇汇率的变动，而引起的价值上升或下跌所造成损益的可能性。经济主体外汇资产和负债之间的差额称为外汇敞口头寸（foreign exchange exposure），汇率风险会导致外汇敞口头寸价值的不确定性。

购买力风险（purchasing-power risk）也称通货膨胀风险，是指由于一般物价水平的不确定变动，而使人们遭受损失的可能性。即由于通货膨胀，每单位货币购买力下降所带来的债权债务的实际价值发生变化的风险。比如，通货膨胀使货币贬值给债权人带来的损失；通货紧缩使货币升值给债务人带来的损失。同时，通货膨胀将影响投资者的实际持有收益率，在名义收益率一定的情况下，通货膨胀率越高，实际收益率越低。

2. 信用风险

信用风险，又被称为违约风险（default risk），是指金融市场主体未能履行约定契约中的义务而造成经济损失的风险，即受信人不能履行还本付息的责任而使授信人的期望收益与实际收益发生偏离的可能性，它是金融风险的主要风险之一。信用风险区别于其他类型金融风险的一个显著特征是，信用风险在任何情况下都不可能产生意外的收益，它的后果只能是损失。信用风险的大小主要取决于交易对手的财务状况和风险状况。更一般地，信用风险还包括由于债务人信用评级的降低致使其债务的市场价格下降而造成的损失，即对手履约能力的变化所造成的资产价值损失的风险，被称为履约能力风险。

3. 流动性风险

流动性风险是指由于金融市场流动性不足或金融交易者的资金流动性不足而产生的风险。金融机构的流动性风险主要包括两种形式：市场/产品流动性风险和现金流/资金风险。前者是指无法在通常条件下对所持有金融资产进行变现以及对金融交易的余额进行清算时的风险。后者是指现金流不能满足债务支出的需求，这种情况往往迫使机构提前清算，从而使账面上的潜在损失转化为实际损失，甚至导致机构破产。对于金融机构而言，流动性风险往往是指其持有的资产流动性差和对外融资能力枯竭，没有足够的现金支付到期债务而造成的损失或破产的可能性。

4. 操作风险

操作风险是指由于金融机构的交易系统不完善、管理失误、控制缺失、诈骗或其他一些人为错误而造成意外损失的风险。金融机构在经营管理过程中，由于没有将相关信息及时传达给操作人员，或在信息传递过程中出现偏差，或是操作人员业务技能不高或出现偶然失误、道德风险等情况，都可能导致发生损失。最突出的案例是，日本大和银行纽约营业机构的美国政府债券的交易员在长达 10 年的时间内挪用客户证券以掩盖其交易的巨大亏损，最终使银行蒙受了巨大的损失。

5. 法律风险

法律风险是指在金融交易中，因合同不健全、法律解释的差异以及交易对象是否具备正当的法律行为能力等法律方面的因素所形成的风险。包括合约的签署是否具有可执行性方面的风险和能否将自己的法律和监管责任以适当的方式转移出去的风险。简单来说，法律风险就是由于法律或法规方面的原因而使企业的某些市场行为受到限制或合同不能正常执行而导致损失的风险。

（二）按风险影响的范围划分

1. 系统性风险

所谓系统性风险是指整个金融市场各类金融资产发生剧烈波动、危机或瘫痪，使单个金融机构不能幸免，从而遭受经济损失的可能性。系统性风险包括宏观经济形势的变动、财政政策和货币政策的调整、政局的变化、汇率的波动、资金供求关系的变动等。由于这些因素来自企业外部，是单一证券无法抗拒和回避的，因此称为不可回避风险。这些共同的因素会对所有企业产生不同程度的影响，不能通过多样化投资而分散风险，因此又称为不可分散风险。

2. 非系统性风险

非系统性风险是指由仅影响个别经济主体的因素所导致的风险，这类风险只与个别经济主体有关，它来自企业内部的微观因素，而与整个市场没有必然关联，也称为微观风险。具体包括财务风险、经营风险、信用风险、偶然事件风险等。例如单个股票价格同上市公司的经营业绩和重大事件密切相关。公司的经营管理、财务状况、市场销售、重大投资等因素的变化都会影响公司的股价走势。这种风险主要影响某一种股票，与市场的其他股票没有直接联系，投资者可以通过分散投资的方法来降低该种风险，因此非系统性风险也可被称为可分散风险。

> **想一想**
>
> 银行挤兑和债券违约分别属于上述金融风险中的何种分类？

第二节 投资收益和风险的衡量

风险是普遍存在的，而且不以人的意志为转移。由于风险的存在，投资的收益是不确定的，投资的核心要素就是收益和风险。因此，在选择投资机会时，就要正确理解收益和风险的关系。

一、单一证券收益和风险的衡量

（一）单个证券收益的衡量

1. 证券投资收益率的衡量

任何投资所得收益都可以分为两个部分，即利息收入加上资本利得（或减去资本损失）。这里的资本利得指的是证券资产的期末价值与期初价值的差额。以 R 表示投资收益率，t 表示特定时间，D_t 表示第 t 期的利息收入，P_t 表示第 t 期的证券价格，P_{t-1} 表示第 $t-1$ 期的证券价格。

证券投资的收益率可定义为

$$R = \frac{D_t}{P_{t-1}} + \frac{P_t - P_{t-1}}{P_{t-1}} \tag{8.1}$$

【例8.1】假设某投资者2016年年初购买了2 000元的股票，2016年年末获得了60元的现金股利，同时，其购买的股票的价值上涨到2 200元。这样，该股票一年的投资收益率是多少？

【解析】

$$R = \frac{60 + (2\,200 - 2\,000)}{2\,000} \times 100\% = 13\%$$

2. 风险证券的期望收益率

证券投资的期望收益，就是证券投资的各种可能收益的加权平均数，以各种可能收益发生的概率为权数。风险证券的期望收益率通常用统计学中的数学期望 $E(R)$ 或者 $\overline{R}$ 来表示：

$$E(R) = \sum_{i=1}^{N} R_i P_i \tag{8.2}$$

其中，$E(R)$ 为期望收益率（expected rate of return），R_i 是第 i 种证券投资可能的收益率，P_i 是收益率 R_i 发生的概率（$\sum_{i=1}^{N} P_i = 1$），N 是可能性的数目。

（二）单个证券风险的衡量

对单个证券的风险，用方差（variance）或标准差（standard deviation）来计算，方差用 $\sigma^2(R)$ 或 $\mathrm{Var}(R)$ 表示，标准差用 $\sigma(R)$ 或 $\mathrm{SD}(R)$ 表示。

1. 方差或标准差

方差或标准差是衡量证券风险的一种常用方法。其中，方差是证券投资的各种可能收益率与其期望收益率之间的离差（deviation）的平方的平均值，标准差是方差的正的平方根。

用公式表示为

$$\sigma^2(R) = \sum_{i=1}^{N} P_i [R_i - E(R)]^2 \tag{8.3}$$

收益率都是以百分比表示，为了使得风险衡量结果保持相同的量纲，通常将方差再转换成标准差，标准差即方差的平方根：

$$\sigma(R) = \sqrt{\sum_{i=1}^{N} [R_i - E(R)]^2 P_i} \tag{8.4}$$

标准差的含义是，当证券收益率服从正态分布时，2/3 的收益率在 $E(R) \pm \sigma$ 范围内，95% 的收益率在 $E(R) \pm 2\sigma$ 范围内。方差和标准差在数量上衡量了资产收益率的波动情况。对于一项投资，方差和标准差越大，就表示收益率的变动幅度越大，投资风险越大。

【例 8.2】假设投资者认为在未来的一整年里，天气会出现三种情况：干旱、正常、多雨，每种状况出现的可能性都是 1/3。两家公司分别为经营雨伞的 A 公司以及经营太阳伞的 B 公司，它们的经营状况受天气变化的影响。在不同的情况下，两公司的收益情况如表 8.1 所示。

表 8.1 A、B 公司收益情况

天气状况	A 公司收益率 R_A	B 公司收益率 R_B
干旱	−20%	15%
正常	15%	10%
多雨	30%	−10%

在这种情况下，求两家公司股票的期望收益率，并用方差和标准差来衡量两家公司股票的风险。

【解析】

计算过程如下：

（1）计算 A、B 公司股票的期望收益率

A 公司股票期望收益率：$\overline{R}_A = \dfrac{-20\% + 15\% + 30\%}{3} = 8.33\%$

B 公司股票期望收益率：$\overline{R}_B = \dfrac{15\% + 10\% - 10\%}{3} = 5\%$

（2）计算 A、B 公司股票收益率的方差和标准差

A 公司股票收益率的方差：

$$\sigma_A{}^2 = \frac{(-20\% - 8.33\%)^2 + (15\% - 8.33\%)^2 + (30\% - 8.33\%)^2}{3} = 4.39\%$$

A 公司股票收益率的标准差：

$\sigma_A = 20.95\%$

B 公司股票收益率的方差：

$$\sigma_B{}^2 = \frac{(15\% - 5\%)^2 + (10\% - 5\%)^2 + (-10\% - 5\%)^2}{3} = 3.5\%$$

B 公司股票收益率的标准差：

$\sigma_B = 18.71\%$

2. 变差系数

用标准差作为风险衡量标准有时可能会引起误解，所以我们引入变差系数。变差系数是相对偏离程度的衡量标准——单位期望报酬率所含风险的衡量标准，是衡量风险常用的一个指标。变差系数（CV）越大，投资的相对风险也越大。其计算公式为

$$\text{CV} = \frac{\sigma(R)}{E(R)} \tag{8.5}$$

【例 8.3】假设股票 1 和股票 2 的期望收益率和标准差如表 8.2 所示，计算股票 1、股票 2 的变差系数，并进行比较。

表 8.2　股票 1 和股票 2 的期望收益率和标准差

股票类别	$E(R)$	$\sigma(R)$
股票 1	20%	40%
股票 2	16%	28%

【解析】将题目中已知条件分别代入式（8.5）得

$$\text{CV}_1 = \sigma(R)_1 \Big/ E(R)_1 = \frac{40\%}{20\%} = 2 \ , \quad \text{CV}_2 = \sigma(R)_2 \Big/ E(R)_2 = \frac{28\%}{16\%} = 1.75$$

由于股票 2 比股票 1 的变差系数小，即股票 2 比股票 1 承担的单位收益风险更小，所以股票 2 比股票 1 风险更小。

二、证券组合的收益和风险

证券组合（portfolio）是指在一定的条件下，通过选择若干种证券作为投资对象，以达到在适当的风险水平下获得最大的预期回报，或在一定的预期回报下风险最小。

（一）证券组合收益的衡量

证券组合的收益率简单地等于单个证券收益率以投资比重为权数的加权平均数。

用公式表达为

$$\overline{R}_P = \sum_{i=1}^{N} w_i \overline{R}_i \ \text{且} \ \sum_{i=1}^{N} w_i = 1 \tag{8.6}$$

其中，$\overline{R}_P$ 为该证券组合在本期的期望收益率；$\overline{R}_i$ 为证券 i 在本期的期望收益率；w_i 为证券 i 在该证券组合中的权重（即投资于证券 i 的资金占证券组合总投资额的比例或权数）；N 为可能状态的数目。

【例 8.4】承接例 8.2，已知 A、B 两公司股票各自的收益率和风险状况，如果我们现在构建一个由 A、B 两公司股票所构成的投资组合，并且假设 40% 的资金投资于 A 公司的股票，60% 的资金投资于 B 公司的股票。那么这个风险资产组合的收益如何衡量呢？

【解析】由例 8.2 可知：$\overline{R}_A = 8.33\%$，$\overline{R}_B = 5\%$

并且：A 股票的投资比重 $w_A = 40\%$，B 股票的投资比重 $w_B = 60\%$，则证券组合的期望收益率为

$$\overline{R}_P = 0.4 \times R_A + 0.6 \times R_B = 0.4 \times 8.33\% + 0.6 \times 5\% = 6.33\%$$

（二）证券组合风险的衡量

将两种以上证券进行组合投资时，要考虑每种证券和其他证券的相互关系。协方差是度量两种证券收益之间的相互关系的统计指标，此外，这种相互关系也可以用两种证券的相关系数来反映。

1. 协方差和相关系数

由 i、j 两种证券组成的投资组合的方差是这两种证券的加权方差和这两种证券之间的加权协方差的和。

（1）协方差

协方差在证券投资组合中的含义是两种证券的收益率相应变动或变化的程度。正的协

方差意味着两种证券的收益率有相互一致的变动趋向；而负的协方差意味着两种证券的收益率向相反方向变动，有相互抵消的趋向。任何两种证券 i 和 j 收益率之间的协方差都可用如下的公式计算：

$$\text{cov}(R_i, R_j) = \sum_{k=1}^{N} P_k[(R_{ik} - E(R_i))(R_{jk} - E(R_j))] \tag{8.7}$$

其中，$\text{cov}(R_i, R_j)$ 为两种证券 i 与 j 的收益率之间的协方差；R_{ik} 为证券 i 的第 k 种可能的收益率；R_{jk} 为证券 j 的第 k 种可能的收益率；P_k 为证券 i 和 j 的第 k 种收益率发生的概率；N 为收益率可能出现的个数。

【例8.5】已知某投资人构建了一项投资组合，由股票 X 和 Y 构成。其中，股票 X 和 Y 收益率的概率分布、期望收益率和标准差如表8.3所示。计算两种股票 X 和 Y 之间的协方差。

表 8.3　股票 X 和 Y 的收益率的概率分布

n	股票 X 的收益率	股票 Y 的收益率	出现的概率
1	8%	10%	0.50
2	15%	5%	0.40
3	−10%	0	0.10
总计			1.00
期望收益率	9%	7%	
方差	0.51%	0.11%	
标准差	7.14%	3.32%	

【解析】把表8.3中的数据代入式（8.7），计算股票 X 和股票 Y 之间的协方差如下：

$\text{cov}(R_X, R_Y) = 0.50 \times (8\% - 9\%) \times (10\% - 7\%) + 0.40 \times (15\% - 9\%) \times (5\% - 7\%)$

$+ 0.10 \times (-10\% - 9\%) \times (0 - 7\%) = 0.002$

（2）相关系数

与协方差在含义上等价的是相关系数，它也是表示两种证券收益率变动相互关系的指标。相关系数是协方差的标准化。证券 i 和 j 的收益率之间的相关系数 $\rho(R_i, R_j)$ 定义为两种证券收益率的协方差除以它们的标准差的乘积：

$$\rho(R_i, R_j) = \frac{\text{cov}(R_i, R_j)}{\sigma(R_i)\sigma(R_j)} \tag{8.8}$$

$$\text{cov}(R_i, R_j) = \rho(R_i, R_j)\sigma(R_i)\sigma(R_j) \tag{8.9}$$

相关系数的取值范围为−1～+1，即当取值为−1时，表示证券 i 和 j 的收益率变动完全负相关；当取值为+1时，表示完全正相关；当取值为0时，表示完全不相关；当 $0 < \rho(R_i, R_j) < 1$ 时，表示正相关；当 $-1 < \rho(R_i, R_j) < 0$ 时，表示负相关。

【例8.6】承例8.5中的已知条件，求 X、Y 两种股票组合的相关系数。

【解析】由于 $\text{cov}(R_X, R_Y) = 0.002$，$\sigma(R_X) = 0.0714$，$\sigma(R_Y) = 0.0332$，把有关数据代入式（8.8），可得 X、Y 两种股票组合的相关系数：

$$\rho(R_X, R_Y) = \frac{\text{cov}(R_i, R_j)}{\sigma(R_i)\sigma(R_j)} = \frac{0.002}{0.0714 \times 0.0332} = 0.84$$

可见，股票 X 和 Y 两者收益率变动是正相关的。

【例8.7】承例8.2中的已知条件，计算 A、B 两种股票收益率的协方差和相关系数。

【解析】由于例 8.2 中 A、B 两种股票每一种可能的收益及其概率为已知,以及 $\overline{R}_A = 8.33\%$,$\overline{R}_B = 5\%$。

现在我们套用式(8.7),计算 A、B 两种股票收益率的协方差:

$$\text{cov}(R_A, R_B) = \sum_{k=1}^{N} P_k[(R_{ik} - E(R_i))(R_{jk} - E(R_j))] = -0.009\,8$$

由于 $\sigma_A = 20.95\%$,$\sigma_B = 18.71\%$

现在我们套用式(8.8),计算 A、B 两种股票的相关系数:

$$\rho(R_A, R_B) = \frac{-0.009\,8}{0.209\,5 \times 0.187\,1} = -0.25$$

我们来看两公司的收益分布,当天气干旱时,A 公司的收益率是-20%,B 公司的收益率却出奇地好,为 15%;当天气多雨时,A 公司的收益率为 30%,而 B 公司的收益率却是-10%,这说明两个公司之间的收益率为反向变动关系。而 $\text{cov}(R_A, R_B) = -0.009\,8$,$\rho(R_A, R_B) = -0.25$,二者皆是负的,很好地说明了 A、B 两公司的收益率为反向变动关系。这说明协方差和相关系数能很好地表示两只股票收益率之间的变动关系。

2. 两种证券组成的投资组合的方差和标准差

由两种证券组成的投资组合的方差不仅取决于这两项资产的方差,而且还取决于这两项资产之间联系的紧密程度。

两种证券投资组合的方差公式如下:

$$\sigma^2(R_P) = w_i^2 \sigma^2(R_i) + w_j^2 \sigma^2(R_j) + 2w_i w_j \text{cov}(R_i, R_j) \quad (8.10)$$

则两种证券投资组合的标准差公式为

$$\sigma(R_P) = \left[w_i^2 \sigma^2(R_i) + w_j^2 \sigma^2(R_j) + 2w_i w_j \text{cov}(R_i, R_j) \right]^{\frac{1}{2}} \quad (8.11)$$

其中,$\sigma^2(R_P)$ 为任意两种证券组合的方差;w_i 为证券 i 在组合中所占权重;w_j 为证券 j 在组合中所占权重;$\text{cov}(R_i, R_j)$ 为证券 i 与 j 的收益率之间的协方差。

【例 8.8】承例 8.2 中的已知条件,计算 A、B 两种股票组合资产的方差和标准差。

【解析】为了便于看清楚到现在为止例 8.2 的各项统计数据,我们把这些数据列在表 8.4 中。

表 8.4 A、B 两公司的主要统计数据

资产收益率	方差和标准差	统计量
A 公司股票收益率 R_A	均值 $\overline{R}_A$	0.083 3
	方差 σ_A^2	0.043 9
	标准差 σ_A	0.209 5
B 公司股票收益率 R_B	均值 $\overline{R}_B$	0.050 0
	方差 σ_B^2	0.035 0
	标准差 σ_B	0.187 1
A、B 公司股票组合	A、B 公司股票组合的协方差 $\text{cov}(R_A, R_B)$	-0.009 8
	A、B 公司股票组合的相关系数 $\rho(R_A, R_B)$	-0.25
	w_A	0.4
	ω_B	0.6

现在套用式（8.10）可以求出资产组合的方差：

$$\sigma^2(R_P)=0.4^2\times0.0439+0.6^2\times0.035+2\times0.4\times0.6\times(-0.0098)=1.49\%$$

资产组合的标准差：$\sigma(R_P)=12.21\%$

投资组合的标准差表示在服从正态分布的假设前提下，其收益率在以均值为中心的上下一个标准差的范围内的可能性为 68%。在本例中，该投资组合的收益率期望值是 6.33%，标准差为 12.21%，则投资组合的收益率落在（6.33%-12.21%，6.33%+12.21%）即（-5.88%，18.54%）区间的概率是 68%。类似地，该投资组合的期望收益率落在两个标准差范围内的概率是 95%。

3. 多种资产组合的方差和标准差

计算多种证券投资组合风险的基本原理同两种证券的组合一样。多种资产组合的方差和标准差的计算公式，实际上可以视为两种资产组合的方差和标准差的计算公式的扩展。为了更加直观地推导这一公式，我们采用矩阵法：假设有 N 种证券，我们在横行列示 1 至 N，在纵行列示 1 至 N，从而形成 $N\times N$ 的矩阵格式，如表 8.5 所示。

表 8.5 投资组合方差的矩阵计算表

股票	1	2	3	...	N
1	$w_1^2\sigma_1^2$	$w_1w_2\,\mathrm{cov}(R_1,R_2)$	$w_1w_3\,\mathrm{cov}(R_1,R_3)$		$w_1w_N\,\mathrm{cov}(R_1,R_N)$
2	$w_2w_1\,\mathrm{cov}(R_2,R_1)$	$w_2^2\sigma_2^2$	$w_2w_3\,\mathrm{cov}(R_2,R_3)$		$w_2w_N\,\mathrm{cov}(R_2,R_N)$
3	$w_3w_1\,\mathrm{cov}(R_3,R_1)$	$w_3w_2\,\mathrm{cov}(R_3,R_2)$	$w_3^2\sigma_3^2$		$w_3w_N\,\mathrm{cov}(R_3,R_N)$
$\vdots$	$\vdots$	$\vdots$	$\vdots$	$\vdots$	$\vdots$
N	$w_Nw_1\,\mathrm{cov}(R_N,R_1)$	$w_Nw_2\,\mathrm{cov}(R_N,R_2)$	$w_Nw_3\,\mathrm{cov}(R_N,R_3)$		$w_N^2\sigma_N^2$

现在我们来考察矩阵中的各个格子。第一行第二列的格子的值是：$w_1w_2\,\mathrm{cov}(R_1,R_2)$，其中 w_1 和 w_2 分别表示第一种资产和第二种资产的投资比例，$\mathrm{cov}(R_1,R_2)$ 是第一种资产和第二种资产的收益的协方差。因为 $\mathrm{cov}(R_1,R_2)=\mathrm{cov}(R_2,R_1)$，所以，第一行第二列的值和第二行第一列的相同，即 $w_1w_2\,\mathrm{cov}(R_1,R_2)=w_2w_1\,\mathrm{cov}(R_2,R_1)$。由此可见，两种资产的协方差出现两次。对角线上的值是每种资产收益的方差与其投资比例的乘积，比如第一行第一列的值 $w_1^2\sigma_1^2$。

由此可见，矩阵对角线上的各项囊括了每种证券的方差，其他各项包括了各对证券之间的协方差，把矩阵中的各个格子的值加总就是 N 种证券的方差，计算公式如下：

$$\sigma^2(R_P)=\sum_{i=1}^{n}w_i^2\sigma_i^2+\sum_{i=1}^{n}\sum_{\substack{j=1\\i\ne j}}^{n}w_iw_j\sigma_{ij} \tag{8.12}$$

其中，$\sigma_{ij}=\rho_{ij}\,\sigma_i\,\sigma_j$。

可见 N 种证券组合的方差可以分成两部分：一部分是证券的加权方差之和，另一部分是这些证券的加权协方差之和。由此可知，证券组合的风险不仅取决于单个证券的风险和投资权重，还取决于证券之间的协方差或相关系数。由表 8.5 可以看出，当组合的数量很多时，方差的计算量十分巨大，读者可利用 MATLAB、SPSS 和 Eviews 等软件进行计算。

人物谱：哈里·马科维茨

三、风险偏好和无差异曲线

（一）风险偏好

投资者对待风险的态度可以分为三类：风险厌恶、风险偏好和风险中立。三者的区别可以通过投资者对一张彩票的选择来加以说明。彩票的收益可通过 $L = (p; W_1; W_2)$ 来表示，即彩票购买者以概率 p 获得财富 W_1，以概率 $1-p$ 获得财富 W_2，投资者在无风险条件下可以持有的确定的财富量等于彩票收益的期望值 $pW_1 + (1-p)W_2$。

1. 风险厌恶者

风险厌恶者认为在无风险条件下持有一笔确定的货币财富量的效用大于在风险条件下彩票的期望效用（如图 8.1 所示），即 $U[pW_1 + (1-p)W_2] > pU(W_1) + (1-p)U(W_2)$，说明他宁愿要一种确定的结果，而不要具有相同期望值的不确定的结果，他对风险是在意的。风险厌恶者的效用函数是严格向上突出的，表示投资者希望财富越多越好，但财富的增加为投资者带来的边际效用递减。绝大多数的人都是风险厌恶者。

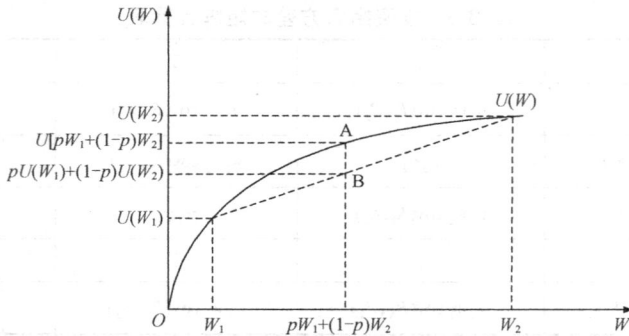

图 8.1　风险厌恶者的效用函数

2. 风险偏好者

风险偏好者认为在无风险条件下持有一笔确定的货币财富量的效用小于在风险条件下彩票的期望效用（如图 8.2 所示），即 $U[pW_1 + (1-p)W_2] < pU(W_1) + (1-p)U(W_2)$，说明他对买彩票这件事本身所带来的风险更感兴趣，而不是对所带来的期望值更感兴趣。风险偏好者的效用函数是严格向下突出的，表示投资者喜欢财富越多越好，而且财富增加为投资者带来的边际效用递增。风险偏好者属于少数，一般是非常热衷于赌博、投机的人。

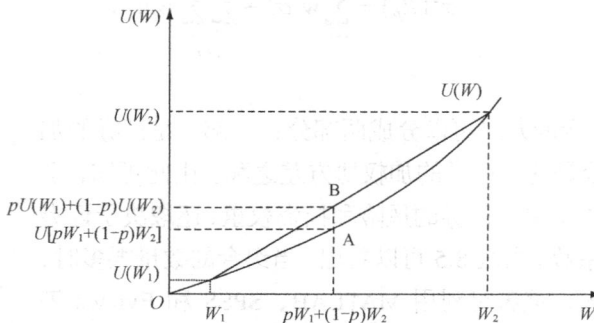

图 8.2　风险偏好者的效用函数

3. 风险中立者

风险中立者认为在无风险条仵下持有一笔确定的货币财富量的效用等于在风险条件下彩票的期望效用（如图 8.3 所示），即 $U\big[pW_1+(1-p)W_2\big]=pU(W_1)+(1-p)U(W_2)$。风险口立者的效用函数是线性的，表示投资者喜欢财富越多越好，但财富增加为投资者带来的边际效用为一个常数，说明他仅对期望收益率感兴趣，对风险是不在意的。

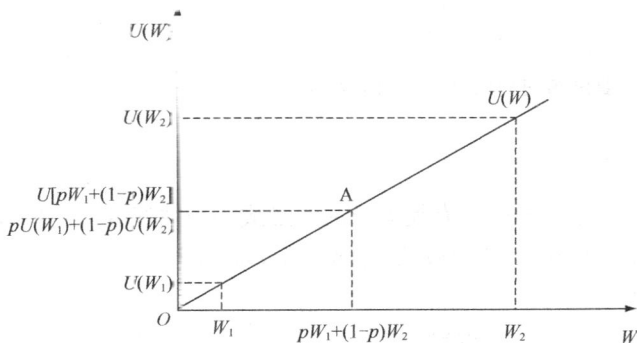

图 8.3　风险中立者的效用函数

想一想

如果让你参加一个抛硬币的赌局，正面朝上对方付你 10 元，反面朝上你付对方 10 元，你愿意参加吗？如果正面朝上对方付你 20 元，反面朝上与前者相同，你又会如何选择呢？基于上述回答你认为自己是属于哪种风险偏好蚮人？

（二）无差异曲线

对任意一个给定的投资者来说，让其感觉无差异的证券组合是有很多的，将这些无差异的组合画在 $E(R)$-σ 坐标系中可形成一条曲线，我们称其为投资者的无差异曲线（indifferent curve）。一条无差异曲线代表给投资者带来同样满足程度的期望收益率和风险的所有组合。投资者的目标是投资效用最大化，而投资效用函数取决于投资的期望收益率和风险，其中期望收益率给投资者带来正效用，风险给投资者带来负效用。对一个不满足和风险厌恶的投资者而言，期望收益率越高，投资效用越大；风险越大，投资效用越小。因此，为了使投资者的满足程度相同，高风险的投资必须有高的期望收益率。

1. 无差异曲线的特征

（1）无差异曲线的斜率是正的，它是由左至右向上弯曲的曲线。即风险 σ 增加时，投资者要求的期望收益也随之增加。

（2）无差异曲线是下凸的，即要使投资者多承担等量的风险，给予他的补偿——期望收益率应越来越高。这是由马科维茨假定的投资者都是风险的规避者，存在着期望收益率边际效用递减的规律所决定的。

（3）每个投资者的无差异曲线形成密布整个平面又互不相交的曲线族。

（4）同一条无差异曲线上的组合给投资者带来的满意程度相同，不同的无差异曲线上的组合给投资者带来的满意程度不同。

（5）无差异曲线的位置越高，其上的投资组合给投资者带来的满意程度就越高。投资者的目标就是尽量选择左上角的组合。

（6）无差异曲线向上弯曲的程度大小反映了投资者承受风险能力的强弱。

想一想

是否存在无差异曲线相交的情况？请给出你的理由。

2. 无差异曲线族

对一个特定的投资者，他的所有无差异曲线形成一个曲线族，我们称之为投资者的无差异曲线族，图 8.4 所示为不同程度风险厌恶者的无差异曲线。

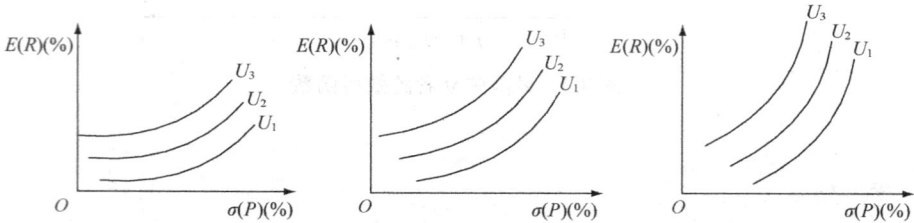

图 8.4　不同程度风险厌恶者的无差异曲线

图 8.4 表明大多数投资者同时兼顾收益和风险，每一投资者都拥有一组无差异曲线图形来表示他对期望收益率和风险的偏好。无差异曲线的斜率表示风险和收益之间的替代率，不同的投资者厌恶风险的程度不同。从无差异曲线上看，高度风险厌恶者的无差异曲线更陡峭一些，这是因为要让高度风险厌恶者再多承担一单位的风险时，他要求补偿的收益要大于轻微风险厌恶者的要求。

无差异曲线存在两种极端的情况（如图 8.5 所示）。一类投资者只关心风险，对期望收益毫不在意，只要风险水平相等，投资者获得的满意程度就是相等的，这类投资者的无差异曲线是一族垂直线，直线越靠左，提供的满意度越高；另一类投资者对风险毫不在意，只关心期望收益率，只要给投资者带来的期望收益相等，则投资者会获得同等的满意程度，这类投资者的无差异曲线是一族水平线，直线越靠上面，提供的满意程度越高。

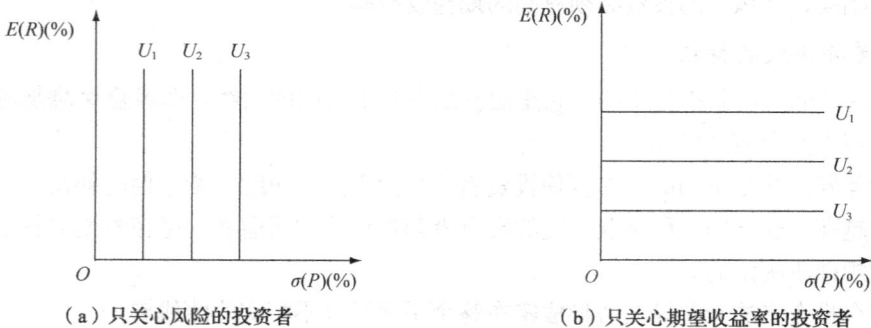

（a）只关心风险的投资者　　　　　（b）只关心期望收益率的投资者

图 8.5　极端的无差异曲线

（三）效用函数

下面是金融理论中广泛使用的一个函数。设资产组合的期望收益率为 $E(R)$，其收益方差为 σ^2，其效用值为

$$U = E(R) - 0.005A\sigma^2 \qquad (8.13)$$

式中，U 为效用值，A 为投资者的风险厌恶指数。在式（8.13）中是按百分比而不是按小数来表示期望收益率与标准差的。式（8.13）中，高期望收益率会提高效用，与高风险会降低效用的概念是一致的。在某种程度上，方差减少效用的程度取决于 A，即投资者对风险的厌恶程度。投资者对风险的厌恶程度越高（A 值越大），对风险投资的妨碍也就越大。在竞争性资产组合中进行选择的投资者将挑选效用值最大的资产组合。

> **想一想**
>
> 你是风险偏好者还是风险厌恶者？

第三节　证券组合与分散风险

资产组合管理者试图找到风险与收益之间的最优的可能替代关系。投资决策通常可以分为两部分：一是资本配置决策，二是证券选择决策。资本配置决策（capital allocation decision）是对整个资产组合中风险资产与无风险资产之间的资本配置比例的选择；证券选择决策（security selection decision）是指风险资产组合部分如何被最优地决定。

一、多元化和资产组合风险

（一）两种资产组合

1. 两种资产组合的可行集和有效集

可行集（feasible set of portfolios）指的是由 N 种证券所形成的所有组合的集合，它包括了现实生活中所有可能的组合。如果仅考虑两项资产，可行组合的集合就可以用一条曲线表示。该曲线表示的是两种资产组成可行组合相应的风险和期望收益率。

如图 8.6 所示，A 点（20.95%，8.33%）代表的是 A 公司股票的期望收益率和方差，B 点（18.71%，5%）代表的是 B 公司股票的期望收益率和方差，P 点（12.21%，6.33%）代表的是我们上面讨论的 40% 的 A 公司股票和 60% 的 B 公司股票组成的投资组合的期望收益率和方差。实际上，P 点所代表的资产组合只是我们能够构造的无限多个投资组合的其中之一。我们能构造的所有投资组合如图中曲线 ACB 所示，即为 A、B 两种股票组合的可行集。

对于一个理性投资者而言，他们都是厌恶风险而偏好收益的。对于同样的风险水平，他们将会选择能提供最大期望收益率的组合；对于同样的期望收益率，他们将会选择风险最小的组合，能同时满足这两个条件的投资组合的集合就是有效集（efficient set of portfolios）。有效集有时也称为有效边界（efficient frontier）。图中曲线 AC 所示即为 A、B 两种股票组合的有效集。图 8.6 说明了以下几点。

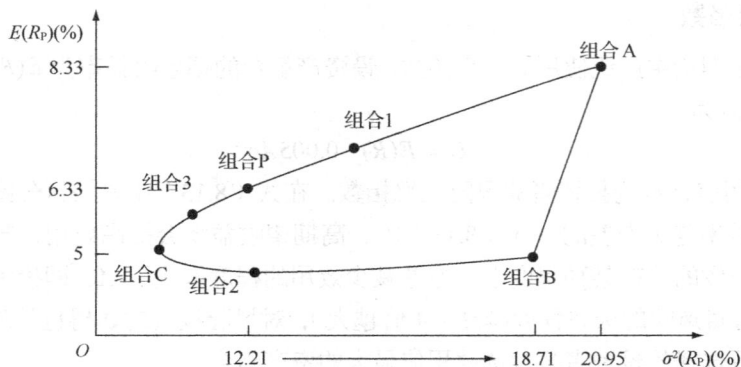

图 8.6　A、B 公司组成的资产组合的期望收益率和方差

（1）只要两种资产收益的相关系数 $\rho_{AB} < 1$，则投资组合就具有多元化效应。而只要 $\rho_{AB} < 1$，则两种证券组成的资产收益方差就是向左弯曲的。而且两种证券的相关系数越趋近于−1，曲线向左弯曲的程度越大，在极端的情况下两种证券的风险可能会彼此完全抵消掉，资产组合的风险为 0。

（2）曲线 ACB 代表着投资者用证券 A、B 组成资产组合的所有可能组合，即面临的投资可行集。投资者不可能选择曲线上方的任何一点，因为投资者不可能通过提高给定的证券期望收益率来降低任意证券的收益方差。

（3）B、C 点之间是一段弓形的曲线，在这条曲线上，投资组合的期望收益率随着方差的减小反而增加，这种奇怪的现象是资产组合多元化效应导致的。在本例中，A 证券和 B 证券之间的收益变动方向相反，组合的风险随之下降了，导致了弓形的出现。

（4）点 A、C 之间的曲线部分是投资者面临的有效集。点 B、C 之间的弓形区域显然不是有效集，因为在相同的方差下，投资者可以选择曲线 AC 段表示的更高的期望收益率。

2. 不同相关系数下的可行集

下面我们通过例子来说明在不同相关系数下风险分散的情况。

【例 8.9】投资组合 P 由两种股票 A 和 B 组成，股票 A 和 B 的期望收益率、标准差和权重如表 8.6 所示，试计算在不同 ρ 值时该组合的期望收益率和标准差，即假设组成两只股票之间的相关系数 $\rho(R_A, R_B)$ 分别为+1.0、0 和−1.0 时该组合的期望收益率和标准差。

表 8.6　投资组合的期望收益率、标准差及权重

股票	$E(R)$	$\sigma(R)$	w
A	8%	5%	0.20
B	15%	10%	0.80

【解析】

投资组合 P 的期望收益率：

$$E(R_P) = 0.20 \times 8\% + 0.80 \times 15\% = 13.6\%$$

两股票组合收益率的方差是

$$\sigma^2(R_P) = w_A^2 \sigma^2(R_A) + w_B^2 \sigma^2(R_B) + 2w_A w_B \text{cov}(R_A, R_B)$$
$$= (0.2)^2 \times (5\%)^2 + (0.8)^2 \times (10\%)^2 + 2 \times 0.2 \times 0.8 \times \text{cov}(R_A, R_B)$$

对方差取平方根，可得

$$\sigma(R_P) = \sqrt{(0.2)^2 \times (5\%)^2 + (0.8)^2 \times (10\%)^2 + 2 \times 0.2 \times 0.8 \times 5\% \times 10\% \times \rho(R_A, R_B)}$$
$$= \sqrt{0.0065 + 0.0016 \times \rho(R_A, R_B)}$$

当两只股票之间的相关系数 $\rho(R_A, R_B)$ 分别为+1.0、0和-1.0时，分别代入上式可得表8.7所示的数据。

表 8.7 证券组合的风险与组合证券相关系数之间的关系

$\rho(R_A, R_B)$	$E(R_P)$	$\sigma(R_P)$
+1.0	13.6%	9%
0.0	13.6%	8.1%
-1.0	13.6%	7%

从表8.7中我们可以看到，投资组合P的期望收益率在每一种情况下都保持13.6%不变，但是当股票A和B的期望收益率之间的相关系数从+1.0逐渐减少到0再到-1.0时，该投资组合的期望收益率的标准差也随之从9%逐渐减少到8.1%再减少到7%。由此可见，当两种证券收益的相关系数小于1，即 $\rho_{AB} < 1$ 时，组合多元化效应就会发生。图8.7说明了这种关系。

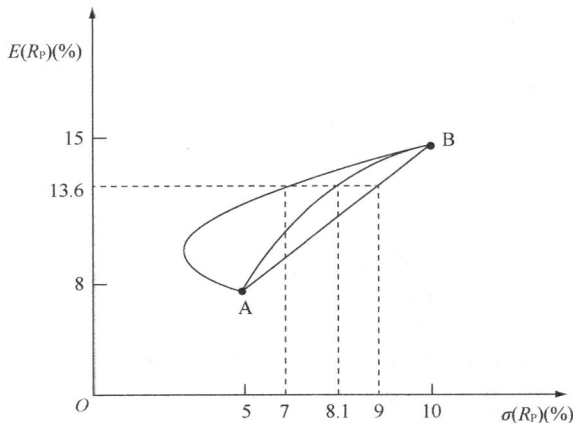

图 8.7 不同相关系数情况下证券组合的可行集

（二）多种资产多元化效应

前文中使用矩阵法分析了 N 种资产组成的投资组合的方差，现在我们利用这个方差公式来分析一下 N 种资产投资组合的多元化效应。为了分析的简便，我们将表8.5的数据稍微做一些变换，假设：

（1）组合中所有的证券具有相同的方差，记作：$\sigma_i^2 = \overline{\mathrm{var}}$。

（2）表中的所有协方差也相同，记作：$\mathrm{cov}(R_i, R_j) = \overline{\mathrm{cov}}$。

（3）所有证券在组合中的比例都相同，因为有 N 种证券，所以每种证券的投资比例为 $1/N$，即 $w_i = 1/N$。这样对角线上的有 N 个 $\overline{\mathrm{var}}$ 和 $N(N-1)$ 个 $\overline{\mathrm{cov}}$，利用式（8.12）可得

$$\sigma^2(R_P) = \sum_{i=1}^{n} w_i^2 \sigma_i^2 + \sum_{\substack{i=1 \\ i \neq j}}^{n} \sum_{j=1}^{n} w_i w_j \sigma_{ij}$$
$$= \frac{1}{N} \overline{\mathrm{var}} + \left(1 - \frac{1}{N}\right) \overline{\mathrm{cov}} \tag{8.14}$$

当我们不断增加组合中证券的种类至无穷时，组合中各种证券的平方差权重（$1/N$）趋近于 0，组合中各对证券平均协方差权重（$1-1/N$）趋近于 1。组合收益的方差变为

$$\sigma^2(R_P) = \overline{\text{cov}} \tag{8.15}$$

这说明当证券的个数不断地增加时，各种证券的方差最终将完全消失，但是各种证券的平均协方差 $\overline{\text{cov}}$ 还在。并且，证券组合收益的方差等于组合中各个收益的平均协方差。我们可以将某种证券的总风险表示为下面的式子：

某种证券的总风险 $\overline{\text{var}}$ =组合的风险 $\overline{\text{cov}}$ +非系统风险 $(\text{var} - \text{cov})$

其中，总风险是持有一种证券的投资者所承受的风险；系统风险又称为不可分散风险、市场风险，是投资者在持有一个完全分散化的投资组合时仍需承担的风险；非系统风险又称为可化解风险、特有风险，是某种证券承担的特殊风险，这种风险可以通过多样化投资来化解或分散。一些研究表明，一个证券组合的风险随着股票个数的增加而减少，但是降低风险的边际效应在股票个数超过了 10 只时变得微乎其微。由 20 种证券组成的组合，其中单个证券风险的 40%被抵消，总风险可以认为降到只包含系统性风险的水平。图 8.8 说明了证券组合中证券的只数和组合的系统性风险、非系统性风险之间的关系，$\sigma(R_P)$ 和 n 分别表示组合收益率的标准差和组合中证券的个数。

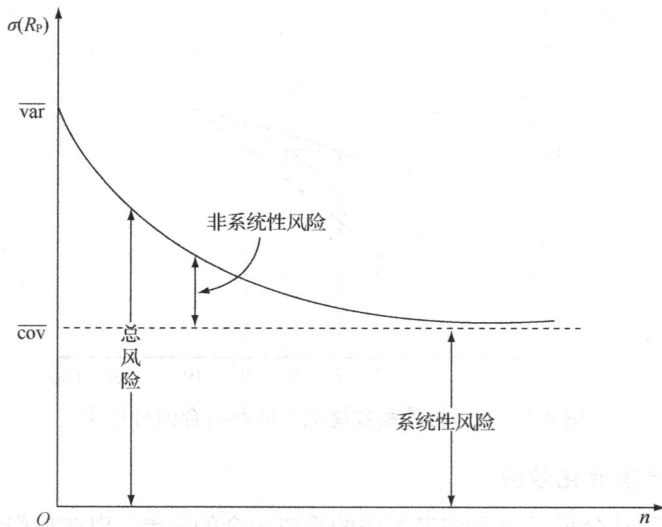

图 8.8　证券组合中的证券的个数和组合的系统性风险、非系统性风险之间的关系

（三）多种资产组合的可行集和有效集

前面分析了两种资产的有效集。我们发现可以用一条简单的曲线概括出多种可能的投资组合。因为投资者要想充分地利用多元化效应分散风险，就得持有多种资产，所以有必要探讨持有多种证券（超过两种）的组合及其有效集。

1. 多种资产组合的可行集

图 8.9 中的阴影部分表示多种资产组成的投资组合的可行集。或者说，阴影部分代表了多种证券组合所能达到的收益期望和方差的组合。所有组合都落在阴影部分所示的有限集内。任何人的选择不能高于也不能低于阴影部分，其中的道理和两种资产生成的组合的可行集在那条曲线上的道理是一样的：任何人不能改变证券的收益和相关系数。

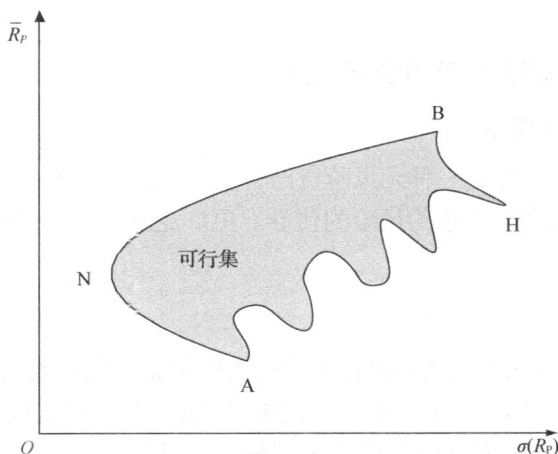

图 8.9　多种资产组合的可行集和有效集

2. 多种资产组合的有效集

有效集是可行集的一个子集，它包含于可行集中。那如何确定有效集的位置呢？

我们先考虑第一个条件。在图 8.9 中，没有哪个组合的风险小于组合 N，这是因为如果过 N 点画一条垂线，则可行集都在这条线的右边。同样，没有哪个组合的风险大于组合 H。由此可以看出，对于各种风险水平而言，能提供最大期望收益率的组合集是可行集中介于 N 和 H 之间的上方边界上的组合集。

我们再考虑第二个条件。在图 8.9 中，各种组合的期望收益率都介于组合 B 和组合 A 之间。由此可见，对于各种期望收益率水平而言，能提供最小风险水平的组合集是可行集中介于 A、B 之间的左边边界上的组合集。

由于有效集必须同时满足上述两个条件，因此 N、B 两点之间上方边界上的可行集就是有效集。所以其他可行组合都是无效的组合，投资者可以忽略它们。这样，投资者的评估范围就大大缩小了。

从图 8.9 可以看出，有效集曲线具有以下特点：①有效集是一条向右上方倾斜的曲线，它反映了"高收益、高风险"的原则；②有效集是一条向上凸的曲线；③有效集曲线上不可能有凹陷的地方。

补充阅读

马科维茨的"答辩风波"

哈里·马科维茨因在资产组合理论方面的贡献而与人分享了 1990 年度诺贝尔经济学奖。然而，早在 20 世纪 50 年代，当马科维茨在芝加哥大学为其关于资产组合理论的博士学位论文进行答辩时，却当场受到了米尔顿·弗里德曼的责难。弗里德曼认为，资产组合理论不是经济学的一个组成部分，因而马科维茨不应该获得经济学博士学位。然而，事实上弗里德曼的货币需求理论却可以用马科维茨这种理论工具更好地阐述！不过，马科维茨后来于 1991 年曾说："在这一点上，我现在愿意承认：在我为我的学位论文答辩时，资产组合理论不是经济学的组成部分。但是，现在它是经济学的一部分。"

二、无风险资产与风险资产的资产配置

（一）无风险资产的定义

通常认为短期政府债券是一种无风险资产，这是因为政府有征税与控制货币供给的能力，因此只有政府可以发行无违约风险的债券。更广泛地，其他货币市场工具也可作为无风险资产。

（二）资产配置

资产配置就是在一个投资组合中选择资产的类别并确定其比例的过程。通常利用现有的证券构造最低风险和最高收益的资产组合，控制资产组合风险最直接的方法是：将一部分资产投资于短期国库券和其他安全稳健的货币市场证券，将另一部分投资于有风险的资产上。

1. 投资于风险资产和无风险资产比例的确定

假设投资者已经决定了最优风险资产组合的构成，并且所有适用的风险资产的投资比例已知。现在，要考虑如何求出投资预算中投资于风险资产组合 P 的比例 w，以及余下的比例 $1-w$，即无风险资产 F 的投资比例。记风险资产组合的收益率为 r_P，风险资产组合 P 的期望收益率为 $E(r_P)$，标准差为 σ_P。无风险资产 F 收益率为 r_f。由 w 份风险资产和（$1-w$）份无风险资产组成的整个资产组合记为 C，其收益率记为 r_C，有

$$r_C = wr_P + (1-w)r_f = r_f + w(r_P - r_f) \tag{8.16}$$

则资产组合 C 的期望收益率为

$$E(r_C) = r_f + w[E(r_P) - r_f] \tag{8.17}$$

这个结果表明，任意资产组合的收益率均是由无风险资产收益率和一个风险溢价 $w(E(r_P) - r_f)$ 组成的。这是因为投资者是风险厌恶型的，没有正的风险溢价，投资者是不肯投资于风险资产的。当然当 r_P 很小时，r_C 很有可能是负值。

因为无风险资产没有任何风险，所以无风险资产收益的方差 $\sigma_f^2 = 0$，无风险资产和风险资产的协方差 $\text{cov}(r_P, r_f) = 0$。根据上一节的资产组合的方差的计算公式（8.10）可以计算投资组合的方差：

$$\sigma_C^2 = (1-w)^2 \sigma_f^2 + 2w(1-w)\text{cov}(r_P, r_f) + w^2 \sigma_P^2 = w^2 \sigma_P^2$$

所以

$$\sigma_C = w\sigma_P \tag{8.18}$$

则

$$w = \sigma_C / \sigma_P \tag{8.19}$$

即，在资产配置中，投资于风险资产组合 P 的比例为 σ_C / σ_P，投资于无风险资产 F 的投资比例为 $1 - \sigma_C / \sigma_P$。

2. 资本配置线

式（8.17）可以改写为

$$E(r_C) = r_f + \frac{[E(r_P) - r_f]\sigma_C}{\sigma_P} \tag{8.20}$$

下一步是在 $E(r_P) - \sigma$ 平面中画出资产组合特征（作为 w 的一个函数）曲线，参见图 8.10。无风险资产 F 的 $E(r) - \sigma$ 组合是一条竖轴，因为其标准差为零。风险资产组合 P，即图中点

$[E(r_P),\sigma_P]$所示。如果投资者选择单独投资于风险资产，则 $w=1.0$，其结果就是风险资产组合 P。如果所选头寸为 $w=0$，则 $1-w=1$，其结果为无风险资产组合 F。当 w 落在 0 与 1 之间时，处于中间范围的资产组合画成图形即为连接点 r_f 和 P 的直线。

此条直线的斜率简记为

$$S = \frac{E(r_P)-r_f}{\sigma_P} \tag{8.21}$$

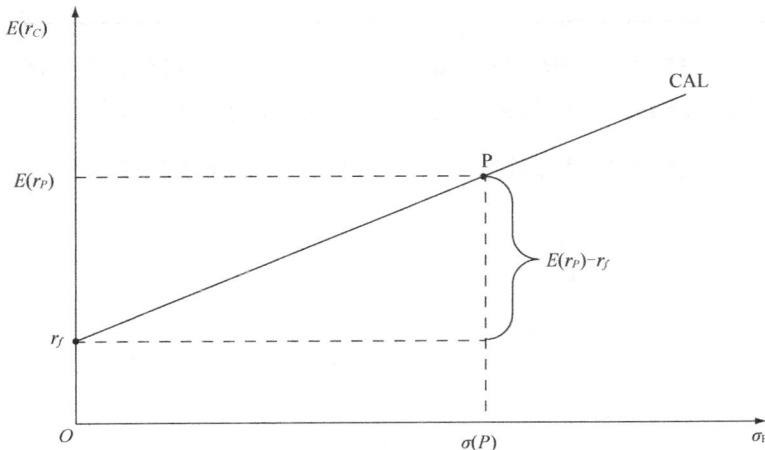

图 8.10　资产配置图

这条直线叫作资本配置线（capital allocation line，CAL），它表示投资者的所有可行的收益组合。它的斜率 S 等于选择的资产组合每增加一单位标准差的期望收益增加量，也就是每单位额外风险的额外收益的测度。基于这一原因，该斜率也可称为报酬与波动性比率（reward-to-variability ratio）。

资本配置线表示投资者在无风险借贷情况下的所有投资组合。如果投资者是风险厌恶者，他可以选择 r_f 和 P 点之间的所有组合，可以理解为把自己的资金一部分投资到风险资产组合，另一部分以无风险利率借出去；P 点右边的部分可以理解为投资者以无风险利率借入资金，用于投资风险资产组合。

三、最优风险组合

我们假设投资者可选择的证券组合是：一年期国债、一种债券指数基金及一种股票指数基金。组合中的各项统计数据如表 8.8 所示。我们现在的目的就是使用数学方法求出债券指数基金 W_B 和股票指数基金的比例 W_S，以确定最优风险资产组合的位置。

表 8.8　债券指数基金和股票指数基金各种统计量

收益率	均值与方差（或标准）		统计量
债券指数基金收益率 R_B	均值 $\overline{R}_B$		12%
	标准差 σ_B		15%
股票指数基金收益率 R_S	均值 $\overline{R}_S$		20%
	标准差 σ_S		30%

收益率	均值与方差（或标准）	统计量
两种基金组合收益	均值 $E(r_P)$	18.4%
	协方差 $\text{cov}(R_B, R_S)$	0.45%
	债券指数基金比例	w_B
	股票指数基金比例	w_S
无风险利率		8%

图 8.11 中的曲线是由债券指数基金和股票指数基金构成的最优资产组合的有效边界，这些有效边界上的点和无风险资产国债的连线就是 CAL。在上面最优风险组合的讨论中，我们已经提到，随着 CAL 逆时针旋转，斜率将上升。当 CAL 和有效边界相切时，斜率 $S = \dfrac{E(r_P) - r_f}{\sigma_P}$ 将达到最高水平。

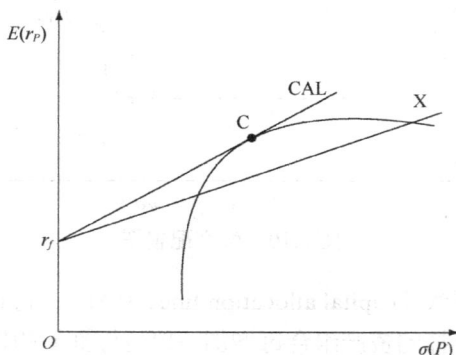

图 8.11　由债券指数基金和股票指数基金构成的最优资产组合

对于包含这两种指数基金的资产组合 P，它的期望收益率和标准差为

$$E(r_P) = w_B E(r_B) + w_S E(r_S) = 0.12 w_B + 0.20 w_S$$

$$\sigma_P = [w_B^2 \sigma_B^2 + w_S^2 \sigma_S^2 + 2 w_B w_S \text{cov}(r_B, r_S)]^{1/2} = (0.022\,5 w_B^2 + 0.09 w_S^2 + 0.009 w_B w_S)^{1/2}$$

当我们要得知目标函数 S 的最大值时，必须满足一个限制条件，即权重和等于 1，$w_B + w_S = 1$，即求解以下数学题：

$$\underset{w_i}{\text{Max}}\, S = \frac{E(r_p) - r_f}{\sigma_P}$$

当 S 最大时，求得在两种风险资产的条件下，最优风险资产组合（optimal risky portfolio）P 的权重解可表示如下：

$$w_B = \frac{[E(r_B) - r_f]\sigma_S^2 - [E(r_S) - r_f]\text{cov}(r_B, r_S)}{[E(r_B) - r_f]\sigma_S^2 + [E(r_S) - r_f]\sigma_B^2 - [E(r_B) + E(r_S) - 2r_f]\text{cov}(r_B, r_S)} \tag{8.22}$$

$$w_S = 1 - w_B \tag{8.23}$$

将表 8.8 中的数据代入公式（8.22）可得 $w_B = 0.2$，$w_S = 0.8$。这一最优风险资产组合的期望收益率与标准差分别为 $E(r_P) = 18.40\%$，$\sigma_P = 24.48\%$。这个最优资产组合的资本配置线的斜率为 $S=0.42$，则资本配置线为

$$E(r_C) = r_f + \frac{E(r_P) - r_f}{\sigma_P} \sigma_C = 8\% + \frac{18.40\% - 8\%}{24.48\%} \sigma_C = 8\% + 0.424\,8 \sigma_C$$

图 8.11 说明了一个要点,通过无风险借贷,任何投资者持有的风险资产的投资组合都将是 C 组合。无论投资者的风险厌恶程度如何,他都不会选择风险资产有效集的其他点,更不会选择任何可行集内部的点。风险厌恶程度高的投资者可以选择点 r_f 与点 C 之间的部分,而风险厌恶程度低的投资者可能会选择资本配置线 C 组合右边的部分。这个结果就是分离定理的内容。投资者的投资决策包含以下两个相互独立的决策过程。

(1)在估计组合中各种资产的期望收益率和方差,以及各种资产之间的协方差之后,投资者可以计算出风险资产的有效集。然后再利用资产配置线和有效集求出切点,即最优风险组合。这一步决策表示风险资产组成的最优风险组合的确定与个别投资者的风险偏好无关。也就是说无论投资者对风险的厌恶程度和对风险的偏好程度如何,其所选择的风险资产的构成都是一样的 C 组合。

(2)投资者可以根据自己的风险厌恶程度决定自己的资产如何在风险资产组合与无风险资产之间进行配置,他在最优的资产配置线 r_f C 上选择的位置是由投资者内在的特征决定的。投资者可以选择 r_f C 上的任意点(投资组合)。在点 C 左端的点表示以利率 r_f 的无风险资产和风险资产组合 C 的结合,它适宜较保守的投资者;在点 C 右端的点表示以利率 r_f 借款和自有资金一起投资到风险资产组合 C,它适宜比较喜爱冒险的投资者。

四、最优化资产配置

假设一个投资者的风险厌恶指数 $A=6$,则此投资者的效用函数为

$$U = E(r_p) - 0.005A\sigma^2 = E(r_p) - 0.03\sigma^2$$

由分离定理可知,投资者在对无风险资产、风险资产组合做出资产配置决策时,可以分两步进行:

(1)利用风险资产有效集和资本配置线求出最优风险组合;

(2)根据自己的风险厌恶程度做出资产配置决策。

我们继续上面有关一种短期国债、一种债券指数基金和一种股票指数基金的资产配置的讨论。我们已经得到了最优资产组合 $w_B = 0.2$,$w_S = 0.8$,并且得到了资本配置线 $E(r_C) = 8\% + 0.424\,8\sigma_C$。现在的问题就是如何把资金在风险资产和无风险资产之间进行分配。投资者通过选择风险资产组合份额来实现效用最大化,因此,把资本配置线代入效用函数可得

$$U = 8\% + 0.424\,8\sigma_C - 0.03\sigma_C^2$$

效用最大化就是求代数式:

$$\underset{\sigma_C}{\text{Max}}\,U = 8\% + 0.424\,8\%\sigma_C - 0.03\sigma_C^2$$

最大化问题的解决是利用一阶导数为零:对 U 求一阶导数,令其为零,解出组合方差 $\sigma_C = 7.08\%$。由于 $E(r_C) = 8\% + 0.4248\sigma_C$,则 $E(r_C) = 11.01\%$。根据无风险资产和风险资产构成组合的标准差公式 $\sigma_C = w\sigma_P$,上文已经计算出 $\sigma_P = 24.48\%$,则投资于风险资产组合的比重 $w = 28.92\%$。

因此,这个投资者将 28.92%的资金投资于资产组合 P,71.08%的资金投资于一年期短期国债。资产组合 P 中包括 20%的债券指数基金,因此债券指数基金所占的比例为 $w \times w_B = 0.2 \times 0.289\,2 = 0.057\,8$,即 5.78%。同样,投资于股票指数基金的权重为 $w \times w_E = 0.8 \times 0.289\,2 = 0.2314$,即 23.14%。图 8.12 显示了全部资产组合的确定过程。

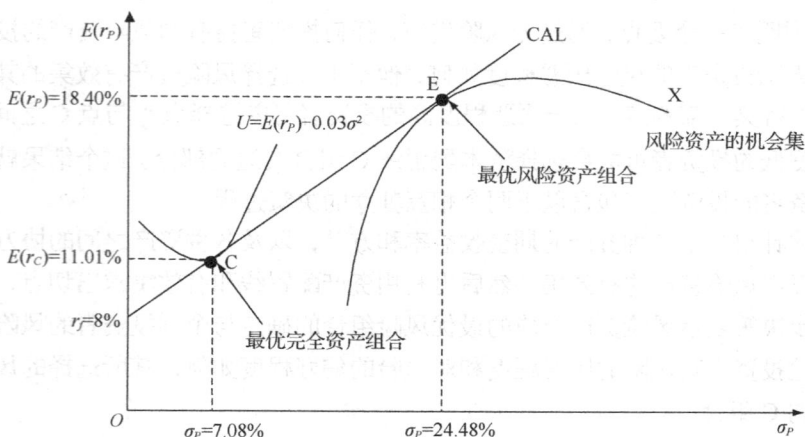

图 8.12　全部资产组合的确定

第四节　资本资产定价模型

资本资产定价模型（CAPM）是 20 世纪 60 年代分别由夏普（William Sharpe）、林特纳（John Lintner）、特里诺（Jack Areynor）和莫森（Jan Mossin）等人在现代证券组合理论的基础上提出的。它是在资本市场处于均衡状态下的价格决定模型，虽然由于假设条件的非现实性而受到了来自各方面的质疑，但到目前为止，CAPM 仍然是衡量其他风险收益模型的标准。

一、CAPM 模型假设条件

CAPM 是建立在一系列严格的假设基础之上的，下面给出的是简单形式的 CAPM 模型的若干基本假定，这些基本假定的核心是尽量使个人同质化，而这些个人本来是有着不同的初始财富和风险厌恶程度的。我们将会看到，同质化投资个人的行为会使我们的分析大为简化。这些假设有：

假设 1：所有资产均为责任有限的（limited liability），即对任何资产，其期末价值总是大于或等于零（排除小于零的情形）。

假设 2：市场是完备的（perfect），即不存在交易成本和税收，而且所有资产均为无限可分割的。

假设 3：市场处于完全竞争状态，即不存在垄断和操纵，资本市场上有众多的投资者，每一个体投资者的买入或卖出资产的行为均不影响资产的价格，资产价格由全体投资者的综合行为决定。任何单一投资者都不可能有足够的实力来操纵和控制某一资产的价格。

假设 4：存在无风险资产，投资者可以相同的无风险利率借款或投资，而且不受数量限制。

假设 5：所有投资者均为风险厌恶者，同时具有不满足性，即对任何投资者，财富越多越好。

假设 6：所有投资者都追求期末财富的期望效用极大化。

假设 7：所有投资者对未来具有一致性的预期（homogeneous expectation），都正确地认识到所有资产的收益服从联合的正态分布。

假设 8：对于任何风险资产，投资者对其评价有两个主要的"指标"，分别为风险资产的期望收益率和方差。

假设 9：所有投资者均可免费地获得信息，市场上信息是公开的、完备的。

以上假设都是对现实的证券市场的一种抽象，这些假设与实际情形有一些差距，但它毕竟抓住了一些主要因素，对实际问题在一定程度上给出了有力的说明，从而具有一定的指导作用。对这些假设的放宽是现代金融研究的热点之一，而且在许多方面已取得了十分完善的结果。

二、风险资产市场均衡和风险资产市场组合

通常，假设世界上所有的投资者对某一资产的期望收益率、方差和协方差估计是完全相同的。虽然这样的假设与现实有出入，但是因为投资者的信息来源都相同，并且市场信息是完全的，因此各个投资者的各种估计也不会出现大的差别。

如果所有投资者有相同的预期，所有投资者将绘制出相同的资产有效集。因为市场上的无风险利率适用于每个投资者，所以最优风险组合 C 就成了所有投资者的最优风险组合。根据分离定理，每个投资者都持有相同的最优风险组合 C。如果某种证券在 C 组合中的比例为零，那么就没有人购买该证券，该证券的价格就会下降，从而使该证券的期望收益率上升，一直到其以非零比例存在于最终的最优风险组合 C 中为止。同样，如果投资者对某种证券的需求量超过其供给量，则该证券的价格将上升，导致其期望收益率下降，从而降低其吸引力，它在最优风险组合中的比例也将下降，直至其供求均衡为止。因此，在均衡状态下，每一个投资者对每一种证券都愿意持有一定的数量，市场上各种证券的价格都处于使该证券的供求处于相等的水平上，无风险利率的水平也正好使得借入资金的总量等于贷出资金的总量。这样，在均衡时，最优风险组合中各证券的构成比例等于市场组合（market portfolio）中各证券的构成比例，最优风险证券组合 C 就等于市场组合 M。

市场组合是指这样的一个投资组合，它包含了市场上流通的所有证券。其中每一种证券的投资比例等于它们的相对市场价值，即该证券的市场价值除以所有证券的市场价值之总和。理论上，市场组合将包括所有风险资产：金融资产如股票、债券、期权、期货等，以及实际资产如不动产、黄金、古董、艺术品等，这样的组合将完全多样化。

三、资本市场线

当市场处于均衡状态时，市场组合也就等于资本配置线（CAL）与风险资产有效集的切点投资组合，它代表了所有投资者对风险资产的投资方式。所有投资者在进行最优投资选择时都是将其资金在无风险资产 R_f 和市场组合 M 之间进行分配，从 R_f 出发画一条经过 M 的直线，这条线就是在允许无风险借贷情况下所有资产的线性有效集，这个线性有效集称为资本市场线（capital market line）。资本市场线描述了均衡的资本市场上任一投资组合的期望收益率与其标准差之间的关系。如图 8.13 所示，它表明市场组合的收益与风险呈线性关系，风险越高，所带来的期望收益越高；风险越低，则带来的期望收益越低。

资本市场线对有效证券组合的风险与期望收益率的关系给予了完整的解释。由于 CML 是一条直线，因而在这个有效集上的任何证券组合的期望收益率和标准差的关系都很容易表示。如果投资者准备投资风险资产，他们需要一个风险报酬来补偿增加的风险。风险报酬（premium）是一个证券组合的收益与无风险收益之差。图 8.14 中市场组合 M 的风险报酬$=E(R_M)-R_f$。通常 CML 总是向上倾斜的，因为风险报酬总是正的。随着风险的增加，期望收益率将成比例地增加，这种关系与人们常说的"风险越大，收益率也越大"是一致的。但这不等于说 CML 不可能向下倾斜，就是风险收益低于无风险收益。这表明投资者的预期并不总能实现。如果总能实现就不会有风险了。因此，虽然 CML 在事前必然向上倾斜，但事后有时可能向下倾斜。

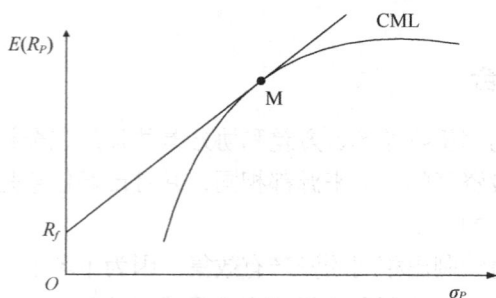

图 8.13　资本市场线（CML）

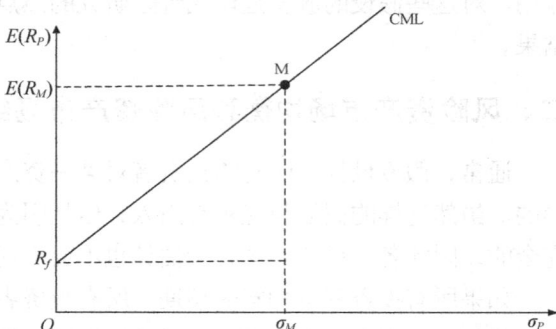

图 8.14　资本市场线

由图 8.14 可得

$$\text{CML 的斜率}=\frac{E(R_M)-R_f}{\sigma_M}$$

CML 的斜率是有效证券组合的风险市场价格（market price of risk），它度量的是增加单位风险需增加的期望收益率，表示一个有效证券组合的风险每增加 1%，需要的收益率增加值。

现在，我们知道 CML 的斜率和截距 R_f，那么在 CML 上的任意有效证券组合中的期望收益率可以用它的风险来表示，CML 表明了证券组合的期望收益率和标准差之间的线性关系。CML 根据证券组合 P 的不同风险水平决定它的期望收益。换句话说，CML 给出了每一种证券组合的风险水平的应得收益。

CML 的表达式为

$$E(R_P)=R_f+\frac{E(R_M)-R_f}{\sigma_M}\sigma_P \qquad （8.24）$$

其中，$E(R_P)$ 是 CML 上任何有效证券组合 P 的期望收益率；σ_P 是 CML 上任何有效证券组合 P 的标准差；R_f 为无风险借贷利率，它度量的是资金的时间价值，而 $E(R_P)-R_f$ 则表示投资组合的超额收益率。

公式模型的经济含义表示，在 CML 的任意有效组合的期望收益率由两个因素决定：

（1）无风险借贷利率；

（2）以标准差表示的风险证券组合的市场价格（风险溢价或斜率）。

【例 8.10】已知市场组合的期望收益率为 12%，标准差为 20%，无风险借贷利率为 6%，如果一种证券组合的标准差为 25%，求它的期望收益率为多少？

【解析】 CML 的斜率为 $\dfrac{E(R_M)-R_f}{\sigma_M}=\dfrac{12\%-6\%}{20\%}=30\%$

则， $E(R_P)=R_f+\dfrac{E(R_M)-R_f}{\sigma_M}\sigma_P=6\%+30\%\times25\%=13.5\%$

【例 8.11】 假设市场组合由证券 A、B、C 构成，权重分别为 20%、30%、50%，它们的期望收益率分别为 10%、24%、30%，方差协方差矩阵为

$$\begin{bmatrix} 0.015 & 0.024 & 0.016 \\ 0.024 & 0.028 & 0.034 \\ 0.016 & 0.034 & 0.042 \end{bmatrix}$$

且无风险收益率为 6%，写出资本市场线方程。

【解析】 矩阵中对角线上依次为三种证券的方差，其他位置上是协方差，协方差的性质决定了协方差矩阵的对称性。从矩阵中可以看出：

$$\text{cov}(R_A,R_B)=0.024 , \quad \text{cov}(R_A,R_C)=0.016 , \quad \text{cov}(R_B,R_C)=0.034$$

此时

$$\begin{aligned} E(R_M) &= w_{MA}\times E(R_A)+w_{MB}\times E(R_B)+w_{MC}\times E(R_C) \\ &= 20\%\times10\%+30\%\times24\%+50\%\times30\% \\ &= 24.2\% \end{aligned}$$

$$\begin{aligned} \sigma^2(R_M) &= (20\%,30\%,50\%)\begin{bmatrix} 0.015 & 0.024 & 0.016 \\ 0.024 & 0.028 & 0.034 \\ 0.016 & 0.034 & 0.042 \end{bmatrix}\begin{bmatrix} 20\% \\ 30\% \\ 50\% \end{bmatrix} \\ &= 0.015\times(20\%)^2+0.028\times(30\%)^2+0.042\times(50\%)^2 \\ &\quad +2\times0.024\times20\%\times30\%+2\times0.016\times20\%\times50\% \\ &\quad +2\times0.034\times30\%\times50\% \\ &= 2.99\% \end{aligned}$$

所以

$$\sigma(R_M)=17.29\%$$

$$\frac{E(R_M)-R_f}{\sigma(R_M)}=\frac{24.2\%-6\%}{17.29\%}=1.05$$

从而，CML 方程为

$$E(R_P)=6\%+1.05\sigma(R_P)$$

四、证券市场线

首先，我们注意到市场组合的风险溢价为 $E(r_M)-r_f$，市场组合方差为 σ_M^2，报酬与波动性比率为

$$\frac{E(r_M)-r_f}{\sigma_M^2} \tag{8.25}$$

这一比率通常被称为风险的市场价格，因为它测度的是投资者对资产组合风险所要求的额外收益率。风险溢价与市场组合方差的比率告诉我们在单位资产组合风险下的额外收益率的大小。

根据前面的分析，在均衡状态下，我们能够获得单个股票的合理风险溢价为

$$E(r_A) - R_f = \frac{E(r_M) - R_f}{\sigma_M^2} \text{cov}(r_A, r_M) \quad (8.26)$$

可以把 A 公司股票的合理风险溢价表示为

$$E(r_A) - R_f = \frac{\text{cov}(r_A, r_M)}{\sigma_M^2}[E(r_M) - R_f] \quad (8.27)$$

这里，$\frac{\text{cov}(r_A, r_M)}{\sigma_M^2}$ 测度的是 A 公司股票对市场组合方差的贡献比率，这是市场组合方差的一个组成部分。这一比率称作贝塔系数，以 β 表示，这样，式（8.27）可以写作

$$E(r_A) = R_f + \beta_A[E(r_M) - R_f] \quad (8.28)$$

这个公式就是证券市场线，它表明某种证券的期望收益率与该种证券的 β 系数呈线性相关。由于从长期来看，市场的平均收益率高于平均的无风险资产收益率，因此 $[E(r_M) - R_f]$ 是个正数。所以，某种资产的期望收益与该种资产的 β 系数正相关。用 β 系数衡量证券和证券组合的风险，不仅容易计算，而且更加准确地反映了证券投资收益与投资风险之间的关系。

【例 8.12】A 公司股票的 β 系数为 1.5，无风险利率为 8%，市场上所有股票的平均报酬率为 10%，则该公司股票的预期报酬率为多少？

【解析】$E(r_A) = R_f + \beta_A[E(r_M) - R_f] = 8\% + 1.5 \times (10 - 8\%) = 11\%$

现在我们进一步讨论这个模型的几种特殊情况。

（1）假设 $\beta = 0$，就有 $E(r) = R_f$。就是说某种证券对市场方差的贡献为 0，其期望收益率正好等于无风险资产的收益率。

（2）假设 $\beta = 1$，就有 $E(r) = r_M$。因为 β 系数等于 1 的证券表明它的风险等于市场风险，所以它的期望收益率应该等于市场上所有股票的平均收益率。

单个资产的期望收益（或风险溢价）取决于其对资产组合风险的贡献程度。股票的 β 系数即测度了股票对市场组合方差的贡献程度。因此，我们预期，对于任何资产或资产组合而言，风险溢价都被要求是关于 β 的函数。之前阐述的 CAPM 模型确认了这一预期，并进一步认为证券的风险溢价与 β 系数和市场组合的风险溢价是直接成比例的，即证券的风险溢价等于 $\beta[E(r_M) - R_f]$。将这种关系在坐标系中描绘出来，即可得到如图 8.15 所示的证券市场线（Secuurity Market Line，SML）。SML 是由无风险资产的收益率和市场组合的期望收益率共同决定的。

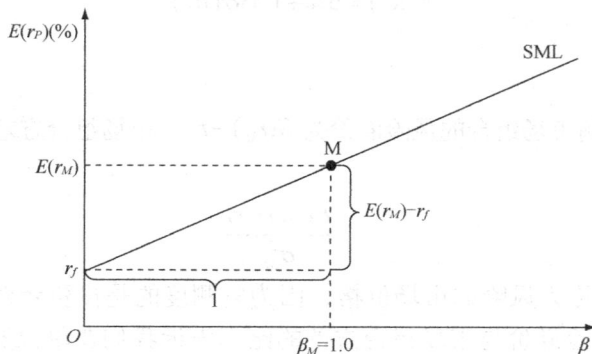

图 8.15　证券市场线

第五节 因素模型与套利定价机制

证券的价格变化受多种因素的影响，只要我们找出影响证券价格的因素，分析这些因素的影响程度，就可以构造出因素模型来估计每个证券的期望收益率。本节先介绍单因素模型，然后再介绍多因素模型和套利定价理论。

一、因素模型

因素模型认为各种证券的收益率均受某个或某几个共同因素的影响。研究证券收益的模型，首先要识别与证券收益有关的各类影响因素，然后分析这些因素的变动对证券收益的影响力度，最后确定证券收益与这些因素之间的函数关系。

（一）单因素模型

证券的单因素模型是表达证券的收益率与某种因素的数量关系的数学模型。单因素模型的基本思想是认为证券收益率只与一个影响因素有关。除了这个因素的影响外，股票收益的所有剩余的不确定性是公司特有的，也就是说，证券之间的相关性除了这一因素外没有其他来源了。不同公司对宏观经济事件有不同的敏感度。我们可以用公式（8.29）表示 i 公司股票收益率对共同的宏观经济因素和自有因素的反应：

$$r_i = E(r_i) + b_i F + \varepsilon_i \tag{8.29}$$

其中，r_i 代表第 i 种证券的收益率；

F 代表影响证券收益的唯一因素；

$E(r_i)$ 是截距项，代表已经预期到的证券收益率部分；

b_i 是 r_i 对唯一的公共因子 F 的灵敏度，也称为因子载荷；

ε_i 是一个随机变量，它测度的是 r_i 与平均收益率之间的偏差。

公式（8.29）被称为股票收益的单因素模型（single-factor model）。假定每种股票或多或少地受股票指数的影响，投资者观察证券市场时可以发现，当股票指数上升时，大部分股票的价格也会有不同程度的上涨；当投票指数下跌时，大部分股票的价格也会有不同程度的下跌。这说明，各种股票对市场变化有共同的反应。

如果一种证券的单因素模型成立，那么，证券组合的期望收益率为

$$E(R_P) = a_P + b_P E(R_M) \tag{8.30}$$

式中，a_P、b_P 分别为 a_i、b_i 的加权平均，即

$$a_P = \sum_{i=1}^{n} w_i a_i$$

$$b_P = \sum_{i=1}^{n} w_i b_i$$

则公式（8.30）又可以写成

$$E(R_P) = \sum_{i=1}^{n} w_i a_i + \sum_{i=1}^{n} w_i b_i E(R_M)$$

证券组合的方差可以写成

$$\sigma_P^2 = \sum_{i=1}^{n} w_i^2 b_i^2 \sigma_M^2 + \sum_{i=1}^{n} w_i^2 \sigma_{\varepsilon i}^2 + \sum_{i=1}^{n} \sum_{j=1}^{n} w_i w_j b_i b_j \sigma_M^2 \qquad (8.31)$$

如果我们估计出每股股票的 a_i、b_i、$\sigma_{\varepsilon i}^2$ 以及市场组合期望收益率 $E(R_M)$ 和方差 σ_M^2，就能估计出任何证券组合的预期收益率和方差。这比使用马科维茨方法选择最佳证券组合大大简化了。

（二）双因素模型和多因素模型

证券收益的影响因素不止一个，它是多种因素共同影响的结果，这些因素的变动会引起证券价格不同程度的变化，根据其影响程度，可以得出证券收益率与这些因素的关系式，从而导出最佳证券组合。

1. 双因素模型

为了分析多因素模型，我们首先从一个双因素模型的讨论开始。假设影响各个公司运营情况的两个重要经济变量是 GDP 和利率 R，任何股票的收益都与这两个宏观风险因素以及它们自己公司的特有风险相关。因此，我们可以把单因素模型扩展成一个双因素模型，从而描述在某个时期股票的期望收益率，模型如下：

$$R_i = a_i + b_{i1}\text{GDP}_t + b_{i2}R_t + \varepsilon_i \qquad (8.32)$$

由前面给出的假设条件可知，GDP 与 R 互不相关，剩余收益 ε_i 与 GDP 和 R 也不相关，则可以得出证券组合收益率的方差为

$$\sigma_P^2 = b_{1P}^2 \sigma_{\text{GDP}}^2 + b_{2P}^2 \sigma_R^2 + \varepsilon_{\varepsilon P}^2 \qquad (8.33)$$

式中，b_{1P}、b_{2P} 和 $\varepsilon_{\varepsilon P}^2$ 分别为证券组合中各项的加权平均值，即

$$b_{1P} = \sum_{i=1}^{n} w_i b_{1i} \qquad (8.34)$$

$$b_{2P} = \sum_{i=1}^{n} w_i b_{2i} \qquad (8.35)$$

$$\sigma_{\varepsilon P}^2 = \sum_{i=1}^{n} w_i^2 \sigma_{\varepsilon i}^2 \qquad (8.36)$$

【例 8.13】假设有三种股票 A、B、C，投资者以 0.2 : 0.4 : 0.4 的比例将资金投资于这三种股票上。三种股票收益率对市场股票指数收益率的 b 系数和对通货膨胀率的 b 系数以及剩余收益的方差 $\sigma_{\varepsilon i}$ 如表 8.9 所示。

表 8.9　b 系数和剩余收益的方差

股票	b_{i1}	b_{i2}	$\sigma_{\varepsilon i}^2$
A	0.60	0.80	0.04
B	1.00	0.50	0.06
C	2.00	0.40	0.08

假设市场股票指数收益率的方差 $\sigma_M^2 = 8\%$，通货膨胀率的方差 $\sigma_I^2 = 4\%$，计算股票 A、B、C 的方差，及组合剩余收益的方差和证券投资组合的方差。

【解析】由已知条件可得股票 A 的方差为

$$\sigma_1^2 = b_{11}^2 \sigma_M^2 + b_{12}^2 \sigma_I^2 + \sigma_{\varepsilon 1}^2$$
$$= 0.6^2 \times 0.08 + 0.8^2 \times 0.04 + 0.04$$
$$= 0.094\,4$$

股票 B 期望收益率的方差为

$$\sigma_2^2 = b_{21}^2\sigma_M^2 + b_{22}^2\sigma_I^2 + \sigma_{\varepsilon 2}^2$$
$$=1.0^2\times0.08+0.5^2\times0.04+0.06$$
$$=0.15$$

股票 C 期望收益率的方差为

$$\sigma_3^2 = b_{31}^2\sigma_M^2 + b_{32}^2\sigma_I^2 + \sigma_{\varepsilon 3}^2$$
$$=2.0^2\times0.08+0.4^2\times0.04+0.08$$
$$=0.406\,4$$

由于投资者以 0.2：0.4：0.4 的比例将资金投资于三种股票上，则证券投资组合收益率对市场股票指数收益率的 b 系数为

$$b_{1P} = \sum_{i=1}^n w_i b_{i1} = 0.2\times0.6+0.4\times1.0+0.4\times2.0 = 1.32$$

证券投资组合收益率对通货膨胀率的 b 系数为

$$b_{2P} = \sum_{i=1}^n w_i b_{i2} = 0.2\times0.8+0.4\times0.5+0.4\times0.4 = 0.52$$

证券投资组合剩余收益率的方差为

$$\sigma_{\varepsilon P}^2 = \sum_{i=1}^n w_i^2 \sigma_{\varepsilon i}^2 = 0.2^2\times0.04+0.4^2\times0.06+0.4^2\times0.08 = 0.02\,4$$

证券投资组合期望收益率的方差为

$$\sigma_P^2 = b_{1P}^2\sigma_M^2 + b_{2P}^2\sigma_I^2 + \sigma_{\varepsilon P}^2$$
$$=1.32^2\times0.08+0.52^2\times0.04+0.024 = 0.150\,8$$

2. 多因素模型

为了更好地预测证券的价值，人们选取的自变量往往不止一个。使用两个以上因素构成的模型称为多因素模型，可表示为

$$R_i = a_i + b_{i1}F_1 + b_{i2}F_2 + \cdots + b_{ik}F_k + \varepsilon_i \qquad (8.37)$$

式中，R_i 表示第 i 种证券的收益率；F_1，F_2，$\cdots$，F_k 表示相互独立的因素，如 F_1 表示市场指数收益率，F_2 表示 GDP 增长水平，F_3 表示利率水平，F_4 表示通货膨胀水平等；a_i 表示收益率中独立于各因素的变化的值；$b_{i1},b_{i2},\cdots,b_{ik}$ 表示证券收益率对各个因素的敏感程度；ε_i 表示剩余收益部分，是一个随机变量。

在多因素模型中，各因素 F_1，F_2，$\cdots$，F_k 之间不存在相关关系，即任意两个因素 F_i 与 F_j 之间的协方差为零，剩余收益与各个因素之间的协方差为零；两种证券收益率的剩余部分 ε_i 和 ε_j 之间的协方差为零。根据上述假设条件，运用数学期望和方差的性质我们可推导出下列公式。

（1）证券 i 的期望收益率为

$$E(R_i) = a + b_{i1}E(F_1) + b_{i2}E(F_2) + \cdots + b_{ik}E(F_k) \qquad (8.38)$$

（2）证券 i 收益率的方差为

$$\sigma_i^2 = b_{i1}^2\sigma_{F_1}^2 + b_{i2}^2\sigma_{F_2}^2 + \cdots + b_{ik}^2\sigma_{F_k}^2 + \sigma_{\varepsilon i}^2 \qquad (8.39)$$

（3）证券 i 和 j 之间收益率的协方差为

$$\sigma_{ij} = b_{i1}b_{j1}\sigma_{F_1}^2 + b_{i2}b_{j2}\sigma_{F_2}^2 + \cdots + b_{ik}b_{jk}\sigma_{F_k}^2 \qquad (8.40)$$

由上式分析可知，利用多因素模型进行证券分析，假设是一个有 N 种证券和 k 个因素的

证券组合，则需要输入：

① N 个与各因素无关的独立的收益率预期值 a_i；

② $k \cdot N$ 个证券收益率对因素的敏感度的值 b_{ij}；

③ N 个剩余收益 ε_i 和方差 $\sigma_{\varepsilon i}^2$；

④ k 个因素的收益 $E(F_i)$；

⑤ k 个因素收益的方差 $\sigma_{F_i}^2$。

因此，对多因素模型进行证券组合分析，需要输入（$2N+2k+k \cdot N$）个数据，显然比原始方法要少得多。

二、套利定价模型

因素模型描述了单个证券或者某个证券组合的收益与因素之间的联系。不同的因素、不同的组合就会有各自的因素模型。换言之，因素模型不是资产定价的均衡模型，它没有说明在市场均衡状态下资产定价与因素之间的一般关系。套利定价模型认为通过套利行为，市场将达到均衡，从因素模型出发，可以推导出均衡状态下的资产定价模型。

套利（arbitrage）是资本市场理论的一个基本概念，当一价法则被违反时，就会出现明显的套利机会。当同一资产在不同市场上存在价格差异时（在这里价格差异超过了交易成本），在这两个市场进行同步交易，即在低价市场买入同时在高价市场卖出，投资者就可从中获取正的差价收益，并且由于多头与空头头寸的互相抵消而不存在风险。套利是指利用一个或多个市场或不同时间存在的各种价格差异，在不承担风险的情况下赚取较高收益的交易活动。

（一）套利的基本形式

套利有五种基本形式：空间套利、时间套利、工具套利、风险套利和税收套利。空间套利又称地理套利，是指在一个市场上低价买进某种商品，而在另一市场上高价卖出同种商品，从而赚取两个市场间差价的交易行为。空间套利是最早、最简单的套利形式之一，也是现实投资套利中最常见的形式。

时间套利是指同时买卖在不同时点交割的同种资产从而赚取差价的行为，包括即期对远期的套利和远期对远期的套利。只要现实中现货和远期、期货价格的关系偏离它们之间平价关系的幅度超过手续费和税收，就可进行时间套利。

工具套利就是利用同一标的资产的现货及各种衍生证券的价格差异，通过低买高卖赚取无风险利润的行为。

风险套利是指利用风险定价上的差异，通过赚取无风险利润的交易行为，根据高风险收益原则，风险越高，所要求的风险补偿就越多。保险是风险套利的典型事例。

税收套利是指不同投资主体、不同证券、不同收入来源以在税收待遇上存在的差异所进行的套利交易。

（二）套利定价理论

20 世纪 70 年代中期，由罗斯（Ross）发展的套利定价理论（APT）比资本资产定价模型理论要简单，其主要假设有：①资本市场处于竞争均衡状态；②投资者喜爱更多财富；③资产的收益率可用因素模型表示。可见，APT 对 CAPM 的发展就在于它是建立在更为宽松的假定条件下：它不受资产收益分布的约束，不受个人效用函数的限制，更不局限于市场投资组合有效性的假说和单一要素的测量，它可以受到许多因素的影响，而这些更符合现实。

1. 套利证券组合

根据一价法则，同一种资产不可能在一个或几个市场中以两种或两种以上不同的价格出售，否则，就会出现套利机会。套利的结果将使风险相同收益率较低的证券的供给增加，价格下降，期望收益率上升。相反，风险相同收益率较高的证券的需求增加，价格上升，期望收益率下降。直到两者的期望收益率也相等，套利的机会不复存在，市场达到均衡状态，这个过程才告中止。因而，套利定价理论认为证券市场在均衡状态时应服从一价法则，即同样风险的证券的收益率应该是相同的。

套利定价理论也沿用因素模型来解释证券收益率，现在我们假设它是单因素模型，在这个模型中，资产收益中的不确定性来自两方面：共同或宏观经济因素和企业自有因素。用公式表示为

$$R_i = E(R_i) + b_i F + \varepsilon_i \tag{8.41}$$

式中，R_i 是证券 i 的收益率；$E(R_i)$ 是证券 i 的期望收益率；F 是决定证券 i 收益率的唯一因素，它是共同因素期望值的偏差，其期望值为 0；b_i 是因素 F 的敏感度；ε_i 是随机误差项，且 $E(\varepsilon_i) = 0$，方差为 σ_{ei}^2 且与 F 不相关。

套利证券组合是期望收益增加而风险没有增加，因而套利证券组合要满足三个条件：

（1）不需要投资者增加任何投资。如果 w_i 表示在套利证券组合中证券 i 的权重的变化，那么要求

$$w_1 + w_2 + w_3 + \cdots + w_n = 0 \tag{8.42}$$

（2）套利证券组合的因素 F 的敏感度为 0，就是它不受因素风险的影响，它是证券敏感的加权平均数，公式为

$$w_1 b_1 + w_2 b_2 + \cdots + w_n b_n = 0 \tag{8.43}$$

（3）套利组合的期望收益率必须是正数，即

$$w_1 E(R_1) + w_2 E(R_2) + \cdots + w_n E(R_n) > 0 \tag{8.44}$$

总而言之，这样一个套利组合对任何一个渴望高收益且不关心非因素风险的投资者来说都是具有吸引力的。它不需要任何额外的资金，没有任何因素风险，却能带来正的预期回报率。

【例 8.14】某投资者拥有一个由三种股票组成的证券投资组合，投资者持有这三种证券的市值各为 200 万元，那么套利证券投资组合的市值为 600 万元。假定这三种股票均符合单因素模型，其期望收益率、其对该因素的敏感度及投资者进行套利修改其在投资组合中的权重如表 8.10 所示，分析投资者如何获得无风险的套利收益。

表 8.10　证券套利投资组合数据

i	$E(R_i)$	b_i	w_i
股票 1	12%	2.0	0.20
股票 2	20%	5.0	0.40
股票 3	8%	4.0	−0.60

【解析】由上述三个条件可得：

（1）$w_1 + w_2 + w_3 = 0.20 + 0.40 - 0.60 = 0$

（2）$w_1b_1 + w_2b_2 + w_3b_3 = 2.0×0.20+5.0×0.40+4.0×(-0.60)=0$

（3）$w_1E(R_1) + w_2E(R_2) + w_3E(R_3) = 0.20×12\%+0.40×20\%+(-0.60)×8\%=5.6\%>0$

由于投资者原来持有这三种证券的市值各为 200 万元，那么套利证券组合的市值为 600 万元。为了套利他可以这样操作：

（1）出售股票 3：$-0.60×8\%×600=-28.8$（万元）

（2）购买股票 1：$0.20×12\%×600=14.4$（万元）

（3）购买股票 2：$0.40×20\%×600=48$（万元）

其和为：$5.6\%×600=33.6$（万元）

因此投资者可以在没有任何风险的情况下获得较高收益。它是非投资获利，没有风险，并且有正的期望收益。

2. 套利定价线

一般地，一个套利证券组合由 n 种资产组成，权重分别为 w_i（$i=1$，2，…，n）。投资者没有使用其财富进行套利，因此，套利证券组合要求无净投资。即

$$\sum_{i=1}^{n} w_i = 0$$

同时还要求套利证券组合充分多样化，则有

$$\sum_{i=1}^{n} w_i R_i = \sum_{i=1}^{n} w_i E(R_i) + (\sum_{i=1}^{n} w_i b_i)F + \sum_{i=1}^{n} w_i \varepsilon_i$$

$$= \sum_{i=1}^{n} w_i E(R_i) + (\sum_{i=1}^{n} w_i b_i)F \qquad (8.45)$$

当 n 很大时，充分多样化的证券组合可以忽略非因素风险的影响。如果还要求套利证券组合不受因素风险的影响，那么

$$\sum_{i=1}^{n} w_i b_i = 0$$

套利的买卖行为将持续到所有套利机会明显减少或消失为止。如果证券组合没有套利机会，则在均衡状态，预期回报率和敏感度将近似满足如下的线性关系：

$$E(R_i) = \lambda_0 + \lambda_1 b_i \qquad (8.46)$$

其中，λ_0 和 λ_1 是常数。式（8.46）表示在均衡状态下期望收益率和影响因素敏感度呈线性关系，这条直线叫作套利定价线，或叫作 APT 资产定价线（如图 8.16 所示）。

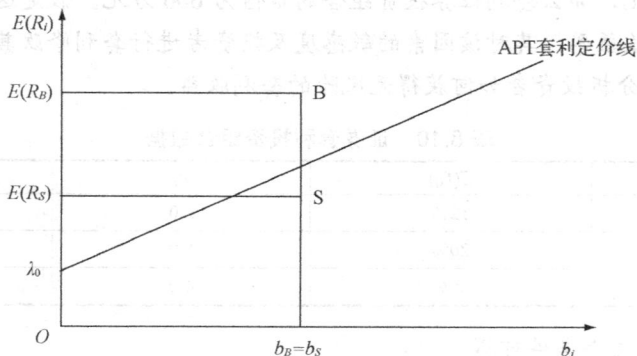

图 8.16 套利定价线

根据套利定价理论,任何具有一个因素的敏感度和期望收益率的资产不在套利定价线上,那么投资者就有构造套利证券组合的机会。图 8.16 中,资产 B 点位于 APT 资产定价线上方,表示资产价格被低估,期望收益率较高;而资产 S 点位于 APT 资产定价线下方,表示资产价格被高估,期望收益率较低;投资者可以购买资产 B,出售相同金额资产 S 构成一个套利证券组合。这样,投资者没有使用任何新的资金,同时,资产 B 和资产 S 都有相同的因素敏感度,这就使得构成的套利证券组合的因素敏感度为 0,因此套利不增加风险,而且套利证券组合都有正的期望收益率。由于买压使得资产 B 价格上升,卖压使得资产 S 价格下降,最后,在类似套利行为驱动下二者将分别达到套利定价线上,套利机会消失。

　　其中,对公式(8.46)中 λ_0 和 λ_1 可以作如下理解。

　　公式(8.46)适用于所有的证券,无风险证券的因素敏感度 $b_i=0$,所以有 $E(R_i)=\lambda_0$,而无风险证券的收益即无风险收益为 $E(R_i)=R_f$,也就是说,式中 $\lambda_0=R_f$,λ_0 代表的就是无风险收益。于是公式(8.46)可记为

$$E(R_i)=R_f+\lambda_1 b_i \tag{8.47}$$

λ_1 可以记作因素敏感度为 1 的证券投资组合 P,即

$$E(R_P)=R_f+\lambda_1 b_P$$

　　由于 $b_P=1$,所以

$$\lambda_1=E(R_P)-R_f$$

由此可见,λ_1 表示因素风险报酬,是一个拥有单位因素敏感度的证券组合的超额收益。令 $\delta_1=E(R_P)$,则

$$\lambda_1=\delta_1-R_f \tag{8.48}$$

$$E(R_i)=R_f+(\delta_1-R_f)b_i \tag{8.49}$$

　　【例 8.15】承例 8.14,假设 $\lambda_0=0.06$,$\lambda_1=0.02$,写出套利定价方程,并分析 1、2、3 三种股票有没有在套利定价线上,如若没有,会如何运动?

　　【解析】由已知得,套利定价方程为 $E(R_i)=0.06+0.02 b_i$。

　　同时,三种股票的均衡期望收益率为

$E(R_1)=0.06+0.02\times2.0=10\%<12\%$

$E(R_2)=0.06+0.02\times5.0=16\%<20\%$

$E(R_3)=0.06+0.02\times4.0=14\%>8\%$

由于 $\lambda_0=0.06$,$\lambda_1=0.02$,即 $R_f=0.06$,即得

$$\delta_1=R_f+\lambda_1=0.06+0.02=8\%$$

　　它表示公共因素的敏感度是 1 的证券组合的超额收益率为 8%。图 8.17 分别用点 A、B 和 C 表示股票 1、股票 2 和股票 3 的期望收益率原来都不在套利定价线上,因而可以构成套利证券组合,但由于买压和卖压的影响最终趋于均衡。由于股票 1、股票 2 的期望收益率高于均衡期望收益率,所以股票 1、股票 2 在买压的作用下,价格水平上升,期望收益率下降,最终均衡期望收益率均落在套利定价线上;而股票 3 的期望收益率低于均衡期望收益率,股票 3 在卖压的作用下,价格水平下降,期望收益率上升,其均衡期望收益率也会落在套利定价线上。

人物谱:斯蒂芬·罗斯

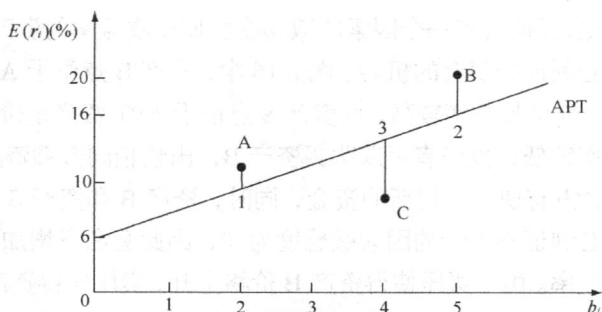

图 8.17 三种股票组成的套利证券组合

（三）套利定价理论与资本定价模型的一致性

套利定价理论与资本资产定价理论既有区别又有联系，两者都是一种均衡模型。套利定价理论假设当市场处于均衡状态时将不存在套利机会，从而能将证券的收益率确定下来，体现的是整个市场给出的一种合理的定价，因此投资者无套利机会可利用。不过现实中并不能完全消除套利机会，相反正是因为套利机会的存在促使投资者去套利，而套利的结果反过来又使得套利机会消失，然后新的套利机会产生，再套利、再消除，如此往复，使得市场更加趋于合理化。而资本资产定价模型则是一种理想的均衡模型，它强调的是证券市场上所有证券的供需均达到均衡。

根据套利定价理论可知，证券的期望收益率等于无风险利率加上 k 个因素报酬分别乘以这个证券的 k 个因素敏感度之和。在只有一个因素时，模型为

$$E(R_i) = R_f + (\delta_1 - R_f) b_i$$

在资本资产定价模型中没有要求期望收益率满足因素模型，其定价模型为

$$E(R_i) = R_f + [E(R_M) - R_f] \beta_i$$

如果 $\delta_1 = E(R_M)$，同时 b_i 代表 β_i，那么套利定价理论将与资本资产定价模型一致，相对于 CAPM 而言，APT 模型更一般化，在一定条件下，我们甚至可以把传统 CAPM 视为 APT 模型的特殊形式。

然而一般情况下，δ_1 不一定等于市场组合的期望收益率，两者仍有区别，主要表现在：

（1）套利定价理论仅假定投资者偏好较高收益，而没有对他们的风险类型做出严格的限制。

（2）套利定价理论认为市场达到均衡时，某种资产的收益取决于多种因素，而资本资产定价模型认为资产的收益取决于一个因素。

（3）在套利定价理论中，并不特别强调市场组合的特殊地位，而资本资产定价模型则强调市场组合必须是一个有效组合。

由此可见，套利定价理论是比资本资产定价模型更具有一般性、更容易为人所接受的资本市场均衡理论。

第五篇　衍生市场与风险管理

第九章　金融衍生证券市场

【学习目标】

　　了解金融衍生证券市场的产生和发展；理解金融远期合约的特点和功能，掌握远期利率协议结算金的计算；掌握外汇期货合约的定义、特点以及投机、套利的计算；掌握期权合约的定义、特点以及盈亏分布；掌握互换的定义、特点以及货币互换和利率互换的计算。

【导入案例】

中信泰富的失误

　　（据 2009 年 4 月 9 日武汉晚报报道）2008 年 10 月 20 日，中国香港恒指成分股中信泰富突然惊爆，因投资杠杆式外汇产品而巨亏 155 亿港元！其中包括约 8.07 亿港元的已实现亏损和 147 亿港元的估计亏损，而且亏损有可能继续扩大。

　　2008 年 10 月 21 日，中信泰富股价开盘即暴跌 38%，盘中更是一度跌至 6.47 港元，跌幅超过 55.4%，当日收报于 6.52 港元，跌幅达 55.1%，远远超过业界预计的 20% 左右。

　　2008 年 10 月 22 日，香港证监会确认已经对中信泰富的业务展开调查，而由于中信泰富的股价在两天内已经跌了近 80%，联交所公布的公告显示，中信泰富主席荣智健及其母公司中信集团，于场内分别增持 100 万股及 200 万股来维持股价稳定。

　　根据公司公告与国际媒体报道的信息，导致中信泰富亏损的主要衍生品是"含敲出障碍（knock out）期权及看跌期权的澳元/美元累计远期合约"，以及更复杂的"含敲出障碍期权及看跌期权的欧元-澳元/美元双外汇累计远期合约"。

　　这些合约对中信泰富而言，价格向上利润有限，但价格向下亏损却要加倍而无限：假如美元/澳元高于 0.87，中信泰富会获得利润，但其总利润被"敲出障碍期权"登顶，最多只能有 4 亿多港元，更可怕的是，一旦每月利润超过一定额度，则交易对手可选择取消合同，会导致仅有的利润化为乌有。但是，一旦美元/澳元低于 0.87，中信泰富需要加倍以 0.87 美元的高价接澳元仓位，而且没有相应敲出条款给亏损封顶。这些极不对称的条款，在合约签订的一刻就已经注定了中信泰富盈利极其有限，但有可能会蒙受巨额亏损的结果。不幸的是，美元/澳元 2008 年 10 月已经下跌为约 0.70，从而导致中信泰富约 155 亿港元的亏损！

　　启发思考：

　　（1）中信泰富所签订的远期合约是如何导致该公司的巨额亏损的？

　　（2）为什么说中信泰富是在做高杠杆投机而非套期保值？

（3）如何认识金融衍生品的作用？

（4）你知道金融衍生品市场上有哪些常见的金融衍生证券吗，它们的特点是什么？

衍生证券（derivative security）指的是这样一种证券：其收益与先前发行的某种证券的收益相关。衍生证券一般是由交易双方所签订的一种协议，按协议规定，双方在将来某一时间按事先确定的价格交换一定数量的资产或现金。当基础证券的价值发生变化时，衍生证券的价值也会发生变化，如远期、期货、期权、互换等。

第一节　金融衍生证券市场的产生和发展

20 世纪 70 年代以来，以远期(forward)、期货(future)、期权(option)和互换(swap)为主要内容的金融工具的创新是金融创新的核心。随着金融创新的发展，金融衍生证券经过衍生再衍生、组合再组合的螺旋式发展，繁衍出了更多的品种，创造出了巨大的金融衍生证券市场。

一、金融衍生证券市场的产生

1972 年 5 月，随着以固定汇率为主要内容的布雷顿森林体系的崩溃，取而代之的是浮动汇率。浮动汇率导致了汇率不稳定，从而给国际贸易和投资活动带来了很大风险，进而对利率和股市也产生了剧烈的影响。在此背景下，芝加哥商品交易所（CME）诞生了第一个金融衍生证券品种——外汇期货合约，以规避汇率风险。外汇期货的出现带动了整个衍生工具市场的发展，出现了更多创新金融衍生证券，如利率期货、股指期货。1975 年 10 月，芝加哥期货交易所（Chicago Board of Trade，CBOT）率先推出第一张利率期货合约——政府国民抵押协会抵押凭证期货合约，不久之后，为满足市场管理短期利率风险的需要，芝加哥商业交易所的国际货币市场（International Monetary Market，IMM）在 1976 年 1 月 6 日推出了 90 天期的美国国库券期货合约。

20 世纪 70 年代，西方各国受石油危机的影响，经济发展十分不稳定，利率波动剧烈，导致股票市场价格大幅波动，股票投资者迫切需要一种能够有效规避风险、实现资产保值的金融工具。于是 1982 年 2 月，美国堪萨斯期货交易所（KCBT）开办了首只股指期货品种——价值线综合指数期货的交易，这也标志着金融期货三大类别的结构初步形成。金融期货推出之后，相应的期权、互换陆续推出，到 20 世纪末期，美国金融衍生证券市场品种林立，开启了金融衍生证券的繁荣发展。

美国金融期货的出现，带动了其他发达国家金融衍生品的诞生。伦敦国际金融期货交易所（LIFFE）于 1984 年 1 月推出了两种股指期货交易。和英国一样，欧洲其他各国也主要是以股指期货为主，法国期货交易所（MATIF）于 1988 年 6 月推出了法国证券商协会 40 指数期货（CAC40）。到 2006 年底，全球金融衍生证券市场交易量已达到了 20 万亿美元，是 2000 年的 20 倍。2016 年，全球金融衍生证券规模更是达到了 1 500 万亿美元。20 世纪 80 年代以来，西方各国纷纷放松金融管制，鼓励金融机构实行业务交叉经营、平等竞争，形成了一股金融自由化的潮流，促进了金融衍生证券进一步发展。金融自由化一方面使利率、汇率、股价波动更加频繁、剧烈，使得投资者迫切需要可以回避市场风险的工具；另一方面，金融自由化也促进了金融竞争。由于允许各金融机构业务交叉、相互渗透，多元化的金融机构纷纷出现，直接或迂回地夺走了银行业很大一部分业务；再加上银行业本身业务向多功能、综合化方向发展，同业竞争激烈，存贷利差趋于缩小，使银行业不得不寻找新的收益来源，改变以存、贷款业务为主的传统经营方式，把金融衍生证券视作未来的新增长点。

二、金融衍生证券市场的发展

外汇期货合约交易是首次大规模出现的一批衍生证券交易。1971 年和 1973 年的史密森协议签订之后，各国货币的汇率开始浮动。在这种情况下，芝加哥商品交易所设立了一个从事外汇期货合约交易的附属机构——国际货币市场（IMM）。

金融衍生证券的第二次大规模增长与各种利率衍生证券相关。导致此类衍生证券增长的主要原因是 20 世纪 70 年代以及后来利率波动性的增加——因为当时美国的联邦储备系统开始把货币政策目标从利率转向非借入准备。金融机构的资产负债表中包括了许多的利率敏感性资产和负债。随着利率波动性的增加，这些金融机构净资产（权益）对利率冲击的敏感性也会增加。为了解决这一问题，芝加哥期货交易所在 20 世纪 70 年代引入了各种短期和长期的利率期货合约，并于 80 年代引入了股指期货和期权合约。因此，金融机构是衍生证券市场的主要参与者。金融机构既可以以衍生证券使用者的身份来进行套期保值交易，也可以作为交易商与客户进行交易后收取一笔费用。大约有 1 390 家美国银行在进行衍生证券的交易，而且作为交易商的 4 家大银行（J.P.摩根大通银行、美洲银行、花旗银行、高盛集团）的交易大约占衍生证券交易的 93%。

第三次金融衍生证券创新的浪潮发生在 20 世纪 90 年代，它是随着各种信用衍生证券（比如信用远期、信用风险期权和信用等级互换）的出现而发展起来的。比如，信用远期协议的作用在于，确定贷款利率并发放贷款之后，可以用它来防止贷款违约风险的上升（借款人作用等级的下降）。尽管信用保护的购买者对违约风险暴露进行套期保值，但是由于出售者不能履行其义务，会产生交易对手信用风险（如，备受关注的 2008 年 9 月美国国际集团出售的信用违约互换）[①]。2013 年 3 月，美国银行持有的信用衍生品的名义价值大约为 13.90 万亿美元。衍生证券已经成为新兴市场国家管理信用风险和信用组合风险特别有用的工具。

金融机构和非金融公司对衍生证券使用的急剧增长颇具争议。在 20 世纪 90 年代到 21 世纪初，批评指出衍生合约包含的损失可能被具体化，特别是当银行和保险公司在处理这些工具的时候。正如将在本章以及接下来的两章进行讨论的，当使用恰当时，衍生证券将会降低金融机构的风险。然而，如果滥用衍生证券，则可能会增加金融机构无法偿付的风险。在 20 世纪 90 年代，金融机构、公司以及政府当局被曝出了一系列丑闻，这导致了收紧对金融衍生合约的使用。特别是在 2000 年年初，（美国）财务会计标准委员会（Financial Accounting Standards Board）要求所有金融衍生证券必须盯市并且强制要求必须立刻在金融机构或者其他公司的财务报表中列示来自于金融衍生证券的损失和收益。接着在 2000 年年

---

① 实际上，在美国政府拯救美国国际集团时，最大的问题在于履行信用违约互换的合约（CDS）。在美国国际集团的信用违约互换中，如果美国国际集团的信用等级被下调（从 AAA 下调至 BB），美国国际集团需要向交易对手支付市场损失。由于美国国际集团不能正常营业，作为拯救美国国际集团的部分内容，这些损失将由美国政府承担。

末，数十亿美元的衍生证券损失和全球金融几近崩溃导致了人们呼吁对衍生证券交易进行监管。这些监管规则将很多场外衍生品交易合约也纳入了监管范围并且赋予了证券和商品合约监管者权力来监管它们。

金融机构通过金融衍生证券的设计开发以及担任中介，显著地推进了金融衍生证券的发展。金融中介机构积极参与金融衍生证券的发展主要有两方面的原因：一是在金融机构进行资产负债管理的背景下，金融衍生证券业务属于表外业务，既不影响资产负债表状况，又能带来手续费等收入。1988 年国际清算银行（BIS）制定的《巴塞尔协议》规定，开展国际业务的银行必须将其资本对加权风险资产的比率维持在 8%以上，其中核心资本至少为总资本的 50%。这一要求促使各国银行大力拓展表外业务，相继开发了既能增加收益，又不扩大资产规模的金融衍生证券，如远期利率协议。二是金融机构可以利用自身在金融衍生工具方面的优势，直接进行自营交易，扩大利润来源。金融衍生证券市场吸引了为数众多的金融机构尤其是商业银行介入金融衍生证券交易。

由于计算机和通信技术突飞猛进地发展，计算机网络、信息处理在国际金融市场的广泛应用，使得个人和机构从事金融衍生证券交易越来越容易。

想一想

金融衍生证券产生的最根本原因是什么？

第二节　金融衍生证券的特点和功能

金融衍生证券（derivative security），亦称为金融衍生工具（financial derivative instrument）、金融衍生品，它是在金融基本变量上衍生出来的，根据当前约定的条件在未来规定时间就规定的原生金融证券或衍生资产进行交易的合约。这种合约可以是标准化的，也可以是非标准化的。

一、金融衍生证券的特点

金融衍生证券具有以下特点。

（1）零和博弈。它遵循"有输必有赢，输赢必相等"的"会计原则"。因此，金融衍生证券的交易实际上是进行风险的再分配，它不会创造财富，甚至不会创造虚拟资本，这是金融衍生证券不同于股票等基础证券的特点之一。

（2）跨期交易。金融衍生证券是交易双方通过对利率、汇率、股价等因素变动趋势的预测，约定在未来某一时间按照一定条件进行交易或选择是否交易的合约。无论是哪一种金融衍生证券都涉及未来某一时间金融资产的转移，跨期交易的特点十分突出，这就要求交易双方对利率、汇率、股价等因素的未来变动趋势做出判断，而其判断的准确与否直接决定了其在交易中的成就。

（3）杠杆效应。金融衍生证券交易的高杠杆性可以大大降低交易成本，从而提高市场的流动性。但是高杠杆性一方面吸引着各类市场主体特别是大量的投机者参与到该市场，另一方面，如果由于内部管理系统不完善而使投机者过度投机的话，就可能使投机者一夜之间倾家荡产。更有甚者，如果亏损额过大或众多投机者同时发生大量亏损，金融衍生证券的投机甚至可以危及一国甚至全球金融体系的安全。

（4）不确定性和高风险性。金融衍生证券的交易后果取决于交易者对基础工具未来价格（数值）的预测和判断的准确程度。基础工具价格的变幻莫测决定了金融衍生证券交易盈亏的不确定性，这是金融衍生证券高风险性的重要原因。金融衍生证券还伴随着信用风险、市场风险等。1995 年，有 233 年历史的英国巴林银行，因其年仅 28 岁的交易员尼克·里森在日经 225 股指期货投机中失败而宣布倒闭；日本大和银行纽约分行在金融衍生证券交易中损失11 亿美元；中国最大的券商上海万国证券因国债期货交易而损失数十亿元人民币。这一连串铁的事实说明了金融衍生证券的确是高风险的金融工具。

（5）套期保值和投机套利共存。金融衍生证券产生的直接动因是规避风险、进行套期保值，然而，要求套期保值的交易者不可能都恰好相互达成协议。金融衍生证券在集中了社会经济各种风险之后，需要得以释放和分配，需要有大量活跃的参与者承担风险，即投机者的加入。金融衍生证券的杠杆效应正好具备了吸引投机者的条件，这种低成本、高收益的交易使相当多的人甘愿冒高风险去一试高低。正是套期保值和投机套利在金融衍生证券市场上的相互利用，才使金融衍生证券轻易得以生存和繁衍。

想一想

基本金融工具有哪些？金融衍生证券是如何在此基础衍生出来的？

二、金融衍生证券的功能

金融衍生证券的功能大致可以概括为以下两个方面。

（1）风险规避功能。利用金融期货，可在现货市场交易的基础上，在期货市场上做一笔买卖方向相反、期限相同的交易来套期保值；利用金融互换，可使有浮动汇率负债的交易者把支付浮动利息转换为支付固定利息，从而避免因汇率上升带来的风险。

（2）投机功能。金融衍生证券除了用于规避风险外，客观上也能成为投机者投机获利的工具。投机者一般没有现货交易基础，而金融衍生证券交易多是保证金交易。市场参与者只需动用少量资金就可进行巨额交易，用于投机可能带来高额收益，当然也可能导致巨额亏损。

有了金融衍生证券市场以后，人们在投资组合管理、筹码转换、盈亏锁定、风险管理等方面，通过少量的金融衍生证券交易就可取代大量的现货交易，从而节省大量的交易成本，大大提高了市场的流动性。利用得好，微观上可以为公司达到规避风险、套期保值的目的，宏观上也可以促进资源合理配置，提高金融市场的运行效率；利用不好，则会加剧公司的经营风险，或给其带来破产威胁，甚至引发金融动荡和金融危机。国际投机者也会利用衍生证券市场冲击一国甚至国际金融市场和金融体系。如果不加防范的话，将有可能导致一国甚至全球金融体系的崩溃。

第三节 金融远期市场

远期合约是为适应规避现货交易风险的需要而产生的。相对于原始社会自给自足的状态而言，现货交易是人类的一大进步。通过交易，双方均可获得好处。但现货交易的最大缺点在于无法规避价格风险。远期合约正是为适应这种需要而产生的。

一、金融远期合约的定义

金融远期合约（forward contracts）是指交易双方在未来的某一确定时间，按照确定的价格买卖一定数量的某种金融资产（或金融价格指数）的合约。在合约中规定在将来买入标的物的一方称为多方（long position），而在未来卖出标的物的一方称为空方（short position）。合约中规定的未来买卖标的物的价格称为交割价格（delivery price）。

下面通过一个例子来说明金融远期合约的交易原理。

假设有这样一个远期合约：甲方同意在 30 天后从乙方处以 970 美元的价格购买面值为 1 000 美元的美国国库券。如果 30 天后该国库券的价格为 974 美元，卖方也必须以 970 美元的价格将国库券交割给买方；如果 30 天后该国库券价格为 964 美元，买方也必须以 970 美元的价格从卖方处购买该国库券。

二、金融远期合约的特点

金融远期合约具有以下特点。

（1）非标准化。金融远期合约不在交易所交易，而是在金融机构之间或金融机构与客户之间通过谈判后签署。已有的金融远期合约也可以在场外市场交易。

（2）灵活性大。在签署金融远期合约之前，双方可以就交割地点、交割时间、交割价格、合约规模、标的物的品质等细节进行谈判，以便尽量满足双方的需要。因此金融远期合约的灵活性较大。

（3）无保证金要求。通常情况下，在签署合约时，不需要交纳保证金，也不需要进行任何金钱的交割。

（4）实物交割。金融远期合约属于实体交易，到了交易日一般都要进行实物交割。

（5）市场效率低。由于金融远期合约没有固定集中的交易场所，不利于信息交流和传递，不利于形成统一的市场价格，市场效率较低。其次，由于每份金融远期合约千差万别，这就给金融远期合约的流通造成了较大的不便，因此金融远期合约的流动性较差。

（6）存在违约风险。金融远期合约的履约没有保证，当价格变动对一方有利时，对方有可能无力或无诚意履行合约，因此金融远期合约的违约风险较高。

由于金融远期合约的这些特点，所以它相比其他金融衍生证券发展得较慢。

三、金融远期合约的种类

金融远期合约主要有远期利率协议、远期外汇合约和远期股票合约等。

（一）远期利率协议

远期利率协议（forward rate agreements，FRA）是指买卖双方约定从未来某一商定的时期开始，在某一特定时期内，按照协议利率借贷一笔数额确定、以具体货币表示的名义本金的协议。远期利率协议的买方是名义借款人，其目的主要是为了规避利率上涨的风险；远期利率协议的卖方则是名义贷款人，其订立远期利率协议的目的主要是为了规避利率下降的风险或是为了进行投机。之所以称为"名义"，是因为借贷双方不必交换本金，只需要在结算时根据协议利率和参考利率之间的差额以及名义本金额，计算双方应支付的名义金额之间的差额，由交易一方付给另一方。

1. 重要术语和交易流程

英国银行家协会（British Banker's Association）于 1985 年颁布了远期利率标准化文件（简称 FRABBA），它使得远期利率协议实现了一定程度的标准化，该标准化文件使每一笔 FRA 交易仅需一个电传确认即可成交，大大提高了交易速度和质量，克服了传统远期合约的不足。目前，世界上大多数远期利率协议都是根据 FRABBA 签订的。

FRABBA 对远期利率协议的重要术语作了规定（见表 9.1）。

表 9.1　FRABBA 对远期利率协议的术语的规定

术语名称	含义
合同金额（contract amount）	借贷的名义本金额
合同货币（contract currency）	合同金额的货币币种
交易日（dealing date）	远期利率协议成交的日期
结算日（settlement date）	名义借贷开始的日期，也是交易一方向另一方交付结算金的日期
确定日（fixing date）	确定参照利率的日期
到期日（maturity date）	名义借贷到期的日期
合同期（contract period）	结算日至到期日之间的天数
合同利率（contract rate）	在协议中双方商定的借贷利率
参照利率（reference rate）	在确定日用以确定结算金的在协议中指定的某种市场利率
结算金（settlement sum）	在结算日，根据合同利率和参照利率的差额计算出来的由交易一方付给另一方的金额

实际上，远期利率协议在交易后通常延期 2 个营业日（到起算日）正式生效，而确定日和到期日之间通常也有 2 个营业日之差。

2. 结算金的计算

合同利率是协议双方约定好的，但是到了确定日，参考利率与合同利率之间可能产生差异。在远期利率协议下，如果参照利率高于合同利率，则 FRA 买方就获利，卖方需要支付买方结算金，以补偿买方在实际借款中因利率上升而造成的损失。一般来说，实际借款利息是在贷款到期时支付的，因此结算金并不是在结算日支付的，它等于因利率上升而给买方造成的额外利息支出在结算日的贴现值，贴现反映了结算金的支付是在结算日而非到期日。结算金的计算公式如下：

$$结算金 = \frac{(r_r - r_k) \times A \times \frac{D}{B}}{1 + (r_r \times \frac{D}{B})} \tag{9.1}$$

其中，r_r 表示参照利率，r_k 表示合同利率，A 表示合同金额，D 表示合同期天数，B 表示天数计算惯例（如美元为 360 天，英镑为 365 天）。

3. 远期利率协议的报价

虽然 FRABBA 有标准化的规定，但远期利率协议仍是针对买卖双方的特定交易，而合同利率由双方商定。

FRA 的报价方式和货币市场拆出拆入利率表达方式类似，但 FRA 报价多了合约指定的协议利率期限，比如，FRA1×4，其中 1×4 就是协议的利率期限，指起算日和结算日之间的时间为 1 个月，起算日至名义贷款最终到期日之间的时间为 4 个月。实际中 FRA 市场定价是每天随着市场变化而变化的。

我们以一个实例来说明 FRA 的交易流程。假定今天是 2013 年 2 月 28 日星期四，交易双方同意成交一份 1×4、名义金额为 100 万美元、合同利率为 2.25% 的远期利率协议。交易日与起算日时隔一般为 2 个交易日。在本例中，起算日是 2013 年 3 月 4 日星期一，而结算日则是 2013 年 4 月 4 日星期四，到期时间为 2013 年 7 月 4 日星期四，合同期为 2013 年 4 月 4 日至 2013 年 7 月 4 日，即 91 天。在结算日之前的 2 个交易日（即 2013 年 4 月 2 日星期二）为确定日，确定参照利率。参照利率通常为确定日的伦敦银行同业拆放利率。我们假定参照利率为 3.15%。这样，在结算日，由于参照利率高于合同利率，名义贷款方就要支付结算金给名义借款方（具体计算方法将在下文介绍）。上述流程可用图 9.1 表示。

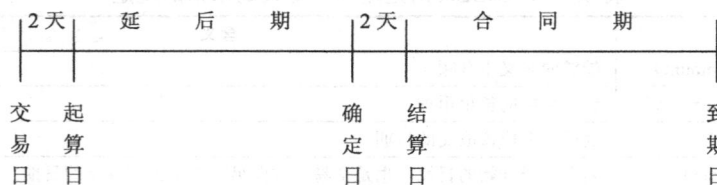

图 9.1 远期利率协议流程图

4. 远期利率协议的优缺点

远期利率协议的优点主要表现在：①通过锁定将来实际交付的利率而避免了利率变动风险；②远期利率协议在对利率风险实行保值的过程中并不扩大自己的资产负债表；③由于远期利率协议交易的本金不用交付，利率是按差额结算的，所以资金流动量较小，这就给银行提供了一种管理利率风险而无须改变其资产负债结构的有效工具。

当然，远期利率协议也不是完美的。由于远期利率协议是场外交易，故存在信用风险和流动性风险。

【例 9.1】远期利率协议的运用

某公司将在 7 月 15 日借入一笔为期 3 个月、以 LIBOR 浮动利率支付利息的 1 000 万英镑债务，现在是 4 月 15 日，为避免因利率上涨带来的损失，该公司买入一份 3×6、名义金额为 1 000 万英镑、合同利率为 10.03%的远期利率协议。假定 7 月 15 日，3 个月英镑 LIBOR 上升为 10.50%，该公司如果以此利率借入 3 个月期英镑，则在 10 月 15 日须付息：

10 000 000×10.50%×92/365=264 657.5（英镑）

而由于购买了 FRA，7 月 15 日该公司得到支付利息差额现值：

$$结算金 = \frac{10\ 000\ 000×(10.50\%-10.03\%)×92/365}{1+10.50\%×92/365} = 11541.1（英镑）$$

将这笔钱以 10.50%利率存为 3 个月期，10 月 15 日得利息 302.95 英镑，因此，10 月 15 日 1 000 万英镑债务实际利息支出为：

264 657.5-11 541.1-302.95=252 813.45（英镑）

这样，相当于利率为 10.03%。假如 7 月 15 日 LIBOR 利率降至 10.03%以下，该公司须支付利差，从而将借款成本提高到 10.03%。由此可见，该公司通过购买 FRA 将其借款利率锁定在 10.03%。

协议中的参考利率常常选择不容易被操纵的利率，如 LIBOR、银行优惠利率、短期国库券利率等。

（二）远期外汇合约

远期外汇合约（forward exchange contracts）是指协议双方约定在未来的时间按约定的远期汇率买卖一定金额的某种外汇的合约。合约双方在签订合同时，就确定好将来进行交割的远期汇率，到交割日不论汇率如何变化，都应按此汇率交割。在交割时，名义本金并未交割，而只交割合同中规定的远期汇率与当时的即期汇率之间的差额。

1. 远期汇率

远期汇率（forward exchange rate）是指外汇买卖双方达成外汇买卖协议，约定在未来某一时间进行外汇实际交割所使用的汇率。

远期汇率的报价方法通常有两种：一种是报出直接远期汇率（outright forward rate）；另一种是报出远期差价（forward margin），又称掉期点数（swap points）。远期差价是指远期汇率与即期汇率的差额。若远期汇率大于即期汇率，那么这一差额就称为升水（premium），反之则称为贴水（discount），若远期汇率与即期汇率相等，那么就称为平价（at par）。

根据套利定价的原理，远期汇率与即期汇率的关系是由两种货币间的利率差决定的，其公式为

$$F = S×e^{(r-r_f)(T-t)} \qquad (9.2)$$

式中，F 为远期汇率；S 为即期汇率；r 为本币利率；r_f 为外币利率。

2. 远期外汇交易

远期外汇交易的主要目的是避免汇率变动的风险。为达到这一目的，最基本的交易策略是套期保值（hedging）。它是指交易者根据已有的一笔外币资产或负债，卖出或买进与之数额相同、期限一致、币种相同的一笔远期外汇，使这笔资产或负债的价值不受汇率变动的影响。下面以一个例子来说明远期外汇交易。

【例9.2】远期外汇交易

东京外汇市场，假设在 2018 年 3 月 1 日，某日本投机者判断美元在随后 1 个月将贬值，于是他立即在远期外汇市场上以 1 美元=110.03 日元的价格抛售 1 月期 1 000 万美元，交割日

是 4 月 1 日。到 4 月 1 日时，即期美元的汇率不跌反升，为 1 美元=115.03 日元。该日本投机者在即期外汇市场购买 1 000 万美元现汇实现远期合约交割，要遭受 1 000 万 × (115.03 − 110.03)=5 000 万日元的损失。

3．远期外汇合约的特点

（1）交易双方签订合约后，无须立即支付外汇或本国货币，而是延至将来某个时间。

（2）买卖规模较大，合同比较规范。

（3）买卖的目的主要是为了保值，避免外汇汇率涨跌的风险。

（4）外汇银行与客户签订的合同需要由外汇经纪人提供担保。

4．远期汇率的报价及确定

远期外汇交易价格的确定，是在即期汇价的基础上，考虑汇水情况而制定出来的。汇水是远期汇价与即期汇价的差异，远期汇价比即期汇价高为升水，远期汇价比即期汇价低为贴水，远期汇价与即期汇价相等为平价。在直接标价法下，升水时远期汇价等于即期汇价加升水数；贴水时的远期汇价等于即期汇价减贴水数；平价则不加不减。按交易习惯，银行一般不直接报远期汇价，而是报即期汇价和升水、贴水数。具体计算方法是，将汇水点数分别对准即期汇价的买入价和卖出价相应的点数部位，按照"前小后大往上加，前大后小往下减"的原则计算。

（三）远期股票合约

远期股票合约（equity forwards）是指在将来某一特定日期按特定价格交付一定数量单个股票或一揽子股票的协议。由于远期股票合约在世界上出现不久，仅在小范围内有交易记录，故本书不做详述。

第四节　金融期货市场

金融远期交易防范了价格风险，但当交易变得对一方不利时，违约就有可能产生，金融期货交易通过一系列的制度安排和机制设计可以有效地防范这一风险。

一、金融期货交易的定义、特点和功能

（一）金融期货交易的定义

金融期货合约（financial future contracts）是指协议双方同意在未来某个约定日期按约定的条件买入或卖出一定标准数量的某种金融工具的标准化协议。金融期货是以金融工具合约为交易对象的期货，即以各种金融工具如外汇、债券、股票指数等作为标的物的期货。1972 年 5 月，美国的芝加哥商业交易所设立国际货币市场分部，推出了外汇期货交易。目前，在世界各大金融期货市场，交易活跃的金融期货合约有数十种之多。根据各种合约标的物的不同性质，可将金融期货分为三大类：外汇期货、利率期货和股指期货。其中影响较大的合约有美国芝加哥期货交易所的美国长期国库券期货合约。

金融期货问世至今不过只有短短几十年的历史，远不如商品期货的历史悠久，但其发展

人物谱

金融期货之父：利奥·梅拉梅德

速度却比商品期货快得多。目前，金融期货交易已成为金融市场的主要内容之一，在许多重要的金融市场上，金融期货交易量甚至超过了其基础金融产品的交易量。随着全球金融市场的发展，金融期货日益呈现国际化特征，世界主要金融期货市场的互动性增强，竞争也日趋激烈。

（二）金融期货交易的特点

1. 标准化合约和集中交易

期货合约的合约规模、交割地点、交割时间都是标准化的，即在合约上有明确的规定，买卖双方无须也无法协商。交易双方所要做的唯一工作就是选择适合自己的期货合约，并通过交易所竞价确定成交价格。

2. 场内交易，间接清算

交易双方不直接接触，各自跟交易所的清算部或专设的清算公司结算。清算公司充当所有期货买者的卖者和所有卖者的买者，因此交易双方无须担心对方违约，也就克服了远期交易所存在的信息不对称和违约风险高的缺陷。

3. 流动性强

期货合约的买者或卖者可以在交割日之前采取对冲交易以结清其期货头寸（即平仓），而无须进行最后实物交割。这相当于买者把原来买进的期货卖掉，卖者把原来卖出的期货买回，这就克服了远期交易流动性差的问题。由于通过平仓结清期货头寸比起实物交割方便，所以目前大多数期货交易都是通过平仓来结清头寸的。

4. 涨跌停板制度

涨跌停板制度是将每日价格波动限定在一定的幅度之内的规定，这种人为的制度安排是为了防止期货价格的剧烈震荡，保证市场的稳定性。

5. 保证金制度，每日结算

买卖双方在交易之前都必须在经纪公司开立专门的保证金账户。经纪公司通常要求交易者在交易之前都必须存入一定数量的保证金，即初始保证金（initial margin）。在每天交易结束时，保证金账户都要根据期货价格的升跌而进行调整，以反映交易者的浮动盈亏，这就是所谓的盯市（marking to market）。浮动盈亏是根据结算价格（settlement price）计算的。结算价格的确定由交易所规定，可以是收盘前一段时间的加权平均价、收盘价等。当天的结算价格高于前一天的结算价格（或当天的开仓价）时，高出部分就是多头的浮动盈利和空头的浮动亏损。这些浮动盈利和亏损就在当天晚上分别加入多头的保证金账户和从空头的保证金账户中扣除。当保证金账户的余额超过初始保证金水平时，交易者可随时提取现金或用于开新仓。而当保证金账户的余额低于交易所规定的维持保证金水平时，经纪公司就会通知交易者限期把保证金补足到初始保证金水平，否则就会被强制平仓。

6. 限仓和大户报告制度

限仓制度是期货交易所为防止市场风险过度集中于少数交易者和防范操纵市场行为而规定会员或投资者可以持有的、按单边计算的某一合约投机头寸的最大数额。大户报告制度则是与限仓制度紧密相关的另一个控制交易风险、防止大户操纵市场行为的制度。

（三）金融期货市场的功能

1. 套期保值，规避风险

投资者通过购买相关的金融期货合约，在金融期货市场上建立与其现货市场相反的头寸，并根据市场的不同情况采取在期货合约到期前对冲平仓或到期履约交割的方式，实现其规避风险的目的。

从整个金融期货市场看，其规避风险功能之所以能够实现，主要有三个原因：其一是众多的金融工具持有者面临着不同的风险，可以通过达成对各自有利的交易来控制市场的总体风险；其二是金融工具的期货价格与现货价格一般呈同方向的变动关系。投资者在金融期货市场建立了与金融现货市场相反的头寸之后，金融工具的价格发生变动时，则必然在一个市场获利，而在另一个市场受损，其盈亏可全部或部分抵销，从而达到规避风险的目的；其三是金融期货市场通过规范化的场内交易，集中了众多愿意承担风险而获利的投机者，他们通过频繁、迅速的买卖对冲，转移了金融工具持有者的价格风险，从而使金融期货市场的规避风险功能得以实现。

2. 价格发现

价格发现是指利用市场公开竞价交易等交易制度，形成一个反映市场供求关系的市场价格。金融期货市场的发现价格功能，是指金融期货市场能够提供各种金融工具的有效价格信息。在金融期货市场上，各种金融期货合约都有众多的买者和卖者，他们通过类似于拍卖的方式来确定交易价格。这种情况接近于完全竞争市场，能够在相当程度上反映出投资者对金融工具价格走势的预期和金融工具的供求状况。因此，某一金融期货合约的成交价格，可以综合地反映金融市场各种因素对合约标的商品的影响程度，具有公开、透明的特征。

期货价格是所有参与期货交易的人对未来某一特定时间的现货价格的期望或预期。不论期货合约的多头还是空头，都会依其个人所持立场或所掌握的市场资讯，并对过去的价格表现加以研究后，做出买卖委托。而交易所通过电脑撮合公开竞价得出来的价格即为此瞬间市场对未来某一特定时间现货价格的平均看法。

3. 投机功能

投机者可以根据自己对金融期货市场的走势判断，利用金融期货交易进行投机。如果判断正确，就能达到盈利的目的；如果判断失误，则将亏损。

> **想一想**
>
> 目前，我国股票市场实行的是 T+1 清算制度，期货市场是怎样的呢？你认为为什么会有这样的差异？

二、金融期货合约的种类

按标的物不同，金融期货合约可分为利率期货合约、外汇期货合约、股指期货合约。

（一）利率期货合约

利率期货交易是指交易双方在期货交易所内以公开竞价的方式进行的利率期货合约的集

中性交易。同样，利率期货合约也是由期货交易所制定的一种标准化合约，是交易双方按照交易所规定的报价方式和报价范围，通过公开竞价的方式约定在未来某日以成交时确定的价格交收一定数量的某种利率相关商品的标准化契约。

利率期货合约的种类繁多，但大体可分为两类。一类是以短期固定收入为主的债务凭证，主要有国库券（treasury bills）、商业票据（commercial paper）、可转让定期存单（Certificate of Deposits，CDs）以及各种欧洲货币（Eurocurrencies）等。另一类是以长期固定收入为主的债务凭证，主要有各国政府发行的中长期公债，如美国的中期债券（treasury notes，T-notes）、长期债券（treasury bonds，T-bonds），英国的金边债券（gilt-edged securities），日本的日本政府债券（Japanese Government Bonds，JGB）。下面主要介绍几种常见的利率期货合约。

1. 短期国库券期货合约

美国短期国库券是期限在 1 年以内的美国政府债券，是美国货币市场的主要金融工具，其发行以拍卖方式定期贴现出售，到期以面值偿还。按期限分，美国国库券有 91 天、184 天和 364 天三种。表 9.2 列出了国际货币市场（International Monetary Market，IMM）91 天国库券期货合约的要件。

表 9.2　IMM 3 个月（13 周）国库券期货合约

交易单位	1 000 000 美元面值的短期国库券
最小变动价位	0.005
最小变动值	12.5 美元
每日交易限价	无（原限制：0.60 即每张合约 1 500 美元）
合约月份	3 月、6 月、9 月、12 月
交易时间	芝加哥时间 7：20—14：00
最后交易日	交割日前一天
交割日	交割月份中，到期国库券尚余 13 周期限的第一天
交割等级	还剩余 90 天、91 天或 92 天期限，面值为 100 万美元的短期国库券

短期国库券在现货市场上是以贴现率报价的，而在国库券期货市场上则是以 IMM 指数报价的。例如，一份年贴现率 8% 的短期国库券期货合约，IMM 指数就是 92（100-8）。IMM 指数只是一种报价方法，并不是期货合约的实际价格，但通过 IMM 指数可以计算出期货价格。如果 IMM 指数是 92.00，则国库券期货合约的实际价格为 98 万美元（1 000 000-1 000 000×8%×90/360）。

想一想

买入一份短期利率期货合约是否相当于存入一笔固定利率的定期存款？

2. 定期存单期货合约

定期存单是一种由银行发行的面额较大、不可以提前支取但可以转让的存单。定期存单以面值发行，到期一次偿还本金和利息。在美国，定期存单面值最少为 10 万美元，通常都在 100 万美元以上，期限最少为 14 天，一般为 30～90 天。与国库券相比，银行定期存单风险较高，所以其利率也相应较高，但就具体的某一银行的定期存单而言，其利率水平还取决于该银行的信誉以及所发行的定期存单的流动性。与国库券期货合约相同，定期存单期货合约的报价方式也是以 IMM 指数报价的。表 9.3 所示为 IMM 90 天 CDs 期货合约。

表 9.3　IMM 90 天 CDs 期货合约

交易单位	1 000 000 美元面值短期国库券
最小变动价位	0.01
最小变动值	25 美元
每日交易限价	0.8（2 000 美元）
合约月份	3 月、6 月、9 月、12 月
交易时间	芝加哥时间：7:00—14:00
最后交易日	交割前一营业日
交割日	交割月份的 15 日至交割月月底
交割等级	到期价值为 1 000 000～1 200 000 美元的银行发行的 CDs，其到期日应在交割月 3 个月之后的那个月 16 日至该月月底之间

3. 中期国债期货合约

中期国债是可转让的美国政府债务凭证，期限在 1～10 年不等。中期国债由联邦储备委员会按面值或接近面值的价格以拍卖方式出售，偿还时以面值为准，其付息方式是在中期国债到期前每半年付息一次。最后一笔利息在期满之日与本金一起支付。中期国债的二级市场是一个由交易商通过计算机网络联系的、交易额很大、流动性很强的市场。中期国债现货和期货市场的主要参与者是政府债券的交易商，他们主要通过回购协议融通资金。

表 9.4 所示为芝加哥期货交易所 5 年期国债期货合约。这一合约的最小变动价位是 1/64，它所代表的最小变动值是（100 000×1/64）%=15.625（美元）。中期国债的报价方式是相对于面值的百分比。如 COBT 5 年期国债的报价为 85–04，则合约的实际价格为 100 000×（85+4/64）%=8 5 082.5（美元）。

表 9.4　COBT 5 年期国债期货合约

交易单位	1 000 000 美元面值中期国债
最小变动价位	1/64
最小变动值	15.625 美元
每日交易限价	上一交易日结算价格上下各 3～4.5 个百分点
合约月份	3 月、6 月、9 月、12 月
交易时间	芝加哥时间：7:20—14:00
最后交易日	从交割月份最后一个营业日往回数第 8 个营业日
交割等级	任何最近拍卖的 5 年期国债，特别以原偿还期不超过 5 年零 3 个月，而剩余有效期限从交割月第一天算起，仍不少于 4 年零 3 个月的中期国债为最好
交割方式	联邦电子过户簿记系统

📋 **补充阅读**

中国国债期货市场

国债期货，是由国债交易的双方订立的、约定在未来某一日期以成交时确定的价格交收一定数量的国债凭证的标准化契约。国债期货是利率期货中的一员，主要用于规避市场利率不确定变动所引起的损失，它对于促进利率体系的完善、提高债券定价的有效性和债券市场的流动性具有重要意义。

我国在1992年开展国债期货交易试点，在1995年5月结束试点，历时两年半。1992年12月，上交所开放国债期货交易，推出12个品种，只对机构投资者开放。1993年10月25日，上交所向个人投资者开放国债期货交易，同年12月，原北京商品交易所推出国债期货交易，成为第一家开展国债期货交易的商品交易所。至1995年，国债期货交易火爆，日交易量远大于同期市场上流通的国债现券。1995年2月"327"违规操作事件发生，国债期货市场被规范整顿。1995年5月，发生恶性违规事件"319"事件，5月31日全国国债期货交易场所平仓暂停交易。

2012年2月13日，时隔17年，中国金融期货交易所在几家试点机构启动国债期货仿真交易，2013年9月6日，国债期货正式在中国金融期货交易所上市交易。上市国债期货有利于建立市场化的定价基准，完善国债发行体制，推进利率市场化改革，引导资源优化配置；有利于提高风险管理工具的多样化，为金融机构提供更多的避险工具和资产配置方式；有利于完善金融机构创新机制，增强其服务实体经济的能力；也可以为外国包括中央银行在内的投资者提供套期保值工具，从而有利于推进人民币国际化进程。

（二）外汇期货合约

外汇期货（foreign exchange futures）是在集中形式的期货交易所内，交易双方通过公开叫价，以某种非本国货币买进或卖出另一种非本国货币，并签订一个在未来的某一日期根据协议价格交割标准数量外汇的合约。外汇期货合约是指由期货交易所制定的一种标准化合约，合约中对交易币种、合约金额、交易时间、交割月份、交割方式、交割地点等都有统一规定。在外汇期货交易中交易双方买卖的就是这种标准化合约。外汇期货交易实际上就是买卖双方在接受外汇期货合约既定内容的前提下，双方通过公开竞价的方式按照交易所规定的报价方式和报价范围进行的外汇期货的买卖。

1. 外汇期货的套期保值

外汇期货的套期保值主要有两种。一种是多头套期保值，是指进口商或需要支付外汇的人，因担心自己所拥有的货币对于需支付的外汇贬值，而在外汇期货市场买进所需支付的外汇期货合约的行为。另一种是空头套期保值，是指出口商或将来有外汇收入的人，为避免外汇对本币贬值而可能造成的损失，而先行卖出外汇的行为。

2. 外汇期货的投机

外汇期货的投机是指通过买卖外汇期货合约，从外汇期货价格的变动中获利并同时承担风险的行为。投机者根据其对外汇期货价格趋势的判断，买卖一定数量的某一交割月份的外汇期货合约。一旦外汇期货价格的走势与其判断一致，则通过对其所进行的外汇期货合约对冲交易，就可以从中赚取差价。如果外汇期货价格的走势与其判断相反，则投机者就要承担相应的损失。外汇期货投机分为多头投机和空头投机。

（1）外汇期货多头投机。外汇期货的多头投机是投机者预期外汇期货价格将要上升，而采取先买后卖的措施，希望从中获利的交易。

【例9.3】外汇期货的多头投机

假设某投机者预期2017年3月期日元期货价格呈上涨趋势，于是2017年1月10日在IMM市场买进20份3月期日元期货合约（每张日元期货面额为12 500 000日元），当天的期货价格为

$0.008\ 333/¥$（即¥120.00/$）。到3月1日，上述日元期货的价格果然上涨，价格为$0.008\ 475/¥$（即¥118.00/$），该投机者悉数卖出手中日元期货合约获利了结。则其投机损益情况如下：

1月10日购入时20份合约的总价值为$0.008\ 333×12\ 500\ 000×20=2\ 083\ 250$（美元），3月1日售出时20份合约的总价值为$0.008\ 475×12\ 500\ 000×20=2\ 118\ 750$（美元），该投机者可获取的投机利润为$2\ 118\ 750-2\ 083\ 250=35\ 500$（美元）。

当然，如果投机者预测错误，即日元期货不涨反跌，投机者就要遭受损失。

（2）外汇期货的空头投机。外汇期货的空头投机是投机者预期外汇期货价格将要下降，而采取先卖后买的措施，希望从中获利的交易。

【例9.4】外汇期货的空头投机

假设某投机者预期2017年9月期英镑期货将会下跌，于是2017年2月20日在£1=$1.744\ 7$的价位上卖出4份9月期英镑期货合约（每张英镑期货面额为62 500英镑）。2017年5月15日英镑果然下跌，投机者在£1=$1.738\ 9$的价位上买入4份9月期英镑期货合约对全部空头头寸加以平仓。则其投机损益情况如下：

2月20日时卖出4份合约的总价值为$1.744\ 7×62\ 500×4=436\ 175$（美元），5月15日买入4份合约的总价值为$1.738\ 9×62\ 500×4=434\ 725$（美元），该投机者可获取的投机利润为$436\ 175-434\ 725=1\ 450$（美元）。

3．外汇期货的套利

外汇期货的套利是指交易者同时买进和卖出两种相关的外汇期货合约，然后再将其手中的合约进行对冲，从两种合约相对的价格变动中获利。外汇期货的套利分为跨市套利、跨币种套利和跨期套利三种类型。

（1）跨市套利。跨市套利是指交易者根据其对同一外汇期货合约在不同交易所的价格走势的预测，在不同交易所同时买进和卖出相同交易月的同种外汇期货合约或类似外汇期货合约，以赚取价差的行为。交易者之所以能够套利，是因为相同的或相似的外汇期货合约在不同的市场未必有相同的价格，也未必有相同的价格变动方向和价格变动幅度，因此，各市场之间的标的物价格即使不同，也应该保持在一个比较合理的价差水平上，如果这种价差超过合理的、正常的幅度，那么，这两个市场的两种合约之间，必然有一个市场的合约被相对高估或低估，这样就产生了无风险套利的机会。

【例9.5】跨市套利

某交易者发现芝加哥国际货币市场与伦敦国际金融期货交易所的英镑期货合约价格出现了差异，存在套利机会，因此，他决定进行跨市套利交易，以期从中获利。2013年3月20日，他在芝加哥国际货币市场购入4份6个月期英镑期货合约，价格是GBP/USD=1.786 0，每份合约的交易单位是62 500英镑；同时他在伦敦国际金融期货交易所卖出10份6个月期英镑期货合约，价格是GBP/USD=1.812 0，每份合约的交易单位是25 000英镑。到了5月20日，这个交易者在两个交易所分别做了对冲交易，交易的价格都是GBP/USD1.815 0。该交易者的净收益为$7\ 250-750=6\ 500$（美元）。其计算过程见表9.5。

表9.5　外汇期货跨市套利计算表

时间	芝加哥国际货币市场	伦敦国际金融期货交易所
3月20日	买入4份6个月期英镑期货合约 期货价格 GBP/USD=1.786 0 总价值：1.786 0×4×62 500=USD446 500	卖出10份6个月期英镑期货合约 期货价格 GBP/USD=1.812 0 总价值：1.812 0×10×25 000=USD453 000

时间	芝加哥国际货币市场	伦敦国际金融期货交易所
5月20日	卖出 4 份 6 个月期英镑期货合约 期货价格 GBP/USD=1.815 0 总价值：1.815 0×4×62 500=USD453 750	买入 10 份 6 个月期英镑期货合约 期货价格 GBP/USD=1.815 0 总价值：1.815 0×10×25 000=USD453 750
损益	收益 USD7 250	损失 USD750

（2）跨币种套利。跨币种套利是指交易者根据对交割月份相同而币种不同的外汇期货合约在某一交易所的价格走势的预测，在买进某一币种期货合约的同时卖出另一币种的相同交割月份的期货合约，从而进行套利的行为。

（3）跨期套利。跨期套利是指交易者根据对相同币种而交割月份不同的期货合约在某一交易所的价格走势的预测，买进某一交割月份的期货合约，同时卖出另一交割月份的同种期货合约，从而进行套利的行为。

（三）股票价格指数期货合约

股票价格指数期货（以下简称股指期货）交易是指买卖股票价格指数的期货合约交易。与其他期货合约一样，股票价格指数期货合约也是标准化的。股票价格指数期货的标的物是股价指数。股指期货最早是由美国密苏里州堪萨斯城农产品交易所于 1982 年 2 月 16 日推出的价值线综合平均指数期货，之后在 1982 年 4 月芝加哥商品交易所推出标准普尔综合指数期货。

股票指数代表了整个股票市场的走向，股指期货本身就代表了股票投资组合。因此，股指期货既可以防范非系统性风险，又可以防范系统性风险。

2006 年 9 月 8 日，中国金融期货交易所股份有限公司正式在上海期货大厦挂牌成立。这标志着中国资本市场金融期货交易所的诞生，也是我国内地首家采用公司制为组织形式的交易所。2010 年 4 月 16 日，股指期货首批四个合约正式交易。沪深 300 指数期货合约如表 9.6 所示。

表 9.6 沪深 300 指数期货合约表

合约标的	沪深 300 指数
合约乘数	每点 300 元
报价单位	指数点
最小变动价位	0.2 点
合约月份	当月、下月及随后两个季月
交易时间	上午：9:15—11:30，下午：13:00—15:15
最后交易日交易时间	上午：9:15—11:30，下午：13:00—15:00
每日价格最大波动限制	上一个交易日结算价的±10%
最低交易保证金	合约价值的 12%
最后交易日	合约到期月份的第三个周五，遇国家法定假日顺延
交割日期	同最后交易日
交割方式	现金交割
交易代码	IF
上市交易所	中国金融期货交易所

沪深 300 指数由沪深 A 股中规模大、流动性好、最具代表性的 300 只股票组成，于 2005 年 4 月 8 日正式发布，以综合反映沪深 A 股市场的整体表现。沪深 300 指数是内地首只股指

期货的标的指数。一张股指期货合约的合约价值用股指期货指数点乘以某一既定的货币金额表示，这一既定的货币金额称为合约乘数。股票指数点越大，或合约乘数越大，股指期货合约价值也就越大。假如，当前沪深 300 指数为 2 170 点，那么合约价值是 2 170×300=651 000（元），如果沪深 300 指数是 5 000 点，则合约价值是 5 000×300=1 500 000（元）。若一投资者购买了一份沪深 300 指数期货，期货的价格为 3 000 点，次日沪深 300 指数收盘结算价为 3 015 点，则该投资者获利（3 015-3 000）×300=4 500（元）。

想一想

期货交易与现货交易有什么区别？

三、金融期货合约与金融远期合约的区别

金融期货合约和金融远期合约虽然都是在交易时约定在将来某一时间按约定的条件买卖一定数量的某种标的物的合约，但它们存在诸多区别，主要表现在以下几个方面。

1. 标准化程度

远期交易是非标准化的，金融远期合约中的相关条件如标的物的质量、数量、交割地点和交割月份都是根据双方的需要确定的。由于每份远期合约千差万别，这就给金融远期合约的流通造成了较大的不便，因此金融远期合约的流动性较差，金融远期合约的二级市场也不发达。

金融期货合约则是标准化的。期货交易所为各种标的物的期货合约制订了标准化的数量、质量、交割地点、交割时间、交割方式、合约规模等条款，只有价格是在成交时根据市场行情确定的。由于开展期货交易的标的物有限，相关条件又是固定的，因此金融期货合约满足人们各种需要的能力不如远期合约，但是标准化却大大便利了金融期货合约的订立和转让，使金融期货合约具有极强的流动性，并因此吸引了众多的交易者。

2. 违约风险

金融远期合约的履行仅以签约双方的信用为担保，一旦一方无力或不愿履约，另一方就得蒙受损失。即使在签约时，签约双方采取交纳定金、第三方担保等措施，仍不足以保证金融远期合约到期一定能得到履行，违约、毁约的现象时有发生，因而远期交易的违约风险很高。

金融期货合约的履行则由交易所或清算公司提供担保。交易双方直接面对的都是交易所，即使一方违约，另一方也不会受到丝毫影响。交易所之所以能提供这种担保，主要是依靠完善的保证金制度和结算会员之间的连带无限清偿责任来实现的。可以说，期货交易的违约风险几乎为零。

3. 交易场所

远期交易并没有固定的场所，交易双方各自寻找合适的对象，因而是一个无组织的、效率较低的、分散的市场。在金融远期交易中，银行充当着重要角色。由于金融远期合约交割较方便，标的物同质性较好，因此很多银行都提供重要标的物的远期买卖报价供客户选择，从而有力地推动了远期交易的发展。

金融期货合约则在交易所内交易，一般不允许场外交易。交易所不仅为期货交易提供了

交易场所，而且还为期货交易提供了许多严格的交易规则（如涨跌停板制、最小价格波动幅度、报价方式、最大持仓限额和保证金制度等），并为期货交易提供信用担保。期货市场是一个有组织的、有秩序的、统一的市场。

4. 价格确定方式

金融远期合约的交割价格是由交易双方直接谈判并私下确定的。由于远期交易没有固定的场所，因此在确定价格时信息是不对称的，不同交易双方在同一时间所确定的类似远期合约的价格可能相差甚远，因此远期交易市场定价效率很低。

金融期货交易的价格则是在交易所中由很多买者和卖者通过其经纪人在场内公开竞价确定的，有关价格的信息较为充分、对称，由此产生的期货价格较为合理、统一，因此期货市场的定价效率较高。

5. 履约方式

金融远期合约是非标准化的，转让相当困难，并要征得对方同意（由于信用度不同），因此绝大多数金融远期合约只能通过到期实物交割来履行。而实物交割对双方来说都是费时又费力的事。

金融期货合约是标准化的，期货交易又在交易所内，交易十分方便。当交易一方的目的（如投机、套期保值或套利）达到时，他无须征得对方同意就可通过平仓来结清自己的头寸并把履约权利和义务转让给第三方。实际中，绝大多数金融期货合约都是通过平仓来了结的。

6. 结算方式

金融远期合约签订后，只有到期才进行交割清算，期间均不进行结算。期货交易则是每天结算的。当同品种的期货市场价格发生变动时，就会使所有该品种金融期货合约的多头和空头产生浮动盈余或浮动亏损，并在当天晚上就在其保证金账户体现出来。因此，当市场价格朝有利自己的方向变动时，交易者不必等到到期就可逐步实现盈利。当然，若市场价格朝不利自己的方向变动时，交易者在到期之前就得付出亏损的金额。

7. 合约双方关系

由于金融远期合约的违约风险主要取决于对方的信用度，因此签约前必须对对方的信誉和实力等方面做充分的了解，而金融期货合约的履行完全不取决于对方而只取决于交易所或清算公司，因此可以对对方完全不了解。在期货交易中，交易者甚至根本不知道对方是谁，这就极大方便了期货交易。

第五节　金融期权市场

最早的标准化的期权合约是 1973 年由芝加哥期权交易所（CBOE）推出的股票看涨期权。期权交易发展十分迅速，交易种类从普通股票期权发展到商品期权、利率期权、货币期权和期货期权等。几乎每个月都有新的期权交易类型产生，交易方式也日新月异。

一、金融期权的定义和特点

金融期权（option），是指赋予其购买者在规定期限内按双方约定的价格（striking price,

或 exercise price）购买或出售一定数量某种标的金融资产（underlying financial assets）的权利的合约。期权买者享有买进或卖出某种确定商品或期货的权利。所谓期权交易实际上就是这种"权利"的买卖。对于权利的享有者来说，购买期权并没有得到任何商品，而只是购买到一种权利。这种权利使他可以在一定时期内（美式期权）或到期日（欧式期权）以一定的价格购买或者出售一定数量的某种商品，条件是他必须在购买这种权利时支付一笔费用，即期权费（premium）或期权价格（option price）。

金融期权不仅有正规的交易所，还有一个规模庞大的场外交易市场。交易所交易的是标准化的期权合约，场外交易的则是非标准化的期权合约。

一般而言，金融期权具有以下特点。

1. 以金融资产作为标的物

期权是一种可以买卖某种商品的权利，它本身是一种抽象的、无形的东西。金融期权交易以某种金融资产作为交易标的，是一种权利的有偿使用，是期权的买方向期权的卖方支付了一定数额的期权费之后所拥有的、在规定有效期或有效期内按事先约定的价格向卖方买进或卖出一定数量的某种金融工具的权利。

2. 期权买方与卖方非对等的权利义务

在期权交易中，期权的买入方享有在有效期内买进或卖出一定数量的某种金融资产的权利，但没有必须做的义务；对期权卖出方来说，其权利是有限的，即向买入方收取一定数额的期权费用，而其义务则是无限的，一旦买入方要求行使期权，卖出方则必须按照约定卖出或买进一定数量的某种金融资产。

3. 风险与收益的不平衡性

对于期权的买方来说，一方面他所承担的风险是有限的，因为其可能遭受的最大损失就是购买期权时支付的期权费，这种风险是可预知的并且已支付；另一方面，期权买方具有行使买进或卖出标的金融资产的权利，所以获利机会较多，并且收益额是无限的。但是对于期权的卖方来说，他在期权交易中所面临的风险是很难准确预测的，为此必须先缴纳一笔保证金以表明其具有履约的财力。具体来说，在出售期权情况下，其风险可能是无限的。与其承担的风险相比，期权卖方的收益额永远是有限的，即期权买方支付的期权费。

想一想

为什么要向期权卖方收取保证金而不向期权买方收取？

二、金融期权的种类

补充阅读
股票期权与股本权证的区别

按期权买者的权利划分，期权可分为看涨期权（call option）和看跌期权（put option）。看涨期权赋予期权买者购买标的资产的权利，而看跌期权赋予期权买者出售标的资产的权利。

按期权买者执行期权的时限划分，期权可分为欧式期权和美式期权。欧式期权的买者只能在期权到期日才能执行期权（即行使买进或卖出标的资产的权利），而美式期权允许买者在期权到期前的任何时间执行期权。

按照期权合约的标的资产划分，金融期权合约可分为利率期权、货币期权（或称外汇期权）、股票指数期权、股票期权以及金融期货期权，而金融期货期权又可分为利率期货期权、外汇期货期权和股票指数期货期权三种。

当标的资产在期权有效期内产生现金收益（如现金红利、利息等）时，目前通行的做法是不对协议价格进行相应调整。只有当股票期权的标的股票在期权有效期内发生股票分割、送红股、配股时，才根据除权公式对协议价格和买卖数量进行相应调整。为叙述方便，本书将在期权有效期内没有现金收益的标的资产称为无收益资产，将有现金收益的资产称为有收益资产。在本书中，若未特别指明，所指期权均为无收益资产的期权。

三、期权合约的盈亏分布

（一）看涨期权的盈亏分布

假设 A 预期 M 公司的股票将上涨，而 B 则认为不会上涨。他们达成看涨期权合约，A作为买方，B 作为卖方。期权的有效期为 3 个月，协议价格 X 为 20 元/股，期权费 c 为 3 元/股，合约规定股票数量为 100 股。在未来 3 个月中，A、B 双方的盈亏分布可分为以下几种情况（见表 9.7）。

表 9.7　A、B 双方的盈亏分布情况

股价 S 范围（元）	看涨期权买方的盈亏（元）	看涨期权卖方的盈亏（元）
$S \leqslant 20$	−300	300
$20 < S \leqslant 23$	$(S-20-3) \times 100$	$(20+3-S) \times 100$
$S > 23$	$(S-20-3) \times 100$	$(20+3-S) \times 100$

（1）M 公司股票市价等于或小于 20 元/股，则买方的最大亏损为支付的期权费总额，即100 股×3 元/股=300 元，卖方的盈利则为 300 元。

（2）M 公司股价大于 20 元/股，却小于等于 23 元/股（20+3=23），即协议价格加上期权费，若买方行使权利，其亏损介于 0～300 元之间，而卖方的盈利在 0～300 元。

（3）M 公司股价大于 23 元/股，则买方将行使权利，且将盈利，此时卖方将亏损。

看涨期权买者的盈亏分布如图 9.2（a）所示。由于期权合约是零和游戏（zero-sum games），买者的盈亏和卖者的盈亏刚好相反，据此我们可以画出看涨期权卖者的盈亏分布图如图 9.2（b）所示。从图中可以看出，看涨期权买者的亏损风险是有限的，其最大亏损限度是期权价格，而其盈利可能却是无限的。相反，看涨期权卖者的亏损可能是无限的，而盈利却是有限的，其最大盈利限度是期权价格。期权买者以较小的期权价格为代价换来了较大盈利的可能性，而期权卖者则为了赚取期权费而冒着大量亏损的风险。从图 9.2 中可以看出，如果不考虑时间因素，期权的价值（即盈亏）取决于标的资产市价与协议价格的差距。对于看涨期权来说，为了表达标的资产市价（S）与协议价格（X）的关系，我们把 $S>X$ 时的看涨期权称为实值期权（in the money），把 $S=X$ 时的看涨期权称为平价期权（at the money），把 $S<X$ 时的看涨期权称为虚值期权（out of the money）。

（二）看跌期权的盈亏分布

用同样的办法可以推导出看跌期权的盈亏分布图，如图 9.3 所示。当标的资产的市价跌至盈亏平衡点（等于协议价格减期权价格）以下时看跌期权买者就可获利，其最大盈利限度是协议价格减去期权价格后再乘以每份期权合约所包括的标的资产的数量，此时标的资产的市价为零。如果标的资产市价高于 Q 点，看跌期权买者就会亏损，其最大亏损是期权费总额。看跌期权卖者的盈亏状况则与买者刚好相反，即看跌期权卖者的盈利是有限的期权费，亏损也是有限的，其最大限度为协议价格减期权价格后再乘以每份期权合约所包括的标的资产的数量。同样，我们把 $X>S$ 时的看跌期权称为实值期权，把 $X=S$ 时的看跌期权称为平价期权，把 $X<S$ 时的看跌期权称为虚值期权。

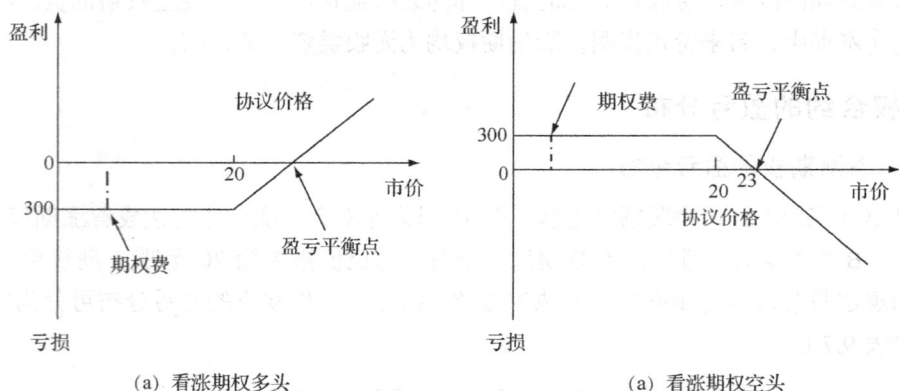

（a）看涨期权多头   （a）看涨期权空头

图 9.2   看涨期权盈亏分布图

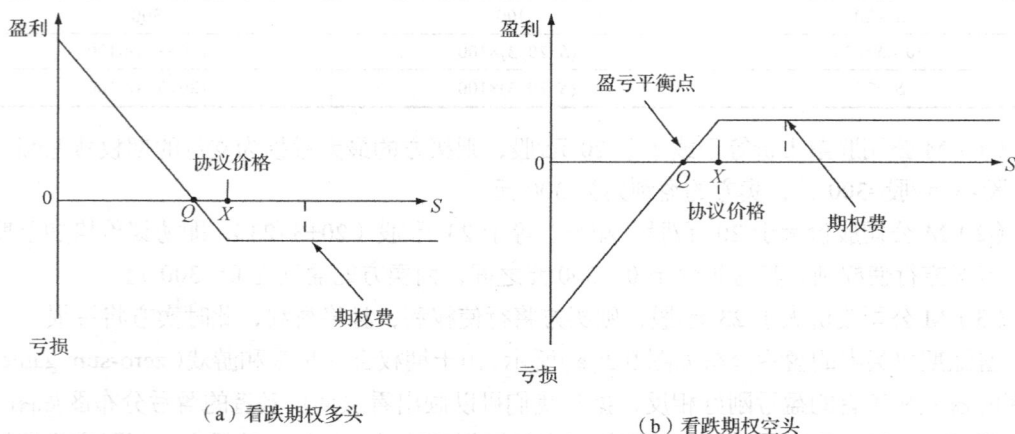

（a）看跌期权多头   （b）看跌期权空头

图 9.3   看跌期权盈亏分布图

想一想

对于期权买方来说损失有限而收益无限，对于期权卖方来说损失无限而收益有限，你是怎样理解的呢？

四、金融期权交易与金融期货交易的区别

金融期权交易与金融期货交易的区别主要表现在以下几个方面。

（1）权利和义务。金融期货合约对交易双方赋予的权利和义务是对等的，如果交易双方在合约到期前没有作对冲交易，那么他们就必须进行实物交割。期货的空方甚至还拥有在交割月选择在哪一天交割的权利。而期权合约只赋予买方权利，卖方则无任何除收取期权费之外的权利，他只有在对方履约时进行对应买卖标的物的义务。特别是美式期权的买者可在约定期限内的任何时间执行权利，也可以不行使这种权利；期权的卖者则须随时准备履行相应的义务。

（2）标准化。期货合约都是标准化的，因为它们都是在交易所中交易的。而期权合约则不一定。在美国，场外交易的现货期权是非标准化的，但在交易所交易的现货期权和所有的期货期权则是标准化的。

（3）保证金。期货交易的买卖双方都须交纳保证金。期权的买者则无须交纳保证金，而在交易所交易的期权卖者也要交纳保证金，这跟期货交易一样。场外交易的期权卖者是否需要交纳保证金则取决于当事人的意见。

（4）盈亏风险。期货交易双方所承担的盈亏风险是对等的。而期权交易卖方的亏损风险可能是无限的（看涨期权），也可能是有限的（看跌期权），盈利风险是有限的（以期权费为限）；期权交易买方的亏损风险是有限的（以期权费为限），盈利风险可能是无限的（看涨期权），也可能是有限的（看跌期权）。

（5）套期保值的作用和效果。金融期权和金融期货都可以用来套期保值。运用金融期货进行的套期保值，在把不利风险转移出去的同时，也把有利风险转移出去了。而运用金融期权进行套期保值时，只把不利风险转移出去而把有利风险留给自己。金融期权控制得好的话，不但可以做到套期保值，还可以有利可图。而金融期货的套期保值只能够把风险和盈利固定在某一价位上。

五、新型期权

近年来，期权已成为资产组合专家们修正资产组合特性的基本工具。由于期权合约所具有的套期保值和套利的功能、改善资产组合投资管理的功能以及收益风险不平衡的特性，各种新型期权合约不断涌现。所谓新型期权（exoic options）是指金融机构为满足客户的特殊需要而开发的新的期权合约，它通常在场外交易。新型期权种类繁多，目前较常见的有以下几种。

1. 亚洲期权

亚洲期权（Asian options）也叫亚式期权，是不同于美式期权和欧式期权的一种期权，亚洲期权的收益取决于标的资产在至少是期权部分有效期内的平均价格。例如，一个亚洲期权的收益等于在过去三个月中股票的平均价格减去实施价格，这个值可以为正，但不能是负的，如果是负的，就看作等于零。

亚式期权有两个基本类型：一是平均价格期权（average price option），它先按预定时期计算出标的资产的平均价格，然后根据该平均价格与协议价格的差距计算出期权多空双方的盈亏；二是平均执行价格期权（average strike option），它是把按预定时期计算出的标的资产的平均价格作为平均协议价格，然后根据期权到期时标的资产的现货价格与平均协议价格之间的差距计算期权多空双方的盈亏。

2. 屏障期权

屏障期权（barrier options）也叫障碍期权，是指其收益依赖于标的资产价格在一段特定时期内是否达成了一个特定水平。也就是说，其收益不仅取决于期权到期时标的资产的价格，还取决于资产价格是否达到了特定的值，即是否达到了特定的"屏障"。

常见的屏障期权有两种，一是封顶期权（cap option），二是失效期权（knockout option）。

封顶看涨期权规定当标的资产价格高过协议价格一定幅度时，该期权就被自动执行；而封顶看跌期权则规定当标的资产价格低于协议价格一定幅度时，该期权就被自动执行。

失效期权则规定，当标的资产价格达到一个特定水平时，该期权作废。例如，被击跨期权（down-and-out option）就是一种当股价降至一定水平就自动失效的屏障期权。失效看涨期权的屏障一般低于协议价格，而失效看跌期权的屏障一般高于协议价格。

3. 回顾期权

回顾期权（lookback option）的收益取决于期权有效期内标的资产所达到的最大或最小值，等于最高值减去执行价格，而不是收盘价减去执行价格。这种期权实际上是种完美的市场计时器，回顾看涨期权持有者的收益等于以最低价买入资产，而在有效期内以最高价将其卖出的收益。

4. 两值期权

两值期权（binary option）的收益是固定的，它取决于标的资产的价格是否满足预定条件。当到期日标的资产价格低于协议价格时，该期权作废；而当到期日标的资产价格高于协议价格时，期权持有者将得到一个固定的金额。例如，当股票价格超过执行价格时，两值看涨期权的收益固定为 100 美元。

5. 币种转换期权

币种转换期权（currency-translated option）的标的资产与执行价格以外币记值。quanto（汇率联动期权）就是一个典型的例子，投资者可以按照事先确定的汇率将外汇投资兑换为美元。这种能设定汇率将外币兑换成美元的权利是一种简单的外汇期权。quanto 的更有趣之处在于，它所能兑换的外币的数量取决于此项外汇投资的业绩，因此 quanto 实际上所提供的期权数是随机的。

6. 打包期权

打包期权（package option）是由标准欧式期权与远期合约、现金和（或）标的资产构成的组合。打包期权包括股票与期权组合、差价组合、差期组合、对角组合、混合组合以及范围远期合约（range forward contracts）等。例如，范围远期合约就是由一份远期多头与一份看跌期权多头和一份看跌期权空头构成的。

7. 非标准美式期权

标准美式期权在有效期内的任何时间均可行使期权，而非标准美式期权的行使期限只限于有限期内的特定日期。实际上，大多数认股权证都是非标准美式期权。有的认股权证甚至规定协议价格随执行日期的推迟而增长。

8. 远期期权

远期期权是指期权费在现在支付，而有效期在未来某时刻开始的期权。

9. 复合期权

复合期权就是期权的期权，它有四种基本类型，即看涨期权的看涨期权、看涨期权的看跌期权、看跌期权的看涨期权和看跌期权的看跌期权。

10. 任选期权

任选期权（"as you like it" option，又称 chooser option）是指在一定期限内可由多头选择该期权为看涨期权还是看跌期权的期权。

11. 资产交换期权

资产交换期权（options to exchange one asset for another）的本质特点是期权买方有权在一定期限内按一定比率把一种资产换成另一种资产。

此外，还有很多新型期权，不胜枚举。另外，随着市场与客户新的需求不断出现，新的期权形式必然还会源源不断地涌现出来。

想一想

在目前众多的金融衍生证券当中，哪种金融衍生证券最复杂且种类较多，并且由于它们具有较好的结构特性，在风险管理和产品开发设计中得到了最广泛的运用？

第六节　金融互换市场

金融互换合约最早出现在 1979 年的伦敦，但一开始并没有引起市场的充分重视。1981年，所罗门兄弟公司促成了世界银行和 IBM 公司的一项货币互换，这成为金融互换市场发展的里程碑。从此互换得到了迅速发展，同年在伦敦推出了利率互换，第二年利率互换被引进美国。金融互换可以用来控制利率、汇率和商品价格变化所带来的风险，因此它得到了广泛的应用。

一、金融互换的定义及其特点

金融互换（financial swaps）是指两个或两个以上交易者按照事先商定的条件，在约定的时间内交换一系列现金流的合约。

金融互换和掉期在英文中都叫 Swap，但是互换和掉期之间有很大的区别。首先，掉期是外汇市场上的一种交易方法，是指对不同期限但金额相等的同种外汇做两笔反方向的交易，它并没有实质的合约，更不是一种金融衍生工具。而互换则有实质的合约，是一种重要的金融衍生工具。其次，掉期在外汇市场上进行，它本身没有专门的市场。互换则在专门的互换市场上交易。

金融互换具有以下几个特点：①风险比较小。金融互换一般不涉及本金，信用风险仅限于息差，而且涵盖数个利息期间；②灵活性大。金融互换为场外交易，虽然合约是标准化的，但只是就条款格式化而言，具体的条件可以商定，变通性较大。不通过交易所，手续简便；③参与者信用比较高。互换通常在 AA 级信用以上交易者之间进行，一般不需要保证和抵押，而期货有保证金，期权有期权费，影响现金流量；④投机套利不太容易。因为期间比较多，期限比较长，短期资本一般不会对其发动冲击。

二、金融互换的种类

互换（swaps）的主要形式为利率互换和货币互换。在互换合约中，交易双方承诺在一定期限内或者就约定的本金额互相交换同种货币但性质不同的利息，或者互相交换约定的不同货币的本金额及相同或不同性质的利息。

（一）货币互换

货币互换（currency swaps）是指双方进行不同货币的交换，双方按固定汇率在期初交换两种不同货币的本金，然后按预先规定的日期，进行利息和本金的分散互换。它既涉及利息支付的互换，又涉及本金的互换。

货币互换的主要原因是互换双方在各自国家中的金融市场上具有比较优势。假定英镑和美元汇率为 1 英镑=1.420 0 美元。甲公司想借入 5 年期的 1 400 万美元借款，乙公司想借入 5 年期的 1 000 万英镑借款。但由于甲的信用等级低于乙，两国金融市场对甲、乙两公司的熟悉状况不同，因此市场向它们提供的固定利率也不同（如表 9.8 所示）。

从表 9.8 可以看出，甲在两国金融市场上的借款利率均高于乙，即乙在两个市场都具有绝对优势。但是，乙在美元市场上的绝对优势为 2%，在英镑市场上只有 0.6%。即甲在英镑市场上具有比较优势，乙在美元市场上具有比较优势。这样，双方就可利用各自的比较优势借款，然后通过互换得到自己想要的资金，并通过分享互换收益 1.4%（9%+10.4%-7%-11%=1.4%）来降低筹资成本。

表 9.8 市场向甲、乙两公司分别提供的借款利率

货币	甲公司	乙公司
美元	9.0%	7.0%
英镑	11.0%	10.4%

于是，甲以 11% 的利率借入五年期的 1 000 万英镑借款，乙以 7.0% 的利率借入五年期的 1 420 万美元借款。然后，双方先进行本金的交换，即甲向乙支付 1 000 万英镑，乙向甲支付 1 420 万美元。

假定甲、乙商定双方平分互换收益，则甲和乙都将使筹资成本降低 0.7%，即双方最终实际筹资成本分别为：甲支付 8.3% 的美元借款利率，而乙支付 9.7% 的英镑借款利率。

这样，双方就可根据借款成本与实际筹资成本的差异计算各自向对方支付的现金流，进行利息互换。即：甲向乙支付 7% 的美元借款的利息计 99.4 万美元，乙向甲支付 9.7% 的英镑借款的利息计 97 万英镑。经过互换后，甲的最终实际筹资成本降为 7% 的美元借款利息加 1.3% 的英镑借款利息，而乙的最终实际筹资成本变为 9.7% 的英镑借款利息。若汇率水平不变的话，甲最终实际筹资成本相当于 8.3% 的美元借款利息。若担心未来汇率水平变动，甲可以通过购

买美元远期或期货来规避汇率风险。

在贷款期满后，双方要再次进行借款本金的互换，即甲向乙支付 1 420 万美元，乙向甲支付 1 000 万英镑。至此，货币互换结束。由于货币互换涉及到本金互换，因此当汇率变动很大时，双方就将面临一定的信用风险。当然这种风险仍比单纯的贷款风险小得多。

（二）利率互换

利率互换（interest rate swaps）是指互换双方交换一系列现金流的合约，在利率互换中，合约双方的标的资产都是相同数量的同种货币，根据合约的规定，一方定期向另一方支付名义本金的固定利息，而后者则定期向前者支付名义本金的浮动利息。注意，利率互换合约中的交易双方相互支付利息而不交换名义本金，因为在利率互换中，双方的名义本金不仅数额一样，而且币种相同。

利率互换是 20 世纪 80 年代发展起来的，起因便是互换的一方具有浮动利率比较优势，但需要将浮动利率转换成固定利率；而另一方具有固定利率比较优势，但需要浮动利率融资，因此双方进行利率互换而获得互利。实际上，利率互换合约是一系列远期合约的集合。利率互换之所以有存在的价值，主要是它具有远期合约往往不具备的特点：

第一，利率互换的有效期更长。互换的期限通常在 2 年以上，有的甚至在 15 年以上，远期合约没有这样长的期限。

第二，利率互换可以代替一揽子远期合约，具有更好的交易性。

第三，利率互换合约比远期合约具有更好的流动性。

第四，它比一系列远期合约的交易成本要低。

双方进行利率互换的主要原因是双方在固定利率和浮动利率市场上具有比较优势。

假设甲公司借入固定利率资金的成本是 10%，借入浮动利率资金的成本是 LIBOR+0.25%；乙公司借入固定利率资金的成本是 12%，借入浮动利率资金的成本是 LIBOR+0.75%。假定甲公司希望借入浮动利率资金，乙公司希望借入固定利率资金。甲乙两公司的融资相对比较优势如表 9.9 所示。

表 9.9　甲乙两公司的融资相对比较优势

项目	甲公司	乙公司	两公司的利差
固定利率筹资成本	10%	12%	2%
浮动利率筹资成本	LIBOR+0.25%	LIBOR+0.75%	0.5%
融资相对比较优势	固定利率	浮动利率	

如果甲公司借入固定利率资金，乙公司借入浮动利率资金，则二者借入资金的总成本为 LIBOR+10.75%。

如果甲公司借入浮动利率资金，乙公司借入固定利率资金，则二者借入资金的总成本为 LIBOR+12.25%。

由此可知，第一种筹资方式组合发挥了各自的优势，能降低筹资总成本，共节约 1.5%，即存在"免费蛋糕"。但这一组合不符合二者的需求，因此应进行利率互换。

互换过程为：甲公司借入固定利率资金，乙公司借入浮动利率资金，并进行利率互换，甲公司替乙公司支付浮动利率，乙公司替甲公司支付固定利率。

假定二者均分"免费蛋糕"，即各获得 0.75%，则利率互换结果如图 9.4 所示。

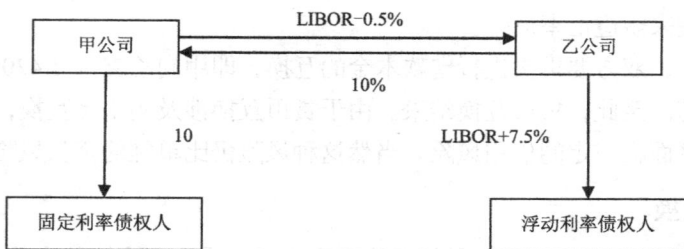

图 9.4　两方利率互换结果

在这一过程中，甲公司需要向固定利率债权人支付 10% 的固定利率，向乙公司支付 LIBOR-0.5% 的浮动利率（直接借入浮动利率资金需要支付 LIBOR+0.25%，因获得 0.75% 的"免费蛋糕"，因此需向乙公司支付 LIBOR-0.5%），并从乙公司收到 10% 的固定利率，因此，甲公司所需支付的融资总成本为：10%+LIBOR-0.5%-10%=LIBOR-0.5%，比他以浮动利率方式直接筹资节约 0.75%。

乙公司需要向浮动利率债权人支付 LIBOR+0.75% 的浮动利率，向甲公司支付 10% 的固定利率，并从甲公司收到 LIBOR-0.5% 的浮动利率。因此，乙公司所需支付的融资总成本为：LIBOR+0.75%+10%-（LIBOR-0.5%）=11.25%，比他以固定利率方式直接筹资节约 0.75%。

乙公司应该向甲公司净支付：10%-（LIBOR-0.5%）=10.5%-LIBOR。

三、新型互换

金融的历史虽然较短，但其品种创新却日新月异。除了传统的利率互换和货币互换外，一大批新的金融互换品种不断涌现。其他主要的金融互换品种有以下几种。

1. 反向利率互换

反向利率互换是指希望退出利率互换合约的一方通过安排一项相反内容的利率互换合约退出原先的合约。相反内容的利率互换合约，就是新安排的到期时间与原合约的剩余时间相同，有关的利率水平相同，以及合约所涉及的名义本金额相同的合约。投资者现有两个方向相反的利率互换合约，新合约正好抵消了原合约的作用。

2. 出售利率互换合约

投资者可以通过出售利率互换合约来有效克服上述缺陷。所谓出售利率互换合约就是希望退出互换合约的一方把没有到期的合约出售给另一位投资者。另一位投资者如果愿意购买这个合约，就应承担起前一投资者未尽的责任。如果在出售利率互换合约时市场利率已有变化，两位投资者会达成相互补偿的协议。这个出售行为的最后完成有赖于利率互换合约另一方的同意，另一方是否同意，关键是后一投资者的信用等级是否能与前一投资者的一样高。如果后者的信用等级与前者一样高，甚至更高，另一方一般不会有异议；否则，另一方就很难接受。

3. 利率互换回购合约

利率互换回购合约就是售出的利率互换合约在一定时间和一定条件下再由原售出方购回。这里也涉及交易双方的相互补偿问题。

上述几种合约都是在二级市场的交易，总地来看，利率互换合约的二级市场不是一个十分活跃的市场。在实际的利率互换中，为了满足客户的特别需要，交易商还发展出许多非标准化的利率互换合约。

4. 本金变化型利率互换

一般利率互换的名义本金在整个有效期是固定不变的，但是为了满足客户的特定需要也可以进行名义本金可变的利率互换安排。如果本金额初期较小，以后逐步增加，就可以称之为递增式或上升式利率互换（accreting）；反之，如果本金额起初很大，以后逐步减少，就可以称之为递减式或下降式利率互换（amortizing）；而在有效期内，本金额在一段时间增加，在一段时间减少，就可以称之为起伏式利率互换（roller coaster）。在经济生活中常常可以遇到对这几种利率互换合约的需求，例如商业银行对大型建设项目融资，每一阶段融资额的多少是随项目的进程不断变化的，有的可能表现为递增式的，有的可能表现为递减式的，有的可能表现为起伏式的。

5. 零息票利率互换

在一般的利率互换合约中，合约双方总是在同时向对方支付约定的利息，即由当期的净债务人向对方支付利息差额。但是，也可以有零息票利率互换，在这种互换中，固定利息支付方在合约到期日前不做任何支付，但是他可以按期收取浮动利率方的利息。至到期日时，固定利息支付方再一次性向对方支付固定利息。这样的利率互换，不仅可以改变利息是按固定或浮动利率支付的性质，改变固定方的现金流的时间安排，还可以改变在一般互换中双方都面临违约风险的局面，使互换合约中的浮动利率支付方单方面承担了违约风险。

6. 基差利率互换

在一般的利率互换中，都是浮动利率与固定利率的交换，在基差利率（basis rate）互换中，合约双方交换的都是浮动利率。通常一方的利率与某一期限的 LIBOR 利率相连，另一方与另一种货币市场利率相连，譬如商业票据利率、大额存单利率、联邦基金利率等。基差利率互换的另一种形式是交易双方的利率都与同一种利率相连，只是双方所联系利率的期限不同。

7. 远期利率互换

远期利率互换是利率互换的一个远期合约，合约的条件签约时已确定，但互换合约的实施从双方约定的未来某一时间开始。这段间隔时间可能是几周，也可能是几个月或更长的时间。这有助于那些已确定融资或投资条件，但融资或投资是从一段时间以后开始的客户，现在就通过互换合约把融资或投资所面临的风险控制住或把融资或投资的成本降下来。

8. 利率互换期权

利率互换与期权的结合形成了利率互换期权（swap option），利率互换期权的买方有权在未来的某一天参与一个条件已预先确定好的利率互换合约。而这一期权的卖方则允许其拥有者参与一个条件已约定好的利率互换合约。看涨利率互换期权的买方有权参与一个支付浮动利率的利息，获得固定利率的利息的利率互换合约，看涨利率互换期权的卖方则需根据该合约的规定支付固定利率的利息，收取浮动利率的利息。当然，看跌利率互换期权的买方有权参与一个支付固定利率利息，获得浮动利率利息的利率互换合约，而看跌利率互换期权的卖方则需支付浮动利率的利息，收取固定利率的利息。这种利率互换期权也有美式与欧式之分。

第十章　金融远期和金融期货价格

【学习目标】

理解无套利定价方法的思路；掌握金融远期价格、金融期货价格和金融现货价格的关系；掌握金融远期和金融期货的定价方法。

【导入案例】

股指期货套期保值

某年 5 月 3 日，A 公司股票的市场价格为每股 25 美元，于是，该公司决定于一周后以这一价格增发 20 万股股票，以筹措 500 万美元的资本，用于扩充生产规模。然而，若一周后股市下跌，则该公司发行同样多的股票，只能筹到较少的资本。因此，该公司决定用同年 6 月到期的标准普尔 500 指数期货做套期保值。已知标准普尔 500 指数期货合约价值为标普 500 指数乘以 500 美元。5 月 3 日，标普 500 指数为 458 点，一周后，5 月 10 日，标普 500 指数为 443 点，A 公司股票也跌落到每股 24.25 美元。请分析操作策略和盈亏情况。

启发思考：

请结合本例和现实情况，谈谈你对金融远期和期货在金融市场中作用的理解。

第一节　金融远期和金融期货概述

一、金融远期与金融远期市场

金融远期合约（forward contracts）是指交易双方在未来的某一确定时间，按照确定的价格买卖一定数量的某种金融资产（或金融价格指标）的合约。合约中规定在将来买入标的物的一方称为多方，而在未来卖出标的物的一方称为空方。合约中规定的未来买卖标的物的价格称为交割价格。使得金融远期合约价值为零的交割价格称为金融远期价格。这个金融远期价格是理论价格，它与金融远期合约在实际交易中形成的实际价格（即双方签约时所确定的交割价格）并不一定相等。但是，一旦理论价格与实际价格不相等，就会出现套利机会。

金融远期合约价值则是指金融远期合约本身的价值，它是由金融远期实际价格与金融远期理论价格的差距决定的。当金融远期价格等于交割价格时，远期价值为零。在合约签署时，若交割价格等于远期理论价格，则此时合约价值为零。但随着时间的推移，远期理论价格有可能改变，而原有合约的价格则不可能改变，因此原有合约的价值就可能不再为零。

金融远期市场是适应规避现货交易风险的需要而产生的、进行远期合约交易的市场。存在金融远期市场就可以找到锁定未来产品价格的机会。远期合约是非标准化合约，因此它不在交易所交易，而是在金融机构之间或金融机构与客户之间通过谈判后签署。因此在远期市场，双方可以就交割地点、交割时间、交割价格、合约规模、标的物的品质等细节进行谈判，以便尽量满足双方的需要。远期市场灵活性较大，已有的远期合约也可以在场外市场交易，这是远期市场的主要优势。但远期市场也有明显的缺点，首先，由于远期市场没有固定的、集中的交易场所，不利于信息交流和传递，不利于形成统一的市场价格，市场效率较低。其次，由于每份期货合约千差万别，这就给远期合约的流通造成了较大的不便，因此远期合约的流动性较差。最后，远期合约的履约没有保证，当价格变动对一方有利时，对方有可能无力或无诚意履行合约，因此远期市场的违约风险较高。金融远期合约主要有远期利率协议、远期外汇合约和远期股票合约等。

二、金融期货与金融期货市场

金融期货合约是允许持有人在将来一定日期，按约定的条件买入或卖出一定数量的某种标的金融资产的标准化合约。合约中规定的价格就是期货价格（future price）。

期货市场最早主要出现在农产品市场。1848 年，由芝加哥的 82 位商人发起并组建了芝加哥期货交易所，给交易者提供了一个集中见面寻找交易对手的场所，交易双方通过签订远期合约，事先确定销售价格，以确保利润。1865 年芝加哥期货交易所又推出了标准化的协议，将除价格以外所有的合约要素标准化，同时又实行保证金制度，交易所向立约双方收取保证金，做出履约保证。远期交易也随之发展为现代期货交易。

20 世纪 70 年代后，由于经济环境和体制安排的转变，利率、汇率和证券价格波动性加剧，经济体系风险增大，而原有的远期交易因为流动性差、违约风险高等缺陷无法满足市场需求，于是金融期货交易应运而生，且得到了快速的发展。外汇期货交易开始于 1972 年，利率期货交易开始于 1975 年，股票期货交易开始于 1978 年，期货期权交易及股指期货交易开始于 1982 年。

第二节　金融远期与金融期货价格

本节将介绍金融远期价格和金融期货价格的关系以及无套利分析法和基本假设。

一、远期价格和期货价格的关系

美国著名经济学家考克斯等证明，在理想情况下即无风险利率恒定、交割日相同的金融远期价格和金融期货价格应相等。但是，当利率变化无法预测时，金融远期价格和金融期货价格就不相等。至于两者哪个高则取决于标的资产价格与利率的相关性。

当标的资产价格与利率正相关时，金融期货价格高于金融远期价格。这是因为当标的资产价格上升时，金融期货价格通常也会随之升高，金融期货合约的多头将因每日结算制而立即获利，并可按高于平均利率的利率将所获利润进行再投资。而当标的资产价格下跌时，金融期货合约的多头将因每日结算制而立即亏损，而他可按低于平均利率的利率从市场上融资以补充保证金。相比之下，金融远期合约的多头将不会因利率的变动而受到上述影响。因此在此情况下，金融期货多头比金融远期多头更具吸引力，金融期货价格自然就大于金融远期价格。

相反，当标的资产价格与利率负相关时，金融远期价格就会高于金融期货价格。

金融远期价格和金融期货价格的差异幅度还取决于合约有效期的长短。当合约有效期只有几个月时，两者的差距通常很小。此外，税收、交易费用、保证金的处理方式、违约风险、流动性等方面的因素或差异都会导致金融远期价格和金融期货价格的差异。

在现实生活中，金融期货和金融远期价格的差别往往可以忽略不计。因此在大多数情况下，我们仍可以合理地假定金融远期价格与金融期货价格相等，并都用 F 来表示。在以下的分析中，对金融远期合约的定价同样适用于金融期货合约。

二、无套利定价法的基本思路

能够使远期合约价值为零的交割价格称为远期价格（forward price）。这个远期价格显然是理论价格，它与远期合约在双方签约时所确定的交割价格并不一定相等，这样就会出现套利（arbitrage）机会。若交割价格高于远期价格，套利者就可以通过买入标的资产现货、卖出远期并等待交割来获取无风险利润，从而促使现货价格上升、交割价格下降，直至套利机会消失；若交割价格低于远期价格，套利者就可以通过卖空标的资产现货、买入远期来获取无风险利润，从而促使现货价格下降、交割价格上升，直至套利机会消失。而此时，远期理论价格等于实际价格。

以下我们所用的定价方法的基本思路为：构建两种投资组合，让其终值相等，则其现值一定相等；否则的话，就可以进行套利，即卖出现值较高的投资组合，买入现值较低的投资组合，并持有到期末，套利者就可赚取无风险收益。众多套利者这样做的结果，将使较高现值的投资组合价格下降，并使较低现值的投资组合价格上升，直至套利机会消失，此时两种组合的现值相等。这样，我们就可根据两种组合现值相等的关系求出远期价格。这种分析方法就是无套利定价法。

想一想

经济学中，我们还在哪些公式推导中用到了无套利定价法？

三、金融远期和金融期货定价的基本假设

为了便于以后的分析，这里先做如下假设。

1. **基本的假设**

（1）没有交易费用和税收。

（2）市场参与者能以相同的无风险利率借入和贷出资金。

（3）远期合约没有违约风险。

（4）允许现货卖空行为。

（5）当套利机会出现时，市场参与者将参与套利活动，从而使套利机会消失，我们算出的理论价格就是在没有套利机会下的均衡价格。

（6）期货合约的保证金账户支付同样的无风险利率。这意味着任何人均可不花成本地取得远期和期货的多头和空头地位。

2. 基本参数和符号

T：远期和期货合约的到期时间，单位为年。

t：现在的时间，单位为年。变量 T 和 t 是从合约生效之前的某个日期开始计算的，$T-t$ 代表远期和期货合约中以年为单位的剩下的时间。

S：标的资产在 t 时刻的价格。

S_T：标的资产在 T 时刻的价格（在 T 时刻这个值是个未知变量）。

K：远期合约中的交割价格。

f：远期合约多头在 t 时刻的价值。

F：t 时刻的远期合约和期货合约中标的资产的远期理论价格和期货理论价格。在本章中，如无特别注明，我们分别将其简称为远期价格和期货价格。

r：T 时刻到期的以连续复利计算的 t 时刻的无风险利率（年利率）。在本章中，如无特别说明，利率均为连续复利。

第三节　金融远期的定价

本节将依次对无收益资产金融远期合约、支付已知现金收益资产远期合约和支付已知收益率资产金融远期定价进行分析。

一、无收益资产金融远期定价

我们将在到期日前不产生现金回报的资产认为是无收益资产，如在期间内不分红的股票、贴现债券等都是无收益资产。

远期价格就是未来的交割价格。在订立远期合约时，买卖双方都不用支付，合约的面值则是合约预订的数量乘以远期价格。显然，在合约中同意买进的一方成为远期合约的多头，同意卖出的一方则成为空头。

在到期日（即交割日）时，如果当时市场的（即期）价格高于合约的远期价格，则多头获利而空头亏损；如果当时市场的（即期）价格低于合约的远期价格，则反之。

为了给无收益资产的远期定价，我们可以构建如下两种组合：

组合 A：一份远期合约多头加上一笔数额为 $Ke^{r(T-t)}$ 的现金；

组合 B：一单位标的资产。

在组合 A 中，$Ke^{-r(T-t)}$ 的现金以无风险利率投资，投资期为（$T-t$）。到 T 时刻，其金额将达到 K。这是因为

$$Ke^{-r(T-t)}e^{r(T-t)}=K$$

在远期合约到期时，这笔现金刚好可用来购买一单位标的资产。这样，在 T 时刻，两种组合都等于一单位标的资产。根据无套利原则，这两种组合在 t 时刻的价值必须相等。即

$$f + Ke^{-r(T-t)} = S$$
$$f = S - Ke^{-r(T-t)} \tag{10.1}$$

式（10.1）表明，无收益资产远期合约多头的价值等于标的资产现货价格与交割价格现值的差额。或者说，一单位无收益资产远期合约多头可由一单位标的资产多头和 $Ke^{-r(T-t)}$ 单位无风险负债组成。

由于远期价格（F）就是使远期合约价值（f）为零的交割价格（K），即当 $f=0$ 时，$K=F$，据此可以令式（10.1）中 $f=0$，则

$$F = Se^{r(T-t)} \tag{10.2}$$

这就是无收益资产的现货-远期平价定理（spot-forward parity theorem），或称为现货-期货平价定理（spot-futures parity theorem）。式（10.2）表明，对于无收益资产而言，远期价格等于其标的资产现货价格的终值。

我们也可用反证法证明式（10.2）。

假设 $F > Se^{r(T-t)}$，即交割价格大于现货价格的终值。在这种情况下，套利者可以按无风险利率 r 借入现金 S，期限为 $T-t$。然后用 S 购买一单位标的资产，同时卖出一份该资产的远期合约，交割价格为 F。在 T 时刻，该套利者就可将一单位标的资产用于交割换来现金 F，并归还借款本息 $Se^{r(T-t)}$，这就实现了 $F - Se^{r(T-t)}$ 的无风险利润。

若 $F < Se^{r(T-t)}$，即交割价格小于现货价格的终值。此时，套利者就可进行反向操作，即卖空标的资产，将所得收入以无风险利率进行投资，期限为 $T-t$，同时买进一份该标的资产的远期合约，交割价为 F。在 T 时刻，套利者收到投资本息 $Se^{r(T-t)}$，并以 F 现金购买一单位标的资产，用于归还卖空时借入的标的资产，从而实现 $Se^{r(T-t)} - F$ 的利润。

想一想

经济学中还有哪些用到了平价定理？平价定理的本质思想是什么？

【**例 10.1**】设一份标的证券为一年期贴现债券、剩余期限为 6 个月的远期合约多头，其交割价格为 980 元，6 个月期的无风险年利率（连续复利）为 6%，该债券的现价为 940 元。问该远期合约的价值为多少？

【**解析**】根据式（10.1），我们可以算出该远期合约多头的价值为

$$f = 940 - 980e^{-0.5 \times 0.06} = 11.04 \text{（元）}$$

利用式（10.2），可以算出无收益证券的远期合约中合理的交割价格。

假设一年期的贴现债券价格为 980 元，3 个月期无风险利率为 5%，则 3 个月期的该债券远期合约的交割价格应为

$$F = 980e^{0.05 \times 0.25} = 992 \text{（元）}$$

二、支付已知现金收益资产远期定价

支付已知现金收益的资产是指在到期前会产生完全可预测的现金流的资产，如附息债券和

支付已知现金红利的股票。黄金、白银等贵金属本身不产生收益，但需要花费一定的存储成本，存储成本可看成是负收益。我们令已知现金收益的现值为 I，对黄金、白银来说，I 为负值。

为了给支付已知现金收益资产的远期定价，我们可以构建如下两个组合：

组合 A：一份远期合约多头加上一笔数额为 $Ke^{r(T-t)}$ 的现金；

组合 B：一单位标的证券加上利率为无风险利率、期限为从现在到现金收益派发日、本金为 I 的负债。

从上节可知，组合 A 在 T 时刻的价值等于一单位标的证券。在组合 B 中，由于标的证券的收益刚好可以用来偿还负债的本息，因此在 T 时刻，该组合的价值也等于一单位标的证券。因此，在 t 时刻，这两个组合的价值应相等，即

$$f+Ke^{-r(T-t)}=S-I$$
$$f=S-I-Ke^{-r(T-t)} \tag{10.3}$$

式（10.3）表明，支付已知现金收益资产的远期合约多头价值等于标的证券现货价格扣除现金收益现值后的余额与交割价格现值之差。或者说，一单位支付已知现金收益资产的远期合约多头可由一单位标的资产和 $I+Ke^{-r(T-t)}$ 单位无风险负债构成。

【例 10.2】假设 6 个月期和 12 个月期的无风险年利率分别为 9% 和 10%，而一种十年期债券现货价格为 990 元，该债券一年期远期合约的交割价格为 1 001 元，该债券在 6 个月和 12 个月后都将收到 60 元的利息且第二次付息日在远期合约交割日之前，求该合约的价值。

【解析】根据已知条件，可以先算出该债券已知现金收益的现值：

$I=60e^{-0.09×0.5}+60e^{-0.10×1}=111.65$（元）

根据式（10.3），可算出该远期合约多头的价值为

$f=990-111.65-1\,001e^{-0.1×1}=-27.39$（元）

相应地，该合约空头的价值为 27.39 元。

根据 F 的定义，我们可从式（10.3）中求得

$$F=(S-I)e^{r(T-t)} \tag{10.4}$$

这就是支付已知现金收益资产的现货-远期平价公式。式（10.4）表明，支付已知现金收益资产的远期价格等于标的证券现货价格与已知现金收益现值差额的终值。

【例 10.3】假设黄金的现价为每盎司 450 美元，其存储成本为每年每盎司 2 美元，在年底支付，无风险年利率为 7%。计算一年期的黄金远期价格。

【解析】一年期黄金远期价格为

$$F=(450-I)e^{0.07×1}$$

其中，$I=-2e^{-0.07×1}=-1.865$，故

$$F=(450+1.865)e^{0.07}=484.6 \text{（美元/盎司）}$$

同样可以用反证法来证明式（10.4）。

首先假设 $F>(S-I)e^{r(T-t)}$，即交割价格高于远期理论价格。这样，套利者就可以借入现金 S，买入标的资产，并卖出一份远期合约，交割价为 F。这样在 T 时刻，他需要还本付息 $Se^{r(T-t)}$，同时将在 $T-t$ 期间从标的资产获得的现金收益以无风险利率贷出，从而在 T 时刻得到 $Ie^{r(T-t)}$ 的本利收入。此外，他还可将标的资产用于交割，得到现金收入 F。这样，他在 T 时刻可实现无风险利润 $F-(S-I)e^{r(T-t)}$。

其次再假设 $F<(S-I)e^{r(T-t)}$，即交割价格低于远期理论价格。这时，套利者可以借入标的

资产卖掉，得到现金收入以无风险利率贷出，同时买入一份交割价为 F 的远期合约。在 T 时刻，套利者可得到贷款本息收入 $Se^{r(T-t)}$，同时付出现金 F 换得一单位标的证券，用于归还标的证券的原所有者，并把该标的证券在 $T-t$ 期间的现金收益的终值 $Ie^{r(T-t)}$ 同时归还原所有者。这样，该套利者在 T 时刻可实现无风险利润 $(S-T)e^{r(T-t)}-F$。

由以上分析可以看出，当式（10.4）不成立时，市场就会出现套利机会，套利者的套利行为将促成式（10.4）成立。

三、支付已知收益率资产金融远期定价

支付已知收益率的资产是指在到期前将产生与该资产现货价格成一定比率的收益的资产，如外汇、远期利率协议和远期外汇综合协议等金融工具。股价指数也可近似地看作是支付已知收益率的资产。因为虽然各种股票的红利率是可变的，但作为反映市场整体水平的股票指数，其红利率是较易预测的。远期利率协议和远期外汇综合协议也可看作是支付已知收益率资产的远期合约。

为了给出支付已知收益率资产的远期定价，我们可以构建如下两个组合：

组合 A：一份远期合约多头加上一笔数额为 $Ke^{r(T-t)}$ 的现金；

组合 B：$e^{q(T-t)}$ 单位证券并且所有收入都再投资于该证券，其中 q 为该资产按连续复利计算的已知收益率。

从前面的分析可知，组合 A 在 T 时刻的价值等于一单位标的证券。组合 B 拥有的证券数量则随着获得红利的增加而增加，在时刻 T，正好拥有一单位标的证券。因此在 t 时刻两者的价值也应相等，即

$$f + Ke^{-r(T-t)} = Se^{-q(T-t)}$$
$$f = Se^{-q(T-t)} - Ke^{-r(T-t)} \tag{10.5}$$

式（10.5）表明，支付已知红利率资产的远期合约多头价值等于 $e^{q(T-t)}$ 单位证券的现值与交割价现值之差。或者说，一单位支付已知红利率资产的远期合约多头可由 $e^{q(T-t)}$ 单位标的资产和 $Ke^{r(T-t)}$ 单位无风险负债构成。

根据远期价格的定义，我们可根据式（10.5）算出支付已知收益率资产的远期价格：

$$F = Se^{(r-q)(T-t)} \tag{10.6}$$

即支付已知收益率资产的远期价格等于按无风险利率与已知收益率之差计算的现货价格在 T 时刻的终值。

【例 10.4】A 股票现在的市场价格是 25 美元，年平均红利率为 4%，无风险利率为 10%，若该股票 6 个月的远期合约的交割价格为 27 美元，求该远期合约的价值及远期价格。

【解析】

$$f = Se^{-q(T-t)} - Ke^{-r(T-t)}$$
$$= 25e^{-0.04 \times 0.5} - 27e^{-0.1 \times 0.5}$$
$$= -1.18（美元）$$

所以该远期合约多头的价值为 -1.18 美元。其远期价格为

$$F = Se^{(r-q)(T-t)}$$
$$= 25e^{0.06 \times 0.5}$$
$$= 25.67（美元）$$

外汇属于支付已知收益率的资产，其收益率是某外汇发行国的连续复利无风险利率，用 r_f 表示。

我们用 S 表示以本币表示的一单位外汇的即期价格，K 表示远期合约中约定的以本币表示的一单位外汇的交割价格，即 S、K 均为用直接标价法表示的外汇的汇率。因此可以得出外汇远期合约的价值：

$$f = Se^{-r_f(T-t)} - Ke^{-r(T-t)} \qquad (10.7)$$

根据式（10.6），可得到外汇远期和期货价格的确定公式：

$$F = Se^{(r-r_f)(T-t)} \qquad (10.8)$$

这就是国际金融领域著名的利率平价关系。它表明，若外汇的利率大于本国利率（$r_f > r$），则该外汇的远期和期货汇率应小于现货汇率；若外汇的利率小于本国利率（$r_f < r$），则该外汇的远期和期货汇率应大于现货汇率。

第四节　期货合约的价值分析

期货价格和现货价格之间的关系可从两个角度去考察。一是期货价格和现在的现货价格的关系；二是期货价格与预期的未来现货价格的关系。

一、期货价格和现在的现货价格的关系

从前几节的定价分析中我们看到，决定期货价格的最重要因素是现货价格。现货价格对期货价格的升跌有重要的制约作用，正是这种制约作用决定了期货是不能炒作的。但是，如果现货市场不够大，现货价格不能对期货价格有效制约的话，期货市场就迟早会因恶性炒作而出问题。中国国债期货实验失败的重要原因之一就是没有足够庞大的国债现货市场来制约国债期货的炒作。

那么期货价格和现货价格之间到底存在什么关系呢？

期货价格和现货价格的关系可以用基差（basis）来描述。所谓基差，是指现货价格与期货价格之差，即

基差=现货价格-期货价格   （10.9）

基差可能为正值，也可能为负值。但在期货合约到期日，基差应为零。这种现象称为期货价格收敛于标的资产的现货价格，如图 10.1 所示。

根据前几节的定价公式，当标的证券没有收益，或者已知现金收益较小，或者已知收益率小于无风险利率时，期货价格应高于现货价格，如图 10.1（a）所示；当标的证券的已知现金收益较大，或者已知收益率大于无风险利率时，期货价格应小于现货价格，如图 10.1（b）所示。

但在期货价格收敛于现货市场的过程中，并不是一帆风顺的，也就是说，基差会随着期货价格和现货价格变动幅度的差距而变化。当现货价格的增长大于期货价格的增长时，基差也随之增加，称为基差增大。当期货价格的增长大于现货价格增长时，称为基差减少。

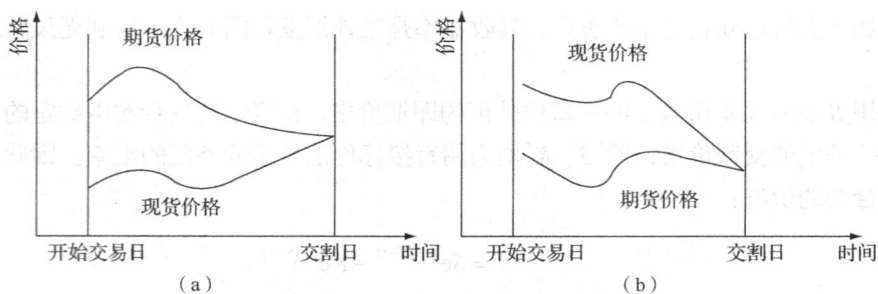

图 10.1　期货价格与现货价格之间的关系

期货价格收敛于标的资产现货价格是由套利行为决定的。假定交割期间期货价格高于标的资产的现货价格，套利者就可以通过买入标的资产、卖出期货合约并进行交割来获利，从而促使现货价格上升，期货价格下跌。相反，如果交割期间现货价格高于期货价格，那么打算买入标的资产的人就会发现，买入期货合约等待空头交割比直接买入现货更合算，从而促使期货价格上升。

想一想

期货合约的价值总是大于或等于同时刻建立的远期合约吗？

二、期货价格与预期的未来现货价格的关系

我们以无收益资产为例来说明期货价格与预期的未来现货价格之间的关系。根据预期收益率的概念，有

$$E\left(S_T\right)=Se^{y(T-t)} \tag{10.10}$$

其中，$E\left(S_T\right)$ 表示现在市场上预期的该资产在 T 时刻的市价，y 表示该资产的连续复利预期收益率，t 为现在时刻。

而

$$F=Se^{r(T-t)} \tag{10.11}$$

比较式（10.10）和式（10.11）可知，y 和 r 的大小就决定了 F 和 $E\left(S_T\right)$ 孰大孰小。而 y 值的大小取决于标的资产的系统性风险。根据资本资产定价原理，若标的资产的系统性风险为 0，则 $y=r$，$F=E(S_T)$；若标的资产的系统性风险大于零，则 $y>r$，$F<E(S_T)$；若标的资产的系统性风险小于零，则 $y<r$，$F>E(S_T)$。现实中，大多数标的资产的系统性风险都大于零，因此在大多数情况下，F 都小于 $E(S_T)$。

对于有收益资产，我们也可以得出同样的结论。

第十一章 期权价格

【学习目标】

了解期权价格的特性；了解影响期权价格的因素；掌握期权价格的决定原理及影响因素；理解风险中性定价原理；理解布莱克-舒尔斯期权定价模型；理解二叉树期权定价模型。

【导入案例】

中航油（新加坡）公司的失败能否避免？

中航油（新加坡）公司是中国航空油料集团公司的海外控股子公司。经国家有关部门批准，该公司在取得中国航空油料集团公司授权后，自 2003 年开始做油品套期保值业务。当时任中国航空油料集团公司副总经理、中航油（新加坡）公司执行董事兼总裁的陈久霖擅自扩大业务范围，增加了期权交易这个品种。

2003 年 3 月 28 日，中航油（新加坡）公司开始以自己的账户从事投机性质的石油期权交易。最初，公司认为国际市场油价将趋于上涨，这一判断构成了公司制定期权交易策略的基础。事实上，一直到 2003 年第三季度，这一判断大体上是准确的，公司因此获得了风险利润。然而，自 2003 年第四季度起，中航油（新加坡）公司对国际油价开始持看跌态度，其从事的期权交易也转为卖空策略。

2004 年第一季度，油价攀升导致公司潜亏 580 万美元，公司决定延期交割合同，期望油价能回跌；交易量也随之增加。

2004 年第二季度，随着油价持续升高，公司的账面亏损额增加到 3 000 万美元左右。公司因而决定再延后到 2005 年和 2006 年才交割；交易量再次增加。

2004 年 10 月，油价再创新高，公司此时的交易盘口达 5 200 万桶石油；账面亏损再度大增。

2004 年 10 月 10 日，面对严重资金周转问题的中航油（新加坡）公司，首次向母公司呈报交易和账面亏损情况。为了补加交易商追加的保证金，公司已耗尽近 2 600 万美元的营运资本、1.2 亿美元银团贷款和 6 800 万元应收账款资金。账面亏损额高达 1.8 亿美元，另外已支付 8 000 万美元的额外保证金。

2004 年 10 月 20 日，母公司提前配售 15% 的股票，将所得的 1.08 亿美元资金贷款给中航油。

2004 年 10 月 26 日和 28 日，公司因无法补加一些合同的保证金而遭逼仓，蒙受了 1.32 亿美元的实际亏损。

2004 年 11 月 8 日到 25 日，公司的衍生商品合同继续遭逼仓，截至 25 日的实际亏损达 3.81 亿美元。

2004 年 12 月 1 日，该公司因石油衍生品交易失败，总计亏损 5.5 亿美元，已严重资不抵债（公司净资产为 1.45 亿美元），为此向新加坡最高法院申请破产保护。

启发思考：

（1）按理说期权买方承担的损失是有限的，为何本例中中航油（新加坡）公司却破产了？

（2）结合本例和现实情况，谈谈你对期权在金融市场中作用的理解。

第一节　期权价格的特性

期权价格指的是期权买卖双方在达成期权交易时，由买方向卖方支付的购买该项期权的金额。期权价格通常是期权交易双方在交易所内通过竞价方式达成的，在同一品种的期权交易行情表中表现为不同的协议价格对应不同的期权价格。期权价格等于期权的内在价值加上时间价值。

一、期权的内在价值和时间价值

1. 期权的内在价值

期权的内在价值（intrinsic value）是指立即执行期权合约时可获取的利润。对于买权来说，内在价值为标的资产现货价格高于执行价格的差额。对于卖权来说，内在价值为执行价格高于标的资产现货价格的差额。

"实值期权"具有内在价值，"平值期权"的内在价值为零，"虚值期权"无内在价值。因此，期权的内在价值不可能小于 0，因为在买权的标的资产现货价格低于执行价格时，或者卖权的标的资产现货价格高于执行价格时，期权的买方可以选择不去执行期权。

2. 期权的时间价值

期权的时间价值（time value）是指期权到期前，权利金超过内在价值的部分（即期权权利金减内在价值）。一般来说，在其他条件一定的情况下，到期时间越长，期权的时间价值越大。例如：买进执行价格为 1 200 元/吨的小麦买权时，期货价格为 1 190 元/吨，若权利金为 2 元/吨，则这 2 元/吨全部为时间价值（虚值期权无内在价值）。随着期权到期日的临近，期权的时间价值逐渐衰减。在到期日，期权不再有时间价值，期权价值全部为内在价值。一般来说，平值期权时间价值最大，交易通常也最活跃。期权处于平值时，期权向实值方向还是虚值方向转化难以确定，转为实值则买方盈利，转为虚值则卖方盈利，故投机性最强，时间价值最大。

期权的内在价值和时间价值之间的关系如图 11.1 所示。

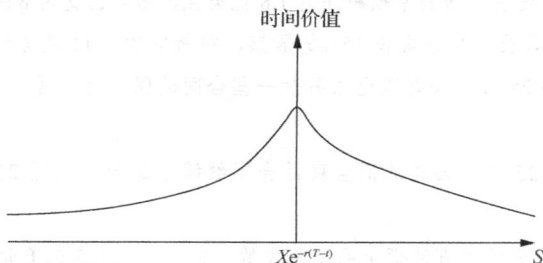

图 11.1　期权的内在价值和时间价值之间关系的内在价值

二、影响期权价格的因素

下面以股票期权为例介绍影响期权价格的六个因素。

1. 标的资产的价格与执行价格

如果看涨期权在将来某一时间执行，那么其收益为股票价格与执行价格的差额，随着股票价格的上升看涨期权的价值会增大，随着执行价格的上涨看涨期权的价值就会减小。对于看跌期权，其收益为执行价格与股票价格的差额，因此当股票价格上升时看跌期权的价值下降，当执行价格上升时看跌期权的价值上升。

2. 期权的到期期限

对于美式期权而言，由于它可以在有效期内的任何时间执行，有效期越长，多头获利机会就越大，而且有效期长的期权包含了有效期短的期权的所有执行机会，因此有效期越长，期权价格越高。为了说明这一点，考虑其他条件相同但只有到期日不同的两个期权，则有效期长的期权其执行的机会不仅包含了有效期短的那个期权的所有执行机会，而且它的获利机会会更多。因此有效期长的期权的价值总是大于或等于有效期短的期权的价值。

对于欧式期权而言，由于它只能在期末执行，有效期长的期权就不一定包含有效期短的期权的所有执行机会。这就使欧式期权的有效期与期权价格之间的关系显得较为复杂。

3. 标的资产价格的波动率

简单地说，标的资产价格的波动率是用来衡量未来股票价格变动不确定性的指标。随着波动率的增加，股票上升或下降很多的机会也随之增加。对于股票的持有者来说，这两种变动趋势将互相抵消。但对于看涨期权或看跌期权的持有者来说，则不是这样。看涨期权的持有者从股价上升中获利，但当股价下跌时，由于他的最大亏损额仅限于期权费，所以也仅有有限的损失。与此类似，看跌期权的持有者从股价下跌中获利，但当股价上升时，仅有有限的损失。因此，随着波动率的增加，看涨期权和看跌期权的价值都会增加。

4. 无风险利率

无风险利率对期权价格的影响可从两个角度来考察。

首先可以从静态的角度考察，即比较不同利率水平下的两种均衡状态。如果无风险利率较高，则标的资产的预期收益率也应较高，这意味着对应于标的资产现在特定的市价（S_0），未来预期价格（$E(S_T)$）较高。同时由于贴现率较高，未来同样预期盈利的现值就较低。这两种效应都将降低看跌期权的价值。但对于看涨期权来说，前者将使期权价格上升，而后者将使期权价格下降。由于前者的效应大于后者，因此对应于较高的无风险利率，看涨期权的价格也较高。

其次可从动态的角度考察，即考察一个均衡到另一个均衡的过程。当标的资产（如股票、债券等）价格与利率负相关、无风险利率提高时，原有均衡被打破，为了使标的资产预期收益率提高，均衡过程通常是通过同时降低标的资产的期初价格和预期未来价格来实现的，只是前者的降幅更大。同时贴现率也随之上升。对于看涨期权来说，两种效应都将使期权价格下降；而对于看跌期权来说，前者效应为正，后者为负，由于前者效应通常大于后者，所以其净效应是看跌期权价格上升。

5. 标的资产收益

由于标的资产的分红付息等将减少标的资产价格，而协议价格并未发生变化，以股票期权为例，在除息日后，股票价格降低，对于看涨期权的价值来说这是一个坏消息，而对于看跌期权的价值来说则是一个好消息，因此看涨期权的价值与预期红利的大小同向变动。假设其他因素不变，股票期权价格的变化对期权价格的影响如表 11.1 所示。

表 11.1　期权价格的变化对期权价格的影响

变量 ＼ 期权类型	欧式看涨期权	欧式看跌期权	美式看涨期权	美式看跌期权
股票价格	+	−	+	−
执行价格	−	+	−	+
到期期限	?	?	+	+
波动率	+	+	+	+
无风险利率	+	−	+	−
红利	−	+	−	+

注："+"表示正向的影响，"−"表示反向的影响，"?"表示影响方向不确定。

三、期权定价的基本无套利关系

与远期与期货的定价一样，期权也是根据无套利均衡原理推导得出的，因此期权的价格（期权费）也必须服从以下基本的无套利关系：

（1）买权的价值从不高于标的资产本身的价值，卖权的价值不高于交割价；

（2）期权的价值绝不为负；

（3）美式期权的价值绝不低于欧式期权；

（4）距失效日时间长的美式期权价值绝不低于距失效日时间短的同一个美式期权的价值；

（5）美式期权的价值绝不低于现在马上就执行该期权所实现的期权价值，即有

$$C_t \geqslant \max(S_t - X, 0)$$
$$P_t \geqslant \max(X - S_t, 0)$$

式中，P_t 为看跌期权价格；C_t 为看涨期权价格；S_t 为股票价格；X 为期权执行价格。

欧式期权的价格用小写字母表示，它所遵循的规律是

$$c_t \geqslant \max(S_t - X, 0)$$
$$p_t \geqslant \max(X - S_t, 0)$$

四、期权价格的上下限

期权价格有一个合理的上限与一个合理的下限。确定期权价格的上、下限变动范围的期权投资基本原理是：期权合约的双方参与者是绝不会轻易获得无风险利益的。也就是说，在风险投资市场上，不存在必然套利的机会。

（一）看涨期权与看跌期权价格的上限

首先，容易看出在任何时刻下，看涨期权（欧式或美式）的价值不会超过股票的现时价值。若不然，企图套利者就卖出看涨期权并买进该种股票备用，他就至少毫无风险地净得两者的差价而成功获得套利，这与基本原理违背。因此，在任何时刻 t，股票价格 S_t 是看涨期权价格 c_t 或 C_t（欧式或美式）的上限：$c_t \leqslant S_t$，$C_t \leqslant S_t$。

对于看跌期权来说，类似的推理可以得到：在任何时刻 t，期权执行价格 X 是看跌期权价格 p_t 或 P_t（欧式或美式）的上限：$p_t \leqslant X$，$P_t \leqslant X$。

如果考虑到无风险连续利率的影响，对于欧式看跌期权来说，在 T 时刻，欧式看跌期权的价值不会超过期权的执行价格，因此欧式看跌期权的价格在考虑到无风险连续利率因素时，应进一步满足：$p_t \leqslant Xe^{-r(T-t)}$。否则，企图套利者可出售看跌期权并将所得收入以无风险利率进行投资，轻而易举地成功套利。

（二）欧式期权价格的特征

1. 欧式看涨期权价格的下限

假定考虑无风险利率因素且无红利因素，欧式看涨期权价格的下限是

$$c_t \geqslant \max[S_t - Xe^{-r(T-t)}, 0]$$

对于无收益资产的欧式看涨期权，考虑如下两个组合：

组合 A：一份欧式看涨期权加上那笔金额为 $Xe^{-r(T-t)}$ 的现金；

组合 B：一单位标的资产。

在组合 A 中，如果现金按无风险利率投资，则在 T 时刻将变为 X，即等于协议价格。此时多头要不要执行看涨期权，取决于 T 时刻标的资产的价格 S_T 是否大于 X。若 $S_T > X$，则执行看涨期权，组合 A 的价值为 S_T；若 $S_T \leqslant X$，则不执行看涨期权，组合 A 的价值为 X。因此，在 T 时刻，组合 A 的价值为

$$\max(S_T, X)$$

而在 T 时刻，组合 B 的价值为 S_T。由于 $\max(S_T, X) \geqslant S_T$，因此，在时刻 t 组合 A 的价值也应该大于组合 B 的价值，即

$$c_t + Xe^{-r(T-t)} \geqslant S_t$$

由于期权的价值一定为正，因此无收益资产欧式看涨期权的价格下限为

$$c_t \geqslant \max[S_t - Xe^{-r(T-t)}, 0]$$

欧式看涨期权价格上下限如图 11.2 所示。

2. 欧式看跌期权价格的下限

假定考虑无风险利率因素且无红利因素，欧式看跌期权价格的下限是

$$p_t \geqslant \max[Xe^{-r(T-t)} - S_t, 0]$$

考虑如下两个组合：

组合 C：一份欧式看跌期权加上一单位标的资产；

组合 D：金额为 $Xe^{-r(T-t)}$ 的现金。

在 T 时刻，若 $S_T < X$，则执行看跌期权，组合 C 的价值为 X；若 $S_T > X$，则不执行看跌期权，组合 C 的价值为 S_T。因此，在 T 时刻，组合 C 的价值为 $\max(S_T, X)$。

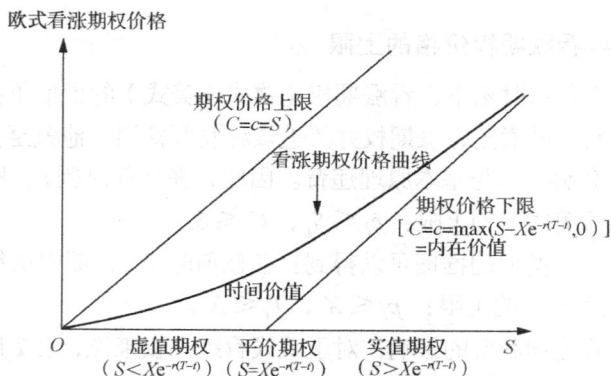

图 11.2 欧式看涨期权价格上下限

假定组合 D 的现金以无风险利率投资，则在 T 时刻组合 D 的价值为 X。由于组合 C 的价值在 T 时刻大于等于组合 D，因此组合 C 的价值在时刻 t 的价值也应该大于组合 D，即

$$p_t + S_t \geq Xe^{-r(T-t)}$$

由于期权价值一定为正，因此无收益资产欧式看跌期权的价格下限为

$$p_t \geq \max(Xe^{-r(T-t)} - S_t, 0)$$

归纳组合 C 与 D 两点结论，最后可以得到欧式看涨期权的价格 c_t 应满足

$$S_t \geq c_t \geq \max[S_t - Xe^{-r(T-t)}, 0]$$

欧式看跌期权的价格 p_t 应满足

$$Xe^{-r(T-t)} \geq p_t \geq \max[Xe^{-r(T-t)} - S_t, 0]$$

欧式看跌期权价格上下限如图 11.3 所示。

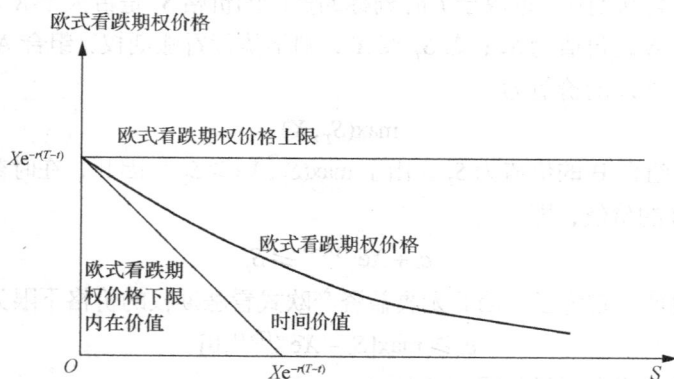

图 11.3 欧式看跌期权价格上下限

（三）美式看涨期权与看跌期权价格的下限

1. 美式看涨期权价格的下限

首先，我们建立下面关于美式看涨期权的一个滞后执行最佳原理：不付红利股票的美式看涨期权，在执行有效期中越迟执行对期权多头越有利。或者说，在执行有效期，提前执行美式看涨期权是不明智的。

理由如下：设投资人在期权执行有效期中某时刻 t 持有一个美式看涨期权及一笔现金 X，他面临两个选择方案：

方案（1）：他在此时执行期权，付出现金而获得一股股票。这股股票在之后的某时刻 T 价值为 S_T。

方案（2）：他在此时不执行期权，而在执行有效期之后某时刻 $T > t$ 时再考虑是否执行期权。由于无风险利率因素，现在他已持有现金 $Xe^{r(T-t)}$。这时如 $S_T > X$，他执行期权，得到价值为 S_T 的一股股票及剩余的现金 $Xe^{r(T-t)} - X$；如 $S_T < X$，他不执行期权，持有的现金为

$$Xe^{r(T-t)} > X > S_T$$

由此可以看出，方案（2）总是比方案（1）更优。因此推得：美式看涨期权的多头应该在执行有效期的最后一天，即到期日来决定是否执行期权为佳，而不应该提前执行美式看涨期权。

根据这个原理，可以说美式看涨期权在到期日的价值，与相同到期日与执行价格的欧式看涨期权的价值是相同的。而由于持有美式看涨期权比持有相应欧式看涨期权有更多的执行机会，因此应有下列关系：$C_t \geqslant c_t$。运用已推得的关于欧式看涨期权的下限结论，就有

$$C_t > S_t - Xe^{-r(T-t)}$$

这个不等式也说明，美式看涨期权的价格 C_t 总是高于其内在价值 $S_t - Xe^{-r(T-t)}$。

2. 美式看跌期权价格的下限

不付红利的美式看跌期权，在执行有效期中，如果看跌期权的实值额很大，也就是说，执行价格与股票现时价格差距很大，则越早执行越好。或者说，推迟执行美式看跌期权可能是不明智的。理由如下：设投资者在执行有效期的时刻 t 持有一张美式看跌期权和一股股票，如果他立即执行期权，可得现金 X。这笔现金在之后的时刻 T 增值为 $Xe^{r(T-t)}$。如果他在之后的时刻 T 执行期权，这意味着当时的股票价格 $S_t < X$，他于是得到现金 X，数量小于 $Xe^{r(T-t)}$。这说明，如果美式看跌期权迟早要执行的话，则越早执行越有利。

当然，如果在之后的时刻 T 的股票价格 S_T 不仅大于 X，而且大于 $Xe^{r(T-t)}$，则在那种情况下，自然不执行期权，其最后获利就比在早些时刻 t 执行期权来得多，也就是说，只有在这种股票大涨的情况下，推迟并且最终不执行美式看跌期权才是明智的决策。

不管怎么说，在美式看跌期权的执行有效期中的任何时刻 t，这个美式看跌期权的价格 P_t 都应满足 $P_t \geqslant X - S_t$。否则的话，投资者就用现金 S_t 购入一股股票，再用现金 P_t 购买一张美式看跌期权，并立即执行这个看跌期权，最后获得现金 $X > S_t + P_t$，无风险的套利成功，这不符合期权投资基本原理。因此，表明美式看跌期权价格下限的不等式是：$P_t \geqslant X - S_t$。

这个不等式比欧式看跌期权价格下限不等式要更严厉一些，从美式看跌期权可以随时提前执行来看，其道理也是不难理解的。这一特性，也决定了美式看跌期权的价值通常高于相应的欧式看跌期权的价值。由于美式看跌期权的价值有时等于其内在价值，因此欧式看跌期权的价值有时就会低于其内在价值。

归纳以上结论，我们最后可以得到：
美式看涨期权的价格 C_t 应满足：

$$S_t \geqslant C_t \geqslant \max[S_t - Xe^{-r(T-t)}, 0]$$

美式看跌期权的价格 P_t 应满足：

$$X \geqslant P_t \geqslant \max(X - S_t, 0)$$

五、看涨期权与看跌期权之间的关系

1. 执行价格、到期日相同的欧式看涨期权与欧式看跌期权之间的平价关系

执行价格、到期日相同的欧式看涨期权与欧式看跌期权之间存在如下的平价关系：

$$c_t + Xe^{-r(T-t)} = p_t + S_t$$

它表明，具有某一确定执行价格和到期日的欧式看涨期权的价值可根据相同执行价格和到期日的欧式看跌期权的价值推导出来，反之亦然。

证明：若不然，假定在时刻 t 下式成立：

$$c_t + Xe^{-r(T-t)} > p_t + S_t$$

于是就有

$$(p_t + S_t - c_t)e^{r(T-t)} < X$$

企图套利者就用现金 $p_t + S_t - c_t$ 进行如下操作：他卖出一份执行价格为 X 的看涨期权，买入一份相同执行价格与到期日的看跌期权，同时再买入一股股票。在期权到期日时，如果当时股票价格 S_T 大于期权执行价格 X，他不执行看跌期权，但他会执行看涨期权而卖出股票，得到现金 X；如果当时股票价格 S_T 不大于期权执行价格 X，他不会被执行看涨期权，但他可执行看跌期权，卖出股票后仍可得到现金 X。总之，他获得了比无风险利益 $(p_t + S_t - c_t)e^{r(T-t)}$ 还高的无风险利益 X，套利成功，与期权投资基本原理违背。再假定：

$$(p_t + S_t - c_t)e^{r(T-t)} > X$$

于是就有

$$(p_t + S_t - c_t)e^{r(T-t)} - X > 0$$

企图套利者就用持有的一股股票作如下操作：他在时刻 t 买入一份执行价格为 X 的看涨期权，卖出一份相同执行价格与到期日的看跌期权，同时再卖出持有的那股股票，最后得到现金：$p_t + S_t - c_t$。在期权到期日时，由于无风险利率因素，现金变为 $(p_t + S_t - c_t)e^{r(T-t)}$。如果当时股票价格 S_T 大于期权执行价格 X，他不会被执行看跌期权，但他可执行看涨期权而买入一股股票，同时持有的现金变为 $(p_t + S_t - c_t)e^{r(T-t)} - X$；如果当时股票价格 S_T 不大于期权执行价格 X，他不执行看涨期权，但他会被执行看跌期权，买入一股股票后，仍可持有现金 $(p_t + S_t - c_t)e^{r(T-t)} - X$。总之，在期权到期日时，他除仍持有一股股票外，还获得了现金 $(p_t + S_t - c_t)e^{r(T-t)} - X$，套利成功，违背期权投资基本原理。

由以上的推理，最后可得欧式看涨期权与看跌期权之间存在平价关系：

$$c_t + Xe^{-r(T-t)} = p_t + S_t$$

2. 美式看涨期权与美式看跌期权之间不存在平价关系

由于美式期权可能提前执行，因此得不到美式看涨期权和看跌期权的精确平价关系，但可利用期权投资基本原理导出在任何时刻 t，美式看涨期权与看跌期权价格 C_t 与 P_t 之间的差有一个上限和下限的关系：

$$S_t - X < C_t - P_t < S_t - Xe^{-r(T-t)}$$

因为 $P_t > p_t$，故根据欧式期权的平价关系可得

$$P_t > c_t + Xe^{-r(T-t)} - S_t$$

同时，由于 $c_t = C_t$ ，所以下式成立：

$$P_t > C_t + Xe^{-r(T-t)} - S_t$$

即

$$C_t - P_t < S_t - Xe^{-r(T-t)}$$

为了导出另一侧不等式，考虑时刻 t 的以下两种投资方案：

（1）一份欧式看涨期权加上现金；

（2）一份美式看跌期权加上一股股票。

方案（2）中，如果看跌期权没有提前执行，在到期日其投资价值为：$\max(S_T, X)$ 。而方案（1）在到期日的投资价值为 $\max(S_T, X) + Xe^{r(T-t)} - X$ 。因此，方案（1）的价值高于方案（2）的价值。如果方案（2）中看跌期权提前在时刻 t_1 执行，则方案（2）在时刻 t_1 的价值为 X ；但方案（1）在那时的价值应该是现金 $Xe^{r(T-t)}$ 加上一份看涨期权，其价值仍然高于方案（2）。故在任何情况下，方案（1）的价值均高于方案（2）的价值。这表明：

$$c_t + X_t > P_t + S_t$$

由于 $c_t = C_t$ ，所以得

$$C_t + X > P_t + S_t \text{ 或 } C_t - P_t > S_t - X$$

最后，综合上面的结果可合并写为：

$$S_t - X < C_t - P_t < S_t - Xe^{-r(T-t)}$$

期权交易的精妙之处在于可以通过不同的期权品种构成众多具有不同盈亏分布特征的组合。投资者可以根据各自对未来标的资产现货价格概率分布的预期，以及各自的风险-收益偏好，选择最适合自己的期权组合。

想一想

欧式期权与美式期权价格上下限不同的主要原因是什么？

第二节　布莱克-舒尔斯期权定价模型

因为期权价格依赖于其标的资产的价格，所以要为期权定价首先必须研究证券价格的变化过程。1973 年，布莱克和舒尔斯（Black and Scholes）提出了期权定价模型，这对期权定价而言是一个开创性的研究。

一、布莱克-舒尔斯期权定价模型的假设条件

由于衍生证券价格和标的证券价格都受同一种不确定性的影响，若适当构造匹配，就可以抵消这种不确定性。因此布莱克和舒尔斯就建立了一个包括一单位衍生证券空头和若干单位标的证券多头的投资组合。若数量适当的话，标的证券多头盈利（或亏损）总是会与衍生证券空头的亏损（或盈利）相抵消，因此在短时间内该投资组合是无风险的。那么，在无套利机会的情况下，该投资组合在短期内的收益率一定等于无风险利率。

推导布莱克-舒尔斯微分方程需要用到如下假设：

（1）证券价格行为服从对数正态分布模式；

（2）在期权有效期内，无风险利率和金融资产收益变量是恒定的；

（3）该标的资产可以被自由买卖，即允许卖空，且所有证券当时是完全可分的；

（4）市场无摩擦，即不存在税收和交易成本，所有证券完全可分割；

（5）金融资产在期权有效期内无红利及其他所得（该假设后被放弃）；

（6）该期权是欧式期权，即在期权到期前不可实施；

（7）不存在无风险套利机会；

（8）证券交易是持续的；

（9）投资者能够以无风险利率借贷。

二、布莱克-舒尔斯期权定价公式

1973 年，布莱克和舒尔斯成功地求解了他们的微分方程，从而获得了欧式看涨期权和看跌期权的精确公式：

$$c = SN(d_1) - Xe^{-r(T-t)}N(d_2) \tag{11.1}$$

其中：

$$d_1 = \frac{\ln(S/X) + (r + \sigma^2/2)(T-t)}{\sigma\sqrt{T-t}}$$

$$d_2 = \frac{\ln(S/X) + (r - \sigma^2/2)(T-t)}{\sigma\sqrt{T-t}} = d_1 - \sigma\sqrt{T-t}$$

$N(x)$为标准正态分布变量的累计概率分布函数（即这个变量小于 x 的概率），根据标准正态分布函数的特性，有 $N(-x) = 1 - N(x)$。这就是无收益资产欧式看涨期权的定价公式。

在标的资产无收益情况下，由于 $C = c$，因此式（11.1）也给出了无收益资产美式看涨期权的价值。

根据欧式看涨期权和看跌期权之间存在平价关系，可以得到无收益资产欧式看跌期权的定价公式：

$$p = Xe^{-r(T-t)}N(-d_2) - SN(-d_1) \tag{11.2}$$

由于美式看跌期权与看涨期权之间不存在严密的平价关系，因此美式看跌期权的定价还没有得到一个精确的解析公式，但可以用蒙特卡罗模拟、二叉树和有限差分三种数值方法以及解析近似方法求出。

三、布莱克-舒尔斯期权定价公式的应用

到现在为止，我们一直假设期权的标的资产没有现金收益。那么，对于有收益资产，其期权定价公式是什么呢？实际上，如果收益可以被准确地预测，或者说是已知的，那么有收益资产的期权定价并不复杂。在收益已知的情况下，我们可以把标的证券价格分解成两部分：期权有效期内已知现金收益的现值部分和一个有风险的部分。当期权到期时，这部分现值将由于标

的资产支付现金收益而消失。

【例 11.1】若某股票看涨期权合约还剩 180 天，期权执行价格为 38 美元，股票现行的市场价格为 40 美元，无风险资产年利率为 0.1，该股票收益率的标准差为 0.3，试求该股票的看涨期权价格。

【解析】由题给条件，$T-t=0.5$ 年，$r=0.1$，$\sigma=0.3$，$S=40$，$X=38$。根据欧式看涨期权定价公式，可得此时

$$d_1 = \frac{\ln(40/38)+[0.1+0.5\times(0.3)^2]\times 0.5}{0.3\times\sqrt{0.5}}$$

$$\approx \frac{0.123793}{0.212132} = 0.58$$

$$d_2 = d_1 - \sigma\sqrt{T-t} = 0.58 - 0.3\times\sqrt{0.5} = 0.37$$

通过查累积正态分布函数 $N(z)$ 的数据表，我们可以得出：

$$N(d_1) = N(0.58) = 1-0.281 = 0.719, N(d_2) = N(0.37) = 0.644$$

它们分别表示服从正态分布的随机变量小于 0.58、0.37 的概率。

期权价格 $c = 40\times 0.719 - 38\times e^{-0.1\times 0.5}\times 0.644 = 5.74$（美元）。这意味着由布莱克-舒尔斯期权定价公式得出的股票看涨期权的均衡价格为 5.74 美元，如果期权价格不等于 5.74 美元，则意味着股票看涨期权价格被高估或低估。

第三节　二叉树期权定价模型

布莱克-舒尔斯期权定价模型虽然有许多优点，但是它的推导过程涉及复杂的数学知识。1979 年，考克斯、罗斯和罗宾斯坦（Cox，Ross and Robinstein，CRR）使用了一种比较浅显的方法设计出一种期权的定价模型，称为二叉树期权定价模型（简称二叉树模型）。二叉树模型的优点在于其比较简单直观，不需要太多的数学知识就可加以应用。同时，它不仅可以为欧式期权定价，还可以为美式期权定价；不仅可以为无收益资产定价，还可以为有收益资产定价，应用相当广泛，目前已经成为金融界最基本的期权定价方法之一。

一、二叉树模型的基本方法

假设一种股票当前价格为 20 元，三个月后的价格可能为 22 元或 18 元。假设股票不支付红利，现假设对三个月后以 21 元执行价格买入股票的欧式看涨期权进行估值。若到时股票价格为 22 元，期权的价值将是 1 元；若股票价格为 18 元，期权的价值将是 0 元。为了对该期权进行估值，需假设对投资者而言无套利机会。现在以某种方式构造一个股票和期权的组合使得在三个月末该组合的价值是确定的，即该组合是无风险组合，它的收益率一定等于无风险利率，这样我们就可以得到该期权的价格。由于只有两种证券，并只有两个可能的结果，总可以构造出无风险证券组合。

考虑一种有价证券组合，该组合包含一个 Δ 股股票多头头寸和一个看涨期权的空头头寸。如果股票价格从 20 元上升到 22 元，股票的价值为 22Δ 元，期权的价值为 1 元，所以该证券

组合的总价值为 $22\Delta-1$ 元；如果股票价格从 20 元下降到 18 元，股票的价值为 18Δ 元，期权的价值为零，该证券组合的总价值为 18Δ 元。如果选择某个 Δ，以使该组合的终值对两个股票价格都是相等的，则该组合是无风险组合，即 $22\Delta-1=18\Delta$，求出 $\Delta=0.25$。因此，一个无风险的组合是：

多头：0.25 股股票；

空头：一个期权。

如果股票价格上升到 22 元，该组合的价值为

$$22\times0.25-1=4.5（元）$$

如果股票价格下跌到 18 元，该组合的价值为

$$18\times0.24=4.5（元）$$

因此无论股票价格是上涨还是下跌，在期权有效期的末尾，该组合的价值总是 4.5 元。在无套利机会的情况下，无风险证券组合的盈利必定为无风险利率。假设在这种情况下，无风险利率为年利率 12%。因此可以得到该组合的价值是 4.5 元的现值，即：$4.5\times e^{-0.12\times0.25}=4.367$。今天的股票价格已知为 20 元。假设期权的价值用 f 来表示，因此今天该组合的价值为 $20\times0.25-f=5-f$。于是，$5-f=4.367$，得到 $f=0.633$。这说明在无套利机会情况下，期权的当前价值一定为 0.633 元。如果期权价值超过 0.633 元，构造该组合的成本就有可能低于 4.367 元，并将获得超过无风险利率的额外收益；如果期权的价值低于 0.633 元，那么卖空该证券组合将获得成本低于无风险利率的资金。

二叉树模型首先把期权的有效期分为很多很小的时间间隔 Δt，并假设在每一个时间间隔 Δt 内证券价格只有两种运动的可能：从开始的 S 上涨到原先的 u 倍，即到达 Su；下涨到原先的 d 倍，即 Sd。其中，$u>1$，$d<1$。价格上涨的概率假设为 p，下跌的概率假设为 $1-p$。相应地，期权价值也会有所不同，分别为 f_u 和 f_d。

二、单步二叉树模型

运用单步二叉树为期权定价，可以有两种方法：无套利定价法和风险中性定价法。

（一）无套利定价法

由于期权和标的资产的风险源是相同的，在单步二叉树中，我们可以构造一个证券组合，包括 Δ 股资产多头和一个看涨期权空头。如果取适当的 Δ 值，使

$$Su\Delta-f_u=Sd\Delta-f_d$$

则无论资产价格是上涨还是下跌，这个组合的价值都是相等的。也就是说，当 $\Delta=\dfrac{f_u-f_d}{Su-Sd}$ 时，无论股票价格上涨还是下跌，该组合的价值都相等。显然，该组合为无风险组合，因此我们可以用无风险利率对 $Su\Delta-f_u$ 或 $Sd\Delta-f_d$ 贴现来求该组合的现值。在无套利机会的假设下，该组合的收益现值应等于构造该组合的成本，即

$$S\Delta-f=(Su\Delta-f_u)\ e^{-r\Delta t}$$

将 $\Delta=\dfrac{f_u-f_d}{Su-Sd}$ 代入上式就可得到

$$f=e^{-r\Delta t}\left[pf_u+(1-p)f_d\right]$$

其中

$$p = \frac{e^{r\Delta t} - d}{u - d}$$

运用单步二叉树模型，再考虑本节开始的例子。在本例中，$u = 1.1$，$d = 0.9$，$r = 0.12$，$T = 0.25$，$f_u = 1$，$f_d = 0$。此时

$$p = \frac{e^{r\Delta t} - d}{u - d} = \frac{e^{0.03} - 0.9}{1.1 - 0.9} = 0.6523$$

$$f = e^{-r\Delta t}\left[pf_u + (1 - p)f_d\right] = (0.6523 \times 1 + 0.3477 \times 0) \times e^{-0.03} = 0.633$$

这个结果与本节开始所得结果相同，这证明了上述一般公式的正确性。

（二）风险中性定价法

风险中性定价法表达了资本市场中的这样一个结论：在市场不存在任何套利可能性的条件下，如果衍生证券的价格依然依赖于可交易的基础证券，那么这个衍生证券的价格是与投资者的风险态度无关的。这个结论在数学上表现为衍生证券定价的微分方程中并不包含受投资者风险态度影响的变量，尤其是期望收益率。由于风险中性定价原理与投资者的风险态度无关，从而推广到对任何衍生证券都适用。同样地，我们也可以在二叉树模型中应用风险中性定价法，确定参数 p、u 和 d，从而为期权定价。这是二叉树定价的一般方法。在风险中性假定下：

（1）所有可交易证券的期望收益都是无风险利率；

（2）未来现金流可以用其期望值按无风险利率贴现。

在风险中性的条件下，标的证券的期望收益率应等于无风险利率 r，因此若期初的证券价格为 S，则在很短的时间间隔 Δt 末的证券价格期望值应为 $Se^{r\Delta t}$。因此，参数 p、u 和 d 的值必须满足这个要求，当 Δt 很小时，可以得到

$$p = \frac{e^{r\Delta t} - d}{u - d} \tag{11.3}$$

$$u = e^{\sigma\sqrt{\Delta t}} \tag{11.4}$$

$$d = e^{-\sigma\sqrt{\Delta t}} \tag{11.5}$$

从而

$$f = e^{-r\Delta t}\left[pf_u + (1 - p)f_d\right] \tag{11.6}$$

比较以上两种方法可以看到，无套利定价法和风险中性定价法具有内在一致性。在风险中性定价过程中，无须考虑资产价格上涨和下跌的概率，也就是说资产预期收益具有无关性，这正好符合风险中性的概念。但是在最后的期权公式中，两种方法都包含了概率 p，这里的概率是风险中性假定下的概率，参数 p、u 和 d 实际上都隐含在给定条件中。一般来说，在运用二叉树模型时，风险中性定价是常用的方法，而无套利定价法则主要是提供了一种定价思想。

为进一步说明风险中性定价法，我们继续讨论本节开始的例子。在风险中性假定下股票期望收益率为无风险利率 12%，这意味着：

$$22p + 18(1 - p) = 20e^{0.12 \times 0.25}$$

$$p = 0.6523$$

于是，看涨期权的期望值为 $0.6523 \times 1 + 0.3477 \times 0 = 0.6523$。

用无风险利率贴现后，该期权现在的价值为 $0.6523 \times e^{-0.12 \times 0.25} = 0.633$。这与前面所得的结果相同，说明无套利定价法和风险中性定价法的结论相同。

三、多步二叉树模型

下面应用多步二叉树模型来表示证券价格变化的完整树型结构，如图 11.4 所示。

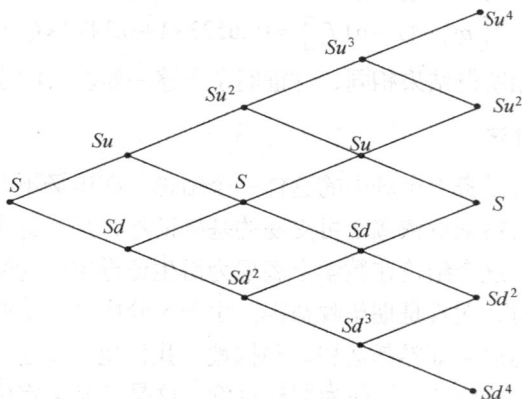

图 11.4　资产价格的树型结构

当时间为 0 时，证券价格为 S；时间为 Δt 时，证券价格要么上涨到 Su，要么下跌到 Sd；时间为 $2\Delta t$ 时，证券价格就有三种可能：Su^2、Sud（等于 S）和 Sd^2，以此类推。一般而言，在 $i\Delta t$ 时刻，证券价格有 $i+1$ 种可能，它们可用符号表示为

$$Su^j d^{i-j}, \quad 其中 \ j = 0, 1, \cdots, i$$

注意：由于 $u = \dfrac{1}{d}$，使得许多节点是重合的，从而大大简化了树图。

得到每个节点的资产价格之后，就可以在二叉树模型中采用倒推定价法，从树型结构图的末端 T 时刻开始往回倒推，为期权定价。由于在到期 T 时刻的预期期权价值是已知的，例如看涨期权价值为 $\max(S_T - X, 0)$，看跌期权价值为 $\max(X - S_T, 0)$，因此在风险中性条件下在求解 $T - \Delta t$ 时刻的每一节点上的期权价值时，都可通过将 T 时刻的期权价值的预期值在 Δt 时间长度内以无风险利率 r 贴现求出。同理，要求解 $T - 2\Delta t$ 时的每一节点的期权价值时，也可以将 $T - \Delta t$ 时的期权价值预期值在时间 Δt 内以无风险利率 r 贴现求出，以此类推。采用这种倒推法，最终可以求出零时刻（当前时刻）的期权价值。

以上是欧式期权的情况，如果是美式期权，就要在树型结构的每一个节点上，比较在本时刻提前执行期权和继续再持有 Δt 时间，到下一个时刻再执行期权，选择其中较大者作为本节点的期权价值。

【例 11.2】假设标的资产为不付红利股票，其当前市场价为 50 元，波动率为每年 40%，无风险连续复利年利率为 10%，该股票 5 个月期的美式看跌期权协议价格为 50 元，求该期权的价值。

【解析】为了构造二叉树，我们把期权有效期分为五段，每段一个月（等于 0.083 3 年）。根据式（11.3）～式（11.5），可以算出：

$$u = e^{\sigma\sqrt{\Delta t}} = 1.122\ 4$$

$$d = e^{-\sigma\sqrt{\Delta t}} = 0.890\ 9$$

$$p = \frac{e^{r\Delta t} - d}{u - d} = 0.507\ 6$$

$$1 - p = 0.492\ 4$$

据此，我们可以画出该股票在期权有效期内的树型图，如图 11.5 所示。在每个节点处有两个值，上面一个表示股票价格，下面一个表示期权价值。股价上涨概率总是等于 0.507 6，下跌概率总是等于 0.492 4。

在 $i\Delta t$ 时刻，股票在第 j 个节点（$j = 0, 1, \cdots, i$）的价格等于 $Su^j d^{i-j}$。例如，F 节点（$i = 4, j = 1$）的股价等于 $50 \times 1.122\ 4 \times 0.890\ 9^3 = 39.69$（元）。在最后那些节点处，期权价值等于 $\max(X - S_T, 0)$。例如，G 节点（$i = 5, j = 1$）的期权价格等于 $50 - 35.36 = 14.64$（元）。

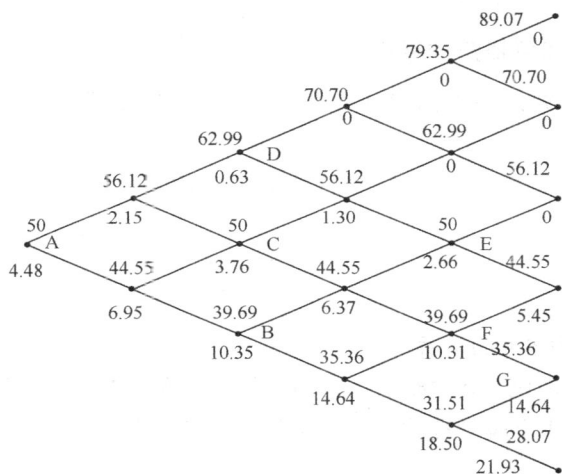

图 11.5　不付红利股票美式看跌期权二叉树

从最后一列节点处的期权价值可以计算出倒数第二列节点的期权价值。首先，我们假定在这些节点处期权没被提前执行，这意味着所计算的期权价值是 Δt 时间内期权价值期望值的现值。例如，E 节点（$i = 4, j = 2$）处的期权价值等于

$$(0.507\ 6 \times 0 + 0.492\ 4 \times 5.45)e^{-0.1 \times 0.083\ 3} = 2.66 \text{（元）}$$

而 F 节点处的期权价值等于

$$(0.507\ 6 \times 5.45 + 0.492\ 4 \times 14.64)e^{-0.1 \times 0.083\ 3} = 9.90 \text{（元）}$$

然后，我们要检查提前执行期权是否较有利。在 E 节点，提前执行将使期权价值为 0，因为股票市价和协议价格都等于 50，显然不应提前执行。因此 E 节点的期权价值应为 2.66 元。而在 F 节点，如果提前执行，期权价值等于（50.00-39.69）元，即 10.31 元，大于上述的 9.90 元。因此，若股价到达 F 节点，就应提前执行期权，从而 F 节点上的期权价值应为 10.31 元，而不是 9.90 元。

用相同的方法可以算出各节点处的期权价值，并最终倒推算出初始节点处的期权价值为 4.48 元。

如果我们把期权有效期分成更多小时段，节点数会更多，计算会更复杂，但得出的期权

价值会更精确。当 Δt 非常小时，期权价值将等于 4.29 元。

【例 11.3】假定执行价格为 9 元，当前价格为 10 元的两年期美式看跌期权。假设为二步二叉树，每个步长为 1 年，在每个单步二叉树中，股票价格或上升 20%，或下降 20%。假定无风险利率为 5%。由于美式看跌期权可以提前执行，美式期权在未到期节点上的价值是取以下两个价值之中的较大者：

（1）继续持有直到下一期的价值，也就是用贴现公式求出的价值；

（2）立即执行的价值。

即在每个节点都要检验提前执行是否最佳。问该期权的价值为多少？

【解析】利用上述美式看跌期权定价公式，易得期权价值为

$$f = e^{-0.05 \times 1}(0.628 \times 0 + 0.372 \times 1) = 0.354 \quad （元）$$

四、基本二叉树模型的扩展

（一）支付连续红利率资产的期权定价

当标的资产支付连续收益率为 q 的红利时，在风险中性条件下，证券价格的增长率应该为 $r-q$ ，因此

$$e^{(r-q)\Delta t} = pu + (1-p)d$$

同时

$$p = \frac{e^{(r-q)\Delta t} - d}{u - d} \qquad （11.7）$$

式（11.4）和式（11.5）仍然适用。

对于股价指数期权来说，q 为股票组合的红利收益率；对于外汇期权来说，q 为国外无风险利率，因此上式可用于股价指数和外汇的美式期权定价。

（二）支付已知红利率资产的期权定价

若标的资产在未来某一确定时间将支付已知红利率 δ（红利与资产价格之比），我们只要调整在各个节点上的证券价格，就可算出期权价格。调整方法如下：

如果时刻 $i\Delta t$ 在除权日之前，则节点处证券价格仍为

$$Su^j d^{i-j}, \quad j = 0, 1, \cdots, i$$

如果时刻 $i\Delta t$ 在除权日之后，则节点处证券价格相应调整为

$$S(1-\delta)u^j d^{i-j}, \quad j = 0, 1, \cdots, i$$

对在期权有效期内有多个已知红利率的情况，也可进行同样处理。若 δ_i 为 0 时刻到 $i\Delta t$ 时刻之间所有除权日的总红利支付率，则 $i\Delta t$ 时刻节点的相应证券价格为

$$S(1-\delta_i)u^j d^{i-j}$$

（三）已知红利额

若标的资产在未来某一确定日期将支付一个确定数额的红利而不是一个确定的比率，则除权后二叉树的分支将不再重合，这意味着所要估算的节点的数量可能变得很大，特别是如果支付多次已知数额红利的情况将更为复杂（见图 11.6）。

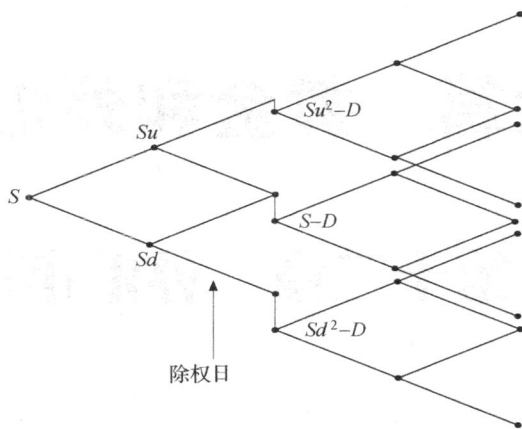

图 11.6　假设红利数额已知且波动率为常数时的二叉树图

为了简化这个问题，可以把证券价格分为两个部分：一部分是不确定的，而另一部分是期权有效期内所有未来红利的现值。假设在期权有效期内只有一次红利，除息日 τ 为 $k\Delta t \sim (k+1)\Delta t$，则在 $i\Delta t$ 时刻不确定部分的价值 S^* 为

$$S^*(i\Delta t) = S(i\Delta t)，\text{当} i\Delta t > \tau \text{时}$$

$$S^*(i\Delta t) = S(i\Delta t) - De^{-r(\tau - i\Delta t)}，\text{当} i\Delta t \leqslant \tau \text{时}$$

其中 D 表示红利。设 σ^* 为 S^* 的标准差，假设 σ^* 是常数，就可计算出参数 p、u 和 d，这样就可用通常的方法构造出 S^* 的二叉树了，把未来收益现值加在每个节点的证券价格上，就会使 S^* 的二叉树图转化为 S 的二叉树。

当 $i\Delta t \leqslant \tau$ 时，这个二叉树上每个节点对应的证券价格为

$$S_0^* u^j d^{i-j} + De^{-r(\tau - i\Delta t)},\ j = 0, 1, \cdots, i$$

当 $i\Delta t > \tau$ 时，这个二叉树上每个节点对应的证券价格为

$$S_0^* u^j d^{i-j},\ j = 0, 1, \cdots, i$$

这种方法和我们曾经分析过的在已知红利数额的情况下应用布莱克-舒尔斯公式中所用的方法一致，通过这种分离，可以重新得到重合的分支，减少节点数量，因而简化了定价过程。同时，这种方法还可以直接推广到处理多个红利的情况。

第六篇　黄金和外汇市场

第十二章　外汇市场

【学习目标】

理解外汇的静态含义和动态含义；理解汇率的标价方式；理解外汇市场的含义；了解外汇市场的要素；掌握外汇市场的交易方式。

【导入案例】

英国脱欧与外汇市场

2017 年 3 月，英国首相特蕾莎·梅在议会宣布了正式启动退欧进程接下来的步骤。她在议会讲话时称："这是我们整个国家的决定性时刻，因为我们将建立与欧盟的新关系以及我们在世界的新角色。"

2016 年英国脱欧是一个著名的黑天鹅事件，在公投之前大家都预计英国应该是留欧的，但是最终的结果让全球的投资者都大跌眼镜，最终英国脱欧了，现在要正式启动脱欧进程。英国脱欧是欧盟一体化进程的重大阻碍，欧盟其他国家特别是以德国为首的国家都希望推动欧洲一体化，英国脱欧不仅会影响英国的经济和欧盟的经济，对于英国的政治也会产生影响。

自从 2016 年 6 月英国公投意外决定退欧以来，英镑就已出现两次闪崩：2016 年 6 月 24 日（英国脱欧公投投票成功），英镑闪跌近 18 000 点，而 10 月 7 日英镑受脱欧后续影响，暴跌 7400 点。2017 年 3 月，在首相特蕾莎·梅宣布正式脱欧后英镑大幅下挫，接近 2 个月内低位。除英国议会的上下两院通过脱欧法案，英国正式启动脱欧进程是施压英镑下挫的主要原因外，苏格兰独立公投的要求也是施压英镑走软的重要因素。此外，美元指数在加息预期升温和良好经济数据的支撑下反弹也对汇价构成了一定的打压。

英国和欧盟的这场"世纪离婚"将持续漫长且复杂的两年，期间充满不确定性，外汇市场又将有很大的盈利空间，不少投资者转战其中。

启发思考：

（1）什么是外汇？

（2）外汇汇率如何标价？

（3）影响外汇汇率的因素有哪些？

第一节　外汇市场概述

外汇是商品生产国际化和国际资产流动的必然结果。世界范围的商品流动和资本流动，导致国际债权债务关系的发生，需要办理国际结算，于是便产生了对外汇的需求。外汇作为国际间结算的支付手段，是国际经济交流不可缺少的工具。外汇市场是金融市场体系中的重要组成部分，是进行外币和以外币计价的票据及有价证券买卖的市场，也可以说是一切外汇交易业务的总和，包括外汇借贷、兑换、拆借以及不同种外币的买卖。

一、外汇与汇率

国际上因贸易、投资、旅游等经济往来，总不免产生货币收支关系。但各国货币制度不同，要想在国外支付，必须先以本国货币购买外币；另外，从国外收到外币支付凭证也必须兑换成本国货币才能在国内流通。这样就发生了本国货币与外国货币的兑换问题，两国货币的比价称为汇价或汇率。

（一）外汇的定义和特点

1. 外汇的定义

外汇具有动态和静态的双重含义。动态意义上的外汇是指人们通过外汇银行等金融机构将一种货币兑换成另一种货币，对国际间债权债务关系进行结算的行为。外汇的静态含义又有广义和狭义之分。从狭义上说，外汇是以外币表示的，用于国际结算的信用凭证或支付手段。国际货币基金组织将外汇界定为货币当局（中央银行、货币机构、外汇平准基金组织及财政部），以银行存款、财政部库存、长短期政府债券等形式所保有的，在国际收支逆差时可以使用的债权。《中华人民共和国外汇管理条例》规定："外汇是指下列以外币表示的可以用作国际清偿的支付手段和资产，具体包括：①外国货币，包括钞票、铸币；②外币支付凭证，包括票据、银行存款凭证、邮政储蓄凭证；③外币有价证券，包括政府债券、公司债券、股票等；④特别提款权；⑤其他外汇资产。"

想一想

外汇具有双重含义这句话应如何解释？

---

2. 外汇的特点

（1）外币性，即外汇必须是以外国货币表示的金融资产，任何以本国货币表示的信用工具、支付手段、有价证券等对本国人来说都不能称为外汇。例如，美元资产是国际支付中应用最广的一种外汇资产，但这是针对美国以外的其他国家而言的。

（2）可兑换性，即外汇必须是能够兑换为其他支付手段的外币资产，亦即用可兑换货币表示的支付手段，而不可兑换货币表示的支付手段是不能视为外汇的。

（3）可偿还性，即外汇必须是能在国外得到偿付的货币债权。外汇的持有人拥有对外币发行国商品和劳务的要求权，缺乏充分物质偿付保证的"价值符号"，如空头支票、遭拒付的汇票等均不能视为外汇。

（二）汇率

1. 汇率的定义

汇率又称汇价、外汇牌价或外汇行市，它是一种货币用另一种货币单位表示的价格，是指一种货币折算成另一种货币的比率。从外汇市场的角度看，汇率是外汇市场上以一种货币表示的另一种货币的交易价格。为适用于各种不同需要，汇率有多种分类法，如表 12.1 所示。

表 12.1　汇率的分类

分类标准	种类
根据不同的汇率制度	固定汇率、浮动汇率
按照汇兑方式	电汇汇率、信汇汇率、票汇汇率
按照外汇银行的营业时间	开盘汇率、收盘汇率、盘中汇率
按照外汇买卖的交割期限	即期汇率、远期汇率
按照汇率的形成方式	官方汇率、市场汇率
根据银行买卖外汇的方向	银行买入汇率、银行卖出汇率、中间汇率
根据汇率的作用	基准汇率、盘算汇率

2. 汇率的标价

在一般商品市场上，商品的标价比较容易理解，如可以直接说 1 件衣服为若干元，但是外汇市场上的标价方式要复杂得多。汇率的标价方式有两种：直接标价法和间接标价法。

直接标价法以一定单位的外国货币为标准（1、100、10 000 等）计算折合多少单位的本国货币。这种标价方式是站在支付者的立场上，因此又称为应付标价法。在直接标价法下，外国货币的数额不变，如果本国货币的数额增加，表明一定单位的外国货币可以兑换更多的本国货币，本币贬值。

间接标价法以一定单位的本国货币为标准（1、100、10 000 等）来计算折合多少单位的外国货币。这种标价方式是站在收入者的立场上，因此又称应收标价法。在间接标价法下，本国货币的数额不变，如果外国货币的数额增加，表明一定单位的本国货币可以兑换更多的外国货币，本币升值。

想一想

对于我们来说，1 美元=6.883 2 元人民币属于直接标价法还是间接标价法呢？

二、外汇市场的含义

外汇市场是以外汇银行为中心，由外汇需求者、外汇供给者及买卖中间机构组成的外汇买卖的场所或交易网络，是国际金融市场的重要组成部分，也是全球最大、流动性最强的金融市场。外汇市场不像商品市场和其他金融市场那样一定要设有具体的交易场所。

按照外汇交易参与者的不同，外汇市场分为外汇零售市场和外汇批发市场。外汇批发市场是狭义的外汇市场。外汇零售市场是外汇银行与一般客户之间的外汇交易市场。个人与银行间的外汇交易，多是为了应急支出或保值，这类外汇交易是小额的、频繁的，因此交易总量较大，是银行外汇交易的重要组成部分。公司与银行的外汇交易主要是由国际贸易活动及投资活动所产生的，这类外汇交易是经常的、大量的，构成银行外汇交易的主要部分。外汇批发市场则是指银行同业之间的外汇交易市场。银行间的外汇交易多是为了调整自身的外汇头寸，以防范汇率变动所产生的风险。从总的外汇市场交易份额或结构来看，绝大部分的外汇交易是批发交易，约占交易总量的 95%。

按外汇市场经营范围的不同，外汇市场分为国内外汇市场和国际外汇市场。同商品市场和证券市场一样，外汇市场也存在现货市场、期货市场和期权市场。按组织方式的不同，外汇市场分为柜台市场和交易所市场。

三、外汇市场的特点

20 世纪 70 年代以来，随着国际货币制度的改革和现代科学技术的发展，外汇市场发展更加迅速，新的交易工具和交易方式不断出现，外汇市场的特点如下。

1. 交易时间连续

由于全球各地的金融中心所处的地理位置不同，数据通过互联网连成一体，外汇市场此关彼开，成为昼夜不停、24 小时连续运作的巨大市场。如表 12.2 所示，每天东京、香港等亚太地区的外汇市场首先开市，在即将收盘时，伦敦等欧洲的外汇市场开市了；交易后不久，纽约等美洲外汇市场也开市了；在纽约外汇市场收盘后不久，东京、香港等外汇市场又开市了，从而使外汇市场交易 24 小时连续不断地进行，为投资者提供了没有时间和空间障碍的理想投资场所。只有周六、周日以及各国的重大节日，外汇市场才关闭。

表 12.2　全球主要外汇市场开市与收市时间（格林尼治时间）

地区	大洋洲	亚洲		欧洲			北美洲
城市	悉尼	东京	香港	法兰克福	巴黎	伦敦	纽约
开市时间	23:00PM	0:00AM	1:00AM	8:00AM	8:00AM	9:00AM	12:00AM
收市时间	7:00AM	8:00AM	9:00AM	16:00PM	16:00PM	17:00PM	20:00PM

2. 流动性强

外汇市场是最完美的投资市场，由于是全人类全球性地参与，因此它是建立在国与国之间对等公正基础上的公平交易。每日交易量高达 3.2 万亿美元，使得外汇市场成为全世界最大、资本流动性最高的金融市场。如此巨大的交易量是任何一家金融机构或个人均无法操纵的。

虽然一国中央银行会从宏观经济运行的整体要求出发，对外汇市场进行相应的干预，不过中央银行进行干预的能力在这个容量巨大的外汇市场上并不突出，最多只能进行短期干预。而干预时，会在国际社会引起连锁的政治经济反应，所以这样的干预都是透明的，个人投资者也会在第一时间通过国际上众多国家的众多媒体得到这方面的信息，这些国际性的信息不可能被某一国家的政府封杀，所以是没有机构或个人能够操纵外汇市场的。

3. 交易价格波动剧烈

自 1973 年布雷顿森林体系瓦解，西方国家普遍开始实行浮动汇率制后，外汇市场的动荡不安就成为一种经常现象。尤其是进入 20 世纪 80 年代以来，由于世界经济发展不平衡加剧以及国际资本流动进一步趋向自由化，世界外汇市场上各国货币汇率更加涨落不定，动荡剧烈，尤其是美元与日元的汇率更是大起大落。毫无疑问，外汇市场如此动荡不稳，必然会给各国间的经济贸易活动带来极大的风险。

4. 交易成本低

外汇交易无论是通过电话还是网络下单，外汇的线上交易费用都非常低廉。一般只有投资总额的万分之几。假设 EUR/USD 为 1.4001/1.4004，其中仅有的 3 个基点的点差就是交易者的成本。此外，通过网络，投资人可以即时看到汇率，也使得交易成本降低。

5. 财务杠杆效应大

外汇保证金交易利用财务杠杆的原理，可以以小博大，将资金以扩大信用额度的方式在外汇市场上进行操作。目前，外汇保证金交易的杠杆最高可达本金的 400 倍，这是外汇交易的一个显著特点。若投资 1 000 美元，就可以做 40 万美元的交易，而在股市中，投资者只能用 1 000 美元买到现价为 1 000 美元的股票。

6. 交易标的集中

世界最大的证券交易所纽约证交所和纳斯达克交易所共拥有超过 8 000 只股票，面对繁多的市场资讯，如何选股就成为了一件令投资者头痛的事。而在外汇市场中，七种主要货币集中了 85% 的交易量，这使交易者能更快地选择投资对象，节约时间和资金。

> **想一想**
>
> 外汇市场为什么具有很强的流动性呢？

四、外汇市场的功能

外汇市场的功能主要表现在三个方面，一是实现购买力的国际转移，二是为国际经济贸易提供资金融通，三是提供外汇保值和投机的市场机制。

1. 实现购买力的国际转移

国际贸易和国际资金融通至少涉及两种货币，而不同的货币对不同的国家形成购买力，这就要求将该国货币兑换成外币来清理债权债务关系，使购买行为得以实现。而这种兑换就是在外汇市场上进行的。外汇市场所提供的就是这种购买力转移交易得以顺利进行的经济机制，它的存在使各种潜在的外汇售出者和外汇购买者的意愿能联系起来。当外汇市场汇率变动使外汇供应量正好等于外汇需求量时，所有潜在的出售和购买愿望都得到了满足，外汇市场处于平衡状态。这样，外汇市场提供了一种购买力国际转移机制。同时，由于发达的通信工具已将外汇市场在世界范围内联成一个整体，使得货币兑换和资金汇付能够在极短时间内完成，购买力的这种转移变得迅速和方便。

2. 为国际经济贸易提供资金融通

外汇市场向国际间的交易者提供了资金融通的便利。外汇的存贷款业务集中了各国的社会闲置资金，从而能够调剂余缺，加快资本周转。外汇市场为国际贸易的顺利进行提供了保障，当进口商没有足够的现款提货时，出口商可以向进口商开出汇票，允许延期付款，同时以贴现票据的方式将汇票出售，拿回货款。外汇市场便利的资金融通功能也促进了国际借贷和国际投资活动的顺利进行。美国发行的国库券和政府债券中很大部分是由外国官方机构和企业购买并持有的，这种证券投资在脱离外汇市场的情况下是不可想象的。

3. 提供外汇保值和投机的市场机制

在以外汇计价成交的国际经济贸易中，交易双方都面临着外汇风险。由于市场参与者对外汇风险的判断和偏好不同，有的参与者宁可花费一定成本来转移风险，而有的参与者则愿意承担风险以实现预期利润。由此产生了外汇保值和外汇投机两种不同的行为。在金本位和固定汇率制下，外汇汇率基本上是平稳的，因而就不会形成外汇保值和投机的需要及可能。而浮动汇率下，外汇市场的功能得到了进一步的发展，外汇市场的存在既为套期保值者提供了规避外汇风险的场所，又为投机者提供了承担风险、获取利润的机会。

第二节　外汇市场的构成要素

外汇市场由交易者、交易对象、市场组织形式和运行机制等要素构成。外汇市场的交易者是外汇市场的主体，包括外汇银行、外汇经纪人、中央银行和顾客。外汇市场的交易对象是各种可自由兑换的外国货币、外币有价证券和支付凭证等。外汇市场的交易方式即组织形式，包括柜台交易形式和交易所形式。

一、外汇市场的参与者

外汇市场上的参与者分为四大类别，即外汇银行、外汇经纪人、中央银行和顾客。

1. 外汇银行

外汇银行又称为外汇指定银行，是指经过本国中央银行批准，可以经营外汇业务的商业银行或其他金融机构。外汇银行可分为三种类型：①专营或兼营外汇业务的本国商业银行；②在本国的外国商业银行分行；③其他经营外汇业务的本国的金融机构。外汇银行是外汇市场的主体，是外汇供求的中介机构，它不仅对客户买卖外汇，而且还在同业之间进行大量交易。外汇银行在外汇交易中可以通过三种渠道获利：①直接向客户买卖外汇或在客户要求下代其向国际外汇市场进行外汇交易，银行可从买入价和卖出价中赚取差价；②通过创新业务为客户安排外汇保值或套利，从中收取高额服务费和手续费；③外汇银行在本行的经营方针和限额之内，通过调动头寸，进行一定的外汇投机而盈利。

2. 外汇经纪人

外汇经纪人是指介于外汇银行之间、外汇银行和其他外汇市场参与者之间，为买卖双方接洽外汇交易并赚取佣金的中间商。外汇经纪人一般有两类：①一般经纪人，这种经纪人一方面介绍外汇买卖成交，另一方面还亲自参与外汇买卖赚取利润；②跑街经纪人，这种经纪人本身不具有资本，只是以赚取佣金为目的代客户买卖外汇，又称"掮客"。

客户在同一市场内进行外汇交易，一般都要通过外汇经纪人，因为经纪人熟悉外汇供求行市，能找到最低价，但必须向其支付手续费。在不同的外汇市场，一般不通过经纪人，而是直接找到熟悉的往来银行，由买卖双方直接洽谈成交。商业银行之间的外汇买卖一般也通过外汇经纪人代理。外汇经纪人代理客户进行外汇买卖时，不披露交易双方的名称，通过隐蔽身份，不使报价处于被动地位。

3. 中央银行

各国中央银行参与外汇市场的活动有两个目的：一是储备管理，二是汇率管理。中央银行或直接拥有，或代理财政经营本国的官方外汇储备。中央银行这时在外汇市场的角色与一般参与者相同。另外，在外汇市场汇率急剧波动时，中央银行为稳定汇率，控制本国货币的供应量，实现货币政策，也经常通过参与市场交易进行干预，在外汇过多时买入或在外汇短缺时抛出。中央银行在外汇市场发挥的这种监督市场运行、干预汇率走势的作用表明，中央银行不仅是一般的外汇市场参与者，在一定程度上也可以说是外汇市场的实际操纵者。但是，中央银行不直接参与外汇市场上的活动，而是通过经纪人和商业银行进行交易。

4. 顾客

顾客是外汇的实际供应者和需求者，包括从事进出口贸易的工商企业、旅行者、投资者、投机者、留学生、移民等。他们通过外汇市场进行买卖，以获得或兑换外汇。

二、外汇市场的组织形式

各个国家的外汇市场，由于各自长期的金融传统和商业习惯，其外汇交易方式不尽相同。外汇市场的交易形式分为柜台市场交易形式和交易所交易形式。

柜台市场交易形式无固定的开盘收盘时间，无具体场所，交易双方不必面对面地交易，只靠电传、电报、电话、网络等通信设备相互接触和联系，最后达成交易。这种交易方式的参加者必须对市场充分了解，并以正式或其他某种方式获得认可。英国、美国、加拿大、瑞士等国的外汇市场均采取这种柜台市场的交易方式，因此这种形式又称为英美体制。

交易所交易形式有固定的交易场所，如德国、法国、荷兰、意大利等国的外汇交易所，这些外汇交易所有固定的营业日和开盘收盘时间，外汇交易的参与者于每个营业日规定的营业时间集中在交易所进行交易。因为欧洲大陆各国多采用这种方式组织外汇市场，因此该方式又称为大陆体制。

柜台市场交易形式是外汇市场的主要组织形式，不仅是因为世界上最大的两个外汇市场——伦敦外汇市场和纽约外汇市场是用这种方式组织运行的，还因为外汇交易本身具有国际性。由于外汇交易的参加者来自于不同的国家，交易范围广泛，交易方式日渐复杂，参加交易所交易的成本显然高于通过现代化通信设备进行柜台交易的成本。因此，即使是欧洲大陆各国，其大部分当地的外汇交易和全部国际性交易也都是通过柜台方式进行的，而交易所市场通常只办理一小部分当地的现货交易。

想一想

外汇市场从组织形式上可以划分为柜台交易市场和交易所交易市场，又可称为有形市场和无形市场。那么外汇市场还可以根据哪些标准划分呢？如何划分？

三、外汇市场的运行机制

外汇市场的运行机制包括供求机制、汇率机制、效率机制和风险机制等。

（一）供求机制

外汇的供求关系是市场汇率形成的主要基础，汇率又反过来调节外汇的供求，这是供求机制的核心。外汇供求的形成有其不同的原因，是因为参加外汇交易的不同单位和个人有不同的动机或目的。

第一，各国中央银行直接参与外汇市场买卖的最主要目的，是维护官方认为对国家有利的汇率水平和转移官方外汇储备的风险。当中央银行认为当前市场汇率有害于国内经济及国际收支平衡时，就会直接干预外汇市场，其主要干预手段是在外汇市场上大量买进或卖出本国货币或外币。当市场上对本国货币需求过度，形成本国货币对外升值的压力过大时，中央银行可能会抛出本国货币、买入外币；反之，如果市场本币过多，形成对内和对外严重贬值的压力时，中央银行则会抛出外币回笼本币，以使汇率趋于稳定。当中央银行抛出本币买入外币时，就形成了对外汇的需求；而当中央银行抛出外币回收本币时，就形成了对外汇的供给。

第二，外汇银行参与外汇市场，一是受客户委托从事外汇买卖，目的是获取代理佣金或交易手续费；二是以自己的账户直接进行外汇交易，以调整自己的外汇头寸，目的是减少外汇头寸可能遭受的风险，以及获得买卖外汇的价差收入。外汇银行是外汇汇集的中心，集中了外汇的供给和需求，并最终决定汇率水平。因此，外汇银行在外汇市场上起着组织和创造外汇市场的作用。当外汇银行以外汇交易的代理人或委托人身份参与外汇市场交易时，它们既是外汇供给者的集中代表，同时也是外汇需求者的集中代表；而当它们以自己的账户为自己进行外汇买卖时，如果是售出盈余的外汇头寸，则形成外汇市场的供给，如果是买入外汇弥补外汇头寸的不足，则形成外汇的需求。因为外汇银行所进行的外汇交易占外汇市场交易总量的90%以上，因此以外汇银行为主体形成的外汇供求，已成为决定市场汇率的主要力量。

第三，外汇经纪商参与外汇市场，主要是为外汇银行之间或外汇银行与外汇市场其他参与者之间进行外汇买卖交易充当中介，他们自己并不买卖外汇，而是促进外汇供求双方之间的交易，是外汇市场的纽带或催化剂，是外汇市场供求机制形成过程中不可缺少的要素。

第四，进出口商是外汇市场上最大的外汇供给者和需求者。一方面，出口商出口商品后，取得外币或外汇债权票据，他们为了保值或取得本币资金等目的，需要售出所取得的外汇，由此形成外汇的供给；另一方面，当进口商进口商品时，一般需要支付对方国家的货币或对方愿意接受的第三国货币，进口商就需要从外汇市场买进外汇以支付进口货款，由此形成对外汇的需求。

第五，个人是外汇市场的重要参与者。个人会从工资、劳务及亲属汇款等方面取得一部分外汇，出于保值等目的，需要将外汇存入银行或卖出；同时也会因出国旅游、探亲等需要取得一部分外汇，从而形成对外汇的需求。

（二）汇率机制

汇率机制是指外汇市场交易中汇率升降与外汇供求关系变化的联系及相互作用。外汇汇率的变化能够引起外汇供求关系的变化，而供求关系的变化又会引起外汇汇率的变化。过高的汇率表示购买外汇的成本过高，由此导致对外汇需求减少，外汇供给相对过多，从而促使汇率趋于下跌；当汇率跌到均衡点或均衡点以下时，对外汇的需求会迅速增加，外汇供给会大大下降，这时外汇汇率又会上升。过低的汇率表示购买外汇成本过低，会导致对外汇需求过旺，供给相对不足，由此将推动汇率的回升。

各国中央银行正是利用外汇供求与汇率之间的这种相互联系、相互作用的机制，通过在外汇市场上买卖外汇来调节外汇市场的供求关系，进而调节汇率的实际水平，使之更有利于或无害于国内经济的健康增长及国际收支关系的改善。虽然市场自身也具有自我调节、自我平衡的机制，但靠其自我平衡，不仅需要一定的过程，而且平衡的方向及水平不一定符合货币管理当局的期望和国家的经济利益，即汇率在使外汇供求达到新的平衡之前，可能会出现较大幅度的波动，可能会损害国内及国际经济，甚至会造成金融或货币危机。因此，中央银行有必要干预外汇市场，通过买卖外汇来调节外汇供求，以求得汇率的基本稳定。

（三）效率机制

效率机制是外汇市场交易中能够促使实现公平竞争，公正、快速交易，同时能够促进资金合理配置的机制。市场效率通常是指市场价格能反映和促进资源的正确分配，及时提供充分、准确的信息，为投资者决策提供参考。外汇市场的效率机制表现为外汇市场的远期汇率能够准确地反映未来即期汇率的变化，为外汇交易者提供准确的信息，作为其交易的参考。

外汇市场的这种效率机制对外汇交易者交易决策的影响在于：当远期汇率表明未来的即期汇率将上升时，谨慎的交易者就会根据手中持有的外币负债买进相同数额的远期外汇，从而保证到时以外币债权的增加抵消汇率上升造成的外币负债的增加，实现外汇债权、债务的平衡。而冒险的交易者则会凭借一纸合同和少许保证金做远期买空交易，以期未来汇率上升时牟取暴利。而当远期汇率表明未来的即期汇率将下降时，交易者一般会低价补进现汇以交割期汇。大胆的交易者则可能会凭一纸合同和少量保证金做远期卖空交易，以期到时低价补进外汇，赚取价差。

（四）风险机制

外汇市场运行中的风险机制，主要是指外汇交易中风险的增减与汇率变动之间的相互联系、相互作用。客观上，外汇市场交易风险主要来自三个方面：①外国货币购买力的变化。在浮动汇率制度下，两种货币的比价即汇率的变动，在很大程度上取决于两国货币购买力的变化。一般情况下，如果外国发生严重的通货膨胀，货币购买力下降，不仅意味着外国货币对内贬值，也意味着对外贬值，反映到汇价上，就会出现一定单位的外国货币只能换取较少的本国货币，即汇率下降，外国货币贬值。如果外国的通货膨胀率下降，货币购买力上升，表示外国货币对内、对外升值，反映到两国货币的汇率上，就会出现一定单位的外国货币可换取比原来较多的本国货币，即汇率上升。由于外国货币购买力什么时候变化、变化幅度多大，他国的外汇交易者是难以及时、准确地掌握和预测的，由此增加了对未来即期汇率预测的难度，从而增加了外汇交易的风险；②本国货币购买力的变化。国内出现通货膨胀，物价上涨，表示本国货币购买力下降，在其他情况不变时，会导致汇率上升，本币贬值。反之，本国货币购买力上升，外汇供过于求，最后使汇率下降，本币升值；③国际收支状况。当一国国际收支发生顺差时，外汇供过于求，汇率会下降；当国

际收支发生逆差时，外汇供不应求，汇率会上升。但是，国际收支状况的统计及公布有一定的过程和时限，其对每日汇率的影响是难以察觉和预知的，由此会增加外汇交易的风险。

主观上，汇率及外汇交易的风险一方面来自政府的人为干预。一国政府或其货币当局会通过调节利率、吞吐外汇，以及人为贬低本国货币的办法，使汇率朝着有利于本国经济的方向变化。由于外汇交易者难以准确判断政府干预的时间和程度，从而难以真正判断市场汇率的变化，难以把握和控制外汇交易的风险。另一方面是外汇投机活动的干扰。外汇投机者经常利用外汇市场的动荡不安，凭借自己对未来汇率变动的预测牟取暴利。但是，外汇投机常常会加剧外汇市场的动荡，加大汇率的波动，从而会使外汇交易者遭遇更大的风险。

想一想

通过上面的介绍，我们知道了外汇市场的运行机制包括交易机制、供求机制、汇率形成机制以及风险机制等。那么，这些机制之间是相互孤立的吗？

第三节　外汇市场的交易方式

直到 20 世纪 70 年代，在布雷顿森林体系崩溃之后，西方国家由固定汇率制度向浮动汇率制度转变，外汇交易的重要性也日益提高，尤其是国际间资本流动的迅猛发展使其摆脱了局限于贸易结算的境地，规模也大大超过了全球贸易总额。目前最常见的交易产品有即期外汇交易、远期外汇交易、外汇期货交易和外汇期权交易等。

一、即期外汇交易

1. 定义

即期外汇交易，又称为现汇买卖或现汇交易，有广义和狭义之分。它是交易双方以当时外汇市场的价格成交，并在成交后的两个工作日内办理有关货币收付交割的外汇交易。狭义的即期外汇交易仅指外汇买卖成交后第二个交易日交割的外汇交易行为。即期外汇交易是外汇市场上最常用的一种交易方式，占据了外汇交易的大部分份额。它不仅可以满足临时性的收、付款要求，也可以实现货币购买力的转移，调整货币头寸以及进行外汇投机等。

2. 交易惯例

即期交易的汇率是即期汇率，也叫现汇汇率。通常采用以美元为中心的报价方法，即以某个货币对美元的买进或卖出的形式进行报价。除了欧元与原"英联邦"国家的货币（如英镑、爱尔兰镑、澳大利亚元和新西兰元等）采用间接标价法（即以一单位该货币等值美元标价）以外，其他交易货币都采用直接标价法（即以一单位美元等值该币标价）。外汇银行通常采用"双档报价"的方式，即报价行同时报出买入价和卖出价。买入价是指报价行愿意以此价买入标的货币的汇价，卖出价是报价行愿意以此价卖出标的货币的汇价，卖出价与买入价之间的价格差称为价差。银行买卖价差的大小除受成本因素影响之外，主要取决于外汇市场的成熟程度和货币的流动性。表 12.3 所示为某一时刻的路透外汇实时报价行情。

表 12.3　路透某一时刻的外汇实时报价行情

货币组合	最近价	涨跌	买入价	卖出价	开盘价	最高价	最低价
美元指数	101.480 0	-0.190 0	101.480 0	101.500 0	101.690 0	101.710 0	101.440 0
美元/日元	114.600 0	-0.130 0	114.600 0	114.640 0	114.720 0	114.880 0	114.550 0
欧元/美元	1.063 2	0.003 0	1.063 2	1.063 3	1.060 2	1.064 0	1.060 1
英镑/美元	1.222 4	0.007 2	1.222 4	1.222 6	1.215 2	1.22 5	1.213 8
美元/加元	1.345 8	-0.002 0	1.345 8	1.345 9	1.347 8	1.348 5	1.344 5
美元/瑞郎	1.008 0	-0.001 9	1.008 0	1.008 4	1.010 0	1.010 7	1.007 0
澳元/美元	0.758 3	0.002 5	0.758 3	0.758 6	0.755 9	0.758 8	0.755 1
美元/港币	7.768 3	0.001 0	7.768 3	7.768 4	7.767 4	7.770 0	7.766 4
美元/新元	1.412 7	-0.002 6	1.412 7	1.412 8	1.415 3	1.415 9	1.411 3
美元/台币	30.825 0	-0.123 0	30.825 0	30.856 0	30.943 0	30.966 0	30.751 0
新西兰元/美元	0.693 8	0.002 1	0.693 8	0.694 4	0.691 7	0.694 6	0.690 7

按照即期外汇市场的报价惯例,通常用五位数字来表示买卖价,例如 USD1=CNY6.168 6/6.193 4。前一个是买入价,后一个是卖出价。报价的最小单位,也称基点,是指标价货币的最小价值单位的 1%。那么,美元兑人民币价中一个基点为 0.000 1 元。通常各银行的交易员在报价时只取最后两位数,因为前面几位数只有在外汇市场发生剧烈动荡时才会变化,一般情况下,频繁变动的只是最末两位数,若美元兑日元汇率为 99.171 0/99.171 2,就只报 10/12。

在国际外汇市场上,两国货币之间的汇率是成对出现的。一般前面是基础货币,后面是计价货币,中间以 "/" 隔开,表示一个单位基础货币可以兑换多少计价货币。例如,USD/HKD 表示美元是基础货币,港元是计价货币。

一笔完整的即期外汇交易程序一般有四个环节:①询价。询价内容一般包括交易货币、起息日和交易的金额等;②报价。一般要同时报出买价和卖价;③成交。询价方首先表示买卖的金额,然后由报价银行承诺;④确认。交易双方互相确认买或卖的汇率、金额、交割日期以及资金结算办法。

二、远期外汇交易

(一)定义

远期外汇交易,又称期汇交易,是指外汇买卖双方先签订合同,规定买卖外汇的数量、汇率和未来交割外汇的时间,到了规定的交割日期买卖双方再按合同规定办理货币收付的外汇交易。在签订合同时,除缴纳 10% 的保证金外,不发生任何资金的转移。

(二)特点

相对于即期外汇交易,远期外汇交易有以下特点。

(1)买卖双方签订合同时,无须立即支付外汇或本国货币,而是按合同约定延至将来某个时间交割。

(2)买卖外汇的主要目的,不是为了取得国际支付手段和流通手段,而是为了保值和避免外汇汇率变动带来的风险。

(3)买卖的数额较大,一般都为整数交易,有比较规范的合同。

（4）外汇银行与客户签订的合同必须由外汇经纪人担保，客户须缴存一定数额的押金或抵押品，当汇率变化引起的损失较小时，银行可用押金或抵押品抵补损失；当汇率变化的损失超过押金或抵押品金额时，银行就应通知客户加存抵押金或抵押品，否则合同视为无效。客户所存的押金，银行视为存款予以计息。

远期外汇交易是一种非常灵活的工具，可以满足客户对币种、金额和到期日的特别要求。但是这些按客户需求设计的远期合同也存在成本高、流动性差、紧急时难以取消或修改的缺点。

（三）远期汇率的标价方法及计算

远期汇率的标价方法有两种：一种是直接标出远期汇率的实际价格；另一种是报出远期汇率与即期汇率的差价，即远期差价，也称远期汇水。升水是远期汇率高于即期汇率时的差额；贴水是远期汇率低于即期汇率时的差额。就两种货币而言，一种货币的升水必然是另一种货币的贴水。

在不同的汇率标价方法下，远期汇率的计算方法是不同的。

直接标价法下：

$$远期汇率=即期汇率+升水$$

或

$$远期汇率=即期汇率-贴水$$

间接标价法下：

$$远期汇率=即期汇率-升水$$

或

$$远期汇率=即期汇率+贴水$$

如果标价中将买卖价格全部列出，并且远期汇水也有两个数值时，那么，直接标价和间接标价都可以不考虑，只要掌握下面的规则就可以知道远期外汇买卖的价格。

（1）当远期汇水前小后大时，表示单位货币的远期汇率升水，计算远期汇率用即期汇率加上远期汇水。

【例 12.1】中国银行现汇汇率为 GBP1 =CNY9.928 3/9.965 6，三个月远期汇水 30/35 点。那么三个月远期汇率计算如下：

$$GBP1=CNY(9.928 3+0.003 0)/(9.965 6+0.003 5)$$
$$=CNY9.931 3/9.969 1$$

（2）当远期汇水前大后小时，表示单位货币的远期汇率贴水，计算远期汇率用即期汇率减去远期汇水。

【例 12.2】某日伦敦外汇市场上现汇汇率为 GBP1=USD1.695 5/1.696 5，三个月远期汇水为 50/40 点。三个月期的远期汇率计算如下：

$$GBP1=USD（1.695 5-0.005 0）/（1.696 5-0.004 0）$$
$$=USD1.690 5/1.692 5$$

（四）远期外汇交易方式

1. 固定交割日的远期交易

固定交割日的远期交易即交易双方事先约定在未来某个确定的日期办理货币收付的远期

外汇交易。它是在实际中较常用的远期外汇交易方式，但缺乏灵活性和机动性。

2. 选择交割日的远期外汇交易

选择交割日的远期外汇交易又称为择期交易。是指主动请求交易的一方可在成交日的第三天起至约定的期限内的任何一个营业日，要求交易的另一方按照双方事先约定的远期汇率办理货币收付的远期外汇交易。这种交易在交割日期更灵活，适用于收付款日期不能确定的对外贸易。

购买择期交易的客户可以在汇率发生不利变动时保护自己，同时也可以在汇率发生有利变动时获利。由于择期交易在交割日上对顾客较为有利，银行在择期交易中使用的是对顾客较为不利的汇率。即，银行将选择从择期开始到结束期间最不利于顾客的汇率作为择期远期交易的汇率。一般而言，银行买入基础货币、卖出标价货币时，如果基础货币升水，按择期第一天的远期汇率计算；如果基准货币贴水，按择期最后一天的远期汇率计算。银行卖出基础货币、买入标价货币时，如果基础货币升水，按择期最后一天的远期汇率计算；如果基础货币贴水，则按择期第一天的远期汇率计算。

【例 12.3】（升水）假设某国银行的报价如下：

即期	USD/JPY= 88.945/55
3 个月	USD/JPY=88.985/89.010
6 个月	USD/JPY=89.006/89.037

如果择期从即期开始到第 3 个月结束，银行买美元（卖日元）的择期报价为 USD1=JPY88.945，银行卖美元（买日元）的择期报价为 USD1=JPY89.010。如果择期从第 3 个月开始到第 6 个月结束，银行买美元（卖日元）的择期报价为 USD1=JPY88.985，银行卖美元（买日元）的择期报价为 USD1=JPY89.037。

【例 12.4】（贴水）假设某国银行的报价如下：

即期	USD/CNY=6.830 5/6.831 5
3 个月	USD/CNY=6.810 5/6.812 5
6 个月	USD/CNY=6.791 5/6.794 5

如果择期从即期开始到第 3 个月结束，银行买美元（卖人民币）的择期报价为 USD1=CNY6.810 5，银行卖美元（买人民币）的择期报价为 USD1=CNY6.831 5。

如果择期从第 3 个月开始到第 6 个月结束，银行买美元（卖人民币）的择期报价为 USD1=CNY6.791 5，银行卖美元（买人民币）的择期报价为 USD1=CNY6.812 5。

（五）远期外汇交易的应用

远期外汇交易主要用于套期保值、投机和套利。

1. 套期保值

套期保值是在远期市场上进行与现货市场相反方向的买卖行为。在远期外汇市场上买进外汇以避免外汇风险的行为即多头套期保值，买入者主要是负有即将到期的外汇债务的进口商；在远期外汇市场上卖出外汇以避免外汇风险的行为即空头套期保值，购买者主要是负有即将到期的外币债务的进口商，卖出者主要是持有即将到期的外币债权的出口商。

【例 12.5】德国某公司出口一批商品，3 个月后将从美国某公司获得 10 万美元的货款。为防止 3 个月后美元汇价的波动风险，公司与银行签订卖出 10 万美元的 3 个月远期合同。假定签订的远期合同是美元对欧元的远期汇率为 1 美元=0.764 1/0.765 1 欧元，3 个月后如果市场汇率变为 1 美元=0.762 1/0.763 1 欧元，那么该公司仍然按照 0.764 1 的汇价交割，这样该公司就通过套期保值收益 200 美元[=100 000×(0.764 1-0.762 1)]。

2. 投机

投机一般是在预期外汇远期汇率将要上升时，先买进后卖出同一交割日期的外汇远期合约；在预期外汇远期汇率将要下降时，先卖出后买进同一交割日期的外汇远期合约。

【例 12.6】3 月 10 日在伦敦外汇市场上，3 个月美元的远期汇率为 GBP1=USD1.525 6，某投机者判断美元在今后 3 个月内将升值，美元远期汇率将下降。因此，买入 100 万 3 个月远期美元，交割日为 6 月 12 日。如果美元升值，到 4 月 10 日时，2 个月美元的远期汇率为 GBP1=USD1.524 6，则卖出 100 万 2 个月远期美元，交割日也为 6 月 12 日。到期日投机者共获利 429.94 英镑[=1 000 000×(1/1.524 6-1/1.525 6)]。如果预测错误，利用远期合约投机也会产生损失。

3. 套利

套利交易是指交易者在同一时点进入两个或多个市场做反方向的交易组合，以锁定一个无风险的收益；也可以利用两种货币即、远期汇率差小于同一期限两种货币利差的情况进行套利。前者被称为瞬时套利，后者被称为掉期性抛补套利。

（1）瞬时套利。瞬时套利就是地点套汇，分为直接套汇和间接套汇。直接套汇又叫两地套汇，是利用同一时刻两个外汇市场上的汇率差异买卖外汇以赚取利润的行为。

【例 12.7】若伦敦市场英镑/美元为 GBP1=USD1.575 0，同时纽约市场英镑/美元为 GBP1=USD1.570 0，若某商人有 100 万美元资金，由于纽约市场上美元的汇率高于伦敦市场上的汇率，因此他会在纽约卖出美元买入英镑，然后在伦敦抛出英镑买进美元，最终获利 3 100 美元[=1 000 000×(1/1.570 0)×1.575 0-1 000 000]。间接套汇又称三点套汇或三角套汇，是指套汇者利用三个不同外汇市场中三种不同货币之间交叉汇率的差异，同时在这三个外汇市场上贱买贵卖，从中赚取汇率差额的一种套汇交易。例如：

在纽约市场上　　　　　　　USD1=DKR7.080 0/7.081 5

在巴黎市场上　　　　　　　GBP1=DKR9.653 0/9.654 0

在伦敦市场上　　　　　　　GBP1=USD1.432 5/1.433 5

根据这三个外汇市场的外汇行市，套汇者首先在纽约市场上以 1 美元/7.080 0 丹麦克朗的行市卖出 10 万美元，买进 708 000 丹麦克朗；同时又在巴黎市场上以 1 英镑/9.654 0 丹麦克朗的行市卖出 708 000 丹麦克朗，买进 72 302 英镑（708 000÷9.654 0）；同时又在伦敦市场上以 1 英镑/1.432 5 美元的行市卖出 72 302 英镑，买进 103 572 美元（72 302×1.432 5）。结果，在纽约市场上以 10 万美元进行套汇，最后收回 103 572 美元，汇率差额收入为 3 572 美元（未扣除套汇费用）。

为了把握三地之间的套汇机会，可依据下述原则进行判断：将三地外汇市场的汇率均以直接标价法（或间接标价法）表示，然后相乘。如果乘积等于 1 或接近等于 1，说明没有套汇机会；如果乘积不等于 1 且与 1 的偏差较大，则说明有套汇机会（在用同一标价法表示汇率时，被标值的货币单位皆为 1）。

目前，由于通信技术高度发达，不同外汇市场上的汇率差异日益缩小，因此套汇交易的机会已大大减少。

（2）掉期性抛补套利。这是指利用不同货币市场上的利率差异，将低利率货币兑换成高利率货币以赚取利润的行为。如果某投资者持有1 000万日元，日元的年利率为4%，美元的年利率为10%；即期汇率USD1=JPY100，设3个月远期汇率为USD1=JPY101.50。不考虑其他因素，在日本投资的本利和（以日元计价）为1 000×（1+4%×3÷12）=1 010（万日元），在美国投资的本利和（以日元计价）为1 000÷100×101.5×（1+10%×3÷12）=1 040.375（万日元）。显然，在美国投资的收益要高于在日本的投资收益。

想一想

远期外汇交易与即期外汇交易有何不同？

三、外汇期货交易

外汇期货交易是指买卖双方成交后，按规定在合同约定的到期日内按约定的汇率进行交割的外汇交割方式，买卖双方在期货交易所以公开喊价的方式成交后，承诺在未来某一特定日期，以当前所约定的价格交付某种特定的标准数量的外币，即买卖双方以约定的数量、价格和交割日签订的一种合约。

（一）外汇期货交易与外汇远期交易的区别

外汇期货交易和传统的远期外汇交易都是先订立合约、将来再办理交割的外汇交易形式，具有相似的规避外汇风险的功能。但两者又有显著的差别，主要表现在以下几个方面。

1. 参与者不同

只要按规定缴纳必要的保证金，几乎任何投资者均可进行外汇期货交易；远期外汇市场的参与者大多为专业化的证券交易商或资信程度良好的大厂商，小户的参与机会很少。

2. 流动性不同

由于大量投机者和套利者的参与，外汇期货市场的流动性很好；而远期外汇市场的参与者多为避险者，市场流动性差，规模小，常常会出现有行无市的现象。

3. 交易方式不同

外汇期货交易是在规定的时间内，在集中的交易场所采取公开竞价的方式进行的；而远期外汇交易是场外交易，一般通过电话或电传进行，其市场是无形的。

4. 合约的标准化程度不同

同任何商品期货一样，外汇期货合约中除了价格以外，货币种类、交易规模、交割日期与方式等诸项条款都是由交易所规定，即标准化的；而远期外汇合约中的各项细则均由买卖双方自行商订。

5. 履约保证不同

在外汇期货交易中，买卖双方必须向交易所结算机构缴纳一定的保证金。

6. 结算方式不同

外汇期货交易采用逐日盯市的方式，如果某一方的保证金不足，必须将某合约对冲或追加保证金；远期外汇交易则是直到合约到期才会按商定的价格履行合约。

7. 交割方式不同

外汇期货交易中大部分成交的合约以对冲的方式结清，实际交割率通常只有 1%～2%；外汇远期交易则正好相反，一般以实际交割为目的，成交合约中有90%以上于到期日被实际交割。

（二）外汇期货合约的应用

外汇期货合约主要用于套期保值和套利。

1. 套期保值

套期保值包括买入对冲和卖出对冲。所谓买入对冲是指预期未来将在现汇市场上购入外汇，先在期货市场上购入该种外汇，数量、交割日与现汇交易一致；届时，在现汇市场上买入现汇，同时在期货市场上卖出原期货合同，冲抵原期货合同头寸。卖出对冲是指预期未来将在现货市场上出售外汇，先在期货市场上卖出该种外汇；届时，在现汇市场上出售现汇，在期货市场上买入原期货合同。

【例 12.8】英国某公司进口 15 万美元的商品，三个月后付款；伦敦市场美元对英镑的即期汇率为 1 英镑=1.5 美元，预测美元将升值。英国公司为避免汇率风险，从期货市场买进 3 个月的远期美元合同 3 份（以英镑买美元期货标准化合同为 5 万美元），三个月期货合同协议价格为 1 英镑=1.45 美元。若三个月后市场汇率变为 1 英镑=1.2 美元，如果没有期货合约要支付15÷1.2=12.5 万英镑；按期货合约协议价格支付了 15÷1.45=10.41 万英镑，不仅达到了保值目的，还少支付了 12.5-10.41=2.09 万英镑，视为盈利。若三个月后市场汇率变为 1 英镑=1.6 美元，如果没有期货合约，要按照市场汇率支付 15÷1.6=9.375 万英镑；按期货合约协议价格支付了 15÷1.45=10.41 万英镑，不仅没有达到保值目的，还多支付了 10.41-9.375=1.035 万英镑，视为亏损。

【例 12.9】美国某公司预计一个月后有一笔外汇应收账款 500 万英镑，当时现汇市场上英镑汇率是 GBP/USD=1.162 0。该公司担心英镑贬值，故在期货市场上卖出英镑保值，卖出 80 份一个月后到期的英镑期货合同，成交价为 GBP/USD=1.154 5。一个月后现汇汇率为 GBP/USD=1.146 0，期货价格为 GBP/USD=1.135 0。如果没有期货合约，则这笔外汇收入就是 573 万英镑；按期货合约这笔外汇收入是 577.25 万英镑，盈利则为 577.25-573=4.25 万英镑。

2. 套利

如果发现两个期货市场的同种货币期货合约存在一定的价差，而且超过交易成本，套利者就可以采取低买高卖的策略，赚取价差利润。

例如：一位套利者发现芝加哥国际货币市场和新加坡国际金融交易所的 3 月期英镑期货价格分别为 GBP1=USD1.545 5 和 GBP1=USD1.545 1，于是在新加坡国际金融交易所买进英镑期货，同时在芝加哥国际货币市场上大量卖出英镑期货。如果不考虑交易成本，则每份期货合约（价值为 62 500 英镑）可为套利者实现 25 美元的无风险利润[=(1.545 5-1.545 1)×62 500]。

想一想

相对于外汇远期交易，外汇期货交易有什么不同的特点？

四、外汇期权交易

外汇期权交易也称为货币期权，是指合约购买方在向出售方支付一定的期权费后，所获得的在未来约定日期或一定时间内按照规定汇率买进或者卖出一定数量外汇资产的选择权。

（一）交易的特点

（1）期权费不能收回。不论是履行外汇交易的合约还是放弃履行外汇交易的合约，外汇期权买方支付的期权交易费都不能收回。

（2）外汇期权交易的买卖双方权利和义务不对等。即期权的买方拥有选择的权利，期权的卖方承担被选择的权利，不得拒绝接受。

（3）外汇期权交易的买卖双方的收益和风险不对称。对期权的买方而言，其成本是固定的，而收益是无限的；对期权的卖方而言，其最大收益是期权费，损失是无限的。

（二）交易的作用

外汇期权对于买方而言，其主要作用是通过购买期权增强交易的灵活性，即他有权选择有利于自己的汇率进行外汇买卖，以消除汇率变动带来的损失、谋取汇率变动带来的收益。

（1）对于有外汇收付需要的客户，在汇率变动中既可以获利也可避免损失。对进出口商和其他有外汇收付需要的客户而言，当他们对未来汇率的走势没有把握时，可参与外汇期权交易，这样既可防止汇率发生不利变动所带来的损失，又可获取汇率有利变动的利益。例如，有一位美国进口商，3个月后需要支付一笔英镑货款，他不能肯定英镑汇率是上升还是下降，这时他就可购入英镑买进期权。如果3个月后英镑汇率上升、美元汇率下降，他就可以按照3个月前签订的合约，即按约定汇价和约定数量行使买的权利；如果3个月后英镑贬值、美元升值，这时他就可让期权过期作废，即行使不买的权利，按照当时的即期汇率从现汇市场上购入英镑，从中取得英镑汇率下跌的好处。再比如，有一位美国出口商，3个月后要收到一笔英镑货款，他能肯定英镑汇率会大幅度变动，但不能肯定英镑汇率的变动趋势，若不在远期外汇市场卖出，他担心到交割时因英镑汇率下跌而蒙受损失，使其出口利润降低甚至变为亏损；若在远期外汇市场卖出，他又担心到交割时英镑汇率上升了，从而丧失英镑升值带来的利润。所以最好的选择是参与外汇期权交易，即买入外汇卖出期权。这样既能保证在汇率下跌时不受损失，又能获得在汇率上升时带来的利润；当然，要付出支付期权费的代价。

（2）可以控制投机失误的损失。对于投机者而言，他们参与外汇期权交易的目的就是给他们的外汇投机进行保险，控制投机失败带来的损失。如果他们预测某种汇率会上升，但又不能十分肯定，他们就可购入外汇看涨期权，即做"多头"投机交易。如果到交割日时汇率果然上升了，他们就行使买的权利；如果汇率下跌，他们就行使不买的权利，仅损失期权费。因此，他们为预测不准所付出的代价仅仅是数额很小的期权费用。如果他们预测某种汇率会下降，但没有足够的把握，他们就可购入外汇看跌期权，即做"空头"投机交易，同样能避免因汇率预测不准确带来的巨大损失。

（三）合约的种类

（1）外汇期权合约按期权持有者的交易目的，分为买入期权和卖出期权。前者又叫看涨期权，是指买方期权可在未来某一约定时间以约定价格向卖方期权买进一定数量的某种外汇资金（或外币期货合约）的权利。后者又叫看跌期权，是指买方期权可在未来某一约定时间以约定价格向卖方期权卖出一定数量的某种外汇资金（或外币期货合约）的权利。

（2）按产生期权合约的原生金融产品，分为现汇期权和外汇期货期权。现货期权是以外汇现货为期权合约的基础资产，外汇期货期权是以货币期货合约为期权合约的基础资产。

（3）按期权持有者可行使交割权利的时间，分为欧式期权和美式期权。前者是指期权持有者只能在期权到期日决定执行或不执行期权合约，后者是指期权持有者可以在期权到期日以前的任何一个工作日选择执行或不执行期权合约。

（四）外汇期权交易的应用

外汇期权的最大好处是给予期权合约买方选择的权利，因此，外汇期权既可以用来保值，也可以用来投机。

【例12.10】利用期权保值的例子。假设美国进口商从英国进口一批货物，3个月后将付款100万英镑，3个月后他将得到一笔150万美元的收入用来支付这笔货款。即期汇率为GBP/USD=1.5。为防止英镑升值、美元贬值带来的汇率风险，该美国进口商购入100万英镑的8份看涨期权，每份合约为12.5万英镑，期权费为每份2 500美元，协议价格为GBP/USD=1.5。若3个月后英镑升值，市场汇率为GBP/USD=1.7，则该进口商执行期权，按协议价格GBP/USD=1.5支付150万美元，另外交纳2万美元的期权费，共支付152万美元。若没有购入看涨期权，则支付170万美元。若3个月后英镑汇率不变或贬值，则放弃行使权利，仅损失期权费2万美元。

【例12.11】当投机者预测某种货币的币值将要上升，有当时可以以较低的期权价格购入执行价格较低的该种货币的期权的机会时，他马上买入若干份该种货币的看涨期权。当汇率出现如他所预料的变动时，他就可以行使权利以较低价格来履约，并马上在现汇市场以较高的价格抛出该种货币。扣除本金及期权费后就是投机者所得的投机利润。如果汇率变动不在他的意料之中，就不履行合约，而是可以买入几份执行价格较高的看跌期权来进行投机。

想一想

外汇期权交易买卖双方的收益和风险对等吗？为什么？

第十三章 黄金市场

【学习目标】

了解国际黄金市场的产生与发展；理解黄金市场的特殊性；了解黄金市场的分类与作用；掌握影响黄金价格的因素；知道黄金投资的品种与策略。

【导入案例】

2017年黄金市场的最大驱动力在印度

（据 2017 年 3 月 23 日汇通网报道）2017 年 2 月以来国际金价整体表现较为乐观，一方面是因为投资性避险增值的需求，另一方面则是因为实物金饰的需求。中国和印度一直是全球最大的两个黄金消费国，在 2014 年中国"大妈"被套后，中国黄金实物的需求一直较为疲软。路透分析师指出，2017 年黄金市场的最大驱动力在印度市场。印度的黄金需求在 2016 年因废钞令下跌 21%至 675.5 吨，创下世界黄金协会（WCG）最大的年下跌数量；而 2012 年 2 月印度黄金进口同比增长逾 82%，显示印度的需求在复苏，有望驱动黄金市场。

世界黄金协会 2012 年 3 月 8 日公布的一期报告显示，短期内印度黄金市场受到一些不利因素的影响，但是从中期来看，印度的这些政策有利于印度经济变得更强有力、更加透明。这会推动黄金价格的上涨，预计 2017 年印度对黄金的需求将在 650～750 吨。

世界黄金协会还指出，从长期来看，印度经济的发展以及印度黄金市场的更加透明会推升印度市场对黄金的需求：2020 年时，预计印度消费者的黄金购买量将达到 850～950 吨。

虽然印度的黄金实物需求有望给黄金的价格提供支撑，但这种影响一般是长期性的，短线金价的走势往往受市场情绪影响较大，尤其是避险情绪的变化。投资者在 2017 年还需重点关注欧洲的政治风险、美国的经济数据、美联储的加息进程和特朗普的财政政策。

启发思考：

（1）黄金为什么具有如此巨大的作用和影响力？

（2）黄金市场是如何交易的？黄金价格是如何形成的？

（3）对于 2014 年中国"大妈"抢购黄金的行为，你有什么看法？有哪些因素会影响黄金市场？

（4）欧洲的政治风险、美联储的加息进程或者特普朗新的财政政策会给黄金市场带来影响吗？

（5）印度为什么会有如此大的黄金需求？

第一节 黄金市场概述

黄金具有商品、货币和投资等功能。多元化黄金交易市场可满足不同类型企业和投资者多样化的需求。黄金市场包括黄金商品市场、黄金投资市场和黄金信贷市场。

一、国际黄金市场的产生与发展

从某种意义上说，世界黄金市场受到一定限制，如规定黄金一般要出售给官方的外汇管理机构或指定的银行。至于工业和其他用途的黄金，也需向外汇管理机构或指定的银行购买。而且，国际黄金市场并没有因为黄金已不再是货币材料而萎缩。

1. 皇权垄断时期（19世纪以前）的黄金市场

国际黄金市场的发展历史就是一部国际货币制度变迁的历史。早在19世纪初期，世界上就已经出现了较为健全的国际黄金市场。当时处于金本位制时期，西方国家的黄金市场都是自由交易、自由输出及输入。后来，随着金本位制的崩溃，各国政府纷纷实行外汇管制，黄金交易受到很大程度的限制。

在19世纪之前，因黄金极其稀有，基本为帝王独占的财富和权势的象征或成为供奉器具和修饰、保护神灵形象的材料。虽然在公元前6世纪就出现了世界上第一枚金币，但一般平民很难拥有黄金。黄金矿山也属皇家所有，当时黄金是由奴隶、犯人在极其艰苦恶劣的条件下开采出来的。正是在这样的基础上，黄金培植起了古埃及及古罗马的文明。16世纪，殖民者为了掠夺黄金而杀戮当地人民，毁灭文化遗产，在人类文明史上留下了血腥的一页。抢掠与赏赐成为黄金流通的主要方式，自由交易的市场交换方式难以发展；即使存在，也因黄金的专有性而限制了它的自由交易规模。

2. 金本位制时期的黄金市场

进入19世纪以后，黄金的生产量迅速增长，俄罗斯、美国、澳大利亚、南非以及加拿大先后发现了丰富的金矿资源。仅19世纪后半叶，人类生产的黄金就超过了过去五千年产量的总和。黄金需求有了物质上的保证，得以被广泛地应用，黄金从帝王专有走向了社会大众，人类由此进入了金本位制时期。金本位制始于1816年的英国，到19世纪末，世界上主要的国家大多实行了"金本位制"。

金本位制大致延续到20世纪20年代。随着金本位制的形成，黄金充当着商品交换的一般等价物，成为商品交换的中间媒介，黄金的流通进一步增强。各国中央银行都可以按各国货币平价规定的金价无限制买卖黄金，使黄金市场得到了一定程度的发展。但此时的黄金市场不是完全意义上的放开，黄金交易受到官方的严格控制，不能自由发展。

20世纪初，第一次世界大战的爆发严重冲击了"金本位制"，加之20世纪30年代世界性的经济危机，"金本位制"彻底崩溃，世界各国又纷纷加强了贸易管制，禁止自由买卖和进出口黄金。自由的黄金市场失去了存在的基础，伦敦黄金市场也被迫关停，直到1954年才重新开张。黄金的货币功能被大大削弱，退出了各国国内的流通支付领域。但在国际储备中，黄金仍是最后的支付手段，充当世界货币的职能，黄金乃受国际的严格管制。西方矿产金大部分被各国中央银行吸收，国与国之间又存在着森严的贸易壁垒，致使黄金的流动性很差，市场发展受到了严重影响。

3. 布雷顿森林体系时期的黄金市场

1944年，英美两国达成共识。美国于当年5月邀请参加筹建联合国的44国政府的代表在美国布雷顿森林举行会议，签订了《布雷顿森林协订》，即《国际货币基金组织协定》，建立了"金本位制"崩溃后的第二个国际货币体系。其实质是建立了一个以美元为中心的国际货币制度，建立成员方货币单价与确定固定汇率制，即美元与黄金挂钩、其他成员方货币与美元挂钩的原则。美元在该体系中处于中心地位，起世界货币的作用，实际上是一种新的金汇兑本位制。

布雷顿森林体系使得金价与美元的信誉、地位密切相关。20世纪60年代，美国由于侵略战争，财政赤字巨大，国际收支极度恶化，美元信誉受到很大的冲击，各国政府纷纷抛售美元，抢购黄金，致使金价暴涨。为了抑制金价暴涨，美国联合英国、瑞士、法国、西德、意大利、荷兰、比利时共8个国家于1961年10月建立了"黄金总库"，由英格兰银行为黄金总库代理机构来维持伦敦市场的黄金价格。20世纪60年代后期，由于美国经济进一步恶化，美元危机再度爆发，美国已无力维持黄金官价。经与黄金总库成员协商，美国宣布不再以美元官价向市场供应黄金，市场金价自由浮动；但各国政府仍按官价结算，黄金开始了双价制。1971年5月爆发了第三次美元危机，西方外汇市场出现了大量抛售美元、抢购黄金的风潮。美国政府被迫于1971年8月宣布停止履行对外国政府或中央银行以美元向美国兑换黄金的义务。1973年初，国际金融市场再一次掀起了抛售美元、抢购黄金的风潮，美元再次贬值，西方国家放弃了固定汇率，实行浮动汇率。至此，布雷顿森林体系完全崩溃，开始了黄金非货币化的改革进程。

4. 黄金非货币化时期的黄金市场

1976年1月，国际货币基金组织（IMF）达成了"牙买加协议"，对《国际货币基金组织协定》做了修改。该协定删除了以前有关黄金的所有规定，宣布：黄金不再作为货币定值标准；废除黄金官价，会员可以自由在黄金市场按市价买卖黄金；取消国际货币基金组织所做的必须用黄金支付的规定；出售国际货币基金组织1/6的黄金，所得利润用于建立帮助低收入国家的优惠贷款基金；黄金作为国际储备资产的地位将由特别提款权取代。

1978年4月1日，国际货币基金组织通过了修改后的《国际货币基金组织协定》，黄金迈上了非货币化的道路。国际黄金市场出现了新的变化，主要表现在以下几个方面。

（1）市场规模进一步扩大。一些国家和地区相继开放黄金市场或放松对黄金输出/输入的管制。如加拿大温尼伯期货交易所于1972年11月开业，进行黄金买卖；美国于1975年宣布允许居民持有和买卖黄金。此外，澳大利亚、新加坡也先后于1978年4月和11月设立了黄金期货市场。这样，加上原有的伦敦、巴黎和苏黎世黄金市场等，黄金市场几乎遍布世界各地，而且黄金交易量也迅猛增加，最终导致巨大的国际黄金市场的形成。

（2）伦敦以外的一些黄金市场的重要性上升。伦敦的黄金市场在历史上虽然始终是西方世界最重要的国际黄金市场，但是，由于20世纪60年代以来世界各地黄金市场的开放及其业务的不断扩大，伦敦作为国际黄金市场的重要性有所下降。例如，1969年后，苏黎世通过给予南非储备银行优惠的信贷支持，以获得南非80%黄金新产量的供应，加之苏联所抛售的黄金大部分也通过苏黎世黄金市场进行交易，因此使其很快成为西方世界很重要的国际黄金市场之一。另外，纽约、芝加哥国际黄金市场的发展也十分迅速。

据不完全统计，现在世界上有40多个黄金市场。

（3）各黄金市场金价波动剧烈，投机活动越来越频繁。自从布雷顿森林体系崩溃以来，国际黄金市场的金价一直动荡不定。如1980年1月黄金价格曾达到850美元/盎司的破纪录的高峰，然而仅到当年3月，又迅速下跌至470美元/盎司，波动幅度高达近80%。与此紧密相连，国际黄金市场中"买空卖空"的投机活动日益盛行，而这种投机活动又进一步加剧了金价的波动。

（4）期货市场发展迅速。自1947年美国解除黄金禁令、开办了黄金期货市场以来，纽约期货交易所、芝加哥期货交易所的发展速度十分惊人。受此影响，不仅新加坡、澳大利亚相继开辟了期货市场，就连一贯以黄金现货交易著称的伦敦市场也于1981年开办了期货市场，使国际黄金市场的结构和布局发生了重大的变化。

当今的黄金分为商品性黄金和金融性黄金。国家放开黄金管制不仅使商品黄金市场得以发展，同时也促使金融黄金市场迅速发展起来，而且由于交易工具的不断创新，几十倍、上百倍地扩大了黄金市场的交易规模。现在，商品实物黄金的交易额不足总交易额的3%，90%以上的市场份额是黄金衍生品。而且世界各国央行仍保留了很高的黄金储备量，截至2018年1月，全球官方黄金储备共计33 726.2吨，2017年1月为33 248.5吨。在国际货币体制黄金非货币化的条件下，黄金开始由货币属性主导的阶段向商品属性回归的阶段发展，国家放开了黄金管制，使市场机制在黄金流通及黄金资源配置方面发挥了日益重要的作用。但目前黄金仍是一种具有金融属性的特殊商品，不论是商品黄金市场还是金融性黄金市场都得到了发展。商品黄金交易与金融黄金交易在不同地区、不同市场中的表现和活跃程度有所不同。

> 想一想
>
> 黄金价格和美元指数有什么关系，两者相互之间会如何影响？

二、黄金市场的特点

从世界黄金市场发展的轨迹看，黄金市场是金融市场的一部分。世界黄金市场的特点表现在以下几个方面。

1. 黄金市场是多元化交易市场的集合

黄金市场不同于其他任何市场，它涉及商品领域和金融领域。黄金的商品属性主要体现在黄金制品市场，黄金制品市场分布在各大商场和金饰店。黄金制品市场提供多样化的黄金制品品种以及金条买卖，以满足人们的装饰和投资需求。一般来说，企业购买标准金块一是用于工业生产，二是企业为规避黄金价格波动的风险而投资黄金。企业从黄金投资市场获取黄金资源的经济行为类似于商品买卖，但是，投资黄金的主要目的是为了获利，从投资角度分析，这是金融行为。

2. 实金交易为基础，衍生品交易为主导

黄金衍生品的价值是从实金的价值衍生而来的，实金交易是当今黄金市场体系存在的基础，但从交易规模来看，黄金衍生品的交易量占97%以上的市场规模，居绝对主导地位。实金交易与衍生品交易两个市场相互依存，表现在以下两个方面。

（1）黄金衍生品交易工具，如黄金提前销售、黄金抵押贷款、黄金对冲保值等，必须以实金即期交易为基础并形成互动才能有效运作。没有实金即期交易市场，黄金金融市场也就不复存在，实金即期交易市场是整个黄金市场体系的基础。

（2）实金即期金价是远期金价的基础，对黄金衍生品价格的走势具有根本性的影响。

现货即期交易市场是否活跃，不仅影响近期市场人气，而且会对市场未来的走势产生影响，也会对黄金衍生品的交易价格产生影响。实金现货交易市场是黄金金融投资市场运行发展的基础。

3. 商业银行在黄金市场中居主导地位

商业银行在黄金市场中是重要的做市商。这种地位是由黄金产品的特殊性和商业银行所具备的优势决定的。鉴于黄金的特殊属性，世界上大部分国家对黄金实施商业化运作和货币化管理。这种运作模式是通过商业银行参与黄金市场实现的，而商业银行所经营的业务受央行监管、调控，国家的黄金政策实施是通过中央银行传导于商业银行实现的。另外，商业银行参与黄金市场所具备的条件与其他市场主体相比具有明显的优势：首先，黄金交易需要充裕的资金保证，商业银行的资金优势，无疑为拓展黄金业务提供了必要条件；其次，商业银行拥有分布广泛、遍及各地的营业网点，能够为分散于各地的金矿企业、用金单位、投资者提供方便快速的交易平台，有利于降低交易成本；最后，商业银行拥有覆盖全国的资金清算和交割系统，可以为客户提供快捷、高效的结算服务和产品安全交割服务，极大地提高了黄金市场交易效率。特别是，商业银行的信誉及客户资源是开拓黄金市场的重要资源。商业银行在黄金市场中可以扮演多重角色，例如，商业银行为黄金企业提供信贷服务，为投资者买卖黄金承担做市商或代理商角色。更重要的是商业银行在黄金市场中不断开拓新的交易工具，可以帮助投资者规避市场风险。总之，商业银行参与黄金市场的广度、深度对黄金市场有重要的影响。

三、国际黄金市场的分类

根据黄金市场的性质、作用、交易类型和交易方式、交易管制程度和交割形式等不同标准，可对黄金市场进行各种分类。

1. 根据黄金市场性质和对世界黄金交易的影响程度分类

按黄金市场的性质和对世界黄金交易的影响程度，黄金市场可以分为主导性市场和区域性市场。主导性市场是指其黄金价格的形成及交易量的变化对其他黄金市场起主导性作用的市场。这类市场主要有伦敦、纽约、苏黎世、芝加哥等黄金市场。区域性市场主要指交易规模有限，且大多集中在本地区，对其他黄金市场影响不是很大的市场。这类市场主要有巴黎、法兰克福、布鲁塞尔、卢森堡、新加坡和东京等黄金市场。

> **补充阅读**
> 国际主导型
> 黄金市场

2. 根据交易类型和交易方式分类

按交易类型和交易方式的不同，黄金市场可分为现货交易和期货交易。黄金现货交易基本上是即期交易，在成交后即交割或者在两天内交割，交易的标的物主要是金条、金锭和金币。黄金期货交易是指交易双方按签订的合约在未来的某一时间交割的一种交易方式。在同业间通过电话联系进行交易的欧洲型市场，如伦敦、苏黎世等以黄金现货交易为主；设有具体交易场所的美国型市场，如纽约、芝加哥等黄金市场，则以黄金期货交易为主。

由于黄金交易及其类型上的差异，黄金市场又呈现着国际化的趋势，因而世界上就出现了两大黄金集团：一个是伦敦-苏黎世集团，另一个是纽约-香港集团（包括芝加哥）。这两大集团之间的合作十分密切，共同决定着世界黄金市场的行情。其中伦敦-苏黎世黄金市场的作用尤为突出，至今该市场的黄金交易和报价仍然是反映世界黄金市场的一个"晴雨表"。

3. 根据交易有无固定的场所分类

按交易有无固定场所，可以将黄金市场划分为无形市场和有形市场。无形的黄金市场，是指黄金交易没有专门的交易场所，如主要通过金商之间的联系网络形成的伦敦黄金市场，以银行买卖黄金为主的苏黎世黄金市场。有形市场是指黄金交易在某个固定的地方进行，分为有专门独立的黄金交易场所的黄金市场和设在商品交易所内的黄金市场，前者如新加坡黄金交易所等；后者如设在纽约商品交易所内的纽约黄金市场、设在芝加哥商品交易所内的芝加哥黄金市场以及设在加拿大温尼伯商品交易所内的温尼伯黄金市场。

想一想

黄金市场有几种分类方法？这些方法是如何对黄金市场进行分类的？

知识点滴

上海黄金交易所

上海黄金交易所（以下简称"金交所"）经国务院批准，由中国人民银行组建，是中国唯一的专门从事黄金交易的市场，于 2002 年 10 月正式运行。它已逐步发展成为中国黄金市场的核心、枢纽以及全球重要的黄金、白银等贵金属交易市场。自 2007 年起，金交所连续 9 年位居全球场内黄金现货场所交易量第一。目前在全球共有会员 250 余家，境内机构客户超过 1 万个，个人投资者达 900 余万人。2014 年 9 月交易所推出了"国际板"，使全球投资者可使用离岸人民币参与金交所的交易，实现了国内黄金市场和国际黄金市场的有效联通。2016 年 1 月，金交所推出国家级市场首款移动互联交易终端"易金通"，打造了惠及群众的"百姓金"平台，推动黄金投资实现便利普惠。2016 年 4 月，金交所发布了全球首个以人民币计价的黄金基准价格——"上海金"，为黄金市场参与者提供了良好的风险管理和创新工具，加快了中国黄金市场的国际化进程。

四、黄金市场的功能

黄金市场的功能是随着黄金市场的发展而不断丰富与完善的。在 20 世纪 70 年代黄金非货币化之前，黄金市场的功能是把黄金作为商品交换的结算工具。黄金非货币化后，由于各国放松了对黄金的管制，使黄金的流动性大幅增强，一些国家相继建立了黄金市场，并赋予黄金市场以新的功能，即黄金资源配置优化、黄金价格发现功能。到 20 世纪 80 年代，随着全球网络化的推行，黄金市场又衍生出投资避险功能。

1. 黄金价格发现功能

黄金具有多重属性。从商品属性分析，黄金同一般商品一样具有价值和使用价值。一般商品的定价受成本因素、供求关系和价值规律的影响，而黄金商品的价格的决定与一般商品相比具有不同的特点。黄金商品对供求规律的敏感性较差，受价值规律的影响较弱。从货币属性分析，黄金价格受美元汇率波动的影响，同时还受国际政治动荡、经济与金融危机的影响。正是这些因素的影响，使黄金成为国际货币的避风港，因此，黄金价格与美元汇价呈负相关性。黄金被认为是最可靠的保障资产，黄金资产具有无国界和易变现的特性。黄金的特性引起人们的关注，更吸引人们对黄金价格波动的关注，而黄金市场则为人们发现黄金价格提供了渠道。

2. 信息传递诱导功能

黄金市场属于国际化市场，黄金市场信息传递快捷，黄金市场价格是信息传递的综合反映。这种综合反映不仅包含了黄金供需状况，还包括国际政治动荡、经济和金融危机的信息，尤其是美元汇率波动对黄金价格影响很大，因此信息公开传递对市场主体的行为具有重要的诱导作用。当黄金价格持续上涨时，黄金生产者就会扩大其产品的生产量，黄金消费者则会减少对黄金的购买量；当黄金价格走势疲软时，黄金生产者就会压缩黄金资源的投入，而黄金消费者则会根据信息变化调节自己的经济行为。这样，通过市场传递的价格和供求信息，黄金生产者和消费者不断调整黄金的生产规模和消费规模，使黄金的供给和需求趋于平衡。通过市场机制的信号传递诱导功能所达到的市场供求均衡状态，不仅提高了生产效率，而且提高了资源配置效率。同时，黄金市场信息传递还会影响到外汇市场主要货币汇价的走势，从而影响各国央行对黄金储备的态度以及广大消费者和投资者对持有黄金的信心。

3. 黄金资源的配置功能

黄金资源的合理配置不仅体现在商品黄金上，而且还反映在货币黄金上。商品黄金资源配置包括采金企业与用金单位在公开、公平、公正的市场条件下，通过竞争实现优胜劣汰。例如，采金企业通过竞争将资源利用效率和配置效率较低的金矿企业挤出市场，使资源流向利用效率和配置效率高的金矿企业，从而起到提高资源利用效率和配置效率的作用。用金单位根据黄金价格的高低或资源替代效应，确定对黄金资源的需求量和配置时间，使市场由单纯的交易场所日益转化为社会资源的调节者，充分发挥着配置社会资源的功能。

货币黄金资源的配置，主要体现在国家的外汇储备结构上。为了国家的经济、金融安全，有些国家的央行通过黄金市场购入黄金用以储备，调整外汇储备结构。有些国家的央行通过黄金市场抛售部分黄金储备，以便提高外汇收益率。这种调节过程正是在整个社会的角度上体现了资源配置优化的功能。

4. 黄金的投资避险功能

黄金具有投资价值，黄金投资价值的特点与其他投资产品的价格变动具有负相关性。例如，利率升高会使黄金投资需求减少；美元汇率看涨，会使黄金需求减少。黄金与大多数投资产品之间存在的负相关关系，使之成为一种重要的分散风险的投资工具。因此，每当世界经济受到美元汇率下跌、石油价格上涨、资本市场波动或各种政治事件冲击时，黄金的价格便会经常出现异常波动。特别是战争或其他影响国际政治格局的重大政治事件，往往会造成黄金价格的飙升。同时，在经济低迷和通货膨胀高涨时期，投资黄金又是规避风险的可靠选择。

黄金价格完全市场化，价格波动经常受到多重经济或政治因素的影响，这为投机力量介入黄金市场提供了机会。而投机交易必然促使黄金价格的波动进一步加剧，出于规避价格波动风险的目的，黄金市场主体便利用黄金期货、黄金期权、黄金互换、黄金抵押贷款等业务手段，开拓黄金投资的避险功能。

想一想

投资黄金可以规避风险吗？为什么？

第二节　黄金价格

黄金价格往往是人们关注的焦点，因为它是经济的风向标。因此，深入研究黄金价格，有助于把握黄金价格的合理价位以及价格的变动趋势。

一、黄金价格的类型

黄金价格主要有三种类型：黄金的市场价格、黄金的生产价格以及黄金的准官方价格。

1. 黄金的市场价格

黄金的市场价格包括现货和期货价格。这两种价格都受供需等各种因素的制约和干扰，变化大，而且价格确定机制十分复杂。一般来说，现货价格和期货价格所受的影响因素类似，因此两者的变化方向和幅度基本上是一致的。但由于市场走势的收敛性，黄金的现货价格与期货价格之差会随期货交割期的临近而不断减小，到了交割期，期货价格和交易的现货价格大致相等。从理论上来说，期货价格应该稳定地反映现货价格加上特定交割期的持有成本。因此，黄金的期货价格应高于现货价格，远期的期货价格应高于近期的期货价格。由于决定现货价格和期货价格的因素错综复杂，如黄金的近、远期供给，黄金的市场需求状况，各国政府的稳定性等，有可能使世界黄金市场上黄金的供求关系失衡，出现现货和期货价格关系扭曲的现象，所以常会导致现货价格高于期货价格、近期期货价格高于远期期货价格。

2. 黄金的生产价格

黄金的生产价格是根据生产成本建立的包含在市场价格里面的明显稳定的价格。随着技术的进步，找矿、开采、提炼等方面的费用一直在降低，黄金的生产成本呈下降趋势。

3. 黄金的准官方价格

黄金的准官方价格是被中央银行用于与官方黄金进行有关活动而采用的一种价格。在黄金的准官方价格中，又分为抵押价格和记账价格。据世界黄金协会 2017 年 8 月 1 日的数据，截至 2017 年 8 月，全球官方黄金储备共计 33 465.1 吨，占已开采的全部黄金存量 137 400 吨的 24%，每年矿产黄金约 2 500 吨，这是确定准官方金价的一个重要因素。

（1）抵押价格

抵押价格是意大利 1974 年为实现向联邦德国借款，以自己的黄金作抵押而产生的。抵押价格的确定在现代黄金史上具有重要意义。一方面符合国际货币基金组织的每盎司黄金等于 35 个特别提款权的规定，另一方面又满足了持有黄金的中央银行不冻结黄金的需要。实际上，这种价格是美国对黄金不要"再货币化"的要求与欧洲对黄金"非货币化"谨慎要求的组合。借款时，以黄金作抵押，黄金按市场价格作价，再给折扣，在一定程度上使金价得以保持稳定，因为有大量黄金在抵押。如果金价下滑，抵押期的利息就得高于伦敦同业银行拆放利率。

（2）记账价格

记账价格是在 1971 年 8 月布雷顿森林体系解体后提出的。因为市场价格的强大吸引力，在市场价格和官方价格之间存在巨大差额的状态下，各国出于其官方黄金储备定价的需要，都提高了各自的黄金官价，所以就产生了为确定官方储备的准官方记账价格。

在操作中主要有三种方法。

① 按不同折扣标准（以市场净价或直至 30%的折扣）同市场价格联系起来，按不同的基础以不同的调整期来确定金价（分为 3 个月的平均数、月底平均数等）。

② 以购买价作为定价基础。

③ 有些国家以历史官价确定，如按美国 1973 年 3 月定的 42.22 美元/盎司；一些国家按 1969 年国际货币基金组织定的 35 美元/盎司来确定。

准官方记账价格在世界黄金交易中已成为一个较为重要的黄金价格。

（3）黄金回收价格

我国的黄金回收价格一般按国际价格或者上海黄金交易所的价格减去 3%～5%的折旧，这个价格在全国通用。

二、影响世界黄金价格的主要因素

20 世纪 70 年代以前，黄金价格基本由各国政府或中央银行决定，国际上黄金价格比较稳定。20 世纪 70 年代初期，黄金价格不再与美元直接挂钩而逐渐市场化，影响黄金价格变动的因素日益增多，其中主要有黄金供给与需求因素、通货膨胀、美元汇率变动等。

（一）供给因素

1. 黄金存量

截止到 2017 年 9 月，全球大约存有 13.74 万吨黄金，而黄金的存量每年还在以大约 2%的速度增长。

2. 年供应量

黄金的年供应量大约为 4 200 吨，每年新产出的黄金占年供应量的 62%。

3. 新的金矿的开采成本

黄金开采平均总成本大约略低于 260 美元／盎司。由于开采技术的发展，黄金开发成本在过去 20 年间持续下降。

4. 央行的黄金抛售

各国的中央银行是世界上黄金的最大持有者。1969 年，官方黄金储备为 36 458 吨，占当时全部黄金存量的 42.6%；而到了 1998 年，官方黄金储备大约为 34 000 吨，占已开采的全部黄金存量的 24.1%。由于黄金的主要用途由重要储备资产逐渐转变为生产珠宝首饰的金属原料，或者为改善本国的国际收支，或为抑制国际金价，因此，过去 30 多年各国中央银行的黄金储备无论在绝对数量还是相对数量上都有很大的下降，数量的下降主要靠在黄金市场上抛售库存储备黄金来实现。

（二）需求因素

黄金的需求与黄金的用途有直接的关系。

1. 黄金实际需求量（首饰业、工业等）的变化

一般来说，世界经济的发展速度决定了黄金的总需求，例如在微电子领域，越来越多地采用黄金作为保护层；在医学以及建筑装饰等领域，尽管科技的进步使得黄金的替代品不断出现，但黄金因其特殊的金属性质使其需求量仍呈上升趋势。而某些地区因局部因素对黄金的需求产生了重大影响。如一向对黄金饰品有大量需求的印度和东南亚各国因受金融危机的影响，从 1997 年以来黄金进口大大减少。世界黄金协会的数据显示，1997 年，泰国、印度尼西亚、马来西亚及韩国的黄金需求量分别下跌了 71%、28%、10% 和 9%。

2. 保值的需要

黄金储备一向被央行用作防范国内通胀、调节市场的重要手段。而对于普通投资者，投资黄金主要是在通货膨胀的情况下达到保值的目的。在经济不景气的态势下，由于黄金相对于货币资产保险，导致对黄金的需求上升，金价上涨。例如，在"二战"后的三次美元危机中，由于美国的国际收支逆差趋势严重，各国持有的美元大量增加，市场对美元币值的信心动摇，投资者大量抢购黄金，直接导致布雷顿森林体系破产。1987 年，因为美元贬值、美国赤字增加，以及中东形势不稳等，也都曾促使国际金价大幅上涨。

3. 投机性需求

投机者根据国际国内形势，利用黄金市场上的金价波动，加上黄金期货市场的交易体制，大量"沽空"或"补进"黄金，人为地制造黄金需求假象。在黄金市场上，几乎每次大的下跌都与对冲基金公司借入短期黄金在即期黄金市场抛售和在纽约商品交易所（COMEX）黄金期货交易所构筑大量的空仓有关。

（三）其他因素

1. 美元汇率的影响

美元汇率也是影响金价波动的重要因素之一。一般在黄金市场上有美元涨则金价跌、美元跌则金价涨的规律。美元坚挺一般代表美国国内经济形势良好，美国国内股票和债券将受到投资人竞相追捧，黄金作为价值储藏手段的功能受到削弱；而美元汇率下跌则往往与通货膨胀、股市低迷等有关，黄金的保值功能又再次体现。这是因为，美元贬值往往与通货膨胀有关，而黄金价值含量较高，在美元贬值和通货膨胀加剧时往往会刺激对黄金保值和投机性的需求上升。1971 年 8 月和1973 年 2 月，美国政府两次宣布美元贬值，在美元汇率大幅下跌以及通货膨胀等因素的作用下，1980 年初黄金价格上升到历史最高水平，突破800 美元／盎司。回顾过去近 40 多年的历史，美元对其他西方货币坚挺，则国际市场上金价下跌；如果美元小幅贬值，则金价就会逐渐回升。

> 知识链接
> 外汇与黄金的
> "亲密关系"

2. 各国的货币政策与国际黄金价格密切相关

当某国采取宽松的货币政策时，由于利率下降，该国的货币供给增加，加大了通货膨胀的可能，会造成黄金价格的上升。如 20 世纪 60 年代美国的低利率政策促使国内资金外流，大量美元流入欧洲和日本，各国由于持有的美元净头寸增加，出现对美元币值的担心，于是开始在国际市场上抛售美元、抢购黄金，并最终导致了布雷顿森林体系的瓦解。但在 1979年以后，利率因素对黄金价格的影响日益减弱。

3. 通货膨胀对金价的影响

对于通货膨胀对金价的影响，要做长期和短期分析，并要结合短期内的通货膨胀程度而定。从长期来看，每年的通胀率若是在正常范围内变化，那么其对金价的波动影响并不大；只有在短期内物价大幅上升，引起人们的恐慌，货币的单位购买力下降，金价才会明显上升。虽然进入20 世纪 90 年代后，世界进入低通胀时期，作为货币稳定标志的黄金其用武之地日益缩小，而且作为长期投资工具，黄金的收益率日益低于债券和股票等有价证券，但是从长期来看，黄金仍不失为对付通货膨胀的重要手段。

4. 债务对金价的影响

债务，这一世界性问题已不仅是发展中国家特有的现象。在债务链中，不但债务国本身会因无法偿债导致经济停滞，而经济停滞又进一步加剧债务的恶性循环，就连债权国也会因与债务国的关系破裂，面临金融崩溃的危险。这时，各国都会为维持本国经济不受伤害而大量储备黄金，从而引起黄金价格上涨。

5. 国际上重大的政治事件和战争都将影响金价

政府为战争或为维持国内经济的平稳而支付费用、大量投资者转向黄金保值投资，都会扩大对黄金的需求，刺激金价上扬。如第二次世界大战、越南战争等，都使金价有不同程度的上升。"9·11"事件曾使黄金价格飙升至当年的最高——近300美元/盎司。

6. 股市行情对金价的影响

一般来说，股市下挫，金价上升。这主要体现了投资者对经济发展前景的预期。如果大家普遍对经济前景看好，则资金大量流向股市，股市投资狂热，金价下降。

除了上述影响金价的因素外，国际金融组织的干预活动、本国和地区的中央金融机构的政策法规也会对世界黄金价格的变动产生重大的影响。

> **想一想**
>
> 影响黄金价格的因素主要有哪些？它们是如何影响黄金价格的？

第三节　黄金市场投资

与其他的金融市场一样，在经历了几百年的发展之后，黄金市场也形成了门类齐全的交易方式和投资品种。一般来说，黄金交易从交易品种的形态来说，有实物形式和凭证形式；从交易的方式来说，有现货交易和黄金衍生品交易。

一、黄金市场的交易品种

（一）实物黄金

实物黄金投资主要包括金条、金币、首饰投资等。金条也称金块，是目前黄金存在于世的一种最主要的形式，也是人们进行黄金投资较为普遍的选择。大型的金条，又称为金砖。从投资和收藏的角度看，金条可以分为普通金条和纪念金条。

金币有广义和狭义之分。广义的金币是指所有在商品流通中专作货币使用的黄金铸件。狭义的金币是指经过国家证明，以黄金作为货币的基材，按规定的成色和重量，浇铸成一定规格和形状，并标明其货币面值的铸金币。与金条一样，金币主要分为普通金币和纪念金币。

全球官方黄金储备数据

世界黄金协会 2018 年 1 月 4 日发布的最新全球官方黄金储备数据显示，截至 2017 年 12 月，全球官方黄金储备共计 33726.2 吨，比上个月的 33499.6 吨高出了 226.6 吨，增加了近 0.7%。报告显示，与 2017 年 12 月 7 日更新的数据相比，最新数据中前十名的央行黄金储备的排行与储备量没有改变，不过黄金占外汇储备的比重有一些细微的变化。美国、德国、意大利、中国、俄罗斯、瑞士与荷兰的黄金占外汇储备的比重都有所升高，日本的黄金占外汇储备的比重保持不变，法国的黄金占外汇储备的比重则略有下降。具体而言，黄金储备量排名居于首位的美国，黄金储备为 8133.5 吨，占其全部外汇储备的 75%；排名第二的德国，黄金储备为 3373.6 吨，占其全部外汇储备的 69.1%。排名第三的为国际货币基金组织（IMF），第四和第五分别为意大利和法国。而中国则排名第六，黄金储备为 1842.6 吨，占其全部外汇储备的 2.4%。

（二）黄金账户

黄金账户是与实物黄金投资相对应的一种黄金投资形式，是指黄金的纸上交易，投资者的买卖交易记录只在个人预先开立的"黄金账户"上体现，而不涉及实物黄金的提取。黄金账户投资可以分为纸黄金、黄金存折、黄金存单和黄金管理账户等多种类型。

纸黄金是指一种凭证式黄金，投资者按银行报价在账面上买卖虚拟黄金，个人通过把握国际金价的走势低吸高抛，赚取黄金价格的波动价差。投资者的买卖交易记录只在个人预先开立的"黄金存折账户"上体现，不发生实金提取和交割。纸黄金是专为克服实物黄金所存在的问题而研发出的新型投资方式。纸黄金投资是目前中国黄金投资市场中的重要投资渠道。

黄金存折是指在国外和中国香港地区，银行为投资者设立黄金存折储蓄户头，投资者只需像存款一样存入一定金额的现金，银行就可以为其购入黄金。

黄金存单又称为黄金凭证，是指以黄金账户类的资金划拨来标明黄金买卖的一种黄金投资工具。投资者购入大量的黄金时，通常存放不便，投资者会将黄金实物存入银行，银行出具"黄金存单"。持单者可以提取实金，也可以直接卖出存单。由于在黄金存单的交易过程中，黄金交易商与投资者买卖的标的物是黄金的所有权凭证，而不是黄金实物，因此这种交易的实质是一种权证交易。

黄金管理账户是指黄金投资者将资金缴付给银行或经纪商，然后由银行或经纪商进行投资管理的一种黄金投资工具。黄金管理账户最常见的一种投资方式就是黄金累积账户，即投资者每月定期缴纳一笔款项给银行或经纪商，银行或经纪商利用这笔款项进行投资，尽量购买更多数量的黄金，月底时投资者可以评估一下自己实际所拥有的黄金数量。

（三）标准化的场内黄金衍生品

黄金衍生品可分为标准化的场内交易品种和非标准化的场外交易品种。标准化场内交易品种，是指产品交易要素标准化程度较高的黄金衍生品，其交易的场所大多为官方认可的较为规范的市场，主要品种包括黄金延期交收（T+D）、黄金期货、黄金期权、黄金 ETF 等。

1. 黄金延期交收（T+D）

黄金延期交收是指上海黄金交易所规定的延期交收交易品种。它是以保证金的方式进行交易，是一种以黄金为标的个人客户仅付部分款项且不用黄金实物交割就可进行交易的新型的黄金投资方式。它是会员及客户可以选择在合约交易日当天交割，也可以延期至下一个交易日交割，同时引入延期补偿费机制来平抑供求矛盾的一种现货交易模式。

2. 黄金期货与期权

黄金期货交易与一般的商品和金融工具的期货交易一样，买卖双方先签订买卖黄金期货的合同并交付保证金，规定买卖黄金的标准量，商定价格、到期日，在约定的交割日再进行实际交割。一般不真正交货，绝大多数合同在到期前就对冲掉了。黄金期货交易是一种非交割转移的买空卖空交易，由套期保值和期货投资交易组成。保值性期货交易是黄金企业根据生产、市场供求关系，为规避风险、降低库存及成本进行的交易，它有利于保障生产者、经营者的利益，有利于维护生产的正常进行。投机性期货交易是投资人利用期货市场价格波动进行投资获利的交易，体现的是黄金投资的金融属性。

黄金期权交易以期货交易为基础，既可以对冲风险又可以投资获利，为黄金交易商提供了更加灵活的投资避险和获利工具。期权交易是一种权利的买卖，是在一定时间内以一定价格购买或出售黄金，而没有买进和卖出义务的交易。期权的价格由市场上期权的供求关系来决定，同时市场价与成交价差及期权时间等因素都将对期权价格产生影响。

【例 13.1】某黄金矿产商的黄金生产成本为 210 元/克，未来 3 个月会有 5 吨黄金产出，假如目前黄金现货价格为 290 元/克，而 3 个月黄金期货价格为 300 元/克，那么该黄金矿产商就有 10 元的超额利润。而客观上期货与现货的价差有逐步缩小的可能，为了规避未来黄金价格下滑所产生的风险，该黄金矿产商应如何防范风险？

【解析】对于黄金矿产商，其所面临的风险主要在于预期黄金价格下滑的风险，若使用卖出套期保值策略，通常情况下，如果黄金期货价格高出现货价格，那么黄金矿产商就可以通过期货市场进行操作以实现稳定盈利。可在期货市场上卖出 5 000 手合约，若 3 个月后价差缩小至 10 元以下，那么套期保值成功（不计交易成本）。

3. 黄金 ETF

黄金 ETF 是指一种以黄金为基础资产，追踪现货黄金价格波动的黄金衍生产品。其运行原理为：由大型黄金生产商向基金公司寄售实物黄金，随后由基金公司以此实物黄金为依托，在交易所内公开发行基金份额，销售给各类投资者，商业银行分别担任基金托管和实物保管行，投资者在基金存续期间可以自由赎回。

黄金 ETF 在证券交易所上市，投资者可以像买卖股票一样方便地交易黄金 ETF。其交易费用低廉，投资者购买黄金 ETF 可免去黄金的保管费、储藏费和保险费等费用，通常只需缴纳 0.3%～0.4%的管理费用，相较于其他黄金投资渠道平均 2%～3%的费用要低得多。黄金 ETF 还具有保管安全、流动性强等优点。由于黄金价格较高，黄金 ETF 一般以 1 克作为一份基金单位，每份基金单位的净资产价格就是 1 克现货黄金价格减去应计的管理费用。

（四）非标准化的场外黄金衍生品

非标准化的场外黄金衍生品是标准化程度较低的交易产品，主要包括黄金借贷、黄金凭证、黄金投资基金、黄金远期和掉期等。

1. 黄金借贷

黄金借贷的主要目的一是为了满足金矿公司资金周转的需要，二是为了满足企业套期保值的需要。黄金借贷的借方一般是金矿公司；而中央银行由于持有大量黄金储备，成为黄金借贷的贷方。20世纪90年代以来，黄金借贷数量以每年20%的速度递增。作为贷方的中央银行和作为借方的金矿公司通常不会直接交易，而是由大银行充当中介，即大银行从中央银行借出黄金，再转贷给金矿公司。其目的一是防范信用风险；二是解决借贷期限结构不匹配的问题；三是转移利率风险。

2. 黄金凭证

黄金凭证类似于"纸黄金"，是由商业机构发行的黄金权益凭证，代表投资者持有的一定的黄金要求权。黄金凭证分为分配账户和非分配账户。分配账户是以实物黄金为基础的，账户上详细注明了投资者所持有的黄金数量和每一块金条的编号，投资者对账户上的黄金享有绝对的支配权，投资者对账户上黄金的所有权不受发行人资信的影响，但要支付实物黄金的保管费和保险费。

非分配账户不以黄金实物为基础，而是依靠发行人的信誉作为担保。发行人可以持有少量黄金开立大量的非分配账户，只要大多数账户持有人不要求赎回黄金，发行人的流动性就不会出现问题。非分配账户手续简便、成本较低，是目前黄金市场上大多数投资者所使用的账户。但非分配账户包含了一定的信用风险，能否兑现取决于发行人的实力。如果发行人倒闭，非分配账户的持有人就无法拿回账户上本该属于自己的黄金。

3. 黄金投资基金

黄金投资基金是专门从事黄金实物和相关权益凭证交易的投资基金。由于黄金的价格波动与其他市场如股票市场、债券市场波动的相关性较小，而且在通货膨胀时期黄金具有较好的保值、增值功能，因此投资黄金基金可以起到分散投资风险、降低总资产配置的波动性，从而稳定投资价值的作用。投资黄金基金还具有门槛低、集合理财的特点。

4. 黄金远期类产品

黄金远期类产品包括黄金远期、黄金掉期、远期利率协议等。黄金远期合约是交易双方约定在未来的某一日期按照约定的价格买卖既定数量的黄金，商业银行和金矿公司都可以借此锁定成本，对冲风险。掉期是由一次现货交易和一次反向的远期交易组合而成，掉期完成后，交易者的黄金头寸不变，所变化的只是头寸所对应的期限。黄金的远期利率协议是参与双方锁定未来黄金借贷的成本。这些工具一般通过柜台来交易，交易双方为大的金融机构、黄金企业和黄金投资人。

想一想

如果你是一位投资者，你会选择黄金市场上的哪种产品进行投资？为什么？

二、黄金的投资策略

（一）实物黄金的投资策略

实物黄金的投资主要是金币和金条的投资。一般来说，金币是法定货币，具有法偿货币的地位，可以自由买卖，具有很好的流通性，加之重量较小，交易以后不需要一般黄金交易必需的交割手续就能方便地出售，同时还可以省去鉴定费用。因此，对中小投资者来说，金币是一种很好的投资工具。对于一般投资者而言，最好的黄金投资品种是直接购买投资性金条。金条加工费低廉，各种附加支出不高，标准化金条在全世界范围内都可以方便地买卖，并且大多数国家和地区对黄金交易不征收交易税。

1. 金币的投资策略

（1）要了解金币交易商的信誉和服务水平。在购买金币之前必须了解金币交易商的信誉和服务水平，一是交易商买卖的金币是否真实；二是交易商是否保证可以将售出的金币买回；三是交易商是否提供保存服务。

（2）要选择变现性好、美感度高的投资品种。变现性好，表示金币的流动性强，买卖比较方便，这是投资者选择金币时首先应该考虑的因素。美感度高，表示金币容易受到投资者的青睐，尤其是受到收藏者的喜爱。要选出美感度高的金币，就必须学会鉴别出它的设计水平和铸造水平。

（3）要抓龙头品种。由于金币有不同的类别和规格，尤其是普制金币，每年都发行，它们具有不同的投资价值和收藏价值。因此，投资者要想获得理想的回报，就必须学会抓龙头品种，这样可以在短时期内获得较高的回报。

（4）要学会放长线钓大鱼。这是指投资者在大市低迷时，可以加码买进，然后长线持有，尤其是对那些题材独特、工艺精湛但新品面市价格不高的金币品种更要密切关注，这类金币面市后的一段时间内价格可能会短暂地上下震荡，但突破一定价位后，其市价往往会长期走牛。这样，当价格达到自己的目标价位之后，将它抛出，便可以获得丰厚的利润。

2. 金条的投资策略

（1）选择好的交易商。好的交易商至少要具备三个条件：一是保证能够进行双向交易，即交易商保证能够将它们卖出的金条予以买回；二是获取的价差比较合理；三是收取的手续费比较合理。交易商收取的手续费，主要用于支付管理费和支付经纪人佣金。一般地，收费合理的交易商，其收取的手续费比较低，只要能够支付管理费和支付经纪人佣金即可，他们赚取的利润主要来自价差。

（2）要注意金条的商标与标志。总体而言，不同铸造厂打造出来的金条几乎没有多大的差别。实际上，由精炼的厂家打造的金条比别的厂家好，会得到业内人士的认同，并可在世界范围内流通。因此，投资者在选购金条时，最好购买由黄金交易商评选出来的印有"优良铸造者"标志的金条，同时，还要注意购买刻有铸造厂家标号以及用以"验明正身"记号的金条。这样，在金条出手时，可以方便地卖出，同时，还可以省去鉴定费。

（3）要注意妥善保管。许多投资者购买金条后，往往希望能随身携带或储存在自己的保管箱中。事实上这并不是明智之举。从国外的经验看，投资者主要是将金条托付给商业银行进行保管。通过银行托管，一是安全可靠；二是投资者可以省却一笔验明金条成色和来源所需的费用。此外，投资者还可把金条托付给经纪商或交易商。不管托付给谁，最好要求托管者分离户头，即要求托管者将你的黄金与他人的黄金分别存放，而不应掺杂在一起。为此，要特别注意经纪商或交易商的信誉。

（二）黄金账户投资策略

1. 纸黄金的投资策略

在纸黄金交易中，黄金投资者每次通过银行进行黄金买卖交易时，在指定的资金账户上做转账收付款项，同时在所开设的黄金存折上做转账存取黄金记录，不需要做黄金实物的提取和交付。

和进行其他投资一样，投资者在进行纸黄金投资时首先要货比三家。在选择产品时一是考虑交易时间。一般来说，银行的交易时间开放得越长越好，这样可以有更多机会根据金价的变动进行交易。二是考虑报价方式。当前报价主要有按国内金价报价和按国际金价报价两种方式。中行"黄金宝"的报价参考的是国际金融市场的黄金报价；建行"账户金"直接采用以金交所的实时报价为基准的报价方式。

2. 黄金管理账户的投资

黄金管理账户投资可以通过定期分散投资，使投资者有效地回避风险；可以享受专业人士管理投资的益处；通过小额的投资，可以获得丰厚的回报。黄金管理账户的投资步骤为：①投资者与银行或经纪商签订协议，规定在一定的期限内投资者定期将一笔款项缴仁给银行或经纪商，银行或经纪商全权管理黄金账户，努力做到让投资者有较好的投资回报。同时，银行或经纪商要从黄金管理账户中收取一定的管理费和利润提成；②投资者按照协议，每月或每季定期将一笔款项缴付给银行或经纪商；③银行或经纪商将收缴的款项在黄金市场上进行投资，并定期收取一定的管理费；④到期日投资者评估自己实际拥有的黄金数量和投资收益，银行或经纪商从中收取一定的利润提成。

3. 标准化场内黄金衍生品的投资策略

（1）黄金延期交收交易的投资策略。黄金延期交收交易是在少数银行中所开设的一种风险性与收益性都最高的黄金投资方式。这种投资由于保证金制度的加入，产生的收益大，风险也大，因此更适合那些投机者参与。

（2）黄金期货交易的投资策略。黄金期货交易的目的是套期保值和套利。就套期保值而言，要想达到理想的效果，交易者首先必须清楚黄金市场的基本特性，掌握黄金价格的各种因素和多种技术分析方法。此外还需时常关注基差（现货价格与期货价格之差）的变动，将期货商品的现货价格和期货价格的资料记录下来，也要适时地进行对冲交易。

（3）黄金期权的投资。从世界范围来看，黄金期权交易首先是从黄金现货期权交易开始的，然后发展到黄金期货期权交易。目前，世界上黄金期权交易的品种主要有三种：一是金块现货期权；二是金矿股票期权；三是黄金期货期权。

案例解析
企业套期保值

金块现货期权是以实体黄金——金块或金条为交易对象的一种现货期权交易形式。期权交易的买卖双方就交易的黄金数量、敲定价格、履约日、到期日和权利金等达成一致后，签订黄金期权合同。金矿股票期权是投资者以金矿公司的股票为交易对象的一种现货期权交易形式。黄金期货期权合约与黄金期货合约非常相似。之所以如此，是因为黄金期货期权交易主要是针对黄金期货价格的变动而进行的，因此，黄金期货合约所包含的条款在黄金期货期权合约当中基本上都得到了体现。

参考文献

[1] 董志勇. 行为金融学[M]. 北京：北京大学出版社，2009.

[2] 韩国文. 金融市场学[M]. 北京：清华大学出版社，2014.

[3] 杰夫·马杜拉，金融市场与金融机构[M]. 北京：机械工业出版社，2014.

[4] 李心丹. 行为金融学：理论及中国的证据[M]. 上海：上海三联书店，2004.

[5] 迈克尔·G. 哈吉米可拉齐斯，卡马·G. 哈吉米可拉齐斯. 现代货币、银行与金融市场[M]. 上海：上海人民出版社，2003.

[6] 桑德斯. 金融市场与金融机构[M]. 北京：机械工业出版社，2017.

[7] 夏斌，陈道富. 中国金融战略（2020）[M]. 北京：人民出版社，2011.

[8] 谢百三. 金融市场学[M]. 北京：北京大学出版社，2015.

[9] 张亦春，郑振龙，林海. 金融市场学[M]. 北京：高等教育出版社，2012.